Über dieses Buch Alexander von Humboldt, 1769–1859, trat nach seiner Studienzeit als Oberbergmeister in den Staatsdienst. Schon zu dieser Zeit plante er seine erste große Expedition, die ihn in den Jahren 1799 bis 1804 in das Gebiet der heutigen Staaten Venezuela, Kuba, Kolumbien, Ecuador, Peru, Mexiko und die Vereinigten Staaten führte. Dieses große Reiseabenteuer war zugleich ein bahnbrechendes wissenschaftliches Unternehmen. Auf seiner Südamerikareise wandte Alexander von Humboldt zum ersten Mal eine exakte naturwissenschaftliche Methode auf die Erforschung unbekannter Gebiete an. Zeitgenossen bezeichneten ihn als »Wiederentdecker Amerikas« und »zweiten Kolumbus«.
Herbert Scurla, der für diese Biographie ein umfangreiches Quellenstudium betrieben hat, ist es gelungen, nicht nur das in der bisherigen Literatur oft überzeichnete Humboldt-Porträt zurechtrücken, sondern er läßt auch den Leser teilhaben an Humboldts Forschungsreisen und vermittelt ein anschauliches Bild von der damaligen Zeit. Scurla selbst sagt über seine Biographie: »Ich wollte und will Leben und Wirken Alexander von Humboldts gleichsam nacherlebend möglichst zeit- und lebensnah für Menschen unserer Gegenwart darstellen.«

Der Autor Herbert Scurla, 1905–1981, ist als Essayist, Romancier und vor allem als Biograph des deutschen Idealismus und der Weimarer Klassik bekanntgeworden. 1956 wurde er mit dem Carl-Blechen-Preis für Kunst und Literatur, 1959 mit der Alexander-von Humboldt-Medaille ausgezeichnet.
Im Fischer Taschenbuch Verlag liegt außerdem vor: ›Rahel Varnhagen – Die große Frauengestalt der Romantik‹ (Bd. 2245).

Herbert Scurla

Alexander von Humboldt

Eine Biographie

Fischer Taschenbuch Verlag

Ungekürzte Ausgabe
Veröffentlicht im Fischer Taschenbuch Verlag GmbH,
Frankfurt am Main, Oktober 1984
Lizenzausgabe mit freundlicher Genehmigung
der Claassen Verlag GmbH, Düsseldorf

Umschlaggestaltung: Jan Buchholz/Reni Hinsch
Abbildung: Bildarchiv Preußischer Kulturbesitz
Druck und Bindung: Clausen & Bosse, Leck
Printed in Germany
1680-ISBN-3-596-25634-8

Aus der preußischen Enge in die Weite der Natur 1769–1789

«Der neue Aristoteles»

«Neben Goethe stehen könnte einer nur, Humboldt», meinte der Sprachforscher Jakob Grimm, als im Jahre 1862 erwogen wurde, vor dem Schauspielhaus in Berlin Standbilder Goethes, Schillers und Lessings zu errichten. Einige Jahre vor seinem Tode verwahrte sich Alexander von Humboldt gegen die Absicht, in der Berliner Akademie der Wissenschaften seine Büste neben der von Leibniz, dem Gründer der Akademie, aufzustellen. «Die außerordentlichen Männer des 16. und 17. Jahrhunderts waren selbst Akademien, wie Humboldt zu unseren Zeiten», vermerkte Goethe, den Freund bewundernd, in den «Maximen und Reflexionen».

Karl Ritter, der die Geographie von einer beschreibenden Erd- und Staatenkunde zur Wissenschaft erhob, nannte den gefeierten Nestor der Wissenschaft, der schon bald nach der Rückkehr von seiner Amerikareise als «zweiter Kolumbus» bezeichnet worden war, den «Wiederentdecker Amerikas». Kurz nach Humboldts Tod ließ die Pariser Akademie der Wissenschaften eine Denkmünze für «den größten Gelehrten seines Jahrhunderts» prägen, den Deutschen Alexander von Humboldt mit dem Beinamen «Der neue Aristoteles». Gebirge in Amerika und Asien, die berühmte Meeresströmung vor der Küste von Nordchile und Peru (Corriente Fria de Humboldt), Meeresbuchten und Binnenseen, Kanäle und Flüsse, Berge und Gletscher, Minerale, Tiere und Pflanzen, Städte und Ortschaften, nicht nur in den beiden amerikanischen Kontinenten, trugen alsbald den Namen des Mannes, dem Mexiko nach seiner Befreiung vom jahrhundertelangen Joch der Spanier den Titel eines «Benemérito de la Patria», eines um das Vaterland hochverdienten Mannes verlieh[1]. Einer seiner ersten Biographen, Otto Ule, bezeugte Alexander von Humboldt, er habe

1 Annähernd tausend Einrichtungen und Institutionen in den Natur- und Geisteswissenschaften sowie der Wirtschaft, ferner Klubs und Vereinigungen, Hochschulen und Schulen wurden nach Alexander von Humboldt und seinem Bruder Wilhelm benannt, wie Ulrich-Dieter Oppitz in seiner Untersuchung «Der Name der Brüder Humboldt in aller Welt» (in «Alexander von Humboldt – Werk und Weltgeltung», hg. von Heinrich Pfeiffer für die Alexander-von-Humboldt-Stiftung, München 1969, S. 277 ff.) nachweist.

die Naturwissenschaften «zu einem Hebel geistiger Befreiung des Volkes» gemacht. Humboldt zu sehen, verlangten die Revolutionäre von 1848 am 21. März, als sich der König auf dem Balkon des Berliner Schlosses zeigte. Noch ein Jahrzehnt nach seinem Tode neigten die Arbeiter der Borsigwerke ihre Fahnen, als sie an Humboldts Sterbehaus in der Oranienburger Straße vorüberzogen, zu Ehren des volkstümlichen Gelehrten, eines Mannes nach dem Sinne des Volkes, der doch zugleich der Kammerherr und vertraute Freund zweier preußischer Könige, ein «Jakobiner» in den Augen der reaktionären Hofpartei, ein Höfling nach Meinung vieler Liberaler gewesen war.

Humboldts Weltruhm ist nicht an eine das Weltbild verändernde oder den Fortschritt auf einem bestimmten Gebiet kühn vorantreibende Entdeckung gebunden. Sein Name ist auch nicht mit einer politischen Tat verknüpft, die in der Geschichte Epoche gemacht hätte. Im Urteil der Zeitgenossen schillert sein politisches Charakterbild. In den Jahren der Freiheits- und Einheitshoffnung des deutschen Bürgertums dachte man, wenn der Name Humboldt fiel, noch an Wilhelm von Humboldt, den Staatsmann; erst in den dreißiger Jahren des vergangenen Jahrhunderts, nachdem der jüngere der beiden großen Brüder in seiner Vaterstadt heimisch geworden war, wurde Alexander von Humboldt zum Repräsentanten eines bestimmten Zeitalters der bürgerlichen Kultur. Goethe war die überragende Gestalt in der klassischen Epoche der deutschen Kunst und Begründer der Weltgeltung der deutschen Dichtung; sein zwanzig Jahre jüngerer Zeitgenosse Alexander von Humboldt wurde zur überragenden Gestalt in der klassischen Epoche der deutschen Wissenschaft und zu einem der Begründer der Weltgeltung deutscher Naturforschung.

Lange bevor Humboldt das zeitgenössische Wissen über das «Weltganze» in seinem «Kosmos» niederzulegen begann, nannte ihn Goethe «selbst eine Akademie». Dieser Vergleich kennzeichnet das umfassende Wissen, das sich der Gelehrte als Naturforscher, Reisender und kritischer Sammler aller alten und neuen Einsichten in das Weltall und besonders in die Erde und das Leben auf ihr erworben hatte. Eine solche Gesamtschau der Naturerkenntnis bis zur Mitte des vergangenen Jahrhunderts war nur möglich, weil die verschiedenen Gebiete der Naturwissenschaften eben erst in ihre stürmische Entwicklung eingetreten waren, das heißt *bevor* unser Wissen ein Ausmaß annahm, das in seiner Gesamtheit von einem einzelnen Menschen nicht mehr überblickt, geschweige denn beherrscht werden kann. Sie hatte zum andern den Beginn des naturwissenschaftlichen Zeitalters zur Voraussetzung.

Der Anbruch des naturwissenschaftlichen Zeitalters

Um mit einer solchen allgemeinen Aussage eine konkrete Vorstellung zu verbinden, muß man sich in großen Zügen den Stand des naturwissenschaftlichen Wissens in jenen Jahrzehnten vergegenwärtigen, in denen sich Humboldt seiner Lebensaufgabe bewußt wurde.

Weit mehr als über Kraft und Stoff und Leben wußten die Menschen des ausgehenden 18. Jahrhunderts über das Weltall. Seit Kopernikus die Sonne als den Mittelpunkt des Planetensystems erkannt, Giordano Bruno in den Fixsternen andere Sonnen behauptet hatte und wegen seiner «ketzerischen» Lehre von der Unendlichkeit des Weltalls den Feuertod gestorben war, seit Kepler seine drei Gesetze der Planetenbewegung aufgestellt und Galilei die Jupitermonde, die Sonnenflecken, den Phasenwechsel der Venus entdeckt hatte, behauptete die Astronomie den ersten Platz unter den Naturwissenschaften. Humboldt war zwölf Jahre alt, als der aus Deutschland nach England ausgewanderte Astronom Wilhelm Herschel, der »Kolumbus der Fixsternwelt», den Uranus sichtete.

Mit diesem kühnen Vorstoß in die Sternenwelt und das Unbekannte des «Himmels» hatte die Erforschung der «Erde» bei weitem nicht Schritt gehalten. Die großen Entdecker des 15. und des 16. Jahrhunderts – Christoph Kolumbus, Vasco da Gama und Fernão de Magalhães, um nur einige der bedeutendsten zu nennen – waren keine Gelehrten, sondern Seefahrer, die den Seeweg nach dem Wunderland Indien und zu den sagenhaften Reichtümern der Ferne suchten. Ihnen folgten Eroberer, Abenteurer, Händler und Missionare. Die großen Seemächte, Portugal und Spanien zunächst, suchten Gold und

Silber, Edelsteine und Gewürze und verschlossen die Länder, die sie sich als Kolonien angeeignet hatten, mißtrauisch dem Einblick des Forschers. Erst die drei Erdumsegelungen von James Cook leiteten das Zeitalter der modernen Forschungsreisen ein, dessen klassischer Vertreter Alexander von Humboldt wurde. Der junge deutsche Naturforscher Georg Forster, der mit seinem Vater an der zweiten Weltreise Cooks (1772 bis 1775) teilgenommen hatte, wurde zum Begründer der wissenschaftlichen Reisebeschreibung; im freundschaftlichen Umgang und im klärenden Gespräch zwischen Humboldt und Forster gewannen später des jungen Humboldt Forschungspläne sicheres Ziel und bestimmten Gehalt.[1]

Von einer Gesamtwissenschaft der Natur, die auf der Erfahrung und der Kenntnis von Tatsachen beruht, konnte damals noch ebensowenig die Rede sein wie von einer wissenschaftlichen Erdkunde. Reisebeschreibungen waren nach Marco Polos fast zwei Jahrhunderte vor Erfindung der Buchdruckerkunst zwischen 1271 und 1295 erfolgten abenteuerlichen Fahrt nach China des öfteren erschienen; sie waren schon vor dem Zeitalter der Aufklärung ein beliebter Lesestoff des gebildeten Publikums. Aber ihr wissenschaftlicher Erkenntniswert wäre auch dann beschränkt geblieben, wenn sie Gelehrte zu Verfassern gehabt hätten. Der Spiegelsextant und ein zuverlässiges Chronometer für genaue Orts- und Lagebestimmungen wurden erst 1731 beziehungsweise 1761 erfunden. Die geographische Beschreibung der Länder erfolgte nicht systematisch, sondern war im wesentlichen zufälliges Ergebnis eigener Beobachtungen, mehr oder minder abenteuerlicher Berichte von Kaufleuten und Soldaten und mündlicher oder schriftlicher Überlieferungen. Die Geographie war noch keine Wissenschaft im strengen Sinne des Begriffes; ihre Methodik war noch nicht so entwickelt, daß die für eine «Erd»kunde unerläßlichen Vergleichsmöglichkeiten gegeben gewesen wären. Zu Humboldts Zeiten war sie zu einer schematischen Landesbeschreibung geworden. Erst Karl Ritter, einer der von Humboldt stark beeinflußten Gelehrten, wurde der Schöpfer der modernen wissenschaftlichen Geographie. Als Begründer der wissenschaftlichen Geologie, der Wissenschaft vom Bau und der Entwick-

1 Vgl. S. 50 ff.

lung der Erde, kann erst Humboldts Lehrer an der Bergakademie Freiberg, Abraham Gottlob Werner, bezeichnet werden, der als vierundzwanzigjähriger junger Mann durch sein System der Gesteinsarten zugleich die Voraussetzungen für eine systematische Untersuchung des Schichtenbaues der Erde schuf.

Systematisierung, das heißt wissenschaftliche Ordnung des Erfahrungsstoffes, ist auch das Hauptmerkmal für den damaligen Entwicklungsstand der Pflanzenkunde und der Tierkunde, zweier Wissenschaften, die für die Erforschung und Beschreibung der Lebensverhältnisse auf der Erde von wesentlicher Bedeutung sind. Der Schwede Linné schuf 1735 ein System aller damals bekannten Pflanzenarten. Der Franzose Georges Cuvier schrieb zu Humboldts Zeiten sein Werk über das Tierreich. Sein Landsmann George-Louis Leclerc, Graf von Buffon, versuchte, alle auf dem Gebiet der Naturforschung gesammelten Erfahrungen, wenn auch mit unterschiedlichem Erfolg, zum Aufbau eines Systems der Natur zu verwerten; besonders nachhaltig wirkte in seiner Zeit die überzeugende Trennung der Theologie von der Naturwissenschaft. Die Völkerkunde schließlich, die größeren natürlichen menschlichen Gemeinschaften, wie Stämmen, Völkern und Rassen, ihre Aufmerksamkeit zuwendet, war um die Mitte des 18. Jahrhunderts noch wissenschaftliches Neuland.

Um die Bedingtheiten der naturwissenschaftlichen Gesamtschau und des Weltbildes Alexander von Humboldts zu begreifen und zu werten, muß man sich auch des damaligen Standes der Chemie und der Physik als jener beiden elementaren Wissenschaften erinnern, die sich mit den Stoffen und den Kräften der Materie beschäftigen. Zur Zeit von Humboldts Geburt glaubte man noch an das Vorhandensein eines besonderen Feuerstoffes. Erst Lomonossows Erkenntnisse und die fast gleichzeitige Entdeckung der «Feuerluft», des Sauerstoffes, durch Priestley und Scheele ermöglichten es Lavoisier, die Irrlehre vom «Phlogiston» zu überwinden und nachzuweisen, daß der Verbrennungsvorgang eine Bindung von Sauerstoff darstellt, daß Stoff als solcher weder geschaffen noch zerstört werden kann, daß Gewichtsveränderungen Veränderungen in der Verbindung chemischer Elemente sind. Während Lavoisier das Gesetz von der Erhaltung der Materie aufstellte, kam Priestley dem Stoffwechsel in der organischen Welt auf die Spur. Seine Forschungen und die des Schweizers de Saussure verhalfen später dem von Humboldt frühzeitig als überragenden Chemiker erkannten und geförderten Justus Liebig zum Aufbau der Agrikulturchemie. Diese praktische Anwendung der Chemie auf die Landwirtschaft widerlegte zugleich die düsteren Prophezeiungen des Engländers Robert Malthus, daß die Menschheit die Tendenz habe, sich schneller zu vermehren als der Bodenertrag und damit bei weiterem Wachstum der Verelendung und dem Hungertode preisgegeben sei.

Wenn danach auch die Entstehung der modernen Chemie in das Zeitalter Alexander von Humboldts fiel – die technisch-wissenschaftliche Auswertung der Forschungsergebnisse der Wissenschaft von den Eigenschaften und Umwandlungen der Materie erlebte er nur in ihren Anfängen; erst kurz vor seinem Tode nahm Liebigs Meisterschüler August Wilhelm Hofmann die systematische Entwicklung der Anilinfarbstoffe in Angriff.

Zu den bedeutendsten Eindrücken im Leben des jungen Humboldt gehörten Galvanis Entdeckung der Elektrizität in tierischen Präparaten und die darauf beruhenden Forschungsarbeiten Voltas. Humboldt nahm unmittelbaren Anteil an der Erforschung des Erdmagnetismus, deren Fortschritte für seine Messungen in Amerika, Asien und Europa von großer Bedeutung waren, und an den elektromagnetischen Theorien seiner Freunde Gauß und Wilhelm Weber, jener beiden Göttinger Naturforscher, die im Jahre 1833 auch die erste deutsche Telegraphenverbindung herstellten. Der Forschungsreisende, der noch im Segelschiff den Atlantik überquert hatte, begrüßte das erste Dampfboot, das Fulton auf dem Hudson (1807) fahren, und die erste Eisenbahn, die Stephenson zwischen Stockton und Darlington (1825) verkehren ließ; er machte als Königlicher Kammerherr seine «Pendelbewegungen» zwischen Berlin und Potsdam nach 1838 in der Regel mit dem «Dampfroß», eine zeitgenössische Bezeichnung der Eisenbahn, die er selbst freilich nie gebraucht hat. Als er sich für immer in der preußischen Hauptstadt niederließ, wurden die ersten Straßen Berlins am Abend (seit 1826) mit Gas beleuchtet. Die praktische Nutzung der elektrischen Kraft nach der Lösung des Widerstandsproblems durch Ohm bahnte sich erst nach Humboldts Zeit an. Eine andere Großtat der modernen Naturforschung, die Entdeckung der Spektralanalyse durch den Chemiker Bunsen und den Physiker Kirchhoff, erfolgte im Jahr nach Humboldts Tod; indem sie den Beweis für die Einheit der Materie im gesamten Kosmos ermöglichte, legte sie gleichsam den Schlußstein zum Weltbild Humboldts. Nicht unerwähnt bleiben soll in diesem Zusammenhang, daß Humboldt immer wieder seinem Interesse an der Herstellung einer Kanalverbindung zwischen Atlantik und Pazifik, u. a. am Bau des späteren Panamakanals, Ausdruck verliehen hat.

Wenige Monate nach Humboldts Tod erschien in London das epochemachende Werk «Über den Ursprung der Arten»; der Verfasser, Charles Darwin, der Humboldt schon als Student bewunderte und nach seiner ersten Tropenfahrt «beinahe anbetete» rühmte ihn noch kurz vor seinem eigenen Tod als den größten wissenschaftlichen Reisenden, der je gelebt habe.

Die Wirkung des neuen Weltbildes

Der Stand, den das Wissen von der Natur zu Ende des 18. Jahrhunderts erreicht hatte, bildete die Grundlage für die Aufgabe, die sich Humboldt stellte: die Erforschung eines unbekannten, wissenschaftlich unerforschten Teiles der Erde mit den «modernen» Hilfsmitteln der Wissenschaft und sodann die Erweiterung der eigenen Erfahrung an Hand der Forschungsergebnisse der älteren und der zeitgenössischen Naturforscher mit dem Ziel, die physischen Verhältnisse des Kosmos oder, wie er selbst sagte, «mit einem Schlagworte *Himmel und Erde*» zu beschreiben.

Weltbeschreibung, insonderheit also Erdbeschreibung, bedeutete für Humboldt die sinnvolle Zusammenfassung des gesamten Wissens von der Ordnung im Weltall, von der Entstehung und der Oberfläche des Planeten Erde, von den Erdteilen, den Meeren und dem Luftraum, vom Leben und der Verteilung der Pflanzen und Tiere, von den Menschen und ihren Gesellschaftsformen in Vergangenheit und Gegenwart, von den Einflüssen der Bodenverhältnisse und des Klimas auf das organische Leben. Letztes Ziel einer solchen umfassenden Gesamtschau war die Einsicht in die Gesetzlichkeit der Natur.

Bei der Durchführung dieses Vorhabens hat Humboldt das zeitgenössische Wissen auf den verschiedensten Gebieten erweitert; er hat darüber hinaus neue Wissenschaften, zum Beispiel die vergleichende Erdbeschreibung, ferner die Hydrographie, die Pflanzengeographie, die vergleichende Klimatologie geschaffen oder doch wissenschaftlich begründet und anderen Wissenschaften neue Forschungsgebiete zugewiesen. Eine ganze Generation von Forschern verdankte dem universalen Gelehrten Anregung und Förderung, wie er selbst die Entdeckungen und Erkenntnisse anderer für den Aufbau seines Lebenswerkes nutzte. Die moderne naturwissenschaftliche Forschungsmethode folgt noch heute vielfach Wegen, die Alexander von Humboldt gebahnt hat. Er verstand es, seiner Zeit vorauseilend, besondere, Eignung, Fähigkeit und Lebensdauer eines einzelnen Menschen übersteigende Forschungsaufgaben auf eine Vielzahl von Spezialisten zu verteilen und in Gemeinschaftsunternehmen lösen zu lassen. Humboldt war der erste große Organisator auf dem Gebiete der Forschung.

Humboldts gelehrte Zeitgenossen reihten diese wissenschaftlichen Leistungen aneinander, bewunderten die einmalige Fülle seines Wissens, eigneten sich seine von vorgefaßten Meinungen freie, auf der exakten Beobachtung, der Erfahrung und dem Vergleich beruhende Methode an und sahen seine überragende Bedeutung in seinem wissenschaftlichen Rang sowie in der einzigartigen Stellung, die er in der gelehrten Welt des 19. Jahrhunderts einnahm. Sie übersahen dabei vielfach, daß das wissenschaftlich Entscheidende seines Wirkens, die umfassende Anschauung der gesamten bis dahin erforschten Natur, auf der Zusammenfassung aller der Einzelerkenntnisse beruhte, die seit Menschengedenken erarbeitet worden waren und während seines langen Lebens erarbeitet wurden. Humboldts Lebenswerk ist ohne diese Vor- und Mitleistung zahlreicher Generationen von Forschern nicht denkbar.

Vor allem aber übersahen die Zeitgenossen die gesellschaftliche Bedingtheit, die uns noch eingehender zu beschäftigen haben wird, und die gesellschaftliche Wirkung der wissenschaftlichen Arbeit Humboldts sowie die zwischen beiden bestehenden Wechselbeziehungen. Diese gesellschaftliche Wirkung liegt einmal darin, daß Humboldt maßgeblich dazu beitrug, der Naturforschung an den Universitäten neben der Theologie und der Philosophie, die um den ersten Rang noch immer wetteiferten, sowie neben der Rechtswissenschaft, der klassischen Philologie und der Geschichte Gleichberechtigung zu verschaffen. Insofern gehörte Humboldt zu den Vollstreckern des Erbes der Aufklärung. In das Bollwerk, das Dogma und Metaphysik bildeten, wurde durch das mehr und mehr die Gesamtheit der Lebensvorgänge durchdringende Naturwissen die entscheidende Bresche geschlagen – und das geschah, wie später im einzelnen darzustellen sein wird, im Zeitalter der düstersten Reaktion, als in Deutschland Staat und Kirche und Junkertum jede fortschrittliche Regung bekämpften und zahllose Vertreter der sogenannten Geisteswissenschaften der Forderung des Berliner Rechtswissenschaftlers und Kammerredners Friedrich Julius Stahl, des Wortführers der Reaktion an den Hochschulen, zustimmten, der am 12. Dezember 1852 in einer Rede betonte: «Die Wissenschaft bedarf der Umkehr!»

Die gesellschaftliche Wirkung der wissenschaftlichen Arbeit Humboldts liegt weiterhin darin, daß er mit seinen öffentlichen Vorträgen in der Berliner Universität und der Singakademie, mit seinen «Ansichten der Natur» und dem «Kosmos» und mit seiner allgemeinverständlichen Darstellung naturwissenschaftlicher Gegenstände die Schranken durchbrach, die zwischen der Universitätsgelehrsamkeit und dem Bildungsbedürfnis breiter Schichten des Volkes bestanden. Er zerstörte das Bildungsmonopol der gelehrten Zunft und strebte danach, Naturwissen und Naturforschung dem Fortschritt der Menschheit nutzbar zu machen. Wie er die natürlichen Verhältnisse des Erdballs in ihren Wirkungen und Beziehungen zum Menschen und zur Entwicklung der Menschheit untersuchte und in allen wissenschaftlichen Disziplinen auf die Nutzanwendung der Forschungsergebnisse bedacht war, bemühte er sich, die Ergebnisse seiner Lebensarbeit und die wissenschaftlichen Erkenntnisse seines Zeitalters überhaupt zum Allgemeingut der Menschheit zu machen. Er war bestrebt, allgemeinverständlich zu sprechen und zu schreiben, und wandte sich mit seinen Naturbetrachtungen ebenso an Bürger und Arbeiter, Fürsten und

Offiziere wie an Professoren und Studenten. Mit ihm selbst wurden sein Wissen und seine Weltansicht volkstümlich. Humboldt weckte die Liebe zur Natur, das Bewußtsein für den tiefen Wandel, der sich mit dem Anbruch des naturwissenschaftlichen Zeitalters auf allen Gebieten des menschlichen Lebens anbahnte, und die verständnisvolle Anteilnahme an der Technik als einem Mittel, den Wohlstand der Menschheit zu heben. Humboldt ist der Begründer des populärwissenschaftlichen Schrifttums. Seine Vorträge in der Berliner Singakademie stehen am Anfang der Volksbildungsbewegung. Die neue Weltsicht, die er lehrte, wurde «zu einem Hebel geistiger Befreiung des Volkes», denn er schrieb und sprach im Berlin der Spätromantik sowie der geistigen und politischen Reaktion und lehrte ein Weltbild, das nicht auf einer metaphysischen Spekulation beruhte, sondern das Ergebnis einer materialistischen Naturforschung darstellte, die bereits den Zusammenhängen von Ursache und Wirkung in den mannigfachen Erscheinungen der Natur und in der Entwicklung des Lebens in der Natur, freilich noch nicht in der Gesellschaft, auf der Spur war.

Preußisch-Berlin um 1769

Nicht nur Humboldts Zeitgenossen, auch er selbst ist sich der gesellschaftlichen Tragweite seines Wirkens nicht bewußt gewesen, so schnell und so weit auch sein langer Lebensweg von seiner Herkunft aus preußischem Hofadel, aus der Enge Berlins und der Misere des friderizianischen Preußens hinwegführte. Er war der Sohn eines Kammerherrn der Gemahlin des nachmaligen Königs Friedrich Wilhelm II. von Preußen und empfing, wenn wir vom Elternhaus und den Erziehern zunächst absehen, seine gesellschaftlichen und politischen Eindrücke bis zum 18. Lebensjahr im friderizianischen Berlin.

Seit dem Siebenjährigen Kriege (1756 bis 1763), aus dem der absolutistisch regierte preußische Militär- und Beamtenstaat als eine äußerlich bedeutende, aber innerlich geschwächte und verarmte Macht mit einem Staatsgebiet von rund 200 000 km² Bodenfläche und 6 Millionen Einwohnern hervorgegangen war, befand sich die Reichsverfassung in völliger

Auflösung. Joseph II. von Österreich versuchte zwar, seine Hausmacht zu stärken und die kleineren Reichsgrafen und Ritter enger an die Kaiserkrone zu binden, aber Friedrich II. von Preußen wußte die Ausdehnung der habsburgischen Erblande wie den Machtzuwachs der Reichsspitze im Bayrischen Erbfolgekrieg (1778/79) und durch die Errichtung eines antiösterreichischen Fürstenbundes (1785) zu verhindern. Das durch die Schlesischen Kriege wirtschaftlich verelendete und ausgeplünderte Preußen erfuhr zwar durch die Gründung einiger Gewerbe (Baumwollspinnerei und -weberei, Kattundruckerei, Papierfabrikation, Zuckersiederei, Porzellanmanufaktur) eine gewisse Vermehrung der Produktion, doch die Aufrechterhaltung des Zunftzwanges in den Städten und der Erbuntertänigkeit auf dem Lande sowie die Verweigerung demokratischer Rechte an das Volk hemmten jede fortschrittliche Entwicklung. Nur wenig geschah für das Schulwesen, so gut wie nichts für die Förderung von Wissenschaft und Kunst. Friedrich II., nach Goethes treffendem Wort der «geistige Vasall Voltaires», war ein vereinsamter Menschenverächter geworden; er glaubte nicht an die Möglichkeit einer deutschen Nationalkultur und bediente sich in seinen literarischen Arbeiten der französischen Sprache. Klopstock war nach Kopenhagen, Winckelmann nach Rom gegangen; Herder – Preuße wie die beiden andern – kam über Riga und Bückeburg durch Goethes Vermittlung nach Weimar. Der Sachse Lessing verließ endgültig «das sklawischste Land in Europa»[1] und zwei Jahre vor Humboldts Geburt die preußische Hauptstadt, die vor allem ihm ihre Stellung im Zeitalter der Aufklärung verdankte. Der «große» König hatte für den bedeutendsten Vorkämpfer der bürgerlichen Epoche unserer deutschen Kultur keine Verwendung; bei Neubesetzung der Stelle des Hofbibliothekars wurde Lessing unter entwürdigenden Begleitumständen übergangen.

Goethe, der im Frühjahr 1778 den Herzog Karl August von Weimar zu einem militärischen Schauspiel nach Berlin begleitete, fühlte sich im Ilmtal wohler «als in der weiten Welt». «Soviel kann ich sagen», schrieb er der Frau von Stein, «je größer die Welt, desto garstiger wird die Farce, und ich

1 Lessing an Friedrich Nicolai am 25. August 1769.

schwöre, keine Zote und Eselei der Hanswurstiaden ist so ekelhaft als das Wesen der Großen, Mittleren und Kleinen durcheinander.» Und Georg Forster meinte nach einem mehrwöchigen Aufenthalt in Berlin in einem Brief vom 23. April 1779 an den auch mit Goethe befreundeten Schriftsteller Friedrich Heinrich Jacobi, er habe sich in seinen «mitgebrachten Begriffen von dieser großen Stadt sehr geirrt». «Ich fand das Äußerliche viel schöner», urteilte der jugendliche, von Neugierigen bestürmte Weltreisende, «das Innerliche viel schwärzer. Berlin ist gewiß eine der schönsten Städte in Europa. Aber die Einwohner! – Gastfreiheit und geschmackvoller Genuß des Lebens – ausgeartet in Üppigkeit, Prasserei, ich möchte fast sagen Gefräßigkeit; freie, aufgeklärte Denkungsart – in freche Ausgelassenheit und zügellose Freigeisterei. Und dann die vernünftigen, klugen Geistlichen, die aus der Fülle ihrer Tugend und moralischen Vollkommenheit Religion von Unverstand säubern und dem gemeinen Menschenverstande ganz begreiflich machen wollen! – Ich erwartete Männer ganz außerordentlicher Art, reiner, edler, von Gott mit seinem hellen Lichte erleuchtet, einfältig und demütig wie Kinder. Und siehe, da fand ich Menschen wie andere; und was das ärgste war, ich fand den Stolz und den Dünkel der Weisen und Schriftgelehrten ... weiter brauche ich nichts zu sagen ... Während der fünf Wochen habe ich wenigstens in 50 bis 60 verschiedenen Häusern Mittag- und Abendbrot gegessen und jederzeit dieselben Geschichten ableiern, dieselben Fragen hören und beantworten, kurz tausend müßigen Leuten die Zeit vertreiben müssen, Perückenstöcken, die sich unter ihren Nachbarn ein Ansehen geben wollen, als wüßten sie wunder wieviel, und deswegen zehn Fragen in einem Atem tun und wieder von neuem anfangen, ehe die erste abgefertigt ist, um nur vom Überfluß und der schnellen Folge ihrer Ideen (sie seien so albern, wie sie wollen) den Nase und Maul aufsperrenden Zuhörern das bißchen saft- und kraftlose Gehirn einzunehmen – die sind's, die mich fast zu Tode gequält haben, und dergleichen Seccatori hat Berlin vorrätig ...»

Schon im Hinblick auf das Aussehen der Stadt müssen wir vom uns etwa noch in Erinnerung haftenden Bild des «alten» Berlins für die Spätzeit Friedrichs II. die Bauten von Schinkel und Langhans, die Werke Schadows und Rauchs wegdenken, die erst später entstanden, und uns daran erinnern, daß die Reste der Befestigungswerke erst 1745 der Neuen Friedrichstraße, der Alexanderstraße, der Wallstraße gewichen waren. Nach Tegel, dem Sitz der Humboldts, führte vom Oranienburger Tor ein sandiger Weg durch die Berliner Stadtheide, die Spandauer Stadtheide und die Jungfernheide.

Tonangebend in der Stadt waren das Beamtentum und das Offizierskorps, deren Mitglieder überwiegend dem geistig anspruchslosen, im allgemeinen wenig gebildeten Adel angehörten. Die Geistlichkeit war teils aufklärerisch, teils orthodox und teils pietistisch. Nur vereinzelte, in der Regel aus kleinen Verhältnissen zu Wohlstand gelangte Kaufleute hatten das Bedürfnis, wenigstens ihren Kindern eine höhere Bildung zuteil werden zu lassen. Die sogenannte «Berliner Aufklärung», die sich, vielfach zu Unrecht, auf Lessing berief, verflachte bereits. Ihre namhaftesten Vertreter waren der Lessing nahestehende Popularphilosoph Moses Mendelssohn, ein ehemaliger Buchhalter in der Fabrik eines Seidenfabrikanten, der Odendichter und Philosophielehrer Karl Wilhelm Ramler, der Professor am Joachimsthalschen Gymnasium und moralisierende Schriftsteller Johann Jakob Engel, der aus der Schweiz stammende Mathematiker und Ästhetiker Johann Georg Sulzer und der schriftstellernde Buchhändler und Verleger Friedrich Nicolai. Die besondere Bedeutung dieses Berliner Kreises lag darin, daß er der vom Hof geförderten Überfremdung Berlins mit französisch-höfischen Gelehrten, Künstlern, Ideen und Kunstwerken entgegenwirkte.

Der bedeutendste deutsche Denker jener Zeit, Immanuel Kant, lebte und wirkte in Königsberg; die preußische Hauptstadt besaß noch keine Universität, die Akademie der Wissenschaften, Leibniz' Gründung, war in den Zeiten des barbarischen «Soldatenkönigs» Friedrich Wilhelm I. verfallen. Der Voreingenommenheit Friedrichs II. für französische Kunst und Wissenschaft entsprechend, wurde später der französische Mathematiker Maupertuis für eineinhalb Jahrzehnte Präsident der bedeutendsten wissenschaftlichen Korporation Preußens. Diesem seinem Landsmann, der das Dasein Gottes mathematisch beweisen wollte, galt der boshafte Spott des einflußreichen französischen Denkers und Schriftstellers Voltaire, dessen Anwesenheit am preußischen Königshof mit einem Jahresgehalt von 2 000 Pfund Silber erkauft worden war. In einer mit Moses Mendelssohn gemeinsam verfaßten satirischen Schrift gab der sechsundzwanzigjährige Lessing die Preußische Akademie der Wissenschaften der Lächerlichkeit preis, die der große Schweizer Mathematiker Leonhard Euler fünfzehn Jahre später nach fünfundzwanzigjähriger Mitarbeit enttäuscht verließ, um nach Petersburg zurückzukehren. Als Humboldt bereits die Universität in Frankfurt/Oder bezog (1787), beschäftigte sich die Preußische Akademie der Wissenschaften ernsthaft mit der Überprüfung einer «Entdeckung», nach der Gold aus «einem gewissen feuchten Salze» gewonnen worden sein sollte. Der Apotheker und Chemiker Sigismund Marggraf, immerhin seit 1738 selbst Mitglied und seit 1754 Vorsteher des chemischen Laboratoriums der Berliner Akademie der Wissenschaften, der das «süße Salz» in der Runkelrübe entdeckt hatte, war hingegen verlacht worden, als er aus der heimischen Rübe Zucker gewinnen wollte. Erst sein Schüler Franz Carl Achard konnte 1799 den ersten Zuckerhut aus deutschem Rübenzucker vorweisen und einem bedeutenden Zweige der landwirtschaftlichen Erzeugung den Weg ebnen.

Berlin war nicht der Boden, in dem ein sich entfaltendes naturwissenschaftliches Talent Wurzeln fassen konnte. Die Wiege der Naturwissenschaften in Deutschland stand in Göttingen[1], die der idealistischen Philosophie in Jena, wo Fichte, Hegel und Schelling einander auf dem Lehrstuhl ablösten, von dem aus Wielands Schwiegersohn Reinhold die schwer zugängliche Philosophie Kants verbreitet hatte. Jena und Weimar wurden durch Goethe, Schiller und Herder die Mittelpunkte der deutschen Klassik. Die Zentren der Naturforschung lagen nicht in Deutschland. Den edlen Wettstreit, den sich Paris und Stockholm um die Führung in der chemischen Forschung lieferten, entschied erst Jahrzehnte später Justus Liebig zugunsten der kleinen hessischen Landstadt Gießen. «Er wird ein Professor sein, der dem Vaterlande Ehre macht», prophezeite Alexander von Humboldt im Jahre 1824 dem Großherzog von Hessen, als er diesen veranlaßte, den jungen Liebig, der nicht

1 Vgl. S. 43 ff.

einmal das Abitur, geschweige denn den Doktorgrad erworben hatte, gegen den Willen der Professorenschaft an seine Landesuniversität zu berufen. Berlins Eintritt in die Reihe der bedeutenden Stätten der modernen Wissenschaft ist an die Namen der beiden Humboldts gebunden, Wilhelms, des Gründers der Universität, die heute seinen Namen trägt, und Alexanders, des Nestors der deutschen Naturforschung.

Die preußische Hauptstadt konnte Alexander von Humboldt in seinen frühen Bildungsjahren um so weniger die für die Entwicklung seiner Begabungen notwendigen Anregungen geben, als sie damals auf einen Tiefstand geselliger Kultur absank, denn nach Friedrichs II. Tod (1786) wurde die allgemeine geistige Atmosphäre Berlins noch stickiger. Der schwache und krankhaft-sinnliche Friedrich Wilhelm II. überließ Verwaltung und Heer, die gänzlich auf dem mißtrauischen Fleiß eines Alleinherrschers aufgebaut waren, seinen Günstlingen und dem Einfluß seiner Beischläferinnen. Darüber, wie groß die allgemeine Sittenverderbnis in der Residenz dieses Hohenzollern war, der zweimal «ebenbürtig» und zweimal «unebenbürtig» ehelichte und sich zusätzlich eine hochdotierte Mätresse hielt, erzählte später der in Berlin geborene und aufgewachsene Schneidermeisterssohn und Bildhauer Johann Gottfried Schadow dem beredtesten Chronisten jener Zeit, Karl August Varnhagen von Ense: «Zur Zeit Friedrich Wilhelms II. herrschte die größte Liederlichkeit, alles besoff sich in Champagner, fraß die größten Leckereien, frönte allen Lüsten. Ganz Potsdam war wie ein Bordell; alle Familien dort suchten nur mit dem Könige, mit dem Hof zu tun zu haben, Frauen und Töchter bot man um die Wette an, die größten Adligen waren am eifrigsten. Die Leute, die das wüste Leben mitgemacht haben, sind alle früh gestorben, zum Teil elendiglich, der König an der Spitze.»

Höfische Gesellschaft, Staat und Armee verfielen der Fäulnis, Bauern und Handwerker der Verelendung. Führender Kopf der Hofpartei, die den in seiner Unfähigkeit auch noch mystischen Schwärmereien zuneigenden König bis zu seinem Tode (1797) beherrschte, war der Staats- und Justizminister und Chef des geistlichen Departements Johann Christoph Wöllner, ein ehemaliger Prediger und intriganter Emporkömmling, der durch sein berüchtigtes Religionsedikt und sein Zensuredikt im Jahre 1788 die geringen Freiheiten aufhob, die in Preußen auf religiösem und literarischem Gebiet bestanden hatten. Scheinheilige Frömmelei einer durch und durch verderbten Gesellschaft führte im Bunde mit der lutherischen Orthodoxie, die trotz Lessings heldenmütigen Kampfes noch immer an der Macht war, mit brutalen Zwangsmaßnahmen den letzten Angriff gegen die Aufklärung.

Kindheit in Tegel

Als der Dunkelmann Wöllner mit dem Regierungsantritt Friedrich Wilhelms II. zur Herrschaft gelangte, war Alexander Georg von Humboldt, der Vater der berühmten Brüder, bereits seit sieben Jahren tot. Auch er hatte zum Kreis der Günstlinge des damaligen Thronfolgers gehört, war Kammerherr der ersten unglücklichen Gattin Friedrich Wilhelms, der Prinzessin Elisabeth von Braunschweig, gewesen, bis die Ehe geschieden war, und hatte sich dann bald der Verwaltung der Güter gewidmet, die durch seine Heirat mit der Witwe des Barons von Hollwede in seinen Besitz gekommen waren.

Zeitgenossen rühmten an dem Major und Kammerherrn von Humboldt Rechtschaffenheit und Standesbewußtsein und glaubten, daß er berufen gewesen wäre, nach dem Ableben Friedrichs II. als Vertrauter des Thronfolgers eine bedeutende politische Rolle zu spielen. Junker im eigentlichen Sinne, das heißt alteingesessener feudaler Großgrundbesitzer, war er nicht; der Adel der Humboldts war jüngeren Datums; adelsstolze feudale Familien nannten die Söhne des Kammerherrn «Bastarde» wegen ihrer bürgerlichen Mutter. Andererseits gehörte Georg von Humboldt auch nicht zum verbürgerlichten Adel. Er war als Sechzehnjähriger 1736 Soldat geworden und 1762 als Major aus der Armee ausgeschieden; er hatte also 26 Jahre gedient, bevor er 1764 Kammerherr am Hofe des Prinzen von Preußen wurde. Zu Wohlstand kam er erst durch seine Heirat im Jahre 1766. Im übrigen war auch der erste Gatte der Mutter der Brüder Humboldt, der 1765 verstorbene Friedrich Ernst von Hollwede, Offizier gewesen, und ihr nur wenige Jahre älterer Stiefbruder diente im Regiment Gensdarmes. Es überrascht daher nicht, wenn man in den autobiographischen Aufzeichnungen des jungen Alexander von Humboldt vom 4. August 1801 liest: «Meine jugendliche Neigung war von jeher der Soldatenstand gewesen.»

Mag sein, daß der frühe Tod des Vaters – er starb bereits 1779 – die beiden heranwachsenden Söhne davor bewahrt hat, in engere Berührung mit der verderbten höfischen Gesellschaft zu geraten. Zur Zeit der Geburt Wilhelm von Humboldts (am 22. Juni 1767) lebten die Eltern noch in Potsdam in unmittelbarer Nähe des preußischen Hofes; Alexander von Humboldt kam zwei Jahre später, am 14. September 1769, bereits in Berlin im Haus Jägerstraße 22 zur Welt, das Frau Maria Elisabeth von Humboldt von ihrer Mutter geerbt hatte.[1] Daß der damalige Thronfolger von Preußen zu den Taufpaten Alexanders gehörte, spricht dafür, daß es zumindest noch in jener Zeit eine enge Verbindung zwischen Prinz und Kammerherr gegeben hat.

Während der nächsten Jahre lebten die Humboldts nur winters in Berlin; im Sommer weilten sie auf Gut Ringenwalde bei Soldin in der Neumark, aber vornehmlich in dem Schlößchen Tegel an der zu einem See erweiterten Havel. Auch das Erbpachtgut Tegel hatte Frau von Humboldt aus ihrer ersten Verbindung in die Ehe gebracht. Tegel ist erst durch Wilhelm von Humboldt, dem es beim Tode der Mutter zufiel, als Eigentum erworben und von Schinkel zu dem ländlichen Kleinod der Baukunst umgestaltet worden, das noch heute den Besucher erfreut. Wohl aber war der schöne Park schon auf Betreiben des Majors von Humboldt entstanden. Die mit der niedrigen Erbpacht verbundene Auflage, auf dem zum Schloß gehörenden Land Maulbeerpflanzungen zu unterhalten und Seidenbau zu betreiben, wurde wegen der Unwirtschaftlichkeit solcher merkantilistischen Unternehmungen auf Tegeler Boden bald nach Alexanders Geburt aufgehoben. Der Erbherr auf Tegel widmete sich hinfort auch deshalb der Anpflanzung überseeischer Gewächse, weil die im benachbarten Tegeler Forst gelegenen umfangreichen Baumschulen vornehm-

1 Es handelt sich um das Gebäude in der heutigen Otto-Nuschke-Straße 22/23, das jetzt Sitz der Akademie der Wissenschaften der DDR ist.

lich der Kultivierung exotischer Baumarten für die königlichen Parks und Gärten dienten.

Diese merkwürdigen Pflanzungen inmitten des weiten Kiefernwaldes mögen dem Knaben Alexander die erste Begegnung mit der fremden Pflanzenwelt vermittelt und dem damaligen Kreisphysikus des Havellandes im nahen Spandau und Hausarzt der Humboldts, Ernst Ludwig Heim, Anlaß gegeben haben, «den jungen von Humboldts die 24 Klassen des Linnéschen Pflanzensystems» zu erklären, wie er unter dem 30. Juli 1781 in seinem Tagebuch vermerkte. Hierin, wie oft geschehen, einen ersten Anstoß zur Beschäftigung Humboldts mit der Botanik zu sehen, wäre allerdings verfehlt. In seiner Niederschrift vom 4. August 1801 – übrigens in Santa Fé auf der Insel Kuba – heißt es über diese «Mühe» des später so volkstümlichen «alten Heim»: «...in wenigen Tagen war uns beiden alle Lust zur Botanik wieder verschwunden.»[1]

Im Juni 1792, als Alexander nach längerer Abwesenheit wieder einmal in Tegel weilte, schrieb er seinem Freiberger Studienfreunde Freiesleben: «Hügel mit Weinreben, die wir hier Berge nennen, große Pflanzungen von ausländischen Hölzern, Wiesen, die das Schloß umgeben, und überraschende Aussichten auf die malerischen Ufer des Sees machen diesen Ort allerdings zu dem reizendsten Aufenthalte der hiesigen Gegend. Nehmen Sie dazu einen hohen Grad der Gemächlichkeit und des Wohllebens, der in unserm Hause herrscht, so werden Sie sich doppelt wundern, wenn ich Ihnen sage, daß ebendieser Ort, sooft ich ihn besuche, wehmütige Empfindungen in mir erregt. Sie erinnern sich unserer Gespräche, als wir vom Milischauer nach Teplitz zurückkehrten, als Sie soviel Anteil an der Schilderung meiner Jugendjahre nahmen. Hier in Tegel habe ich den größeren Teil dieses traurigen Lebens zugebracht, unter Leuten, die mich liebten, mir wohlwollten und mit denen ich mir doch in keiner Empfindung begegnete, in tausendfältigem Zwange, in entbehrender Einsamkeit, in Verhältnissen, wo ich

1 Vgl. dazu Kurt-R. Biermann / Fritz G. Lange: «Alexander von Humboldts Weg zum Naturwissenschaftler und Forschungsreisenden» (in: «Alexander von Humboldt. Wirkendes Vorbild für Fortschritt und Befreiung der Menschheit», Festschrift aus Anlaß seines 200. Geburtstages. Berlin 1969, S. 93).

zu steter Verstellung, Aufopferungen und so weiter gezwungen wurde. Wenn ich mich noch jetzt, da ich frei und ungestört hier lebe, hingeben will in den Genuß, den die reizende, anmutsvolle Natur hier in so reichem Maße gewährt, so werde ich zurückgerufen durch die widrigsten Eindrücke, durch Erinnerungen an meine Kinderjahre, die selbst jeder reglose Gegenstand hier rege macht. – So wehmütig solche Erinnerungen aber auch sind, so interessant werden sie einem zugleich auch durch den Gedanken, daß gerade dieser Aufenthalt soviel zu der jetzigen Stimmung meines Charakters, zu der Richtung meines Geistes auf das Studium der Natur usw. beitrug.»

Dieses Bekenntnis Alexander von Humboldts findet sich nicht vereinzelt. Gewiß berührten auch ihn frühzeitig die weltschmerzlerische Woge der jungen Romantik und die Empfindsamkeit der Berliner Salons, durch die er 1792, als er diesen Brief schrieb, bereits gegangen war. Sicher aber ist, daß seine Kindheit nicht unbeschwert fröhlich war.

Die ersten Erzieher stellten an den nicht immer leicht auffassenden, schüchternen und gesundheitlich recht anfälligen Knaben die gleichen hohen Anforderungen wie an den zwei Jahre älteren, lebhafteren und aufgeschlosseneren Bruder, mit dem er gemeinsam unterwiesen wurde. Die Ausbildung zielte von vornherein auf die Vorbereitung für ein Staatsamt; denn Frau von Humboldt hielt die Beziehungen zum Hof auch nach dem Tode ihres Mannes aufrecht und wünschte ihre Söhne aus zweiter Ehe um so mehr in «die große Welt» einzuführen, als ihr Sohn aus erster Ehe, der 1763 geborene Heinrich Friedrich Ludwig Ferdinand von Hollwede, keine ihrer ehrgeizigen Hoffnungen erfüllte. Zu alledem war die Mutter eine kühle, herbe Natur, die sich die Liebe zu ihren Kindern zumindest nicht anmerken ließ und mit einer gewissen Förmlichkeit ständig im kleinen «Hof hielt». Alexander aber kannte keinen Standesstolz, wenngleich er, wie sich im Laufe der Jahre zeigen sollte, nicht frei von Eitelkeit war. Diese beruhte aber nicht auf seiner Herkunft, sondern fand ihre Begründung in der Wertschätzung der eigenen Leistung und Bedeutung.

Es mag eine Anekdote sein, wenn überliefert wird, der elfjährige Sammler von Steinen und Pflanzen habe einer adelsstolzen Tante, der Gattin eines königlich-preußischen Kammerherrn, die ihn verächtlich fragte, ob er denn Apotheker werden wolle, keck und ungebärdig geantwortet: «Doch lieber Apotheker als Kammerherr!» Jedenfalls zeigten sich schon in jungen Jahren der Drang nach einem tätigen, aus eigenem Können schöpfenden Leben und das Bedürfnis, sich an Gleichgesinnte anzuschließen, ohne Rücksicht darauf, ob sie adligen Standes oder bürgerlicher Herkunft waren.

Wenn Alexander von Humboldt seiner Mutter auch zeitlebens fremd blieb, dankte er ihr dennoch nicht nur die für seine Entwicklung hochbedeutsam gewordene wirtschaftliche Unabhängigkeit von zweifelhaften Gönnern und fürstlichen Mäzenen. Maria Elisabeth von Humboldt, die der aus Frankreich eingewanderten Familie Colomb entstammte, war eine Anhängerin der pädagogischen Bestrebungen, die die Ideen Jean-Jacques Rousseaus auch bei deutschen Erziehern auslösten. Der erste Hauslehrer, der noch zu Lebzeiten des Majors bereits 1769, in Humboldts Geburtsjahr, als Erzieher des 1763 geborenen Stiefbruders nach Tegel kam, war Joachim Heinrich Campe, der späterhin bei Hamburg ein Erziehungsinstitut nach dem Muster der Dessauer Anstalt des Philanthropen Johann Bernhard Basedow eröffnete. Im August 1772 Feldprediger in Potsdam geworden, verließ er das Humboldtsche Haus, kehrte indessen 1775 für einige Zeit nach Tegel zurück. Auf Alexanders Werdegang hat er keinen unmittelbaren Einfluß gewonnen, wenn auch unterstellt werden darf, daß Campes 1779 erschienene und sehr bald in fast alle europäischen Sprachen übersetzte Umformung und Nachbildung des englischen Romans «Robinson Crusoe» von Daniel Defoe[1] den jungen Alexander begeistert hat. Alexander hat Campe nicht unter seinen Lehrern erwähnt. Die ersten Versuche mit dem Federkiel machte er vielmehr bei dem Kandidaten und späteren Prediger an der Berliner Luisenkirche Johann Heinrich Sigismund Koblanck.

Zwei Jahre vor seinem Tode fand der Major von Humboldt an einem zwanzigjährigen Jüngling Gefallen, der ihm ungewöhnlich begabt erschien. Er hieß Christian Kunth, war der Sohn eines protestantischen Geistlichen, wohlbewandert in den schönen Wissenschaften wie in den alten und neuen Sprachen

1 «Robinson der Jüngere», 2 Bände, Hamburg 1779.

und hatte das Studium wegen seiner Armut abbrechen müssen. Er war ebenso anstellig als Hofmeister der Söhne und des Stiefsohnes wie als Sekretär des Gutsherrn. Als der Major im Jahre 1779 starb und seiner Witwe einen zwölfjährigen und einen zehnjährigen Sohn sowie mehrere Güter und ein ansehnliches Vermögen hinterließ, erwies sich Christian Kunth als umsichtiger Verwalter des beträchtlichen Nachlasses, besonnener Ratgeber der Frau von Humboldt und erstaunlich reifer Erzieher der Knaben. Frau von Humboldt konnte den klugen und bescheidenen Hausgenossen nicht entbehren, ihre Söhne gewannen in ihrem Hofmeister einen Sachwalter ihres Erbes und einen Freund, der ihnen bis zu seinem Tode verbunden blieb.

Kunth, ein sehr freisinniger und weitsichtiger Patriot, gehörte später, von Wilhelm gefördert, zum engsten Mitarbeiterkreis des Freiherrn vom Stein. Er hat sich als Geheimer Oberregierungsrat um die Gewerbefreiheit und die Abschaffung der Binnenzölle Verdienste erworben. Anerkennung gebührt ihm auch für seine verständnisvolle Förderung der Entwicklung Wilhelm und Alexander von Humboldts. Er erkannte schon in jungen Jahren die tiefen Unterschiede in der Natur und der Veranlagung der ihm anvertrauten jungen Menschen. Sein humaner und freiheitlicher Sinn und sein bürgerliches Selbstbewußtsein stärkten die Neigung seiner beiden Zöglinge zur Bewährung in einem tätigen Leben unter Menschen, deren Rang ausschließlich von ihrer schöpferischen Leistung und ihrer Menschlichkeit bestimmt wurde. Allerdings muß auch gesagt werden, daß Kunth es nicht verstanden hat, die Liebe seiner Schützlinge zu erringen. Ihre Achtung vor ihm ging zwar später in Freundschaft über, aber sein Streben, sie dem Wunsche der Mutter gemäß für die höhere Beamtenlaufbahn vorzubilden, stieß auf Opposition bei Wilhelm wie bei Alexander.

Reifejahre in Berlin

Kunth war sich seiner Aufgabe nicht minder bewußt als seiner Grenzen. Es spricht für die Klugheit der Mutter der Brüder Humboldt, daß sie ihrem Ratgeber und Hofmeister unbegrenztes Vertrauen entgegenbrachte. Sie stimmte Kunths Ansicht zu, daß das Schlößchen Tegel für den sechzehnjährigen Wilhelm und den vierzehnjährigen Alexander zu eng geworden wäre und daß für die Ausbildung der Brüder weitere, bereits bewährte Lehrkräfte herangezogen werden müßten. 1783 übersiedelten Lehrer und Schüler nach dem Haus in der Jägerstraße zu Berlin; Kunth wurde mehr und mehr zum Leiter der Ausbildung seiner Schützlinge, während den eigentlichen Unterricht nach seinen Vorschlägen Männer übernahmen, die in der schmalen bürgerlichen Intelligenzschicht im Berlin der achtziger Jahre des 18. Jahrhunderts einen guten Ruf genossen.

Betrachten wir Lehrer und Lehrgegenstände der beiden Humboldts in den Jahren 1783 bis 1787, so mag uns die Vielfalt der Unterrichtsstoffe nicht weniger verwirren als die Art der Anforderungen, die an zwei junge Menschen gestellt wurden, welche nach unseren heutigen Begriffen ihrem Alter nach noch in die Oberschule gehörten. Und überdies scheinen Lehrplan und Ausbildung im Widerspruch zu dem Bilde zu stehen, das wir von den Verhältnissen der preußischen Hauptstadt am Vorabend der Französischen Revolution entwarfen.

Jedoch: die Humboldts waren keine Bürgersöhne. Sie entstammten einem Geschlecht, das durch adlige Vorrechte, im Erbgang erworbenes beziehungsweise erheiratetes Vermögen und durch finanzielle Beteiligung an einträglichen Staatsgeschäften zu beträchtlichem Wohlstand gelangt war. Sie besuchten weder das Joachimsthalsche Gymnasium noch das zum Grauen Kloster; sie wurden von Privatlehrern auf eine Aufgabe vorbereitet, die ihnen eine ehrgeizige Mutter gewiß in Übereinstimmung mit den Plänen des verstorbenen Vaters vorbestimmt hatte. Aber Frau von Humboldt wußte zugleich von den Veränderungen, die sich seit Rousseau auch in Deutschland auf dem Gebiete der Erziehung vollzogen, sie ahnte die wachsende Macht des Wissens und hatte in Kunth einen Ratgeber zur Seite, der klug genug war, die Wünsche der standesbewußten, aber nicht adlig-engen Mutter mit den Neigungen seiner Schutzbefohlenen und den Gegebenheiten einer in Gärung begriffenen Gesellschaft in Einklang zu bringen.

Die Widersprüchlichkeit der Erziehung von Söhnen eines Adels, der sich zwar das bürgerliche Wissen aneignen, aber nichts von seinen Vorrechten aufgeben wollte, durch Hofmeister bürgerlicher Herkunft und bürgerlichen Bewußtseins wird hier offenbar. Die Verbürgerlichung einzelner Teile des Adels (vornehmlich solcher, die in höfischem Dienst in der Stadt ansässig geworden waren) ist bis zu einem gewissen Grade ebenso eine Wirkung dieser Widersprüche wie umgekehrt das Streben eines Teiles der bürgerlichen Intelligenz, «hoffähig», das heißt vom Adel als ebenbürtig anerkannt zu werden.

Im Falle der Humboldts ist festzustellen, daß die Bindungen an die feudale Tradition gering waren. Die fehlende väterliche Autorität wurde zwar durch die mütterliche ersetzt, aber in Frau von Humboldt wetteiferten feudale und bürgerliche Neigungen und Interessen miteinander. Kunth, ein ehemaliger Kandidat der Theologie, war von der «klassischen» Bedeutung der Wiederbelebung des Studiums antiker Sprachen und der antiken Kultur nicht weniger durchdrungen als vom Geist der Wegbereiter der Revolution in Frankreich und der bürgerlichen Aufklärer in Deutschland.

Unter den Berliner Erziehern der Humboldts begegnen wir daher namhaften Berliner Aufklärern neben Staatsbediensteten, denen die besondere Aufgabe zugedacht war, die beiden Jünglinge mit den nötigen staatswissenschaftlichen Kenntnissen zu versehen. Wir finden den Philosophieprofessor Johann Jakob Engel, den Moralisten und Rationalisten am Joachimsthalschen Gymnasium, neben dem Feldprediger und späteren Professor an der Universität Frankfurt an der Oder, Josias Löffler, einen Gegner der kirchlichen Orthodoxie, der von dem Mathematiker am Grauen Kloster Ernst Gottfried Fischer im Unterricht in der griechischen Sprache abgelöst wurde; wir finden Christian Wilhelm Dohm, den ehemaligen Pagenhofmeister am Hofe des Bruders Friedrichs II., zeitweiligen Weggenossen Basedows und stockpreußischen, antirevolutionären Rechts- und Staatswissenschaftslehrer, der zu jener Zeit als Geheimer Archivar und Kriegsrat im Departement der Auswärtigen Angelegenheiten tätig war.

Alexander hat trotz seines ungewöhnlichen Fleißes den Erwartungen seines Hofmeisters und den Anforderungen seiner Lehrer nicht durchweg entsprochen. Man sagt ihm nach, er habe nicht die Gabe schneller und leichter Auffassung gehabt. Gewiß ist, daß er körperlich schwach und bis in seine ersten Reisejahre kränklich war. Er entwickelte sich erst spät und ließ es selbst Kunth zweifelhaft erscheinen, ob er wohl für ein Universitätsstudium geeignet wäre. «Von mir hat er's wahrhaftig nicht!» äußerte sich der ehemalige Hofmeister noch im Winter 1827/28 zu Henriette Herz, als beide den Vorträgen des berühmten Reisenden lauschten. Und Humboldt selbst bekannte dem Jugendfreunde Freiesleben offen, «daß seine Erzieher in den ersten Jahren seiner Kindheit ganz daran verzweifelten, es würden sich je auch nur gewöhnliche Geisteskräfte bei ihm entwickeln, daß erst in spätern Knabenjahren auf einmal das Licht in seinem Kopfe eingetreten».

Man wird aber dem «kleinen Apotheker», wie der Sammler von Steinen, Pflanzen und Insekten der Überlieferung nach während seiner Kindheit in Tegel genannt worden sein soll, zugute halten müssen, daß der ältere und früher gereifte, mit scharfem Verstande begabte Bruder bei der Wahl der Lehrstoffe und des Unterrichtstempos den Ausschlag gab. Wilhelm lag zudem die vernünftelnde Trockenheit und Pedanterie des «Aufklärichts», wie die verflachte, im westelbischen Deutschland durch den Sturm und Drang bereits überholte Berliner Aufklärung einmal genannt wurde, mehr als dem in der Anschauung begreifenden, zur Erfahrung und zum Erleben drängenden jüngeren Humboldt. Georg Forster, der die oberflächliche Geistigkeit der Berliner Intellektuellen kannte, schrieb noch 1790 an seinen Schwiegervater Heyne, er sei überzeugt, «daß bei ihm [Alexander] der Körper leidet, weil der Geist zu tätig ist und weil die logische Erziehung der Herren Berliner seinen Kopf gar zu sehr mitgenommen hat».

Alexanders Wissensdurst war anderer Art, als daß er von gelehrten Philologen und Kameralisten – so nannte man im kleinstaatlichen Feudalabsolutismus die Finanz-, Wirtschafts- und Verwaltungsfachleute – hätte gestillt werden können. Alexander war neugierig auf das Leben, das sich ihm in der Natur und zumal in den heimischen und fremden Pflanzen zu erschließen begann und aus der unbekannten Ferne lockte, von der durch Cooks und anderer Entdeckungsreisen die Kunde auch nach Berlin drang. «Kindliche Freude an der Form von

Ländern und eingeschlossenen Meeren, wie sie auf Karten dargestellt sind», lesen wir im «Kosmos» in einem biographischen Rückblick Humboldts, und diese Erinnerungen greifen nur teilweise seinen frühen Jünglingsjahren voraus, «der Hang nach dem Anblick der südlichen Sternbilder, dessen unser Himmelsgewölbe entbehrt, Abbildungen von Palmen und libanotischen Zedern[1] in einer Bilderbibel können den frühesten Trieb nach Reisen in ferne Länder in die Seele pflanzen. Wäre es mir erlaubt, eigene Erinnerungen anzurufen, mich selbst zu befragen, was einer unvertilgbaren Sehnsucht nach der Tropengegend den ersten Anstoß gab, so müßte ich nennen: Georg Forsters Schilderungen der Südsee-Inseln;[2] Gemälde von Hodges,[3] die Gangesufer darstellend, im Hause von Warren Hastings in London; einen kolossalen Drachenbaum in einem alten Turm des Botanischen Gartens bei Berlin.» – Bereits im Alter von vierzehn Jahren zeichnete Alexander Karten der «Neuen Welt» und des kopernikanischen Planetensystems.[4]

Es gab aber in der schmalen bürgerlichen Bildungsschicht des damaligen Berlins auch vereinzelt Männer, die nicht nur dem philosophischen Hang der Zeit huldigten, sondern sich ebenso für die Fortschritte der Naturwissenschaften interessierten. Zu ihnen gehörte der jüdische Arzt Markus Herz, ein Schüler Kants, der in seinem Hause über physikalische Fragen Vorträge hielt und zur Unterhaltung seiner Gäste kleine Experimente anstellte. Alexander fühlte sich mehr zu diesen, seinen Neigungen entsprechenden Veranstaltungen des Arztes hingezogen, den er noch in späteren Jahren seinen «teuren Lehrer»

1 Gemeint ist die Libanonzeder, die nach dem Gebirgszug längs der Küste Syriens benannt worden ist, dessen charakteristischer Baum sie war, bis sie dort während der Türkenherrschaft fast völlig ausgerottet wurde.

2 Georg Forsters Beschreibung der zweiten Weltreise Cooks erschien 1777 in England und bereits im Jahr darauf in deutscher Übersetzung.

3 Humboldt lernte die Gemälde des englischen Malers indischer Landschaftsmotive im Frühjahr 1790 im Hause des ehemaligen Generalgouverneurs im damaligen Britisch-Ostindien, Sir Warren Hastings, kennen, der während seiner zwölfjährigen Amtszeit in Indien nicht nur England, sondern auch sich selbst so bereichert hatte, daß ihm 1786 ein Staatsprozeß gemacht wurde, der 1795 freilich mit seiner Freisprechung endete.

4 Neuerdings publiziert von Douglas Botting in: «Humboldt and the Cosmos», London, 1973, S. 23.

und väterlichen Freund nannte, als zu dessen Ehefrau Henriette Herz, der Wilhelm seine jugendlichen Huldigungen darbrachte. Immerhin: Alexander lehrte die berühmte schöne Frau portugiesischer Herkunft, die noch fast zwei Jahrzehnte später der siebzehnjährige Ludwig Börne leidenschaftlich anschwärmte und die zur vertrauten Freundin des Reformators der protestantischen Theologie Friedrich Ernst Daniel Schleiermacher wurde, die Tanzschritte des Menuetts.

Henriette Herz und Moses Mendelssohns Tochter Dorothea Veit, die spätere Gattin Friedrich Schlegels, unterhielten in ihren Heimen einige der berühmten Berliner «Salons», jener Sammelpunkte junger Schriftsteller und Gelehrter, bildungshungriger Großbürger und abtrünniger Adliger, gefühlvoller Jünglinge und geistreicher Frauen, die für einige Jahrzehnte die weithin berühmten intellektuellen Oasen in der geistigen Öde Berlins bildeten. Nicht zufällig entstanden diese zwanglosen, dem Bildungsgespräch wie der Geselligkeit dienenden Gemeinschaften in jüdischen Häusern; das Judentum kämpfte auch in Berlin seit Lessing im Zeichen der Aufklärung um seine geistige und politische Befreiung und die (im Gesamtgebiet des ehemaligen Deutschen Reiches erst 1869 vollständig verwirklichte) staatsbürgerliche Gleichberechtigung.

Die beiden Humboldts, die zum engsten Freundeskreis der Henriette Herz und Rahel Levin-Varnhagen[1] gehörten, der sie im Hause von Markus Herz zum erstenmal begegneten, waren schon als Jünglinge ebenso frei von rassischen wie von Standesvorurteilen. Alexander schrieb seine Briefe aus «Schloß Langweil» in Tegel an Henriette Herz gern in hebräischen Schriftzügen, denn die vertraute Freundin meinte: «In Briefen, deren Inhalt jedem zugänglich wäre, kundzugeben, man unterhalte sich besser in Gesellschaft jüdischer Frauen als auf dem Schlosse der Ahnen, war damals für einen jungen Edelmann doch nicht ganz unbedenklich.»

Offenbar veranlaßten vorwiegend Alexanders Hang zur Geselligkeit, seine Freude am bildenden Gespräch und sein reges Bedürfnis, Freundschaften zu schließen, den häufigen Besuch dieser Kreise. Der geistigen Atmosphäre der Salons, in denen

1 Vgl. dazu Herbert Scurla: «Begegnungen mit Rahel. Der Salon der Rahel Levin», 7. Aufl., Berlin, 1978.

das Erbe Lessings und die oberflächliche Fernwirkung des kritischen Denkers Kant bereits durch die lang anhaltende gefühlvolle Stimmung von «Werthers Leiden» (1774) abgelöst worden war und sich die weltschmerzlerische Empfindelei der «Tugendbünde» und der Gefühlsüberschwang der jungen Romantik ankündigten, stand der naturfreudige und wirklichkeitsnahe Alexander entschieden ferner als sein Bruder, der mitsamt dem Hofmeister Christian Kunth zeitweilig der sentimentalen Schwärmerei erlag. Auch an Alexander, der sich niemals den Eindrücken seiner Umwelt verschloß und durchaus keine selbstbewußt-starke Natur war, sind die Erlebnisse der Berliner Jahre nicht spurlos vorübergegangen. Ein Hang zum Romantischen war noch dem meisterhaften Naturschilderer auf der Höhe seines Lebens wie dem greisen Kammerherrn eigen. Das kann um so weniger verwundern, wenn man sich daran erinnert, daß der Nestor der deutschen Naturforschung fern der anschauenden Erfahrung und dem naturwissenschaftlichen Experiment in einer Epoche aufwuchs, an deren Anfang Rousseaus schwärmerischer Ruf «Zurück zur Natur» und an deren Ausgang die junge Romantik stand, die unter anderem auch die Landschaft für die Dichtung entdeckt hat.

Noch ein anderer charakteristischer Zug seines Wesens prägte sich in der Widersprüchlichkeit der Eindrücke aus, die der Menschen und Dinge gelassen-kritisch betrachtende junge Student angesichts der Flucht der Berliner Tugendbündler in eine Scheinwelt der Gefühle und Empfindungen empfing: der Zug zur Ironie, der den gereiften Mann zum Spötter und den lebenserfahrenen Greis zum Meister der satirisch gewürzten Anekdote machte. Im Unterschied zu seinem Bruder nahm Alexander von Humboldt einen Wesenszug mit sich in Welt und Leben, der den echten Berlinern angeboren sein soll: den Sinn für die Wirklichkeit, die Wirklichkeit der Natur, deren er sich messend, wägend und sammelnd zu bemächtigen begann, die Freude am Experiment und den Sinn für die Wirklichkeit der Gesellschaft, über deren ihn verwirrende Rückständigkeit und Widersprüchlichkeit er sich oft genug auch noch in späteren Jahren mit einer geistreichen Bemerkung, mit bissigem Spott oder gar mit Hohn hinwegzusetzen versuchte.

Langeweile in Frankfurt an der Oder

Im Herbst 1787 – Wilhelm hatte das zwanzigste Lebensjahr vollendet und Alexander eben seinen achtzehnten Geburtstag gefeiert – schien es Frau von Humboldt an der Zeit, ihre beiden Söhne zur Vorbereitung auf die ihnen zugedachte Laufbahn im Staatsdienst an eine Universität zu schicken. Die Trennung vom Elternhaus war unvermeidlich, da sich noch kein preußischer König gefunden hatte, der in den Mauern seiner Hauptstadt eine solche Pflegestätte der Wissenschaft gegründet hätte. Den Ausschlag für die Wahl des Studienortes gab wohl neben der Nähe Frankfurts an der Oder der Umstand, daß dort der Feldprediger Löffler, einer der Berliner Lehrer der Brüder, Professor der Theologie geworden war und sich bereit erklärte, seine ehemaligen Schüler und den Hofmeister Kunth in Kost und Logis zu nehmen, gewiß nicht zuletzt, um seine kärglichen Bezüge aufzubessern. «Die Königin der Wissenschaft» hatte, wie Alexander, allerdings speziell auf die Philosophie bezogen, gelegentlich nach Berlin schrieb, in der kleinbürgerlichen Oderstadt «eben nicht ihren Tempel».

Die sträflich vernachlässigte, bei der Gründung der Universität Berlin durch Wilhelm von Humboldt dann auch aufgehobene und mit Breslau vereinigte Hochschule hatte nur einen «guten» Ruf: den, daß es leicht sei, an ihr den Doktorgrad zu erwerben. Die Zahl der Studenten belief sich auf zwei- bis zweieinhalbhundert, die Bibliothek war schlecht, naturwissenschaftliche Sammlungen gab es nicht. Aber das war nicht so wesentlich, denn Wilhelm sollte Rechtswissenschaften und sein Bruder Kameralia studieren. Alexander interessierte sich auch durchaus für die Staatswirtschaftslehre, hörte daneben mit dem Bruder philosophische und sprachwissenschaftliche, seinen eigenen Neigungen entsprechend zusätzlich noch naturwissenschaftliche Vorlesungen. Er war überhaupt, wie Wilhelm der Herzensfreundin Henriette berichtete, «recht fleißig». Die Ergebnisse waren mager. «Er hat zwar Langeweile hier, aber im Grunde ist er doch recht vergnügt. Er läuft viel herum, mokiert sich und so immer fort.» Im Februar 1789, schon von Göttingen her, schrieb Wilhelm über den noch in Berlin weilenden Bruder an die glühend verehrte Henriette: «Er ist wahrlich ein wackerer Junge, der einmal viel Nutzen stiften wird. Sein Herz, so boshaft es manchmal scheint, ist doch im Grunde sehr gut. Sein Hauptfehler ist nur Eitelkeit und Sucht zu glänzen.»

Das Leben Alexanders hat dieses Urteil des Bruders bestätigt. Der berühmte Reisende wußte selbst mit seiner Bescheidenheit, die zum Geltungsdrang nur scheinbar im Widerspruch stand, den Glanz seines durch Leistung erworbenen Ruhmes zu vermehren. Wenn sich jedoch der Achtzehnjährige über die Verhältnisse an der Universität Frankfurt lustig machte und das Studium der Bücher einer Teilnahme an den schulmeisterlichen Ergüssen der Professoren vorzog, so war er im guten Rechte des Jünglings, dem «auf einmal das Licht in seinem Kopfe eingetreten» war und der erfahren mußte, daß der Name allein eine Bildungsanstalt nicht zur Universität macht. Nicht einer der Professoren, bei denen die jungen Humboldts in Frankfurt an der Oder Vorlesungen belegten, ist in der Geschichte seiner Wissenschaft vermerkt. Der ehemalige Feldprediger Löffler zog es vor, seinen Lehrstuhl an der fast dreihundert Jahre alten, aber längst in Bedeutungslosigkeit versunkenen Universität im Jahre 1788 mit dem Amt eines Oberkonsistorialrates in Gotha zu vertauschen.

Die Brüder Humboldt kehrten aus den Ferien, die sie nach ihrem ersten Studiensemester bei der Mutter in Tegel verlebten, nicht mehr nach Frankfurt zurück. Wilhelm reiste um Ostern 1788 nach Göttingen, Alexander folgte ihm erst ein Jahr später. Er sollte sich in Berlin als künftiger Kameralist intensiv mit der Technologie, d. h. der Anwendung von Mathematik, Physik und Chemie auf die industrielle Produktion beschäftigen und hat besonders die Berliner Textilindustrie studiert.

Die Immatrikulation in Göttingen beschloß zugleich den Abschnitt der Entwicklung Alexanders, der überwiegend durch Herkunft und Erziehung sowie durch die gesellschaftlichen Verhältnisse Preußisch-Berlins bestimmt wurde. Will man diesen Lebensabschnitt Humboldts in einem Satz charakterisieren, könnte man sagen: Der junge Humboldt befand sich bereits auf dem Wege zum Bürger.

Die Bindung an die gesellschaftliche Klasse, der er entstammte, war von vornherein gering gewesen. Der Vater verstarb früh; sein ökonomisches Interesse galt weit mehr Geldgeschäften als dem Betrieb seiner Gutswirtschaften. Kindheit und erste Erziehung des Knaben überwachte die Mutter. Ihr Standesbewußtsein war eher höfisch als junkerlich; ihre nach 1685 aus Frankreich eingewanderte Familie hatte durch den Betrieb von Glashütten Reichtum erworben. Maria Elisabeth von Humboldt war keine bedeutende, wohl aber eine ehrgeizige Frau, eine kühle, herrische Natur, eine Mutter, die ihre Söhne nicht durch Liebe, sondern durch ihre Stellung als Familienoberhaupt an sich band und sie bei allem guten Willen, ihnen zu einer glänzenden Laufbahn zu verhelfen, fühlen ließ, daß sie wirtschaftlich von ihr abhängig waren.

Weder Familientradition noch Elternhaus waren dazu angetan, die durch Geburt und Namen bezeichnete Zugehörigkeit zum Adel zu stärken. Nicht die Stellung seiner Familie in der spätfeudalen Gesellschaft, sondern der Reichtum der Mutter wirkte, wie wir sehen werden, entscheidend auf Humboldts Entwicklung ein.

Sehr stark waren die Wirkungen, die Humboldts überwiegend bürgerlich aufgeklärte Erzieher und Lehrer auf ihn ausübten und die von den bürgerlichen Salons in Berlin auf ihn ausstrahlten. Hier, nur hier fand er Wissen, wenn es auch zu bruchstückhaft war, als daß sich der noch nicht Zwanzigjährige daran hätte entzünden können. Der entscheidende Grund dafür, daß sich Humboldt verhältnismäßig spät entfaltete, lag nicht in den Bedingtheiten seiner Erziehung und seiner Veranlagung, sondern in der Öde und Leere des damaligen Berlins.

Botanisieren in Berlin

Alexander wußte die ihm gewährte Muße zu nutzen. Er beschäftigte sich, ganz im Sinne der ihm zugedachten Laufbahn, mit «Technologie, auf das Fabrikwesen angewandt», also mit praktischer Wirtschaftskunde, wobei es für die Zeitverhältnisse im allgemeinen und für die Neuartigkeit dieses Lehrgegenstandes im besonderen bezeichnend ist, daß ein Konsistorialrat sein Lehrer war. Er befaßte sich auch, wie wir seinem für Brockhaus' Konversationslexikon von 1853 selbstgeschriebenen

Lebenslauf entnehmen, «ernsthafter mit der griechischen Sprache», die, so heißt es in einem Brief aus dem Berliner Studienjahr, «die Grundlage aller gelehrten Kenntnisse» sei. Der Wiedererweckung der Antike durch Winckelmann und Lessing war eine Blüte der Altertumswissenschaften gefolgt, die den ganzen Reichtum der griechischen Literatur, der Philosophie, der Kunstlehre, der Naturanschauung, des Weltbildes der Alten erschloß. Man weiß, wie eng verbunden bei Goethe das Studium der Antike und das Studium der Natur waren. Der aus Italien nach Weimar heimgekehrte Geheimrat gab sich dem Studium der Metamorphose der Pflanzen mit Leidenschaft eben in jenen Jahren hin, in denen der zwei Jahrzehnte jüngere Alexander von Humboldt den Grund für seine universale Naturbetrachtung und Weltbeschreibung legte.

Zu den kameralistischen und klassischen Studien trat die unmittelbare Anschauung der Natur. Alexander suchte im Tiergarten Moose, Flechten und Pilze, durchwanderte immer wieder den Botanischen Garten, der zu den jüngsten in Deutschland gehörte. Er lernte das Zeichnen nach der Natur und die Technik des Radierens, immer bemüht, das Wesentliche und das Charakteristische seiner Beobachtungen für weitere Untersuchungen festzuhalten.

Von besonderer Bedeutung für Humboldts wachsendes Interesse an der Botanik wurde die Bekanntschaft mit dem nur vier Jahre älteren, in Berlin geborenen Pflanzenkundler Karl Ludwig Willdenow, der in Halle Medizin und Botanik studiert hatte. Er zeigte frühzeitig Neigung zur Systematisierung der bekannten Pflanzenarten; er förderte und ergänzte den jungen Humboldt. Willdenow, der Begründer der Dendrologie, gehörte zu den engsten Freunden und wissenschaftlichen Mitarbeitern Humboldts im ersten Schaffensabschnitt; er starb bereits im Jahre 1812, nachdem er sich unter anderem als Direktor des Botanischen Gartens in Berlin Verdienste erworben hatte.

Was den jungen Humboldt von seinen wissenschaftlichen Weggenossen unterschied, war sein realistischer Sinn. Bei aller Liebe zur Schönheit und Mannigfaltigkeit der Natur beschäftigte schon den Zwanzigjährigen die Frage nach dem Nutzen der Pflanzen für die Deckung der Bedürfnisse der Menschheit.

Die Wissenschaft war ihm nicht Selbstzweck. Er sah sie in ihrer Beziehung zum Menschen in einer Zeit, in der sich die Bevölkerung in den europäischen Ländern rasch vermehrte und die Lebensmittel knapper und teurer wurden. Damals kündigte sich jene Menschenfeindlichkeit an, der der Engländer Robert Malthus kurz vor der Jahrhundertwende durch das Gesetz vom abnehmenden Bodenertrag und im Schreckgespenst der Überbevölkerung Ausdruck gab.[1] Dieser Zeit weit vorauseilend, verwies der Jüngling Alexander von Humboldt auf die unausgeschöpften Quellen der Natur und schrieb den kühnen realistischen Satz nieder: «Wie viele, unübersehbar viele Kräfte liegen in der Natur ungenutzt, deren Entwicklung Tausenden von Menschen Nahrung und Beschäftigung geben könnte.»

Die Entdeckung des Reichtums der Natur

Alexander von Humboldt an einen Frankfurter Studienfreund, den jungen Theologen Wilhelm Gabriel Wegener

den 25. Februar 1789

«Eben komme ich von einem einsamen Spaziergange aus dem Tiergarten zurück, wo ich Moose und Flechten und Schwämme suchte, deren Sommer jetzt gekommen ist. Wie traurig, so allein herumzuwandern! Doch hat auch, von einer anderen Seite betrachtet, dies Einsame in der Beschäftigung mit der Natur etwas Anziehendes. So ganz im Genuß der reinsten, unschuldigsten Freude, von Tausenden von Geschöpfen umringt, die sich (seliger Gedanke der Leibnizschen Philosophie!) ihres Daseins freuen ... Solche Betrachtungen, lieber Bruder, versetzen einen immer in eine süße Schwermut! Mein Freund Willdenow ist noch der einzige, der dieses mit mir empfindet. Aber seine und meine Geschäfte hindern uns, oft Hand in Hand in den großen Tempel der Natur zu treten. Solltest Du glauben, daß unter den andern 145 000 Menschen in Berlin kaum vier zu zählen sind, die diesen Teil der Naturlehre auch nur zu ihrem Nebenstudium, nur zur Erholung kultivieren! Und wie viele sollte nicht ihr Beruf darauf leiten, Ärzte und vor allen das

1 Vgl. S. 12.

elende Kameralistenvolk. Je mehr die Menschenzahl und mit ihr der Preis der Lebensmittel steigen, je mehr die Völker die Last zerrütteter Finanzen fühlen müssen, desto mehr sollte man darauf sinnen, neue Nahrungsquellen gegen den von allen Seiten einreißenden Mangel zu eröffnen. Wie viele, unübersehbar viele Kräfte liegen in der Natur ungenutzt, deren Entwicklung Tausenden von Menschen Nahrung oder Beschäftigung geben könnte. Viele Produkte, die wir von fernen Weltteilen haben, treten wir in unserm Lande mit Füßen, bis nach vielen Jahrzehnten ein Zufall sie entdeckt, ein anderer die Entdeckung vergräbt oder, was seltener der Fall ist, ausbreitet. Die meisten Menschen betrachten die Botanik als eine Wissenschaft, die für Nichtärzte nur zum Vergnügen oder allenfalls (ein Nutzen, der selbst wenigen erst einleuchtet) zur subjektiven Bildung des Verstandes dient. Ich halte sie für eines von den Studien, von denen sich die menschliche Gesellschaft am meisten zu versprechen hat. Welch ein schiefes Urteil, zu meinen, daß die paar Pflanzen, welche wir bauen (ich sage, ein paar gegen die 20 000, welche unsern Erdball bedecken), alle Kräfte enthalten, die die gütige Natur zur Befriedigung unserer Bedürfnisse in das Pflanzenreich legte. Überall sehe ich den menschlichen Verstand in einerlei Irrtümern versenkt, überall glaubt er die Wahrheit gefunden zu haben und wähnt, daß ihm nichts zu verbessern, zu entdecken übrigbleibe. Er scheut die Untersuchung, weil er denkt, daß schon alles untersucht sei. So in der Religion, so in der Politik, so überall, wo der gemeine Haufen sein Wesen treibt. Was ich von der Botanik gesagt habe, gründet sich aber nicht bloß auf Schlüsse a priori. Nein, die großen Entdeckungen, die ich selbst in den Schriften der ältesten Pflanzenkenner vergraben finde und die in neuern Zeiten von gelehrten Chemikern oder Technologen geprüft worden sind, haben diese Betrachtungen in mir veranlaßt. Was helfen alle Entdeckungen, wenn es kein Mittel gibt, sie exoterisch zu machen? Doch Verzeihung, lieber Bruder, daß ich Dir mit Sachen, die Dich weniger interessieren können, Langeweile mache. Mir sind sie darum so wichtig, weil ich an einem Werke über die gesamten Kräfte der Pflanzen (mit Ausschluß der Heilkräfte) sammle, ein Werk, das wegen des vielen Nachsuchens und der tiefen botanischen Kenntnis bei weitem meine

Kräfte übersteigt und zu dem ich mehrere Menschen mit mir zu vereinigen strebe. Solange arbeite ich daran zu meinem eigenen Vergnügen und stoße oft auf Dinge, bei denen ich (trivial zu reden) Nase und Ohren aufsperre. Von diesen und andern Plänen künftig ein mehreres. Nur fürchte nicht, daß ich sogleich als Autor aufstehen werde. Davor denke ich mich in den ersten zehn Jahren zu hüten, ich müßte denn glauben, etwas sehr Neues oder Wichtiges entdeckt zu haben ...»

Student – Bergmann – Lebensforscher 1789–1796

«Mein akademisches Leben beginnt von neuem», heißt es in dem letzten Brief Humboldts aus Berlin im März 1789 an Wegener. «Aber meine ganze Lage ist verändert. Ich bin bereit, den ersten Schritt in die Welt zu tun, ungeleitet und ein freies Wesen. Ich freue mich dieses Zustandes, so mißlich er zu sein scheint. Lange genug gewohnt, wie ein Kind am Gängelband geführt zu werden, harrt der Mensch, die gebundenen Kräfte nach eigener Willkür in Tätigkeit zu setzen und, sich selbst überlassen, der eigene Schöpfer seines Glücks oder Unglücks zu werden. Aber ich sehe mit bescheidener Zuversicht diesem Zustand entgegen. So eingeschränkt meine Lage war, habe ich doch mannigfache Gelegenheit gehabt, die Menschen um mich her zu beobachten. Keine starke Leidenschaft wird mich hinreißen. Ernsthafte Geschäfte und am meisten das Studium der Natur werden mich von der Sinnlichkeit zurückhalten.»

Das Göttinger Studienjahr (April 1789 bis März 1790) gab dem strebsamen Fleiß Alexander von Humboldts eine bestimmte Richtung, wenn auch noch fast ein Jahrzehnt vergehen sollte, bis der Tatendrang des angehenden Gelehrten in seiner ersten großen Forschungsreise die ersehnte Erfüllung fand.

Die noch junge, erst 1737 errichtete Universität hatte sich den ersten Platz unter den wissenschaftlichen Hochschulen Deutschlands erobert. Die Altertumswissenschaften und die Staatswissenschaften wetteiferten mit den mathematischen, medizinischen und naturgeschichtlichen Lehr- und Forschungsgebieten; es kam der spät gegründeten Universität zugute, daß sich an ihr die jüngeren Wissenschaften ohne die theologische Gebundenheit und die sie ablösende Vorherrschaft der Philosophie entfalten konnten. Für den jüngeren Humboldt war es besonders vorteilhaft, daß sich sein älterer Bruder in den gelehrten Kreisen Göttingens bereits allgemeiner Wertschätzung erfreute und ihn, Alexander, sogleich in persönlichen Verkehr mit den namhaftesten Professoren brachte. Die fruchtbarste und für sein Leben schlechthin entscheidende Begegnung hatte Humboldt nicht mit einem Professor, überhaupt nicht in Göttingen selbst, sondern gelegentlich einer Rheinreise in Mainz mit dem Weltreisenden Johann Georg Forster, dem Schwiegersohn des Göttinger Altertumswissenschaftlers Christian Gottlob Heyne.

«Heyne ist der Mann, dem unser Jahrhundert gewiß am meisten verdankt», schrieb Alexander mit jugendlichem Überschwang, von der Fülle sich ihm in Göttingen erschließenden lebendigen Wissens begeistert, dem Frankfurter Studienfreund Wegener, «religiöse Aufklärung durch eigene Lehre und Bildung junger Volkslehrer, Liberalität im Denken, Anfang einer gelehrten Archäologie und erste Verbindung des Ästhetischen mit dem Philologischen.» Alexander saß neben dem Bruder im Seminar des hervorragenden Philologen, der sich aus ärmlichsten Verhältnissen zum Begründer einer die Sprache und Kultur des Altertums neu erschließenden Wissenschaft emporgekämpft hatte. Er bewunderte in Heynes archäologischen Vorlesungen und in seinen Auslegungen der antiken Heldengesänge das große Wissen und die tiefe Menschlichkeit dieses ungewöhnlichen Mannes. Kritischer urteilte Alexander über den Historiker Ludwig Timotheus Spittler, der ihm «zu schwülstig» von Völkern als «reißenden Strömen» und dem preußischen Königshaus als «einer alten Eiche» dozierte, «unter deren Schatten sich der freiheitliebende Deutsche hinwirft». Der junge Humboldt war mit einem ganz anderen Wissen um die Zustände in der preußischen Monarchie nach Göttingen gekommen.

Beredt und witzig schilderte er seine Lehrer, sparsamer in Worten und Charakteristiken freilich die Juristen und Kameralisten, von denen wohl nur der Landwirt und Technologe Johann Beckmann den Vorstellungen entsprach, die Alexander mit einem Lehrer einer dem Fortschritt der Menschheit dienenden staatlichen Volkswirtschaftspolitik verband.

Groß war die Anziehungskraft, die der damals noch junge Naturforscher Johann Friedrich Blumenbach auf Humboldt ausübte. Er war 1776 vierundzwanzigjährig als Professor der Medizin und Inspekteur der Naturaliensammlung nach Göttingen gekommen, hatte den Grundstein zu seiner weltberühmt gewordenen Schädelsammlung bereits gelegt und sich bei den Freunden der Naturkunde den Ruf eines Magister Germaniae erworben. Während der Tagung deutscher Ärzte und Naturforscher in Berlin im Herbst 1828 feierte Alexander von Humboldt den von ihm hochverehrten Lehrer als den Gelehrten, «der durch seine Werke und das belebende Wort überall die Liebe zur vergleichenden Anatomie, Physiologie und gesamten Naturkunde angefacht und wie ein heiliges Feuer länger als ein halbes Jahrhundert sorgsam gepflegt hat».

Vielseitig waren die Wirkungen, welche der Mathematiker Abraham Gotthelf Kästner und der Physiker Georg Christoph Lichtenberg als Lehrer und im persönlichen Umgang auf den jungen Humboldt ausübten. Sie regten ihren eifrigen Hörer zu Untersuchungen an, die später vielleicht zu den nach Gauß benannten Logarithmen geführt hätten, wenn der strebsame Student den praktischen Wert seiner Arbeiten erkannt hätte.

Lichtenberg, der große deutsche Satiriker, der seinen bissigen Spott damals besonders über den Gefühlsrausch des späten Sturm und Drang ergoß, dürfte nicht weniger nach dem Sinn des sich gern «mokierenden» und dennoch von der Sentimentalität der Berliner Salons angekränkelten Alexander gewesen sein als der gesellschaftskritische Epigrammatiker Kästner, «die lächerlichste Figur, welche die Erde trägt, dabei der gutmütigste, gefälligste Mensch, den man sehen kann». Kästners beißender Witz war im ganzen literarischen Deutschland gefürchtet. Alexanders Spottlust fand besonders im geselligen Umgang mit Kästner Förderung und Nahrung zugleich. «Kästners Vortrag ist undeutlich, da er keine Zähne hat», erfuhr Freund Wegener. «Er ist immer witzig, belacht sich selbst aber immer vorher, so daß man den Witz selten versteht. Dafür ist er, wenn man ihn oft belacht, auch von Zeit zu Zeit so artig, den Dritten zu belachen, wenn man auch gar nichts Witziges gesagt hat... Er kann es nicht lassen, beißend zu sein, fühlt aber selbst solche Gewissensbisse darüber, daß er stets um Verzeihung bittet.»

Das tat Alexander von Humboldt, selbstsicherer und auch eitler als der Göttinger Spötter, später als Königlich-Preußischer Kammerherr freilich nicht, wobei noch zu vermerken wäre, daß er seine bissigen Anspielungen mit Vorliebe von sich zu geben pflegte, wenn die höfischen Zielscheiben seines Spottes in Potsdam weilten, er selbst aber in Berlin bei seinem zur einstweiligen Verschwiegenheit verpflichteten Altersfreund

und Chronisten Varnhagen von Ense mehr zur Freude der Nachwelt als zum Ärger seiner Umwelt lästerte.

Studien und geselliger Umgang förderten die rasche Entwicklung des anschauenden, unmittelbaren Eindrücken offenen Geistes Alexanders. Dem ausgelassenen Treiben der Studenten und ihrer landsmannschaftlichen Verbindungen stand Humboldt fern, auch wenn er in seinen autobiographischen Aufzeichnungen von 1801 rückblickend eingestand: «Der Umgang roher Menschen, das Ordenswesen der Unitisten interessierte mich auf eine sträfliche Weise.»

Dabei darf nicht außer Betracht gelassen werden, daß sich Alexander damals, während sich sein Bruder mit Johann Heinrich Campe in Paris aufhielt, um die von beiden Humboldts begrüßten Errungenschaften der Französischen Revolution kennenzulernen, nach ebendieser selbstbiographischen Niederschrift in einer «Crisis» befand, «die Wilhelms Abwesenheit verstärkte. Ich schrieb verrückte Briefe an meine Freunde und wurde mir selbst von Tage zu Tage unverständlicher.»

Die Unitisten, die Humboldt erwähnt, waren eine den bekannteren Landsmannschaften vergleichbare, im 18. Jahrhundert entstandene studentische Vereinigung, die sich auf dem Grundsatz der Freundschaft gründete und gewiß auf jugendlich-verworrene Weise im Geiste Rousseaus für die Freiheit schwärmte. Dennoch gilt schon für Humboldts Göttinger Studienzeit die Erkenntnis: So bereit Alexander zeit seines Lebens war, Freundschaften zu schließen, so wählerisch war er in seinem Umgang mit Menschen, die ihm nicht durch ihr Wissen oder ihre Leistung Achtung abgewannen.

Alexander machte von der Freiheit, in die er sich durch das Ende des Kunthschen Hofmeistertums und der wachsamen Nähe der Mutter ziemlich plötzlich gesetzt sah, kaum einen unangemessenen Gebrauch. Wilhelm glaubte selbst darin einen Ausdruck der Eitelkeit des Bruders sehen zu sollen, daß er «nie ein starkes Interesse des Herzens hat». Daß der Jüngling je richtig verliebt war, muß nach allem, was wir über ihn und – spärlich genug – von ihm über seine «Herzenserlebnisse» wissen, bezweifelt werden. In Göttingen jedenfalls fand er Genüge im Verkehr mit Männern, die seinen Wissensdrang befriedigten und seinen Gesichtskreis erweiterten. Er machte naturkundliche Ausflüge bis ins Hessische und Niedersächsische und bemühte sich, seinem Bruder nachzueifern. «Ich muß gestehen, daß ich seine jetzige Bildung, seine ausgebreitete Gelehrsamkeit selbst zu bewundern anfange», bekannte er.

Dieser brüderlichen Verehrung des jüngeren für den älteren Humboldt mag es zum Teil zuzuschreiben sein, daß Alexander trotz der Ausweitung und Vertiefung seiner Bildungsinteressen dem Studium der alten Philologie und der griechischen Literatur unverhältnismäßig viel Zeit widmete. Ihn fesselten die Naturanschauung der Alten, die noch das Ganze des damals bekannten Lebensumkreises umfaßte, und die Geschichte der menschlichen Versuche, die Natur zu erforschen und sich dienstbar zu machen. Er schrieb eine leider verlorengegangene Untersuchung «Über den Webstuhl der Lateiner und Griechen», in der er die Meinung äußerte, daß dieses uralte Gerät menschlichen Gewerbefleißes und menschlicher Kunstfertigkeit durch die Sarazenen an die Küsten des Mittelmeeres gelangt sei.

Aber das ist eben schon für den Studenten Humboldt bezeichnend: so zeitgemäß «klassisch» auch sein Bildungsstreben war, so universal in seiner Anlage und seinem historischen Interesse – er blickte mit offenem Auge auf die unmittelbare Beziehung von Mensch und Natur und stellte die Frage nach der Nutzbarmachung von Gesteinen, Pflanzen, Tieren für den Wohlstand der Menschheit. Alexanders Humanitätsstreben war wirklichkeitsbezogener als das seines Bruders. Es war auch skeptischer als das des begeisterungsfähigeren Wilhelm, der mit dem ehemaligen Humboldtschen Hauslehrer Campe auf die Kunde vom Ausbruch der Französischen Revolution nach Paris eilte, um nach Campes Wort «der Leichenfeier des französischen Absolutismus beizuwohnen».

Alexander begab sich hingegen Ende September 1789 mit dem zwei Jahre älteren holländischen Arzt und Botaniker Steven Jan van Geuns auf eine «naturhistorische» Studienreise, von der er erst zu Beginn des Monats November nach Göttingen zurückkehrte. Zahlreiche Orte wurden besucht; als fruchtbar erwiesen sich die fachlichen Erkundungen und Besichtigungen ebenso wie einige menschliche Begegnungen. Erstes Ziel war Kassel; weiter ging es über die Universitätsstädte Marburg und Gießen nach Frankfurt am Main und dann zunächst in südlicher Richtung nach Darmstadt und, die Bergstraße entlang, nach Heidelberg, Speyer, Bruchsal, Mannheim, mit mancherlei Abstechern von fachlichem Interesse, so zu den Quecksilberbergwerken in Pfalz-Zweibrücken. Auf der anschließenden Reise rheinabwärts waren Humboldt und van Geuns in Mainz acht Tage lang Gast im Haus Georg Forsters, wohl die fruchtbarste menschliche Begegnung des jungen Humboldt auf dieser Fahrt durch ihm unbekannte Landschaften. Rheinabwärts fuhr man bis Bonn, um von dort auf dem Landwege nach Köln und Pempelfort – heute ein Stadtteil von Düsseldorf – zu wandern, wo man abermals acht Tage verweilte, ehe man wiederum mit mehreren Abstechern über Duisburg, Münster, Paderborn und Kassel nach Göttingen zurückkehrte. Gastgeber der zweiten menschlichen Begegnung von förderlichem Einfluß im Rheinland war der Wilhelm von Humboldt befreundete, recht gefühlvolle Philosoph Friedrich Heinrich Jacobi. Das Schreiben, mit dem Wilhelm den Bruder bei Jacobi einführte, gibt manchen Aufschluß über den Stand der Entwicklung des jüngeren Humboldt.

Wenig Sinn für Metaphysik

Wilhelm von Humboldt an Friedrich Heinrich Jacobi

[Juli 1789]

«Sie erhalten diesen Brief, teuerster Freund, durch die Hand meines Bruders. Ich sprach Ihnen schon von ihm in Hannover, und ich hoffe, Sie sollen wahr finden, was ich Ihnen schon damals über ihn sagte. Ich liebe ihn unendlich wegen der vorzüglichen Güte seines Herzens und seines Charakters und seiner großen Anhänglichkeit an mich und schätze ihn wegen der Mannigfaltigkeit und Gründlichkeit seiner Kenntnisse und des regen, durch nichts abgeleiteten Eifers, diese Kenntnisse zu vermehren, zu verbreitern, nutzbar zu machen. Die Schwächen, die teils Folge, mitunter aber auch Quelle jener besseren Eigenschaften sind, werden Sie bald merken, aber auch – ich kenne aus eigener Erfahrung Ihre Nachsicht – verzeihen. Ich bitte Sie also mit Zuversicht recht herzlich, ihn mit eben der Güte zu empfangen, welche mir den ersten Tag, da ich Sie in Pempelfort sah, zu einem der frohesten meines Lebens machte, und ihn Ihres näheren Umgangs, nach dem er sich so innig sehnt, zu würdigen. An Gegenständen des Gesprächs, hoff ich, soll es Ihnen mit ihm nicht fehlen. Zwar hat er sich nur wenig mit Metaphysik beschäftigt und erst seit kurzem Kant zu studieren angefangen. Aber für jedes andere Gespräch, in dem sich Räsonnement an Fakta schließt, hat er gewiß Geschmack, und vielleicht interessiert Sie da seine Lebhaftigkeit, die Freimütigkeit seines Urteils und die witzigen Einfälle, in denen er, wenn er vertrauter wird, nicht unglücklich ist. Seine eigentlich wissenschaftlichen Kenntnisse erstrecken sich vorzüglich auf höhere Mathematik, Naturkunde, Chemie, Botanik und vor allen andern Technologie. Daneben beschäftigt er sich mit philologischen Arbeiten, und Heyne braucht ihn hie und da zur Erklärung solcher Stellen der Alten, die eine vertrautere Bekanntschaft mit ihren Künsten und Handwerken erfordern. Zwischen ihm und mir werden Sie eine sehr große Verschiedenheit finden. Bei völlig gleicher Erziehung wichen wir von unserer Kindheit an Temperament, Charakter, Neigung, selbst Richtung an wissenschaftlichen Dingen immer voneinander ab. Sein Kopf ist schneller und fruchtbarer, seine Einbildungskraft lebhafter, sein Sinn fürs Schöne schärfer, sein Kunstgefühl überhaupt – vielleicht weil er sich mit vielem Eifer auf einige Künste, Zeichnen, Kupferstechen, legte – weit mehr geübt und gebildet. Im ganzen hat er überall und in jedem Verstande mehr Sinn, mehr Kraft, neue Ideen aufzufassen, aus dem Wesen der Dinge selbst herauszuleben; ich mehr Fähigkeit, Ideen zu entwickeln, vergleichen, verarbeiten. So möchte ich den Unterschied zwischen ihm und mir bestimmen, und daraus getraute ich mir alle übrigen, auch die kleinsten, Abweichungen zu erklären. Doch nun genug von ihm und mir; verzeihen Sie nur, daß ich schon einen so großen Teil meines Briefes damit anfüllte. Doch diese Sehnsucht, meinem Bruder einen Teil Ihrer Freundschaft zu verschaffen, wird Ihnen zeigen, wie unendlich teuer mir der ist, den Sie mir schenken ...»

Die unmittelbare wissenschaftliche Frucht der mit seinem Studienfreund van Geuns gemeinsam durchgeführten Reise war eine 1790 veröffentlichte Schrift «Mineralogische Beobachtungen über einige Basalte am Rhein mit vorangeschickten zerstreuten Bemerkungen über den Basalt der älteren und neueren Schriftsteller».

Wichtiger als die abermalige Anknüpfung an die Behandlung eines wissenschaftlichen Gegenstandes in der antiken Literatur ist die Tatsache, daß der Student, der sich bis dahin in Göttingen lediglich ein mineralogisches Privatissimum vom späteren Botaniker und Chemiker Heinrich Friedrich Link – er studierte dort seit 1786 Medizin und Naturwissenschaften – hatte lesen lassen, aber keineswegs systematisch mineralogische Studien betrieben hatte, seine Beobachtungen mutig und sachkundig in einen Streit warf, der damals die Köpfe der Gelehrten erhitzte. Der bereits genannte Freiberger Geologe Abraham Gottlob Werner vertrat die Ansicht, die Gebirge hätten sich durch Ablagerungen fester Stoffe, wie Schlamm und dergleichen, aus dem Meer gebildet. Ihm schlossen sich mit Goethe die meisten deutschen Naturforscher an. Nach Neptun, dem altrömischen Gott des Meeres und der fließenden Gewässer, nannte man die Anhänger dieser Lehre «Neptunisten». Ihnen standen, von französischen und englischen Gelehrten geführt, die «Vulkanisten» oder, nach Pluto, dem Gott der Unterwelt benannt, die «Plutonisten» gegenüber; sie waren der Meinung, alle nicht mechanisch abgelagerten Gesteine seien aus flüssiger Masse entstanden. Wenn sich auch der einundzwanzigjährige Student noch nicht zu einem eigenen Urteil berufen fühlte, so lassen seine Ausführungen doch erkennen, daß er – noch, wie wir einschränkend bemerken müssen – dem Neptunismus huldigte.

Klassische, kameralistische und naturkundliche Studien sowie erste eigene Beiträge zur Naturgeschichte und Naturforschung füllten das Studienjahr in Göttingen aus. Alexander bemühte sich um eine noch breitere Grundlage für die ihm zugedachte Laufbahn in der staatlichen Verwaltung als sein Bruder Wilhelm, bei dem das philologische und philosophische, insonderheit das staatsphilosophische Interesse damals überwog. Als Natur begriff Alexander weniger die Stoffe und die Kräfte, mit denen sich Physiker und Chemiker auseinandersetzten, als vielmehr das organische Leben in der Mannigfaltigkeit seiner Erscheinungen. Das Unerforschte, das noch Fremde war vor allem auch das Ferne, die Ferne. Göttingen bot ihm Wissen, aber nicht richtungweisendes Erlebnis. Nicht Abenteuerlust, sondern echter Forscherdrang veranlaßte ihn, aus der Enge der heimischen Verhältnisse nach der Weite des Erdballs Ausschau zu halten, um das Ganze zu überblicken.

Niemand war geeigneter, dieser Mischung von Romantik und Realismus kräftigere Nahrung zuzuführen, als Johann Georg Forster. Er war so alt gewesen wie Humboldt in seinem Göttinger Studienjahr, als er von Cooks zweiter Erdumsegelung zurückkehrte. Sein Vater Reinhold Forster war der Aufforderung des englischen Weltreisenden gefolgt, ihn als Naturforscher zu begleiten, und hatte seinen ältesten Sohn mit sich genommen, der schon als Elfjähriger des Vaters Gefährte auf einer Reise durch weite Teile Rußlands gewesen war. Reinhold Forster sprach siebzehn Sprachen, war Theologe, Mathematiker, Philosoph, Naturforscher, Völkerkundler und – der Lehrer seines Sohnes. Er hatte den mißtrauischen Briten gegenüber die Verpflichtung eingehen müssen, außer dem offiziellen, nur für den Staatsrat bestimmten Reisebericht über Cooks Unternehmung nichts zu schreiben. Notgedrungen tat es der Sohn, während der aller Mittel entblößte Vater als einzige Anerkennung seiner Verdienste für England das Ehrendoktorat der Universität Oxford erhielt und – in den Schuldturm von Kingsbeach geworfen wurde.

Georg Forster gelang es nach mehreren erfolglosen Versuchen endlich im Jahre 1778, an einer deutschen Hochschule, der Ritterakademie in Kassel, Fuß zu fassen, seinen Vater auszulösen und ihm zu einer Berufung an die Universität Halle zu verhelfen. 1784 folgte der jüngere Forster einem Ruf nach Wilna, vier Jahre später wurde er Bibliothekar des Kurfürsten von Mainz.

Doch diese äußeren Daten besagen wenig. In den Jahren der Weltreise, des Kampfes um die Existenz der Familie, der schriftstellerischen Tätigkeit, der Forschung und der Lehre prägte sich die Persönlichkeit eines Mannes, der – gleichsam ein Vorläufer beider Humboldts – eine seltene Universalität des Wissens mit realistischem Blick und wahrhaft humaner Gesinnung verband. «Die Zeitgenossen», schrieb Hermann Hettner in seiner «Literaturgeschichte des 18. Jahrhunderts», «bewunderten Georg Forster als einen klassischen Schriftsteller von seltener Wissensfülle und Formvollendung. Wir, die wir inzwischen seine damals noch unbekannten Briefe kennengelernt haben, bewundern und lieben in ihm zugleich einen der edelsten und reinsten Menschen, und wir schenken ihm eine um so tiefere Teilnahme, je erschütternder die furchtbare Tragik ist, die über seine letzten Lebensjahre hereinbrach.»

Was der Literaturhistoriker vor mehr als einem Jahrhundert eine «furchtbare Tragik» nannte, war die heroische Selbstaufopferung eines Mannes, der als «ein eifriger Freund der Freiheit und der Republik ... das Heil des Menschengeschlechtes» nicht nur forderte, sondern erkämpfen wollte. «Vaterlandsliebe konnte den nicht begeistern, der kein Vaterland hatte, sondern einen Herrn», schrieb er im Revolutionsjahr 1789, in dem er Humboldt begegnete, in «Die Kunst und das Zeitalter». Und in «Staatskunst und Glück der Menschheit» äußerte er: «Endlich, mein Freund, scheint die Zeit gekommen zu sein, wo jenes lügenhafte Bild des Glücks, das so lange am Ziele der menschlichen Laufbahn stand, von seinem Fußgestelle gestürzt und der echte Wegweiser des Lebens, Menschenwürde, an seine Stelle gesetzt werden soll.»

Im Jahre 1790, während seines Aufenthaltes in dem um seine Seeherrschaft besorgten, jeder revolutionären Neuerung feindlichen England, dessen Wortführer Edmund Burke die Französische Revolution verdammte, reifte in Forster die Erkenntnis von der Unausweichlichkeit einer politischen Entscheidung. Hatte der aufrechte Humanist bisher die Knechtung des Menschen durch den Despotismus verurteilt, so bekannte er sich nunmehr offen zur humanitären Tat. Er sah in der blutigen Periode der Französischen Revolution «ein Werk der Gerechtigkeit der Natur. Die Nationalversammlung hat nicht daran gedacht, so weit zu gehen, wie sie gegangen ist; aber die eiserne Notwendigkeit der Zeit und der Umstände hat sie gezwungen.» Die gleichen Erkenntnisse zwangen Forster, so zu handeln, wie er dachte, als er in Mainz die Korruption der anmaßenden französischen emigrierten Aristokraten, die erbärmliche Flucht der deutschen Despoten vor der anrückenden französischen Nationalarmee und das schändliche Versagen der deutschen Führungsschicht gegenüber der Notwendigkeit und der Wirklichkeit der Französischen Revolution erlebte.

Er stellte sich an die Spitze der Mainzer Klubisten, der «Volksgesellschaft», die den Kampf um die Befreiung der geknechteten Menschen in das deutsche Land trug. Er vermochte nicht anzuerkennen, daß es weiterhin «zweierlei Menschen» geben sollte, Herren und Knechte. «Ja, sie wird kommen, die Zeit», schrieb er, «wo man den Wert der Menschen weder nach angeborenem noch zufälligem Range, weder nach ihrer Macht noch nach ihrem Reichtum, sondern allein nach ihrer Tugend und Weisheit schätzen wird.» Forster ging 1793 nach Paris und setzte sich für die Vereinigung des linken Rheinufers mit Frankreich ein, um die Herrschaft der Menschenrechte nach Deutschland zu tragen. Nicht das war dann in der Hauptstadt der Revolution sein schmerzlichstes Erlebnis, daß Mainz der Sache der Freiheit durch die Söldnerheere der deutschen Fürsten wieder verlorenging, sondern daß er die weitgespannten Hoffnungen nicht erfüllt sah, die er in die Französische Revolution und ihr Übergreifen auf Deutschland gesetzt hatte. Dem Siechtum verfallen, starb einer der edelsten und humansten Söhne unseres Volkes vereinsamt am 10. Januar 1794 in Paris, in seinem Vaterlande verfemt, weil er den Deutschen im Kampf um die Verwirklichung der Menschenrechte weit vorausgeeilt war.

Das Vorbild und seine Wirkung

Georg Forster starb knapp vier Jahre nach der «nicht nur sehr angenehmen, sondern auch sehr nützlichen und lehrreichen Reise» (Humboldt), die er mit Alexander von Humboldt im Frühjahr 1790 rheinabwärts durch die Niederlande nach England unternommen hatte und die auf dem Rückweg über das revolutionäre Paris führte. Die Zeit war kurz bemessen. Doch unter der Leitung des erfahrenen Reisenden und gelehrten Kritikers, der darüber in seinen «Ansichten vom Niederrhein, von Brabant, Flandern, Holland, England und Frankreich im April, Mai und Junius 1790» in einer meisterhaften Gesamtschau des gesellschaftlichen Lebens berichtete, wurde sie zum bedeutendsten Bildungserlebnis während Humboldts Göttinger Zeit.

Forster war Botaniker und Zoologe, Chemiker und Physiker, er war Geograph und Historiker, wußte Dome und Bergwerke, Museen und Landschaften mit seinem Wissen und seiner Humanität zu durchdringen und in der Postkutsche, auf dem Segelschiff, in der Meerenge von Dover und auf den Tribünen des englischen Parlamentes seinem Begleiter mit der Nähe des gemeinsam Geschauten die Ferne des auf der Weltreise Erlebten überlegen und kritisch, realistisch und eindringlich darzustellen.

Man weiß, daß Forster nicht nur ein Meister der Feder, sondern auch des Wortes war, daß er durch seine leidenschaftliche Anteilnahme an allem Wertvollen im Leben eindrucksfähige Naturen mit sich fortriß, durch sein ungewöhnlich umfangreiches und vielseitiges Wissen die Gelehrsamkeit einer ganzen wissenschaftlichen Akademie in sich vereinigte. Er kannte die Sprachen, Sitten, gesellschaftlichen Verhältnisse der besuchten Länder und hatte manchen einflußreichen und mächtigen Mann zum Freund. Kurz, Forster war das, was zu erreichen dem ehrgeizigen jungen Humboldt vorschwebte.

Humboldt hat später den großen bildenden Einfluß oft und oft bezeugt, den Forster auf ihn ausgeübt hat. Er nannte ihn noch im «Kosmos» den «berühmten Lehrer und Freund, dessen Namen ich nie ohne das innigste Dankgefühl ausspreche», wobei durchaus nicht verschwiegen werden soll, daß er dem Menschen Forster nicht unkritisch gegenüberstand und in seinen Aufzeichnungen von 1801 davon spricht, daß Forsters «kleinlich-eitler Charakter» ein «Zusammenleben mit dem Weltumsegler» schwer machte. Wer Humboldts «Ansichten der Natur» oder Teile seiner «Reise in die Äquinoktial-Gegenden des Neuen Kontinentes» liest und sie mit Forsters «Reise um die Welt» oder seinen «Ansichten vom Niederrhein» vergleicht, wird die Wirkung spüren, die selbst der Reiseschriftsteller Forster, nach des Geographen Oskar Peschel Wort «der erste Schriftsteller, der Sinn und Gefühl für landschaftliche Schönheiten erweckt hat», auf Humboldt ausgeübt hat. Humboldt feierte Forster im «Kosmos» als Begründer einer «neuen Ära wissenschaftlicher Reisen, deren Zweck vergleichende Völker- und Länderkunde ist».

Dennoch ist Alexanders Begegnung mit dem feurigen Revolutionär und tatbereiten Humanisten Forster im wesentlichen ein Bildungserlebnis geblieben. Der entscheidende Impuls, den Alexander von dem fünfzehn Jahre älteren, welterfahrenen und männlich-reifen Freunde empfing, führte zu dem Entschluß, die ihm von der Mutter zugedachte Laufbahn eines Staatsbeamten bei passender Gelegenheit zu verlassen, um in unbekannte überseeische Gebiete vorzudringen und der Forschung zu dienen. Für eine politische Tat in der Art Forsters oder für ein politisches Ziel – etwa das, dermaleinst als Staatsmann den von ihm durchaus bejahten sozialen Gehalt der Französischen Revolution zu verwirklichen – fehlten Alexander von Humboldt die persönlichen Voraussetzungen. Er war von Natur aus weich und schüchtern, sicher war er nur auf dem Felde, das er beherrschte – und das lag im Bereich der Wissenschaft, nicht in dem der Staatskunst.

In seinem letzten Lebensjahre (am 28. Juli 1858) schrieb Humboldt an Forsters Biographen Heinrich König: «Ich habe ein halbes Jahrhundert zugebracht, wohin mich auch immer ein unruhiges, vielbewegtes Leben geführt hat, mir selbst und anderen zu sagen, was ich meinem Lehrer und Freunde Georg Forster in Verallgemeinerung der Naturansicht, Bestärkung und Entwicklung von dem, was lange vor jener glücklichen Vertraulichkeit in mir aufdämmerte, verdanke. In diesen Nächten, trübe gestimmt bei den jetzt schneller hinschwindenden Kräften, wurde lebhafter in mir die Erinnerung an die sonderbaren Ähnlichkeiten und Kontraste der Lebensbeziehungen mit Forster: gleiche Richtung politischer Meinungen, keineswegs durch Forster erzeugt, sondern viel älter und nur genährt; erster Anblick des Meeres an der Seite des Weltumseglers zu einer Zeit, wo noch keine Hoffnung war, daß auch ich schon zwölf Jahre später die Südsee beschiffen würde; mein Aufenthalt in

London, als noch Cooks Witwe lebte und Sir Joseph Banks[1] mich, den einundzwanzigjährigen Jüngling, liebgewann; in meiner sibirischen Expedition[2] betrat ich die Ufer der Samara, von wo der alte Forster den so seltsam verwilderten Weizen an Linné nach Upsala schickte, ich 1829, Reinhold Forster mit Georg als Knaben, 1765, vier Jahre, ehe ich geboren war; ich wurde unter Kaiser Alexander durch Graf Romanzow 1812 zu einer großen naturhistorischen Reise durch Inner-Asien eingeladen, wie Georg Forster unter der Kaiserin Katharina zu der wissenschaftlichen Weltumsegelung durch den Flottenkapitän Mulowskoi; ähnliche Täuschung in den süßesten Hoffnungen, beide Male Verhinderung der Expedition durch Kriege gegen die Franzosen und Türken!»

Im reaktionären Preußen der fünfziger Jahre sich zur «gleichen Richtung politischer Meinung» mit dem geächteten Forster zu bekennen – dazu gehörte gewiß die Freiheit des Urteils, die sich auch der preußische Kammerherr von Humboldt gewahrt hat. Aber Humboldt, dessen Drang zum Weltreisenden durch niemanden stärker gefördert wurde als durch den Weltreisenden Georg Forster, stimmte eben doch nur in der Richtung, das heißt der tief menschlichen Gesinnung, nicht aber im revolutionären Tatendrang mit Forster überein, nur mit dem «philosophe aimable», dem liebenswerten Philosophen, nicht aber mit dem Revolutionär. Nichtsdestoweniger dürfte Forster in den Monaten, die sie gemeinsam reisend verbrachten, auch den betont bürgerlichen und humanen Sinn seines lernbegierigen und erlebnishungrigen jungen Begleiters wenn nicht geweckt, so gewiß gefestigt haben.

1 Sir Joseph Banks, der an Cooks erster Reise um die Welt teilnahm, förderte die britische Forschung in Übersee im Interesse einer planmäßigen wirtschaftlichen Erschließung der Kolonien. Er war Präsident der Königlichen Gesellschaft der Wissenschaften in London, Mitglied des Geheimen Rates und Gründer sowie langjähriger Leiter der Britischen Afrika-Gesellschaft.

2 Vgl. S. 262 ff.

Zukunftspläne in Hamburg

Bald nachdem sich Alexander von Humboldt im Juli 1790 in Mainz von Forster getrennt hatte, begab er sich nach Hamburg, um dort seine Studien fortzusetzen. Forster war ihm zum Vorbild geworden; durch die reichen Sammlungen Sir Joseph Banks' hatte er einen Blick in die unerschlossene Weite der Welt getan. Beides und – «eine große, plötzlich erwachende Leidenschaft für das Seewesen und den Besuch ferner tropischer Länder äußerten den belebendsten Einfluß auf Entschlüsse, die nach dem Tode der Mutter einst zur Ausführung kommen sollten».

Nur scheinbar waren die Söhne dem Willen der kränkelnden Mutter im Schlößchen zu Tegel entglitten. Auch Wilhelm hatte Göttingen verlassen, bis dahin noch immer schwärmerischer und gefühlvoller, ein echteres Kind der Werther-Zeit als der jüngere Bruder. Durch Karoline von Dacheröden, seine spätere Frau, war er im Thüringischen mit den Geschwistern von Lengefeld bekannt geworden, der unglücklich verheirateten Karoline von Beulwitz, die später in zweiter Ehe Schillers Jugendfreund Wilhelm Friedrich Ernst von Wolzogen heiratete, und ihrer jüngeren Schwester Lotte von Lengefeld, die in diesen Monaten Schillers Braut wurde. Die Freundschaft zwischen Wilhelm von Humboldt und Friedrich Schiller bahnte sich an. Dem Vorsatz der Mutter, dank ihren Beziehungen zum preußischen Hof ihre Söhne zu Dienern des preußischen Staates zu machen, entging auch Wilhelm zunächst nicht. Er wurde Assessor am Kammergericht in Berlin und amtierte bereits, als Alexander die von der Mutter gewünschte Ausbildung in den Kameralwissenschaften mit seinen weitgespannten Plänen zu verbinden begann.

Die Freie Reichs- und Hansestadt Hamburg hatte zwar noch keine Universität, doch die 1767 gegründete private Handelsakademie genoß bereits Weltruf. Engländer, Russen, Skandinavier, Spanier, Amerikaner studierten hier praktische Handelskunde. Die besondere Anziehungskraft dieser Anstalt bestand für junge Deutsche darin, daß an ihr die Kameralwissenschaften mit nüchternerem Blick für die Bedürfnisse der Staatswirtschaft gelehrt wurden als an den Universitäten. Der tägliche

Umgang mit ausländischen Studiengenossen gestaltete zudem die Bekanntschaft mit fremden Sprachen und Verhältnissen wirklichkeitsnäher als an den hohen Schulen des Reiches, an denen zwar die alten, das heißt die «toten» Sprachen, nicht aber die modernen, die «lebenden», mit philologischer Meisterschaft gelehrt wurden. Johann Georg Büsch, der Gründer und Leiter der Handelsakademie, war zudem ein Mann von tätighumaner Gesinnung, der als eine Art kameralistischer Sozialpolitiker die wirtschaftliche Not der Armen und Ärmsten in der Hansestadt zu beheben suchte.

Humboldt nutzte die Möglichkeiten, die sich ihm hier boten, mit dem ihm eigenen zielstrebigen Fleiß. Er wohnte mit einem Engländer zusammen und bevorzugte, um Sprachen zu lernen, den Umgang mit Ausländern. Während er sich in den Vorlesungen Kenntnisse über Kolonialwaren, den Geldumlauf, die Buchhaltung aneignete, verhalfen ihm Bücher zur Erweiterung seines mineralogischen und botanischen Wissens.

Die wenigen Briefe, die uns von Humboldts erster größerer Reise erhalten sind, und die Bruchstücke eines Tagebuches, das sich auf Erlebnisse und Beobachtungen in England beschränkt, lassen bereits die Zielklarheit seines Ausbildungsstrebens erkennen, die sich seit Hamburg bemerkbar machte. In der nüchternen und auf den Nutzen bedachten englischen Atmosphäre fand auch Humboldts Wirklichkeitssinn neue Nahrung. So sehr er die religiöse Verbrämung des britischen Erwerbssinnes verachtete, so sehr bewunderte er das nüchternpraktische Denken der Engländer. Die Trennung von Wilhelm, der oft genug des Bruders mangelnde Neigung zur Metaphysik rügte, jenem Teil der idealistischen Philosophie, der sich mit den jenseits der Erfahrung liegenden Gegenständen befaßt, mag gleichfalls dahin gewirkt haben, daß Alexander bei allem Häufen von Wissensstoff mehr und mehr auf die Nutzanwendung des Wissens bedacht war.

Gewächse aus Helgoland veranlaßten ihn bei stürmischer See zu einem Besuche der Insel; «ein mächtiges Lager verkiester Fische» und andere, umstrittene Versteinerungen zogen ihn zu den Kupferschiefervorkommen von Richelsdorf in Hessen. Er untersuchte im Wattenmeer gesammelte Pflanzenreste und ging dem Entstehen tierischer Knochen wie dem geheimnisvollen Phosphorezieren der Kartoffel nach. Er war häufiger Gast im Hause des Handelsherrn Sieveking, wo noch die Erinnerung an Lessings Hamburger Jahre lebendig war, und kehrte nicht seltener bei dem bieder-kräftigen und gemütvollsinnigen «Wandsbecker Boten», dem Dichter Matthias Claudius, ein. Dennoch schrieb er (im Januar 1791) einem Freund: «Ich lebe in Hamburg zufrieden, aber nicht froh, weniger froh als selbst in Göttingen, wo der Umgang von ein oder zwei Freunden und die Nähe moosbewachsener Berge mich für die Einförmigkeit meiner Lage entschädigten ... An Umgang, nämlich Zusammenessen nennt man hier Umgang, fehlt es mir bei dem allen nicht. Ich bin in allen Zirkeln, in den bürgerlichen und den adligen, die sich nach der löblichen indianischen Methode hübsch kastenmäßig voneinander getrennt haben. Da aber hier alles Karten spielt, so besuche ich keine Gesellschaft vor dem Abendessen, wo dann der physische Genuß freilich sehr groß ist», fast so groß wie der Adelsstolz, der den am Rhein noch übertreffe. «Die Vernunft unserer westlichen Nachbarn wird dieses Jahrhundert überleben, aber Deutschland wird noch lange anstaunen, prüfen, vorbereiten – und den entscheidenden Augenblick versäumen.»

Die von der Mutter für die Berufsvorbereitung vorgesehene Zeit näherte sich dem Ende. Die «große, plötzlich erwachende Leidenschaft für das Seewesen und den Besuch ferner tropischer Länder» war mit einer Anstellung im Staatsdienst unvereinbar. So bedrückend Humboldt die Notwendigkeit einer Entscheidung empfunden haben mag, er zögerte nicht, sie folgsam nach dem Willen der kränklichen und eigenwilligen Schloßherrin in Tegel zu treffen. Aber er fand eine Lösung, die den mütterlichen Wünschen Rechnung trug, dennoch der eigenen Neigung entsprach und den Weg ins Freie offenließ. Diese Lösung lag in dem Entschluß, in die preußische Bergbauverwaltung einzutreten.

Seit der Beschäftigung mit den rheinischen Basalten gehörte Humboldts besondere Liebe neben der Botanik der Geologie. Auf den Britischen Inseln hatte er die mittelenglischen Gebirgsformationen in der Grafschaft Derby untersucht, nach der Trennung von Forster hatte ihn sein Weg von Mainz über Göttingen nach Hamburg durch das Vogelsgebirge und die Rhön geführt. Und was wohl den Ausschlag gab: seine Arbeit über die rheinischen Basalte hatte Beachtung gefunden.

Zu alledem kam, daß die Verwaltung der preußischen Salinen, Bergwerke und Hütten in den Händen des Staatsministers von Heinitz, des Gründers der sächsischen Bergakademie in Freiberg (1765), lag, eines sehr aufgeschlossenen und toleranten Beamten, der der korrupten Hofclique fernstand und bemüht war, sachkundige und fachlich hinreichend vorgebildete Kräfte für den Staatsdienst zu gewinnen. Humboldt verfügte zwar über gute juristisch-kameralistische und gewerbekundliche Kenntnisse, wünschte aber, sich vor seiner Anstellung bergbaukundliches Wissen zu verschaffen, um sich dann einem Beruf zu widmen, in dem er sich zugleich weiterhin der naturwissenschaftlichen Forschung hingeben konnte. Er entschloß sich daher, das letzte ihm zugebilligte Halbjahr seiner Hochschulstudien unter der Leitung Abraham Gottlob Werners in Freiberg zu verbringen.

Er verließ Hamburg im Frühjahr 1791, verlebte einige Wochen gemeinsam mit dem Bruder in Berlin und Tegel und bewarb sich bereits hier um eine Anstellung bei der Bergwerks- und Hüttenverwaltung. Noch ehe er Berlin verließ, hatte er die vorläufige Zusicherung des Ministers in Händen, «daß er sofort nach seiner Rückkehr aus Freiberg im nächsten Winter nicht nur zu den Vorträgen [mündlichen Berichten zwecks Herbeiführung einer Entscheidung des Ministers] des Salz- und Bergwerks- und des westfälischen Provinzialdepartements zugelassen, sondern auch, ‚um das Detail des Federdienstes' näher kennenzulernen, bei der Bergwerks- und Hütten- wie auch bei der Haupttorfadministration als Assessor cum voto angestellt werden sollte».

Zielbewußtes Studium in Freiberg

Obwohl die Bergakademie Freiberg damals erst ein Vierteljahrhundert bestand, genoß sie bereits Weltruf. Wenn sich in dem kleinen Städtchen auf der Abdachung des Erzgebirges, das der Entdeckung der Silbererzlagerstätten seine Entstehung verdankt, Geologen, Mineralogen und Bergleute aus aller

Herren Länder trafen – Humboldt begegnete später dem spanischen Studienfreund Del Rió als Lehrer am Colegio de Mimería in Mexiko wieder –, so war das vor allem das Verdienst Abraham Gottlob Werners, der seit 1775 dort wirkte. Humboldt hatte den Begründer der Geognosie und der wissenschaftlichen Eisenhüttenkunde anläßlich der Übersendung seiner Schrift über die rheinischen Basalte (am 25. Juli 1790) mit dem großen schwedischen Systematiker der Pflanzenwelt verglichen und gesagt, Werner tue «für die Mineralogie, was Linné für die Botanik tat». Das war keine Schmeichelei, sondern eine zutreffende Anerkennung der Bedeutung, die Werners Jugendarbeit für die wissenschaftliche Erforschung der Erdrinde hatte.

Werner, das Haupt der Neptunisten, verfocht seine Ansichten vom Katheder herab mit Beredsamkeit und Temperament; er war aber unter Tage nicht weniger heimisch als im Hörsaal oder Labor. Für ihn lag der Sinn der Wissenschaft in ihrem Nutzen für die menschliche Gesellschaft. Mit Humboldts Berufsplänen vertraut, beauftragte er den schon sachkundigen Studenten Karl Freiesleben, den preußischen Junker beim Befahren der Bergwerke zu begleiten.

«Ich lebe hier in Freiberg sehr, sehr zufrieden», heißt es in einem der ersten Briefe aus dem Eckhaus der Burg- und Weingasse, in dem Humboldt wohnte. «Ich kann alle wissenschaftlichen Zwecke erfüllen, die mich herzogen. Meine freilich sehr gehäuften Arbeiten haben gleich nach meiner Ankunft angefangen. Ich bringe fast alle Morgen von 7 bis 12 Uhr in den Gruben zu, den Nachmittag habe ich Unterricht, und den Abend jage ich Moose, wie es Forster nannte.»

Humboldt hat bei aller späteren Anerkennung der Wirkung des «umfassenden, ordnenden Geistes Werners» auch auf seine Bildung dem Linné der Mineralogie nicht annähernd ein so dankbares Gedächtnis bewahrt wie Georg Forster, vielleicht weil er im Streit zwischen Neptunisten und Vulkanisten auf die Seite der der Wirklichkeit näherkommenden Gegner Werners geriet, vielleicht weil der Freiberger Bergmann den Humboldt eigenen berlinischen Sinn für das Praktische und Anwendbar-Nützliche nur bestätigte. Der Wiener Professor der Physik und populärwissenschaftliche Schriftsteller Edmund

Reitlinger, einer der begeistertsten «Humboldtianer», hat Werners Bedeutung für die Naturforschung der damaligen Zeit hundert Jahre nach Humboldts Geburt treffend gekennzeichnet, indem er schrieb: «Er wurde der Gesetzgeber des jungen Völkchens, das in das Berginnere drang, und schrieb ihm Methode und Sprache vor. Wie Winckelmann für die antiken Kunstschätze, so weckte Werner für die weit älteren Steindenkmäler des Erdschoßes Verständnis und Begeisterung.»

Humboldts emsiger Fleiß während der fast neun Monate, die er von Mitte Juni 1791 bis Ende Februar 1792 in Freiberg verbrachte, trug reiche Früchte. Selbst die vertrautesten Freunde hörten zunächst wenig von dem vielbeschäftigten angehenden Bergassessor. «Alexander von Humboldt», lesen wir in einem Brief Forsters vom 6. August 1791 an Jacobi, «ist in Freiberg und fängt an mir abzusterben. Wilhelm ist längst tot für mich, er heiratet in Erfurt ein Fräulein von Dacheröden und will in seiner Stimmung aller öffentlichen Wirksamkeit entsagen, was bei seinen Talenten zu bedauern ist. Alexander wird desto mehr wirken und treiben wollen und hat den Körper nicht dazu.»

Wilhelm hatte seine Karoline bereits im Juni 1791 heimgeführt. Er war, dem Wunsche der Mutter entgegen, aus dem Staatsdienst vorläufig ausgeschieden und lebte, in Studien vertieft, bald auf den Gütern der Dacherödens im Mansfeldischen und Thüringischen, bald in Erfurt im Hause des auch mit Schiller und Goethe befreundeten kurmainzischen Koadjutors Freiherrn von Dalberg. Alexander kränkelte gelegentlich in Freiberg; sein körperlicher Zustand besserte sich, entgegen den Befürchtungen Forsters, erst, als er im anstrengenden verantwortlichen Dienst des ansbach-bayreuthischen Oberbergmeisters auf harte und in den Tropen auf härteste Proben gestellt wurde.

In Freiberg lebte Alexander tatsächlich «sehr zufrieden». Das kam auch im fröhlichen Umgang mit seinen Studiengenossen zum Ausdruck. Das für Bergleute reichlich gefühlvoll-schwärmerische Abschiedsgedicht seiner Mitschüler hatten auch zwei junge Männer unterschrieben, die Humboldt zeitlebens eng befreundet blieben: der bereits erwähnte spätere Freiberger Berghauptmann Karl Freiesleben und Leopold von Buch, der junge Geologe, der durch seine Lehre vom vulkanischen Ursprung bestimmter Gebirgsbildungen Werners Neptunismus alsbald ins Wanken brachte.

Oberbergmeister in Franken

Drei Tage nach Humboldts Abschied von Freiberg (am 29. Februar 1792) wurde in Berlin ein Ministerialerlaß ausgefertigt, dem zufolge «Seine Majestät ... beschlossen, die Kenntnisse, welche der Alexander von Humboldt in den Fächern der Mathematik, Physik, Naturgeschichte, Chemie, Technologie, Bergwerks-, Hütten- und Handelskunde sich theoretisch und praktisch erworben, bei Allerhöchstihrigen Berg- und Hüttendiensten zu benutzen und denselben zu dem Ende bei der Bergwerks- und Hüttenadministration als Assessor cum voto einzustellen».

Dem Minister von Heinitz war es nicht schwergefallen, den König Friedrich Wilhelm II. zur Gewinnung eines Staatsdieners zu veranlassen, der ein Sohn des frühverstorbenen Kammerherrn von Humboldt war. Bei den für damalige Verhältnisse außerordentlichen Kenntnissen des zweiundzwanzigjährigen Assessors war anzunehmen, daß mit dem Eintritt in den Staatsdienst der erste Schritt zu einer glanzvollen Laufbahn getan war.

Will man begreifen, weshalb die beiden Brüder Humboldt nach kurzer, Alexander sogar nach sehr verdienstvoller Tätigkeit, durch ihre wirtschaftliche Unabhängigkeit begünstigt und ihre stärkeren Neigungen veranlaßt, dem Nachfolger Friedrichs II. ihre Dienste aufsagten, so werfe man mit Alexanders Biographen Julius Löwenberg (in der von Karl Bruhns in Zusammenarbeit mit mehreren anderen herausgegebenen dreibändigen wissenschaftlichen Biographie) «einen wenn auch nur flüchtigen Blick auf die damalige Beamten- und Verwaltungspraxis».

«In den Verwaltungskollegien», schreibt Löwenberg, «waren die gewöhnlichen Übelstände der Bürokratie, Papiertätigkeit und Schlendrian im reichsten Maße vorhanden. Die Subalternen trugen in Fronarbeiten eine unüberwindliche Menge sogenanntes schätzbares Material zusammen, je nach der Laune und dem verkehrten Sinn der Vorgesetzten. Wissenschaftliche Bildung der Beamten war eine seltene Ausnahme, Teilnahme an der Literatur ihnen so gut wie verboten. Der spätere Präsident von Hippel[1] wagte nicht unter eigenem Namen zu schreiben. Einem Verwaltungskandidaten, der als Examensarbeit die Frage: ob Beschäftigung mit den Wissenschaften sich für den Beamtenstand passe, bedingt bejaht hatte, gab der vorsitzende Examinator den schönen Aufsatz mit dem Bedeuten zurück, daß solche Meinungen ganz unstatthaft seien. Von dem Minister Grafen von Hagen pflegte Stein zu erzählen, daß, als seine Unterbeamten ihm einst an seinem Geburtstag feierlich gratuliert hatten, sie sehr freundlich von ihm empfangen worden waren; als sie aber auch den gedruckten Glückwunsch überreichen wollten, entgegnete ihnen der Minister ziemlich hart: ‚Sie wissen, ich lese nichts Gedrucktes; geben Sie mir das schriftlich!' Auch die tüchtigsten Beamten und Staatsmänner verfielen in literarische und wissenschaftliche Stagnation. Selbst Stein hatte, nach einer Mitteilung des Oberpräsidenten von Schön[2] an den Oberburggrafen von Brünneck, bis 1808 von Goethe noch nichts gelesen.»

Bei aller Anerkennung des vielseitigen und gründlichen Wissens und der Begabung Humboldts ist es doch kennzeichnend für den allgemeinen Tiefstand der Bildung und der Sachkunde auch in der Behörde des Ministers von Heinitz, wenn Humboldts «Literaria», im wesentlichen also die Schrift über die rheinischen Basalte und eine Denkschrift «Über das Salzwesen», die der nach neunmonatigem Studium der Bergbaukunde ohne Prüfung in eines der obersten Regierungskollegien berufene Jüngling vorlegte, viel «Effekt» machten. Dem eitlen

1 Theodor Gottlieb von Hippel, damals Bürgermeister und Polizeidirektor von Königsberg mit dem Titel eines Stadtpräsidenten. Er ließ seine zahlreichen, zum Teil sehr gesellschaftskritischen Schriften bis zu seinem Tode anonym erscheinen. – Sein Neffe gleichen Namens und Vornamens, gestorben 1843 als Regierungspräsident außer Dienst, der Verfasser des von Friedrich Wilhelm III. am 17. März 1813 erlassenen «Aufrufs an mein Volk», veröffentlichte seine «Beiträge zur Charakteristik Friedrich Wilhelms III.» 1841 unter eigenem Namen.

2 Heinrich Theodor von Schön, einer der bedeutendsten Mitarbeiter Steins, gehörte zu den Patrioten, die von Ostpreußen aus, wo Schön Regierungspräsident war, die Volkserhebung von 1813 organisierten.

jungen Herrn schmeichelten natürlich die Dienstfertigkeit seiner Kollegen und die Gunst des Ministers, der eines wirklichen Könners habhaft geworden war und seinen Assessor «mit den ausgezeichnetsten Lobsprüchen belegte».

Das alles erfuhr Freund Freiesleben schon in den ersten Märztagen 1792. Er las auch die für Humboldt bezeichnenden Sätze: «Alles scheint sich zu empressieren, mir gefällig zu sein. Ich sehe das Ding wie den Ausgang eines Schachspiels, i. e. ziemlich gleichgültig an. Durch den vielen unverdienten Weihrauch leiden endlich die Geruchswerkzeuge!»

So empfänglich Humboldt für gerechtfertigte Anerkennungen seiner Leistungen war, so natürlich und gesund war sein Empfinden für leere Schmeicheleien. Sie kränkten sein Wertbewußtsein. Entsprangen sie der Dummheit, forderten sie seine Spottlust heraus. In der von Intriganten und Günstlingen beherrschten, von der Zersetzung erfaßten Bürokratie des allen Geschäften gegenüber gleichgültigen, sittlich verkommenen Friedrich Wilhelm II. fühlte sich Humboldt nicht wohl. Wäre er dort heimisch geworden, hätte das unabsehbare Wirkungen auf sein weiches und fügsames Wesen haben müssen. Schon damals mag ihm sein Gefühl für Menschenwürde nahegelegt haben, einen solchen Umgang zu meiden; den Kampf gegen den Unrat, die Skrupellosigkeit und die Unwissenheit aufzunehmen war seinem Wesen versagt. Er drängte in die reine Luft der Natur (und wohl auch in eine verhältnismäßig große Unabhängigkeit von der Mutter), wollte Bergbau betreiben und nicht verwalten, mit dem Staatsdienst sein wichtigstes Anliegen, die Forschung, verbinden. Bald war von einer Entsendung in die Bergbaugebiete Thüringens, bald von einer «Kommission» in die westfälischen Reviere die Rede, bis der jüngste Assessor der Bergbauverwaltung im Juli 1792 den Auftrag erhielt, seinem Minister voraus in die im Jahr zuvor durch Erbgang an Preußen gefallenen Markgrafschaften Ansbach und Bayreuth zu reisen, um sich über die Zustände im dortigen Bergbau zu unterrichten.

In der fränkischen Verwaltung wehte ein anderer Wind als in der verlotterten Bürokratie der preußischen Hauptstadt. Der letzte Minister des letzten Markgrafen war als Minister für die fränkischen Fürstentümer in das preußische Staatsministerium übernommen worden. Das war der damals zweiundvierzigjährige, aus dem Hannoverschen stammende spätere preußische Staatskanzler und Fürst Karl August von Hardenberg. Dieser kluge, diplomatisch wendige Staatsmann, dem viel daran gelegen war, Karriere zu machen, erkannte schnell die besonderen Fähigkeiten des Assessors von Humboldt, dessen mündliche und schriftliche Berichte über die Entwicklungsfähigkeit des fränkischen Bergbaus auch den Minister von Heinitz beeindruckten. Auf Antrag Hardenbergs wurde Humboldt bereits Anfang September, noch vor Vollendung seines dreiundzwanzigsten Lebensjahres, zum königlichen Oberbergmeister in den beiden fränkischen Fürstentümern ernannt.

«Ich taumele vor Freuden», jubelte er in einem Brief vom 27. August 1792 an Freiesleben. «Vor einem Jahre fragte ich Sie, was ein Gesicht wäre, und jetzt bin ich Oberbergmeister ... Ich werde nun ganz dem praktischen Bergbau und der Mineralogie leben.» Die Verbindung der Berufspläne seiner Mutter für ihn mit den eigenen Forschungsinteressen war geglückt. Ein Drittes, dem wir schon früher bei Humboldt begegneten, trat hinzu: das Bedürfnis nach werteschaffender, nützlicher und humaner Tätigkeit. Ein solches Bedürfnis zu befriedigen, boten sich im Fränkischen Gelegenheiten in Fülle.

Dem Oberbergmeister unterstanden die Bergämter Naila, Wunsiedel (die Vaterstadt des Dichters Jean Paul) und Goldkronach. Die weit verstreuten Bergwerke, Hütten und Eisenhämmer beiderseits des Fichtelgebirges und im Frankenwald befanden sich in einem trostlosen Zustand. Ohne planmäßige Erschließung der erzführenden Lagerstätten und ohne Rücksicht auf Gesundheit und Leben der Bergleute war Raubbau getrieben worden. Bevor Hardenberg im Jahre 1790 die Leitung der markgräflichen Staatsgeschäfte übernahm, floß der kärgliche Ertrag des Bergbaus wie die drückenden Abgaben der versklavten Bauern und Leineweber in die bayreuth-hohenzollernsche Schatulle, um für das halbe Dutzend Schlösser und Schlößchen vergeudet zu werden, in denen ein aussterbendes Fürstengeschlecht Prunkhofhaltung im Stile der französischen Könige trieb. Humboldts Vorgänger, der Bergrat Tornesi, war vor Hardenbergs Amtsantritt Kammerdirektor in Bayreuth und hatte eine auch von Humboldt gelobte mineralogische Karte geschaffen. Ihm unterstand u. a. das Zucht- und Arbeitshaus St. Georgen-Bayreuth, wo insbesondere der einheimische Marmor zu Vasen und dergleichen verarbeitet wurde. Ob er zugleich Direktor des markgräflichen Irrenhauses war, wie der Dichter Ludwig Tieck aus eigenen Beobachtungen zu berichten wußte, mag dahingestellt bleiben.

Der junge Humboldt ließ sich nicht in der Residenz nieder. «Ich wohne auf dem hohen Gebirge in Steben und Arzberg, zweien Dörfern im Fichtelgebirge», schrieb er an Freiesleben am 27. August 1792. Die von ihm angeforderten Mittel zur Verbesserung der Abbauverhältnisse wurden bewilligt. Zimmerung und Förderung erfolgten nach Methoden, die der Oberbergmeister selbst entwarf und an Ort und Stelle erprobte. Er war mehr in den Schächten und Förderanlagen als in seinem Oberbergamt, nahm stillgelegte Zechen in Betrieb und erschloß neue Minen. Der Ertrag hob sich zur Genugtuung der vorgesetzten Behörden sprunghaft weit über Humboldts kühne Voraussagen hinaus.

Doch dem jungen Oberbergmeister ging es keineswegs nur um die Hebung der Staatseinkünfte. Mit gleicher Tatkraft bemühte er sich um die Besserung des Loses der ihm anvertrauten Menschen. Er ließ Erzstraßen bauen und erschloß abgelegene Dörfer dem Verkehr, erhöhte die Sicherheit der Bergleute durch fachliche Ausbildung, sachgemäße Zimmerung und unermüdlichen Kampf gegen Steinschlag und Grubengase. Lange bevor er die amtliche Genehmigung einholte, gründete er in Steben auf eigene Kosten eine bergmännische Freischule, der bald eine zweite in Wunsiedel folgen konnte.

Humboldt schonte weder seine Mittel noch seine Gesundheit, doch der schwächliche Körper kräftigte sich unter den Anstrengungen der mehrfachen täglichen Grubenbefahrungen und der meilenweiten Ritte durch das Land. Analphabetentum, Unwissenheit, durch Katastrophen geförderte abergläubische Furcht vor Bergdämonen waren leichter besiegbare Gegner als die Grubengase. Wiederholt geriet der kühne Bergmann in Lebensgefahr, während er seine Erfindungen, eine für matte Wetter bestimmte Sicherheitslampe und eine Respirationsmaschine, ausprobierte. Es war ihm unbegreiflich, daß sich die Physiker so wenig mit Untersuchungen der lichttötenden und erstickenden Gasarten unter Tage beschäftigt hatten. Um für seine Bemühungen Mitarbeiter unter den fachkundigen Gelehrten zu finden, schrieb er seine Abhandlung «Über die unterirdischen Gasarten und die Mittel, ihren Nachteil zu vermindern». Der jugendliche Oberbergmeister wies die Wege zu einer wissenschaftlich exakten «unterirdischen Meteorologie» mit dem Hinweis, daß diese Untersuchungen «einen unmittelbaren Bezug auf das Leben und die Gesundheit einer arbeitsamen Menschenklasse haben».

Humboldt wurde zum Freund der Bevölkerung in den entlegenen Bergbaubezirken Frankens. «Das allgemeine Vertrauen, das der gemeine Bergmann mir überall zeigt, macht mir meine Arbeit lieb», heißt es in einem Brief vom 10. Juni 1793; und am 19. Juli 1793: «Das Vertrauen der Menschen habe ich, man glaubt, daß ich acht Beine und vier Hände habe, und das ist bei meiner Lage unter so faulen Offizianten schon sehr gut.»

Lebenszugewandte Forschung

Pflichtbewußtsein des Beamten und humane Gesinnung, Trieb zu nützlicher Tätigkeit und Forscherdrang wirkten zusammen, um Alexander von Humboldt in den fränkischen Jahren zu gleichbedeutenden Leistungen als Königlich-Preußischer Oberbergmeister, praktischer Bergmann und Naturforscher zu befähigen. Seine anschauende Geistesrichtung führte ihm immerfort neue Beobachtungen zu, stellte ihn unaufhörlich vor ungelöste Fragen. Dabei blieb sein Blick auf das Ganze der Natur und des Lebenszusammenhanges gerichtet, sosehr ihn aus bestimmtem Anlaß auch das einzelne beschäftigen mochte und sosehr seine besonderen Neigungen zur Botanik und zur Geologie auch die wissenschaftlichen Themen bestimmten, mit denen er sich neben seiner beruflichen Tätigkeit beschäftigte. Er fand Genugtuung in der Feststellung, daß nun auch seine Beiträge die Summe des menschlichen Wissens vermehrten, nach seinen eigenen Worten «aber eine weit menschlichere und größere Freude daran, etwas zu erfinden, das mit der Erhaltung einer arbeitsamen Menschenklasse in Verbindung steht».

Aber es entspricht nun einmal dem Wesen des Naturforschers, vom Besonderen her das Allgemeine und in der Aneinanderreihung der Beobachtungen nach dem Gesetz zu suchen. Die chemische Analyse der Luft im Bergwerk, die Untersuchung der Entstehung und Beschaffenheit der Grubenwetter, standen in Wechselwirkung mit der Erforschung der chemischen Zusammensetzung der atmosphärischen Luft schlechthin.

Humboldt veröffentlichte seinen Beitrag zu dieser Frage, die nach der Entdeckung des Sauerstoffes[1] die junge chemische Wissenschaft vordringlich beschäftigte, in seinen «Versuchen über die chemische Zerlegung des Luftkreises» (1799). Der Botaniker «jagte» wie schon in den Bergwerken um Freiberg so in den Schächten seines fränkischen Reviers nach Pflanzen und Pilzen, die, dem Lichte entzogen, unter Tage ein doppelt merkwürdiges Dasein führten. Diese Untersuchungen begegneten sich wieder mit speziellen Betrachtungen über den Ernährungs- und Atmungsprozeß und die Färbung der Pflanzen. Ja, ein gewaltiger Plan wurde im November 1794 aus Goldkronach im Fichtelgebirge einem Freunde anvertraut: «Ich arbeite an einem bisher ungekannten Teile der Weltgeschichte. Das Buch soll in zwanzig Jahren unter dem Titel ‚Ideen zu einer künftigen Geschichte und Geographie der Pflanzen oder Historische Nachricht von der allmählichen Ausbreitung der Gewächse über den Erdboden und ihren allgemeinsten geognostischen Verhältnissen' erscheinen.»

Geologische, botanische, pflanzenphysiologische, chemische, physikalische Fragestellungen, Beobachtungen und Experimente griffen ineinander und fanden in einer ganzen Reihe kleinerer und größerer Abhandlungen und wissenschaftlicher Briefe ihren Niederschlag.[2] Aus aller Welt kamen Bücher und Schriften in das preußische Oberbergamt in Franken. Und wozu unermüdliche Forscher nah und fern, fachlicher Briefwechsel und das wissenschaftliche Gespräch auf den Studienreisen nicht

1 Vgl. hierzu und zum Folgenden die einführenden Bemerkungen auf S. 11 ff.

2 Da es uns nur um die Betrachtung der Bausteine gehen kann, auf denen das gewaltige Werk menschlichen Strebens ruht, das mit dem Namen Alexander von Humboldt verbunden ist, kann hier (wie auch später) nur einzelner für die Entwicklung Humboldts wesentlicher wissenschaftlicher Veröffentlichungen gedacht werden.

anregten, das stellte die Natur, stellten die Pflanzen und die Steine an irgendeinem Punkt in den alles umfassenden Blickkreis des rasch zum Manne reifenden Jünglings. Ehe er es sich noch versah, ging er darauf aus, den das Leben bewirkenden, im Leben wirkenden Kräften auf die Spur zu kommen.

«. . . gemacht, Ideen zu verbinden»

Wilhelm von Humboldt an Karl Gustav von Brinkmann

18. März 1793

«Über meinen Bruder bin ich neugierig Sie zu hören. Ich halte ihn unbedingt und ohne alle Ausnahme für den größten Kopf, der mir je aufgestoßen ist. Er ist gemacht, Ideen zu verbinden, Ketten von Dingen zu erblicken, die Menschenalter hindurch ohne ihn unentdeckt geblieben wären. Ungeheure Tiefe des Denkens, unerreichbarer Scharfblick und die seltenste Schnelligkeit der Kombination, welches alles sich in ihm mit eisernem Fleiß, ausgebreiteter Gelehrsamkeit und unbegrenztem Forschungsgeist verbindet, müssen Dinge hervorbringen, die jeder andere Sterbliche sonst unversucht lassen müßte. In dem, was er bis jetzt geleistet hat, weiß ich nichts anzuführen, was *soviel* bewiese, als ich hier avanciere, aber abgerechnet, daß ich mit seinen bisherigen Entdeckungen, zum Teil dem Namen und ganz und gar ihrem inneren Wert nach, unbekannt bin, so weiß ich, daß an dem, was ich sagte, kein Titelchen falsch ist, und ich bin fest überzeugt, daß die Nachwelt (denn sein Name geht gewiß auf eine sehr späte über) mein jetziges Urteil buchstäblich wiederholen wird. Es ist nicht meine Sache, zu loben und zu bewundern, aber ich habe mich, sooft ich meinen Bruder von seinen eigentlichen Ideen reden hörte, nie inniger Bewunderung erwehren können, ich glaube sein Genie tief studiert zu haben, und dies Studium hat mir in dem Studium des Menschen überhaupt völlig neue Aussichten verschafft. Eine völlige Restauration der Wissenschaften und mehr als dies, alles menschlichen Bemühens ist seit Jahrhunderten notwendig, und die Notwendigkeit wächst mit jedem Jahre . . . Zu dieser Restauration ist der wichtigste

Schritt, Einheit in alles menschliche Streben zu bringen, zu zeigen, daß diese Einheit der Mensch ist, und zwar der innere Mensch, und den Menschen zu schildern, wie er auf alles außer ihm und wie alles außer ihm auf ihn wirkt, daraus den Zustand des Menschengeschlechtes zu zeichnen, seine möglichen Revolutionen zu entwerfen und die wirklichen, soviel möglich, zu erklären. Von allem, was auf den Menschen einwirkt, ist das Hauptsächlichste eigentlich die physische Natur, und diese Wirkung ist um so stärker, als ihre Ursachen uns unbekannt sind. Überhaupt ist die physische Natur eigentlich die wichtigere, da, wo man sonst studieren mag, man eigentlich es mit Menschenwerk zu tun hat, bei dem Studium jener aber eigentlich der Gang des Schicksals, dem auch der Mensch selbst untertan ist, offenbar wird. So aber ist dieses Studium noch gar nicht behandelt, die Art des Einwirkens auf den Menschen, die ich hier meine, ist nicht einmal der Gattung nach ungefähr bekannt. Das Studium der physischen Natur nun mit dem der moralischen[1] zu verknüpfen und in das Universum, wie wir es erkennen, eigentlich erst die wahre Harmonie zu bringen oder, wenn dies die Kräfte eines Menschen übersteigen sollte, das Studium der physischen Natur so vorzubereiten, daß dieser zweite Schritt leicht würde, dazu, sage ich, hat mir unter allen Köpfen, die ich historisch und aus eigener Erfahrung in allen Zeiten kenne, nur mein Bruder fähig erschienen. Ja, was noch mehr ist, so ist es beinah einerlei, wie er seine Studien treibt und worauf er sie richtet. Was er behandelt, führt ihn, das habe ich oft bemerkt, von selbst auf den eben angegebenen Gesichtspunkt, wenn er ihn selbst auch nie gerade so gedacht haben sollte. Ich hoffe und weiß gewiß, er wird sein Leben allein diesem Studium weihen, er wird keine Verhältnisse eingehen, die, wie schön sie an sich sein mögen, immer hindern, die Kräfte ungeteilt einem Zweck zu geben, und da er zugleich in die äußere Lage gesetzt ist, die es ihm möglich macht, seine Absichten ganz dem Bedürfnis der Beschäftigungen gemäß unter allen Himmelsstrichen zu verfolgen, so erwarte ich mit der festesten Gewißheit etwas

1 Moralisch hat hier, wie seinerzeit vornehmlich, den Sinn von geistig. (Die französische «Académie des sciences morales» z. B. pflegte die Geisteswissenschaften im Gegensatz zu den Naturwissenschaften.)

Großes von ihm. Ich habe mich gern hierüber ausgebreitet, weil Sie meinen Bruder wie ich lieben und weil Sie an diesem Räsonnement selbst die ruhige Kälte nicht verkennen können, in der nicht Zuneigung, Liebe oder wie Sie es sonst nennen mögen den Gesichtspunkt verrückt. Denn so herzlich Alexanders Charakter auch mein Herz fesselt, so unabhängig ist doch jenes Urteil davon, das ich nie, wenn ich ihn auch sonst gar nicht kennte, anders fällen würde.»

Die Frage der Fragen: Was ist «Leben»?

Im Jahre 1793 erschien, noch in lateinischer Sprache, Humboldts «Freiberger Flora». Dieser ganz in der Art des großen Systematikers Linné abgefaßten Beschreibung von zweieinhalbhundert zu einem kleineren Teil wissenschaftlich noch nicht beachteter Arten der um Freiberg wachsenden Kryptogamen, die ihrem Verfasser unter anderem eine «unendlich große goldene Medaille» vom Kurfürsten von Sachsen einbrachte, waren «Aphorismen zur chemischen Physiologie der Pflanzen» beigefügt. Humboldt bestätigte Priestleys Entdeckung vom Wechselspiel des Stoffwechsels beim Atmungsprozeß von Pflanze und Tier und wies auf Grund seiner mannigfachen Experimente mit «unterirdisch», das heißt dem Tageslicht entzogenen Pflanzen durch die Behauptung, daß auch Aschenbestandteile zu deren Nahrungsstoffen gehören, der Forschung einen Weg, dessen geradezu umwälzende Bedeutung für die menschliche Ernährung erst Justus Liebigs Agrikulturchemie offenbar werden ließ. Er entdeckte durch Experimente am Samen der Kresse, der Erbse, der Bohne, daß man das Wachstum von Pflanzen durch die Berührung mit bestimmten Stoffen «reizen», das heißt beschleunigen kann.

Der Anreger Humboldt meldete sich in diesen Gedankensplittern erstmalig zum Wort, der geniale Kopf, der in der umfassenden Fülle seiner Beobachtungen und Tätigkeiten, Interessen und Lesefrüchte, oft ohne sich ihrer Fruchtbarkeit bewußt zu sein, meist nur intuitiv geahnte Zusammenhänge und Erkenntnisse als «Aphorismen» hinwarf, die (nicht immer) von anderen aufgegriffen und nutzbar gemacht wurden.

In diesen Aphorismen befinden sich aber auch Bemerkungen über die «Reizbarkeit» der Pflanzen und über die «Lebenskraft», zwei Begriffe, die gleichsam die Gegenpole des Spannungsverhältnisses bezeichnen, in dem sich die Naturforschung, als Ganzes gesehen, am Vorabend des 19. Jahrhunderts und noch lange danach befand. Weil Humboldt, halb Feuerkopf und doch auch schon halb «Pedant», in der ihm eigenen universalen, das Ganze in seiner Größe und in allen seinen Kleinheiten anschauenden und durchdringenden Sicht die bereits auseinanderstrebenden Wissenschaften von der Natur zusammenzuhalten strebte – und er war der letzte, dem dies gelang! –, entschied er sich zunächst weder für die eine noch für die andere der sich bildenden Parteien: er suchte zu ergründen, wo die Wahrheit lag.

Da entsteht und verlischt Leben in der Pflanze, im Tier, im Menschen. Das war (und ist) die von denkenden Menschen am organischen Körper seit urdenklichen Zeiten tagtäglich wiederholte Beobachtung, die Frage aller Fragen: was ist «Leben», was bewirkt im Menschen die Tatsache der bewußten Existenz, was beendet sie? Die «Lebenskraft», sagten zu Humboldts Zeiten die einen und «erklärten» sie als eine Tätigkeit, die mit dem Entstehen des organischen Körpers beginnt und mit seinem Erlöschen endet. Die anderen wiesen nach Bologna, wo der italienische Naturforscher Luigi Galvani durch einen Zufall im Jahre 1790 entdeckt hatte, daß enthäutete Schenkel lebloser Frösche zusammenzuckten, wenn man aus dem isoliert aufgestellten Metallkörper, dem Konduktor, einer Elektrisiermaschine, einen Funken zog. Galvani erkannte in dieser Zuckung nicht die Reflexwirkung, sondern glaubte an eine dem Tierkörper eigene Elektrizität. War das, was später vielfach als Geburtsstunde der Elektrizitätswirtschaft bezeichnet wurde, der Augenblick, in dem sich die geheimnisvolle «Lebenskraft» als Wechselwirkung materieller Kräfte offenbarte?

Der dreiundzwanzigjährige Humboldt wurde 1792 in Wien mit Galvanis Entdeckungen bekannt und hatte sich auch mit Alessandro Voltas Einwand vertraut gemacht, die Quelle der Elektrizität sei nicht der Froschschenkel, sondern der Metallbogen, durch den die Nerven oder das Rückenmark des Tieres bei diesen Experimenten mit den Muskeln verbunden würden.

Der Meinungsstreit der beiden Italiener beschäftigte Humboldt so – er suchte Volta 1795 in Pavia auf –, daß er sich nicht mit eigenen Beobachtungen am leblosen Froschschenkel begnügte. Er wollte der «Reizbarkeit», der von außen durch «Reize» auf die Materie als das sinnlich Erkennbare, das «Raumausfüllende», einwirkenden Kraft, ihr Geheimnis entreißen und am menschlichen Körper erproben, ob sie nicht doch eine Wirkung der «Lebenskraft» sei, also von «innen» komme. Zum Versuchsobjekt machte er sich selbst.

In wiederholten schmerzhaften, seine Gesundheit schließlich ernstlich schädigenden Experimenten brachte er Wunden, die er auf seinem Rücken künstlich erzeugt hatte, mit Metallen in Berührung. In zahlreichen Briefen teilte er deutschen und ausländischen Forschern seine Empfindungen und Wahrnehmungen mit. Er fühlte, wie wir in einem dieser Berichte an seinen Göttinger Lehrer Blumenbach lesen, «bei der Berührung» der aufgeschnittenen, durch Pflaster hervorgerufenen Blasen «mit Zink und Silber ein heftiges schmerzhaftes Pochen ... Eine Berührung mit Silber gab mir drei bis vier einfache Schläge, die ich deutlich unterschied. Frösche hüpften auf meinem Rücken, wenn ihr Nerv auch gar nicht den Zink unmittelbar berührte, einen halben Zoll von demselben ab lag und nur vom Silber getroffen wurde. Meine Wunde diente zum Leiter, und dann empfand ich nichts dabei.» Heftige Schmerzen, Entzündungen und Striemen waren die Folgen solcher Torturen. «Der Rücken sah, rein abgewaschen, mehrere Stunden wie der eines Gassenläufers aus.»

Die Versuche und Gedanken des jugendlichen Forschers fanden in dem im wesentlichen 1797 entstandenen, im Februar 1798 in Salzburg abgeschlossenen zweibändigen Werk «Versuche über die gereizte Muskel- und Nervenfaser, nebst Vermutungen über den chemischen Prozeß des Lebens in der Tier- und Pflanzenwelt» ihren Niederschlag. Für den Fortgang der Naturforschung war diese Abhandlung insofern von einiger Bedeutung, als Humboldt die Existenz der vermuteten Lebenskraft mit chemischen Mitteln zu klären unternahm. Daß es keine «Leben» erzeugende «Lebenskraft» gibt, daß das Leben zum anderen nicht schlechthin ein Stoff ist, sondern ein noch immer nicht endgültig geklärter, sehr verwickelter Zusammenhang von chemisch bedingten Vorgängen, sind Einsichten, die erst in einer wesentlich späteren Zeit gewonnen wurden. Immerhin kennzeichnet es die Richtung, die Humboldts Suchen in diesen Jahren genommen hatte, wenn er in der genannten Schrift bekannte: «Ich nenne nicht mehr eigene Kräfte, was vielleicht nur durch das Zusammenwirken einzelner, längst bekannter Stoffe und ihrer materiellen Kräfte bewirkt wird. Die Schwierigkeit, die Lebenserscheinungen des Organismus auf physikalische und chemische Gesetze befriedigend zurückzuführen, liegt größtenteils ... in der Komplikation der Erscheinungen, in der Vielzahl gleichzeitig wirkender Kräfte wie der Bedingungen ihrer Tätigkeit.»

Eine solche Aussage ist um so beachtlicher, als Humboldt erst zwei Jahre zuvor (im Juni 1795) Schiller auf dessen Bitte für die Zeitschrift «Die Horen» eine Erzählung «Die Lebenskraft oder der rhodische Genius» zur Verfügung gestellt hatte, in der er sich zur Lebenskraft bekannte, «wie sie jeden Keim der organischen Schöpfung beseelt». Zwei Jahre später war er einen wesentlichen Schritt weiter gelangt: «Nachdenken und fortgesetzte Studien in dem Gebiete der Physiologie und Chemie haben meinen früheren Glauben an eigene sogenannte Lebenskräfte tief erschüttert.» Anderen, seinen eigentlichen Zielen zugewandt, beschäftigte er sich bald nicht mehr mit der Frage aller Fragen, zu deren Lösung, wie er einsah, die Forschung noch nicht befähigt war, trotz des selbstbewußten Optimismus, mit dem er noch im Februar 1796 dem Freunde Freiesleben zugerufen hatte: «Ich glaube nun bald den gordischen Knoten des Lebensprozesses zu lösen.» Dieser Knoten blieb ungelöst bis heute.

Absage an Preußen

Der Königlich-Preußische Minister des Berg- und Hüttenwesens gedachte die rasch erwiesenen und in der klingenden Münze wachsender Erträge des fränkischen Bergbaus wertbaren Fähigkeiten des Oberbergmeisters von Humboldt für weitere Aufgaben zu nutzen. Diesen Absichten kam Humboldts Wunsch entgegen, nach und nach das Bergwerks- und Salinenwesen in ganz Deutschland kennenzulernen. Das war zugleich der geeignetste Weg, die geologischen Studien an Ort und Stelle fortzuführen.

Herr von Heinitz beauftragte seinen jungen Bergspezialisten mit einer amtlichen Dienstreise, die Humboldt von Ende September bis Anfang November 1792 nach München und in die bayrischen und salzburgischen Salinen von Traunstein, Reichenhall, Berchtesgaden, Hallein führte. Auf des Ministers Anregung schloß sich eine strapazenreiche Winterfahrt über Wien in die galizischen und schlesischen Reviere an.

Alsbald folgte die erste wissenschaftliche Ehrung. Am 20. Juni 1793 wurde er in Erlangen zum Mitglied der Kaiserlich Leopoldinisch-Karolinischen Akademie der Naturforscher gewählt; zum Dr. phil. machte ihn die Universität Frankfurt an der Oder im August 1805, also nach seiner amerikanischen Reise.

Im März 1794 führte der Oberbergmeister zwei Generalbefahrungen, d. h. fachliche bergbaukundliche Überprüfungen durch: neun Tage weilte er im Nailaer Revier, sechs Tage hielt er sich im Wunsiedeler Revier auf. Schon im Februar war er neun Tage im Goldkronacher Revier und acht Tage im Kaulsdorfer Revier gewesen. Dennoch fand er in dieser ersten Märzhälfte Zeit zu einem fünftägigen Besuch bei seinem Bruder in Jena, wo er am Tage vor seiner Abreise von Goethe aufgesucht wurde, Begebnisse in Humboldts Leben, über die noch näher berichtet werden wird. Am 15. April 1794, einem Tage, an dem er wiederum in Jena weilte, wurde Alexander, noch nicht fünfundzwanzig Jahre alt, zum Bergrat befördert.

Im Mai erhielt Humboldt den Auftrag, eine rund sechs Wochen dauernde Studienreise durchzuführen, die bergmännischen wie auch halurgischen, d. h. der Gewinnung des Kochsalzes bestimmten Untersuchungen diente; in Betrieb genommene Solbäder und Salpetersiedereien sollten überprüft und über das Vorkommen an auswertbaren Bodenstoffen berichtet werden. Sein Weg führte ihn über Berlin nach Kolberg, Thorn usw., dann nach Gnesen, Posen, Glogau, Prag und über Eger zurück nach Bayreuth.

«Ich bin versetzt als Bergrat nach Berlin, wahrscheinlich mit 1 500 Talern Gehalt (hier habe ich 400)», teilte Humboldt

Freiesleben vor der Abreise aus Franken mit, «soll nur wenige Monate in Berlin bleiben und dann wahrscheinlich die Direktion in Westfalen oder Rothenburg übernehmen mit 2 bis 3 000 Talern. Ich sage Dir alles, guter Karl, ich schlage aus, gehe jetzt bloß nach der Ostseeküste und dem polnischen Gebirge auf eine Commission und kehre hierher als Oberbergmeister zurück. Meine alten Pläne bleiben dieselben: ich nehme in zwei Jahren den Abschied und gehe nach Rußland (Sibirien) oder sonst wohin.»

Doch nicht nur Herr von Heinitz, der Minister des Erz- und Hüttenwesens, auch Herr von Hardenberg, der Minister der fränkischen Fürstentümer, wünschte sich der ferneren Dienste des befähigten und erfolgreichen Mitarbeiters zu versichern. Der spätere Staatskanzler drängte in die auswärtige Politik. Unaufgefordert erschien er im Juni 1794 im preußischen Hauptquartier in Frankfurt am Main, um auf die katastrophalen Folgen hinzuweisen, die Preußens Teilnahme am «Kreuzzug» gegen das revolutionäre Frankreich und insbesondere der Haager Vertrag (19. April 1794) für die fränkischen Herzogtümer haben könnten, wenn nämlich die französischen Bürgerarmeen den im übrigen schmählichen Verkauf von 64 000 preußischen Söldnern an die Seemächte zum Kampfe gegen Frankreich eines Tages diesseits des Rheins vergelten sollten. Franken könne von Berlin aus nicht verteidigt werden, wenn der Gegner in der Pfalz stünde. Hardenberg gelang es, den wankelmütigen und haltlosen König zum Bruch des Haager Abkommens zu veranlassen, zudem Preußen noch in kriegerische Auseinandersetzungen in Polen verwickelt war. Dort war es nach der zweiten polnischen Teilung zu einem Aufstand gekommen, der 1794 von preußischen und russischen Truppen niedergeschlagen wurde.

Während der gewagten, sich vier Monate hinziehenden Unternehmung im Hauptquartier des Feldmarschalls von Möllendorf hatte Hardenberg den jungen Humboldt an seiner Seite. Er beschäftigte ihn mit kleineren diplomatischen Aufträgen, die Humboldt, aus seinem «Fache herausgerissen», eher als Belastung denn als Auszeichnung empfand. Er interessierte sich mehr für die mineralogisch aufschlußreichen Gebiete, die er im Hin und Her der Truppenbewegungen zu sehen bekam.

«Ich weiß nun genau, wie im ganzen westlichen Deutschland alles aufgesetzt ist», heißt es im Bruchstück eines Briefes vom 10. September 1794 aus dem damals in Brabant befindlichen englischen Hauptquartier, «habe mitunter viele Gruben befahren, Gänge beschrieben und denke im Winter recht ordentlich an einem großen mineralogischen Werke, einer Art geognostischer Ansicht von Deutschland, zu arbeiten.» Anfang Februar 1795 erreichte ihn das Angebot des Herrn von Heinitz, die Leitung der weit bedeutenderen Berg- und Hüttenbetriebe in Schlesien und Südpreußen zu übernehmen, die u. a. erst 1793 in der zweiten polnischen Teilung an Preußen gefallen waren.

Humboldt lehnte ab. Er begründete seinen Standpunkt vor allem damit, daß er immer nur die Absicht gehabt habe, sich «durch praktisch-bergmännische Geschäfte zu einer Reise» von größerem Ausmaß vorzubereiten. Man mochte in Berlin argwöhnen, Humboldt fürchte eine Tätigkeit in der wohl verrottetsten, vom korrupten Grafen von Hoym geleiteten Provinzialverwaltung in Schlesien, und bot ihm auch die Stelle des Oberbergmeisters in Westfalen an; man ernannte ihn zum Wirklichen Oberbergrat und war bereit, ihm «zu seinen vorhabenden auswärtigen Reisen den Urlaub nach Umständen» zu erteilen.

Humboldt beharrte auf seinem Entschluß, einstweilen in Franken zu bleiben und alsbald seine «hiesige Lage gänzlich zu verändern und fast alle öffentlichen Verhältnisse aufzugeben». Er lehnte damit nicht nur ein ungewöhnlich hohes Gehalt ab – man ist im Hinblick auf die preußischen Zustände versucht, «Kaufgeld» zu sagen –, obwohl er einräumte, wie «interessant» es bei seinem «nicht sehr reichlichen Auskommen» wäre, seine «äußeren Verhältnisse zu verbessern»; er verzichtete darüber hinaus auf eine aussichtsreiche und gewiß schnelle öffentliche Laufbahn und – schlug nun doch die glanzvolle Tätigkeit im Dienste des Königs aus, die seine Mutter von ihren beiden Söhnen aus zweiter Ehe erhofft, für die sie sie erzogen hatte.

Fragt man nach den Gründen einer solchen Entscheidung, so ist vor allen anderen die «große, plötzlich erwachende Leidenschaft für das Seewesen und den Besuch ferner tropischer Länder» zu nennen. Was Humboldt in den fränkischen Jahren beruflich und wissenschaftlich tat, galt – viele Äußerungen bezeugen es – nicht zuletzt auch der Vorbereitung auf dieses Unternehmen, das er, seiner Natur entsprechend, nicht als Abenteurer, sondern als ernsthafter, auf die Aufgabe vorgebildeter Forscher durchzuführen gedachte. Verwirklichen konnte er den großen Plan noch immer nicht, weil er sich, wenn auch ohne Liebe, so doch aus Takt und Sohnespflicht an die Mutter gebunden fühlte, deren gesundheitlicher Verfall freilich ein baldiges Ableben befürchten ließ; schon im Februar des nächsten Jahres eilte der jüngere Sohn nach Tegel, wo die Frau von Humboldt an Brustkrebs daniederlag, und weilte dort sechs Wochen. Solange sie lebte, fühlte sich Alexander nicht nur in der Freiheit seiner Entschlüsse gehemmt, er verfügte auch nicht über die Mittel, die zur Finanzierung einer Reise nach Übersee erforderlich waren. Dennoch bezeichnete er es als «unmoralisch», zur Verbesserung seiner wirtschaftlichen Verhältnisse mit der Annahme der lockenden Stellung «eine neue Lage einzugehen, um dieselbe früh wieder zu verlassen».

Dieser gleiche Zug menschlichen Anstandes und charakterlicher Sauberkeit ließ ihn die Nähe des sittenlosen Hofes fürchten und ihm die bereits gekennzeichneten allgemeinen Verhältnisse der altpreußischen Verwaltung unerträglich erscheinen. Den damals fünfundzwanzigjährigen jungen Mann, der auch später vor Gefahren für Leib und Leben und vor ungewöhnlichen Schwierigkeiten nicht zurückschreckte, der sich aber, von unsauberen Verhältnissen angeekelt, nicht berufen fühlte, die menschliche Gesellschaft zu reformieren oder gar zu revolutionieren, konnte der Dienst in einem Vaterlande nicht locken, dessen Staat und Armee unter der unfähigen Regierung des Humboldtschen «Patenonkels» Friedrich Wilhelm II. Jahr um Jahr mehr der Zerrüttung anheimfiel. Sinnlose «Kreuzzüge» im Westen und schmähliche Raubzüge gegen polnisches Land im Osten hatten die wirtschaftliche Leistungskraft Preußens erschöpft und die Finanzen zerrüttet, Treulosigkeit gegen die englischen Geldgeber wie gegen die Habsburger Weg- und Gesinnungsgenossen das Ansehen des friderizianischen Machtstaates vernichtet; das Offizierskorps und die Beamtenschaft waren demoralisiert, hinter frömmelnder Scheinheiligkeit verbargen sich Heuchelei und Verfolgung jeder Andersgläubigkeit, trotz aller Reformen des Rechtes behauptete die feudale Klasse unangetastet ihre Privilegien.

Humboldt hatte in Preußen auch keine sonderliche Bereicherung seiner wissenschaftlichen Tätigkeit zu erhoffen. Die bahnbrechenden Naturforscher waren Italiener oder wirkten in Paris, London und Stockholm. Seine wissenschaftliche Heimat war teils das hannoversche Göttingen, teils das sächsische Freiberg. Die Berliner Akademie nannte er im Jahre 1806 unter dem Eindruck der fruchtbaren Begegnungen in Paris «ein Siechenhaus» und «ein Hospital, in dem die Kranken besser schlafen als die Gesunden».

Und endlich: Humboldt war weder «fritzisch» noch sonst irgendwie preußisch gesinnt und nur von Geburt ein Adliger; nach Lebensart und Gesinnung war er ein Bürger geworden, der, ohne Revolutionär zu sein, die Ideen von 1789 in seinem Herzen trug. Bei seinem Ausflug in die Dichtung, in der poetischen Umkleidung einer naturwissenschaftlichen Betrachtung im «Rhodischen Genius» hatte er, gewiß zur Freude Schillers, kaum aber Goethes, erklärt, «daß Fürstennähe auch den geistreichsten Männern von ihrem Geist und ihrer Freiheit raubt». Und in einem Brief vom 15. Juni 1790 aus England an Freund Wegener hieß es: «Nichts ist unerträglicher als die klugen Fürsten, die andern Menschen vordenken wollen.»

«Dieser Alexander», schrieb David Veit, ein gemeinsamer, bisweilen zum Sarkasmus neigender Freund der Humboldts, am 15. Juni 1795 an Rahel Levin, «ist Oberbergrat geworden, hat in Bayreuth solche Anstalten mit äußerst geringen Kosten getroffen und mit so schrecklicher Redlichkeit und Verstand, daß die Bergwerke jetzt in einem Jahr so viel als sonst in vierzehn bringen und ein simpler Bergverständiger nun erhalten kann, was er geschaffen hat. Er nimmt durchaus kein Gehalt, darum kann er fort, wird den nächsten Sommer in der Schweiz sein und künftigen Sommer nach Lappland oder Ungarn reisen zum Behufe seiner vorhabenden Entdeckungen.»

Alexander von Humboldts Entscheidung gegen die Laufbahn vom Wirklichen Oberbergrat zum Staatsminister, die ihm als einem der wenigen gleich sachkundigen wie befähigten und makellosen Staatsdiener so gut wie sicher gewesen wäre, muß zugleich als eine Entscheidung gegen das Preußen Friedrich

Wilhelms II. verstanden werden. Ihre Ursache liegt in den gesellschaftlichen Zuständen jener Zeit. Sie war von überaus weittragender Bedeutung, denn sie führte den großen Sohn der märkischen Erde für Jahrzehnte in die Fremde und verwurzelte ihn dort so stark, daß er sich – nicht nur zum Kummer seines Bruders – auch der tätigen Anteilnahme an der patriotischen Bewegung von 1813 versagte.

Schöpferische Unruhe

Jahre der Unruhe, bei oberflächlicher Betrachtung gar einer Ziellosigkeit, folgten. Es war die spannungsreichste und fruchtbarste Epoche im Leben Alexander von Humboldts.

Im Juli 1795 brach er nach Italien auf. Karl Freiesleben, der Busenfreund jener Jahre, sollte ihn begleiten. Die Freunde trafen sich erst in Schaffhausen, um gemeinsam den Jura und die Alpen der Schweiz und Savoyens zu bereisen, nachdem Humboldt bereits Tirol und Oberitalien durchstreift und dem Freund seine vielfältigen Eindrücke und Erlebnisse mit dichterischer Beschwingtheit geschildert hatte.

«Auf allen diesen Reisen waren es hauptsächlich die Lagerungsverhältnisse der Gebirge und die Pflanzenwelt, die ihn beschäftigten», berichtete Freiesleben 1828. «Aber auch kein anderer Gegenstand, der auf Physik der Erde, Atmosphäre und Naturgeschichte Einfluß haben konnte, lag außer seinem Bereich. Und wenn ich bedenke, daß wir binnen sieben bis acht Wochen, meist zu Fuß, die Gebirge von Schaffhausen, Zürich und Bern über das Chamonixtal hinaus und endlich von Altdorf über den Gotthard bis Airolo besuchten, so freue ich mich noch der guten Benutzung unserer Zeit, welche Humboldt überhaupt meisterhaft versteht.» Humboldts Beobachtungen in der Natur gingen vom «Element» aus, wie Goethe kurz vor Antritt dieser Reise in der Hoffnung meinte, mit dem preußischen Bergrat gemeinsam einmal sein eigenes bergbauliches Sorgenkind, Ilmenau, befahren zu können – seine, Goethes, eigene Beobachtungen hingegen «von der Gestalt ..., so können wir nicht genug eilen, uns in der Mitte zu begegnen».[1]

1 Zum Verhältnis Humboldts zu Goethe vgl. S. 88 ff.

Während der ersten Etappe dieser Reise, auf der ihm «das Leben wie ein Horizont ohne Grenzen» erschien, «wo nichts größeren Reiz für uns hat als die starken Bewegungen unserer Seele und das Bild physischer Gefahren», auf der ihm «die Genüsse, welche wir entbehren müssen ... größere Vorzüge zu haben» schienen «als die, welche uns täglich im engen Kreise einer sitzenden Lebensweise zuteil werden», wurde Humboldt von dem in Bayreuth stationierten Leutnant Reinhard von Haeften begleitet. Dieser junge Offizier war der Bruder eines Mädchens, das nach allem, was wir aus den in Herzensangelegenheiten scheu zurückhaltenden Lebenszeugnissen Alexanders wissen, die einzige Frau gewesen zu sein scheint, die (der damals fast sechsundzwanzigjährige) Humboldt geliebt hat. Niemand hat je erfahren, warum Alexander, der unverheiratet durch sein langes Leben gegangen ist, dieser Neigung seines Herzens entsagt hat. Man wird, wie es neben anderen auch sein Bruder tat, vermuten dürfen, daß er es für unstatthaft hielt, einen anderen Menschen an sich zu binden, nachdem er sich entschlossen hatte, das Wagnis einer Reise in unerforschte Länder auf sich zu nehmen und sein Leben ganz der Erforschung der Natur zu widmen. Auch die Schweizer Reise – der ursprünglich geplante Besuch der vulkanischen Gebiete um Neapel und auf Sizilien mußte vorerst aufgegeben werden – galt der Vorbereitung auf das große Unternehmen.

Bald nach der Rückkehr nach Franken wurde Humboldt, wie wir bereits erwähnten, für sechs Wochen an das Krankenlager seiner Mutter gerufen. «Das Schicksal meiner armen Mutter», schrieb er aus Tegel an Freiesleben, «ist schrecklich. Sie leidet fürchterlich am Brustkrebs, und es ist nicht bloß keine Rettung, auch nicht einmal Linderung möglich. Ich glaube, daß sie gegen den Herbst stirbt, und werde daher den Sommer ununterbrochen in Bayreuth sein.»

Humboldt selbst hatte – vermutlich infolge seiner Eigenversuche mit der galvanischen «Reizbarkeit» – lange Zeit unter Nesselfieber zu leiden. Bald nachdem er wiederhergestellt war, erhielt er einen jenseits seiner bergmännischen Arbeiten liegenden diplomatischen Auftrag Hardenbergs.

Was der Minister der fränkischen Gebietsteile Preußens vorausgesehen hatte, war eingetreten. Die französische Revolutionsarmee unter Moreau hatte den Rhein überschritten und war in das Herzogtum Württemberg eingedrungen, in dem als Inseln die fürstlich Hohenloheschen Besitzungen lagen. Auch die fränkischen Landesteile Preußens waren bei einer Ausdehnung der kriegerischen Handlungen gefährdet, sofern es nicht gelang, die französischen Heerführer von den «friedlichen» Absichten Preußens zu überzeugen, das sich infolge der Erschöpfung seiner Mittel auf dringenden Rat Hardenbergs im April durch den Vertrag von Basel vom Reichskrieg gegen Frankreich ausgeschlossen hatte.

Humboldt wurde in Begleitung eines Hauptmanns, eines Trompeters und eines Husarenkommandos von Hardenberg zu den erforderlichen Verhandlungen ausgesandt. Zwölf Tage zog er, mit den französischen Generalen verhandelnd, in Schwaben umher. Er bewunderte den Contéschen Fesselballon, in dem der General Saint-Cyr, über den Linien der verblüfften Gegner schwebend, die feindlichen Bewegungen beobachtet hatte, und widerstand dem Angebot des Generals Desaix, eines Vertrauten Napoleon Bonapartes, statt allein in die tropischen Länder zu ziehen, sich der geplanten Expedition des Korsen nach Ägypten anzuschließen.

Seine diplomatische Mission war ein Erfolg. «Der glückliche Ausgang des Geschäfts», teilte er am 2. August 1796 aus Ingelfingen seinem Freunde Freiesleben mit, «seine Wichtigkeit für die Ruhe so vieler Menschen, welche nun ihren Wohnort nicht zu verlassen brauchen, hat mir manche Empfindung befriedigter Eitelkeit gewährt. Dagegen ist es andererseits ein widriger Anblick, die Deutschen vor den Franzosen im Innern des Reiches kriechen, Deutschland über sogenannte Friedensschlüsse regelmäßig schwatzen zu hören, daß einem weh ums Herz wird.»

Mit einer französischen Schildwache, einem kaum zwanzig Jahre alten, vor Schmutz starrenden Burschen, kam er über die Grausamkeit der kaiserlichen Truppen ins Gespräch, die bisweilen Gefangene wie Räuber behandelten und niedermachten. «Aber, Bürger», sagte er, «dennoch sind sie gute Soldaten.» – «Soldaten?» antwortete der Franzose. «Nein, Bürger, man kann nicht Soldat sein, ohne Mensch zu sein. Diese Leute wissen nichts von der Idee der Menschlichkeit.»

Auch dieses Erlebnis berichtete Humboldt dem Freund in Freiberg und fügte hinzu: «Ist das nicht wie aus einer Tragödie von Racine, und in welches deutschen Soldaten Mund kommt solch ein Ausdruck!» Freilich wurde sich Humboldt nicht der Ursache des recht bedeutenden Unterschieds zwischen dem kaiserlichen und dem französischen Soldaten bewußt, der darin lag, daß der Deutsche ein gedungener, wenn nicht gefangener, mit Prügeln und Spießruten abgestrafter, von seinem Offizier durch eine unübersteigbare Kluft getrennter Söldling war, der Franzose hingegen ein freier Bürger, der die Revolution gegen die Intervention ausländischer Fürsten verteidigte und den Marschallstab im Tornister trug.

Als Humboldt nach Bayreuth zurückkehrte, versuchte Hardenberg abermals, den erfolgreichen Unterhändler dem Staatsdienst zu erhalten oder ihn, wenn er schon seinem Drang in die Ferne folgte und einen längeren Urlaub antrat, zumindest durch die Fortzahlung des Gehaltes an den König von Preußen zu binden. Humboldt lehnte den einen wie den anderen Vorschlag ab, entschlossen, im nächsten Jahr als unabhängiger und freier Mann und Forscher die vulkanischen Landschaften Italiens zu besuchen, «meine Mutter mag tot oder lebendig sein».

«Ich befolge sonst gern den Rat meiner Freunde», schrieb Humboldt dem damaligen Kammerpräsidenten in Bayreuth und Ansbach und späteren preußischen Minister von Schuckmann, der ihn zur Annahme wenigstens der Beurlaubung mit Gehalt drängte, «fühle, daß ich nicht reich genug bin, um auch eine kleinere Zulage gern zu entbehren, fühle (aus Eitelkeit), daß Fürsten auch für Menschen meines Schlages etwas tun können – aber ich denke mich immer in die individuelle Lage, in der ich stehe, hinein. Je mehr man die sittlichen Handlungen anderer richtet, desto strenger muß man selbst die Gesetze der Sittlichkeit befolgen. Das Verdienst, die Freundschaft eines Ministers nicht gemißbraucht zu haben, ist ja das einzige Verdienst, welches ich in diesem Lande zurücklasse. Dazu sind die Kassen hier sehr arm, denn ich glaube, daß ein Land arm zu nennen ist, in dem Vorsteher angesehener Schulen, also die wichtigsten Werkzeuge des Staats, mit 70 bis 90 Fl. Gehalt und fünf bis sechs Kindern darben ... Handeln andere schlecht, so darf ich es darum nicht.»

Der zweite Kolumbus
1797—1804

Die ersehnte Unabhängigkeit

Am 14. November 1796 starb in Tegel Frau Maria Elisabeth von Humboldt. «Du weißt, mein Guter», schrieb ihr jüngerer Sohn an Freiesleben, «daß mein Herz von dieser Seite nicht empfindlich getroffen werden konnte, wir waren uns von jeher fremd.»

Durch den Tod der Mutter war Humboldt von einer finanziellen Abhängigkeit befreit, die er zwar als drückend empfunden, von der er sich aber weder durch ein hochdotiertes Staatsamt noch, wie sein Bruder, durch die Heirat einer reichen Erbin gelöst hatte. Die Unabhängigkeit, die dem Siebenundzwanzigjährigen nunmehr gegeben war, erleichterte seinen Entschluß, dem Staatsdienst aufzusagen, aus dem er schon mit Ende des Jahres 1796 ausschied, und sich der wissenschaftlichen Vorbereitung auf die geplante große Forschungsreise zu widmen. Das konnte er um so mehr, als er durch die Aufteilung des Erbes in den Besitz eines beträchtlichen Vermögens gelangte.

Kunth regelte die Teilung der Erbschaft zwischen den Brüdern Humboldt und ihrem Stiefbruder von Hollwede. Die endgültige Auseinandersetzung fand unter Kunths Leitung im Juni 1797 während der Anwesenheit beider Humboldts in Dresden statt. Alexander, dem es darauf ankam, sein Erbe so schnell wie möglich für seine Forschungspläne mobilisieren zu können, erhielt neben Wertpapieren und barem Geld eine Hypothek auf Tegel, das in Wilhelms Besitz überging, und eine beträchtliche, bis 1803 freilich unkündbare Hypothek auf das schon einige Jahre zuvor veräußerte mütterliche Erbgut Ringenwalde. Alles in allem verfügte er nach der Erbteilung über ein Vermögen von mehr als neunzigtausend Talern, eine Summe, die an Kaufkraft etwa dem zehnfachen Betrag in Mark entsprechen dürfte. Es sei hier bereits vorweggenommen, daß Humboldt seine ganze Erbschaft für Zwecke der Forschung verwendet hat. Wie er dem Botaniker Willdenow im Dezember 1796 kurz vor der Abreise aus Bayreuth schrieb, hat er «die Lage benutzt», in die ihn «glückliche Verhältnisse gesetzt haben».

«Meine Reise ist unerschütterlich gewiß», hieß es in demselben Brief. «Ich präpariere mich noch einige Jahre und sammle Instrumente, ein bis anderthalb Jahre bleibe ich in Italien, um mich mit Vulkanen genau bekannt zu machen, dann geht es über Paris nach England, wo ich leicht auch wieder ein Jahr bleiben könnte (denn ich eile schlechterdings nicht, um recht präpariert anzukommen), und dann mit englischem Schiffe nach Westindien.»

Begegnung mit Goethe und Schiller

Alexanders nächstes Ziel war Jena. Er wünschte einige Monate mit Wilhelm zusammen zu sein, der gleichfalls Reisepläne hegte und unter anderem Italien besuchen wollte.

Der ältere Humboldt war von einem längeren Aufenthalt in Berlin und Norddeutschland – er hatte am Krankenlager seiner Mutter geweilt – nach Jena zurückgekehrt, wo er schon im Februar 1794 in der unmittelbaren Nachbarschaft Schillers Wohnung genommen hatte. Auch Goethe weilte vorübergehend in Jena, um sein Epos «Hermann und Dorothea» zu vollenden.

Alexander von Humboldt hatte den zwanzig Jahre älteren Goethe und den zehn Jahre älteren Schiller schon früher kennengelernt; Alexander hatte den Bruder von Franken aus besucht und stand auch in brieflichem Verkehr mit den beiden Dichterfreunden.

Goethe vermerkte bereits in den «Tag- und Jahresheften» für 1794: «Alexander von Humboldt, längst erwartet, von Bayreuth ankommend, nötigte uns ins Allgemeinere der Naturwissenschaft.» In den Aufzeichnungen über das folgende Jahr hob er besonders Alexanders fördernden Anteil an seinen anatomischen Studien hervor. Nachdem Humboldt Ende Februar 1797 in Jena eingetroffen war, besuchten beide gemeinsam anatomische Vorlesungen bei Professor Loder. Goethe bekundete auch lebhaftes Interesse für Humboldts Untersuchungen über den Muskelreiz und nahm an den galvanischen Experimenten teil. Inwieweit Goethe zu den «vielen Menschen» gehörte, die nach Humboldts recht selbstbewußtem Bericht an Freiesleben vom 18. April 1797 mit seinen «Versuchen über Stimmung der Lebenskraft durch chemische Mittel, über das

Geben und Vernichten der Reizbarkeit mit Glück beschäftigt sind» und angeblich der Meinung huldigten, Humboldt werde «dadurch eine neue Wissenschaft (vitale Chemie) begründen», bleibe dahingestellt. Aus Weimar, wohin er Anfang April wieder zurückgekehrt war und wo ihn Alexander besuchte, schrieb Goethe am 26. April 1797 an Schiller: «Mit Humboldt habe ich die Zeit sehr angenehm und nützlich zugebracht; meine naturhistorischen Arbeiten sind durch seine Gegenwart aus ihrem Winterschlaf geweckt worden.»

Der damals achtundvierzigjährige Geheime Rat und der Oberbergrat, der noch nicht das achtundzwanzigste Lebensjahr vollendet hatte, begegneten sich nicht nur in gemeinsamen Interessen auf naturhistorischem, auf anatomischem, geologischem und botanischem Gebiet. Gemeinsam waren ihnen die Anschauung der Natur als etwas Ganzes, die Universalität ihrer Blickrichtung und die Hervorhebung der Erfahrung als Erkenntnisquelle. Aber Goethe stellte als Ausgangspunkt seiner Beobachtungen die «Gestalt» dem «Element» als Grundlage der Beobachtungsweise Humboldts gegenüber; er sprach mit Vorliebe von dem «Phänomen», der sinnlichen Erscheinung, Humboldt betonte die «Tatsache». Für Goethe war, wie er schon in der Straßburger Zeit (1770) schrieb, «der Leichnam nicht das ganze Tier, es gehört noch etwas dazu, noch ein Hauptstück und bei der Gelegenheit [der Betrachtung eines Schmetterlings], wie bei jeder andern, ein hauptsächliches Hauptstück: *das Leben*». Goethes Naturbetrachtung ging auf das Entwicklungsmäßige, das Biologische aus, Humboldts auf das Gewordene, das dem Zugriff des Forschers unmittelbar Gegebene. Goethe vertraute auf die menschlichen Sinne, zumal auf das Auge (man denke insonderheit an seine Farbenlehre); Humboldt hingegen, der in Göttingen auf dem Wege gewesen war, Gauß die Additionslogarithmen vorwegzunehmen, der die Geräte der modernen Physik auf ihre Brauchbarkeit erprobte und seinen Zwecken nutzbar machte, der selbst dem rätselhaften Lebensprozeß mit den Mitteln der chemischen Analyse auf den Grund gehen wollte, drängte nach der experimentellen Erkenntnis der Kräfte und Stoffe, die in der Natur und im lebendigen Organismus wirksam sind. Die für Goethes Naturforschung kennzeichnende Frage nach der «Urpflanze» hat Humboldt nicht gestellt, auch nicht, als er mit seinem Gefährten Bonpland Tausende neuer Arten aus der «neuen» Welt in die «alte» heimbrachte.

Nicht die Gegensätzlichkeit der Standpunkte, die Goethe und Humboldt alsbald im Streit der Neptunisten und Plutonisten über die Entstehung der Erdrinde einnahmen, kennzeichnet ihre Unterschiede in der Naturforschung. Goethe suchte, seiner Zeit vorauseilend, nach dem Werden in der Natur, nach dem einheitlichen Ursprung des Vielfältigen und nach der Entwicklung dessen, was ist; Humboldt sammelte, wog, maß und verglich, was er vorfand, um den Gesetzen auf die Spur zu kommen, die im Kosmos herrschen. Sie haben einander befruchtet, weit über die Begegnung des Jahres 1797 hinaus.

«Ich darf ihn wohl in seiner Art einzig nennen», schrieb Goethe 1799, als Humboldt im Begriff stand, seine Reise nach Amerika anzutreten, «denn ich habe niemanden gekannt, der mit einer so bestimmt gerichteten Tätigkeit eine solche Vielseitigkeit des Geistes verbände. Es ist inkalkulabel, was er noch für die Wissenschaft tun kann.» Und Humboldt bekannte bald nach seiner Rückkehr und kurz nach Schillers Tod dessen Schwägerin Karoline von Wolzogen: «Überall ward ich von dem Gefühl durchdrungen, wie mächtig jene Jenaer Verhältnisse auf mich gewirkt, wie ich, durch Goethes Naturansichten gehoben, gleichsam mit neuen Organen ausgerüstet worden war.»

Schiller war anderer Meinung über Alexander von Humboldt als Goethe. Das hatte verschiedene Gründe. Zunächst erwartete Schiller recht viel vom jüngeren Bruder seines Freundes Wilhelm von Humboldt. Er lud ihn als einzigen Naturforscher sogleich zur Mitarbeit an den «Horen» ein und bezeichnete ihn in einem Brief vom 12. September 1794 an Christian Gottfried Körner als den «jetzt in Deutschland gewiß vorzüglichsten» in seinem Fache; ja, Alexander überträfe «an Kopf vielleicht noch seinen Bruder, der gewiß sehr vorzüglich ist». Für das Fach Alexanders hielt Schiller freilich die «Philosophie des Naturreichs». Offenbar glaubte er, in Alexander wie in Wilhelm Männern zu begegnen, die der Richtung seines eigenen, spekulativen, das heißt aus bloßer Vernunft erkennenden Geistes entsprachen. Bei näherer Bekanntschaft erwies sich Alexander nun als wägender und messender Forscher, der jeder unabhängig von der Erfahrung gesetzten Idee abhold war. In Schiller und dem jüngeren Humboldt trafen die gegensätzlichen Naturen ihres Zeitalters zusammen: der aus dem Gedanken schöpfende Dichter und der das Wirkliche untersuchende Forscher.

Goethe hatte noch wenige Jahre zuvor in Schiller seinen «Geistesantipoden» gesehen, bis er sich in jenem «glücklichen Ereignis» der schöpferischen Begegnung mit Schiller von diesem als einzigem im Gang seiner geistigen Entwicklung begriffen sah, trotz der ihn zunächst bestürzenden Behauptung des Jüngeren, Goethes Vorstellung von der «Urpflanze» sei keine Anschauung, sondern eine Idee. Eine solche Begegnung zwischen Schiller und dem jüngeren Humboldt war unmöglich; sie waren echte «Geistesantipoden».

Dieser wesensmäßige Gegensatz in der geistigen Richtung wurde womöglich noch verschärft durch den ungünstigen Eindruck, den Schiller von den menschlichen Eigenschaften des Bruders seines Freundes erhielt. Man weiß, daß der temperamentvolle Schiller bisweilen vorschnell und überspitzt urteilte. Indessen lassen auch andere Dokumente aus jener Zeit die Annahme zu, daß die Erfolge des Oberbergrats Humboldt, das Werben zweier Minister um seine Mitarbeit und der schnelle Ruhm, den sich der Naturgelehrte in den fränkischen Jahren erworben, seine Eigenliebe und seinen Ehrgeiz über Gebühr beflügelt hatten. Freiesleben schrieb dem Freunde im Dezember 1796 «ein paar Worte», die, wie er wünschte, Humboldt sogleich vernichten sollte, sobald er sie gelesen habe, und die er selbst nach der Niederschrift sogleich vergessen wollte: «Mache jene Bekanntmachungen [über die physiologischen Forschungen] doch ja mit der vorsichtigen Zurückhaltung und mit der bescheidenen kalten Ernsthaftigkeit, die Dir so natürlich war.» Der Brief schloß mit den Worten: «Empfindlich kann es Dir gar nicht sein, da dergestaltiger Tadel, der nur das Geniemäßige Deines Scharfsinns traf, immer noch für jeden andern bewunderungswürdig bleiben würde.» – «Du hast sehr recht», antwortete Humboldt, «und Dein Rat soll nicht verloren sein.»

Aus dem echten Gegensatz ihrer Naturen, aber auch aus der menschlichen Enttäuschung Schillers ist das harte Urteil zu erklären, das er in einem Brief vom 6. August 1797 an Körner fällte: «Über Alexander habe ich kein rechtes Urteil; ich fürchte aber, trotz aller seiner Talente und seiner rastlosen Tätigkeit wird er in seiner Wissenschaft nie etwas Großes leisten. Eine zu kleine, unruhige Eitelkeit beseelt noch sein ganzes Wirken. Ich kann ihm keinen Funken eines reinen, objektiven Interesses abmerken – und wie sonderbar es auch klingen mag, so finde ich in ihm, bei allem ungeheuren Reichtum des Stoffes, eine Dürftigkeit des Sinnes, die bei dem Gegenstande, den er behandelt, das schlimmste Übel ist. Es ist der nackte, schneidende Verstand, der die Natur, die immer unfaßlich und in allen ihren Punkten ehrwürdig und unergründlich ist, schamlos ausgemessen haben will und mit einer Frechheit, die ich nicht begreife, seine Formeln, die oft nur leere Worte und immer nur enge Begriffe sind, zu ihrem Maßstabe macht. Kurz, mir scheint er für seinen Gegenstand ein viel zu grobes Organ und dabei ein viel zu beschränkter Verstandesmensch zu sein. Er hat keine Einbildungskraft, und so fehlt ihm nach meinem Urteil das notwendige Vermögen zu einer Wissenschaft, denn die Natur muß angeschaut und empfunden werden in ihren einzelnen Erscheinungen wie in ihren höchsten Gesetzen. Alexander imponiert sehr vielen und gewinnt im Vergleich mit seinem Bruder meistens, weil er ein Maul hat und sich geltend machen kann. Aber ich kann sie dem absoluten Werte nach gar nicht miteinander vergleichen, so viel achtungswürdiger ist mir Wilhelm.»

So richtig Schiller einzelne menschliche Schwächen Humboldts gesehen hat, entscheidend bleibt: dem spekulativen Kopf Schiller fehlte das Verständnis für eine Forschung, die sich jenseits aller Ideen und Empfindungen nüchtern und sachlich an die Tatsachen hielt, um aus ihnen zu erfahren und aus dem Vergleich der Erfahrungen die sich ergebenden Schlüsse zu ziehen. Körner stellte denn auch in seiner Antwort vom 25. August Schillers irrige Grundanschauung über das Wesen der Naturforschung richtig, indem er – auch das «doch fast zu strenge» Urteil über Alexander selbst einschränkend – unter anderem bemerkte: «Gesetzt, daß es ihm auch an Einbildungskraft fehlt, um die Natur zu empfinden, so kann er doch, deucht mich, für die Wissenschaft vieles leisten. Sein Bestreben, alles zu messen und zu anatomieren, gehört zur scharfen Beobachtung, und ohne diese gibt es keine brauchbaren Materialien für den Naturforscher. Als Mathematiker ist es bei ihm auch nicht zu verdenken, daß er Maß und Zahl auf alles anwendet, was in seinem Wirkungskreis liegt. Indessen sucht er doch die zerstreuten Materialien zu einem Ganzen zu ordnen, achtet die Hypothesen, die seinen Blick erweitern, und wird dadurch zu neuen Fragen an die Natur veranlaßt. Daß die Empfänglichkeit seiner Tätigkeit nicht das Gleichgewicht hält, will ich wohl glauben. Menschen dieser Art sind immer in ihrem Wirkungskreis zu beschäftigt, als daß sie von dem, was außerhalb vorgeht, große Notiz nehmen sollten. Dies gibt ihnen den Anschein von Härte und Herzlosigkeit.»

Italienreise – durch Krieg vereitelt

In einem früheren Brief, der Schillers temperamentvollen Ausfall hervorrief, hatte Körner auf Grund seines wochenlangen Umganges mit beiden Humboldts in Dresden berichtet, Alexander sei ihm «ehrwürdig durch den Eifer, mit dem er sein Fach betreibt», doch habe er «etwas Hastiges und Bitteres, das man bei Männern von großer Tätigkeit häufig findet».

Alexanders Hast war nur zu verständlich. Er drängte zum Aufbruch nach Italien, wollte sich aber – durch solcherlei Rücksichten immer wieder gehemmt – nicht vom Bruder trennen, der mit seiner Familie gleichfalls nach dem Süden zu reisen beabsichtigte, doch durch wiederholte Anfälle von «kaltem Fieber» bei Frau und Kindern aufgehalten wurde. Auch die Bitterkeit, ein sonst beim jungen Humboldt kaum bezeugter Zug, wäre verständlich; denn die lange gehegte Hoffnung, die vulkanischen Gebiete Italiens zu besuchen, drohte abermals zu scheitern.

Die Nachrichten, daß es zwischen Österreich und Frankreich endlich zum Frieden gekommen sei, eilten den Tatsachen voraus. Zwar hatte Napoleon Bonaparte Ober- und Mittelitalien fest in der Hand, und sein kühner Vorstoß durch die Ostalpen auf Wien hatte Anfang April 1797 zum Waffenstillstand von Leoben geführt, doch der Preis, den er im Namen des Revolutionsdirektoriums vom Kaiser forderte, war hoch; die Verhandlungen zogen sich monatelang hin.

Alexander von Humboldt war am 25. Juli von Dresden über Teplitz nach Prag aufgebrochen und der Familie des Bruders vorausgeeilt. Seit Anfang August weilte man gemeinsam in Wien, um die Klärung der politischen Verhältnisse abzuwarten. Alexander, der sich in Dresden im Gebrauch des Sextanten geübt hatte und anhand privater Gesteinssammlungen seine geologischen Kenntnisse erweitern konnte, nutzte die Muße in Wien vor allem zu botanischen Studien in den schon damals berühmten Gärten von Schönbrunn.

Wie Goethe, der sich gleichfalls auf dem Wege nach Italien befand, am Züricher See, so wurde den Brüdern Humboldt in Wien bewußt, daß selbst für den Fall eines alsbaldigen Friedensschlusses die Reise durch die Alpen nach Italien schon mit Rücksicht auf die vorgeschrittene Jahreszeit abermals verschoben werden mußte. Aus Paris kam die Nachricht, daß sich das Direktorium der Republik Anfang September durch einen Staatsstreich der royalistischen Opposition entledigt und damit wahrscheinlich die Republik gerettet hatte (um andererseits freilich, was sich später herausstellen sollte, dem ehrgeizigen General Bonaparte den Weg zu bereiten). Wilhelm sah, wie sich zeigte, mit Recht, die Machtkämpfe in Paris nicht als den Beginn eines neuen Umsturzes an; er entschloß sich, mit seiner Familie in die französische Hauptstadt zu reisen, während Alexander seine Vorbereitungen auf die überseeische Forschungsreise durch geologische und meteorologische Beobachtungen in den Alpen vervollständigen wollte. Beide hatten Wien bereits verlassen, als am 17. Oktober 1797 der Friede von Campo Formio geschlossen wurde, der jedoch den Keim des nächsten Krieges bereits in sich trug; Österreich mußte, durch Venetien und einige deutsche Stifte nur unzulänglich entschädigt, die österreichischen Niederlande, Mailand und Mantua an Frankreich abtreten. Der General Bonaparte zog wie ein Triumphator in Paris ein, hielt aber die Stunde der Übernahme der Macht noch nicht für gekommen. Wenn sich Alexander von Humboldt nicht, wie es zunächst in seiner Absicht lag, in die Schweiz begab, um dort auf die Beruhigung der Verhältnisse in Italien zu warten, sondern über Linz und Gmunden nach Salzburg reiste, wo er den Winter verbrachte, so deshalb, weil er sich seinem Studienfreund Leopold von Buch anschloß, mit dem er in Wien zusammengetroffen war und mit dem er den ersten Teil der Reise gemeinsam zurücklegte.

«Ich habe mich herzlich über ihn gefreut», schrieb er an Freiesleben, «es ist ein trefflicher, genialer Mensch, der viel und richtig beobachtet; aber das ganze Wesen – wie aus dem Monde ... Ich habe ihn zu einigen Menschen herumgeführt, aber meist ist es unglücklich abgelaufen. Gewöhnlich setzt er sich nach dem ersten Besuch die Brille auf und untersucht im äußersten Stubenwinkel die Sprünge im glasierten Ofen, auf die er ganz verpicht ist, oder er schleicht wie ein Igel an den Wänden umher und betrachtet die Simse. Übrigens ist er unendlich interessant und liebenswürdig – ein Schatz von Kenntnissen, mit denen er mir sehr nützlich wird.»

Die Freunde führten gemeinsam Höhenmessungen, meteorologische Beobachtungen und geographische Ortsbestimmungen im Salzburger Land durch; Humboldt erprobte dabei «einen zwölfzölligen, aber leider überaus schweren Sextanten». Sie lebten fünf Monate in «tiefer, einsiedlerischer Einsamkeit, aber arbeitsamer und glücklicher in Versuchen als je».

Damals schon dürfte die beiden Geologen, die unabhängig voneinander sich vornehmlich für die vulkanischen Landschaften Italiens interessierten, die Fragwürdigkeit der Lehre ihres Lehrers Werner vom ozeanischen Ursprung der Erdbildungen beschäftigt haben. Als Humboldt später auf Grund seiner Studien in südamerikanischen Vulkan- und Erdbebengebieten meinte, Deltabildungen, Anschwemmungen, Höhlensinter, das ganze «System allmählicher Wirkungen und der schwachen Kräfte, die langer Dauer bedürfen», befriedige «wenig bei dem Anblick der Erdtrümmer, welche uns heute zum Wohnplatz dienen», hatte Leopold von Buch nach dem Studium der erloschenen Vulkane in Mittelfrankreich die These Werners bereits zum Wanken gebracht. Als «den Gründer der Hebungstheorie der Gebirge» hat Humboldt seinen «vulkanischen Freund» gefeiert. Buch wurde der entschiedenste Vertreter des Plutonismus; er schob der inneren Erdwärme und den Ausbrüchen der flüssigen Massen die entscheidende Rolle bei der Entstehung und Veränderung der Erdrinde zu. Humboldt, der den älteren vulkanistischen Theorien ablehnend gegenübergestanden hatte, kam durch eigene Beobachtungen zu ähnlichen Anschauungen. «Der ‚Regentropfen' durchbohrt wohl durch langes Fallen einen Stein, er gibt aber der Rinde unseres Planeten nicht ihre jetzige physiognomische Erscheinung.»

Wenn sich auch die Waagschale der Argumente zugunsten der unter Buchs und Humboldts Führung stehenden Vertreter vulkanistischer Ansichten senkte, so tobte der Streit der Lehrmeinungen noch Jahrzehnte weiter, bis die moderne Geophysik durch die Erforschung von Meteoren und der Erscheinungen bei Erdbebenwellen bestimmte Hypothesen über den schalenförmigen Aufbau der Erde ermöglichte. Humboldt wandelte sich vom Neptunisten zum Vulkanisten, sehr zum Verdruß Goethes, der treu zu Werner hielt. Goethe blieb der «Lebensfeuchte» als erdrindenbildender Kraft verschworen und bedachte die «vermaledeite Polterkammer der neuen Weltschöpfung» im zweiten Teil des «Faust» mit bissiger Ironie.

Ägyptenpläne – von Napoleon zerstört

Humboldt hatte sich bereits in Wien nach einem Gefährten für die «westindische Reise» umgesehen – wie er sein überseeisches Forschungsvorhaben nannte, um damit zugleich die geographische Hauptrichtung seines Zieles anzudeuten. Nicht zufällig fiel sein Auge auf einen Botaniker, denn die Pflanzenwelt war neben der Erdgestalt sein bevorzugtes Forschungsanliegen. Ihm ging es dabei von vornherein weniger um die systematische Erfassung der fremden Pflanzenarten, sondern um die Beziehungen zwischen Flora einerseits und Klima, Bodenbeschaffenheit, menschlichen Bedürfnissen und gesellschaftlichen Verhältnissen andererseits. Das heißt aber, daß ein Botaniker, ganz abgesehen von seinen eigenen unmittelbaren Forschungsaufgaben, zugleich dem Pflanzengeographen Humboldt den wissenschaftlichen Grundstoff für seine vergleichenden Untersuchungen liefern mußte.

Humboldt suchte aber nicht nur den Mitarbeiter – er suchte den Gefährten. Er war im Gegensatz zu dem übrigens auch rechthaberischen Einzelgänger Buch eine durchaus gesellige Natur. Selbst kleinere Reisen unternahm er nicht allein. Er brauchte menschlichen Umgang und das klärende Gespräch, er liebte Anerkennung und Bewunderung.

Schließlich stellte sich Humboldt so umfassende Aufgaben, daß ihre Lösung unbeschadet der Arbeits- und Forschungseinheit eine Arbeitsteilung verlangte, wenn sie im Sinne seiner strengen methodischen Forderungen durchgeführt werden sollte.

Indessen war es Kunth, der Humboldts Vermögen verwaltete, noch immer nicht gelungen, größere Summen für das geplante Unternehmen flüssig zu machen, und «der leidige, alles störende Seekrieg» zwischen Briten und Franzosen zwang zudem, den Plan der westindischen Reise aufzuschieben. So kam Humboldt der Vorschlag eines Engländers, des Lord Bristol, den er in Salzburg kennenlernte, gelegen, auf eigene Kosten an einer Reise nach Ägypten teilzunehmen, die nilaufwärts bis Assuan führen sollte. Humboldt gedachte sich am Nil von der Reisegesellschaft zu trennen und Syrien und Palästina zu durchstreifen.

Nun befand sich unter den übrigen Reiseteilnehmern zwar der Berliner Archäologe Aloys Hirt, und Lord Bristol galt als Liebhaber der Künste und Wissenschaften und als erfahrener Globetrotter – aber dieser ungewöhnliche Bischof von Derry, der über ein Millioneneinkommen verfügte, war auch ein ungewöhnlicher Lebemann. Er hatte außer einer französischen Gräfin die preußische Gräfin Lichtenau, die Mätresse Friedrich Wilhelms II., zur Fahrt in das Land der Kleopatra eingeladen. Wilhelmine Enke, wie die soeben erst (1796) in den Grafenstand erhobene und mit mehreren Gütern und 500 000 Talern beschenkte bekannteste Nebenfrau des Preußenkönigs eigentlich hieß, wurde jedoch unmittelbar nach dem Tode Friedrich Wilhelms (16. November 1797) verhaftet und später vorübergehend interniert, so daß der britische Kirchenfürst auf ihre Gesellschaft verzichten mußte.

Humboldt war es wohl bewußt, daß die Reise mit dem «alten tollen Lord» und dessen Gästen ein Wagnis bedeutete, aber er sah keine andere Möglichkeit, aus der europäischen «Falle» herauszukommen, und war von dem Gedanken, nun endlich dank einer günstigen Gelegenheit in die Ferne zu gelangen, so erfüllt, daß er sich über alle Bedenken hinwegsetzte.

«Fast fünf Monate habe ich hier in arbeitsamer Einsamkeit verlebt», schrieb er kurz vor seiner Abreise aus Salzburg nach Paris, wo er die für seine Unternehmung nötigen wissenschaftlichen Instrumente kaufen wollte, an den Herausgeber der «Jenaer Allgemeinen Literaturzeitung», «da ich oft in einer Woche zweimal im Begriff war, nach Italien zu gehen. Die politische Wendung der Dinge ist aber so geworden, daß für jetzt die Alpen nicht zu passieren sind.» Nun habe er seine Anstalten für die ägyptische Reise getroffen, aber schon höre er allerseits «von einer Landung in Ägypten», die seinen Zweck «entweder sehr befördern oder ganz vereiteln wird».

Besorgt blickte er nach Paris, das er im Begriff stand aufzusuchen, nach der Stadt, von der die Revolution ausging, die nun aber zum Brennpunkt der kriegerischen Verwicklungen in ganz Europa geworden war. «Ich will mich gern überreden, daß alles, was jetzt geschieht, einst den Flor der Wissenschaften befördern wird. Ich selbst aber fühle mich in allem Tun so gehindert, daß ich täglich vierzig Jahre früher oder später gelebt zu haben wünsche.» Er bedauerte die zu offenen Angriffs- und Beutekriegen gewordenen «Verteidigungskriege» der französischen Republik nicht nur, weil sie seine eigenen Pläne störten. «Die republikanischen Dragonaden», die gewaltsamen Regierungsmaßnahmen in fremden, «von einem Direktorium und zwei Räten», der augenblicklichen, undemokratischen französischen Herrschaftsform, beherrschten Gebieten, «sind ebenso empörend als die religiösen», heißt es in diesem zur Veröffentlichung bestimmten Brief, der mit dem für Humboldts bürgerlich-demokratische Gesinnung bezeichnenden bedauernden Ausruf schließt: «Nur eine Wohltat, die Ausrottung des Feudalsystems und aller aristokratischen Vorurteile, unter denen die ärmere und edlere Menschenklasse so lange geschmachtet, wird schon gegenwärtig genossen, und dieser Genuß wird bleiben, wenn auch monarchische Verfassungen wieder ebenso allgemein werden, als es die republikanischen zu werden scheinen.»

Die Gerüchte von einer «Landung in Ägypten» bestätigten

sich bald nach Humboldts Ankunft in Paris. Es handelte sich um die ägyptische Expedition, die der ehrgeizige General Napoleon Bonaparte mit tatkräftiger Unterstützung des Direktoriums durchführte, um von Ägypten aus Englands Stellung im Mittelmeer und in Indien zu erschüttern, da eine direkte Landung in England zu gewagt erschien. – Lord Bristol, in dem die französische Polizei einen britischen Agenten vermutete, wurde in Mailand verhaftet. Humboldts erster klar umrissener Plan einer überseeischen Reise war gescheitert.

Mit 25 000 Mann auf 400 Transportschiffen, die von 40 Kriegsschiffen geschützt wurden, und von einem vielhundertköpfigen Stab von Technikern, Naturforschern, Altertumswissenschaftlern und Künstlern begleitet, brach Napoleon Mitte Mai von Toulon aus nach Ägypten auf und landete am 1. Juli bei Alexandria. Kairo war am 25. Juli in der Hand des Eroberers, der sich bei den Ägyptern als Befreier von der Mameluckenherrschaft empfahl. – Einige Wochen später war die englische Flotte, die sich zur Verteidigung der Britischen Inseln gegen die dort befürchtete Invasion bereit gehalten hatte, zur Stelle; die französischen Geschwader wurden bei Abukir vernichtet, der geplante Schlag gegen die britische Seeherrschaft war mißglückt.

Das blutige Abenteuer am Nil endete nach Schreckensmonaten für Ägypter wie für Franzosen im November 1801. Es bleibt ein schändliches Beispiel in der Geschichte ruhmgieriger Eroberungskriege trotz der Einsichten, die die beteiligten Gelehrten bei dieser Gelegenheit in die Geschichte und Kultur der Pharaonenreiche und in die geographischen Verhältnisse des Niltales gewannen.

Hoffnung «nützlich zu sein» abermals gescheitert

Wie in Göttingen und in Jena war Wilhelm von Humboldt, der seit dem Herbst 1797 mit seiner Familie in der französischen Hauptstadt lebte, auch in Paris der Mittelsmann, der den jüngeren Bruder schnell in die gelehrten Kreise des Landes einführte. Er wußte gemeinsam mit Karoline von Humboldt eine Geselligkeit zu pflegen, die die Besonderheiten der Berliner Salons jener Zeit mit denen der Metropole des französischen Geisteslebens verband, und hatte durch seine vielseitigen Interessen zahlreiche Künstler und Wissenschaftler in sein Haus gezogen. Wenn Alexander gemeint hatte, die Wissenschaft würde erst in einer ferneren Zukunft die Früchte der Revolution genießen, so konnte er nun feststellen, daß auf dem Gebiet der Naturforschung ein ungewöhnlich reges Leben herrschte, unbeeinträchtigt von inneren Machtkämpfen und kriegerischen Auseinandersetzungen.

Im Jahre 1792, mitten in der Revolution und den Revolutionskriegen, hatten französische Gelehrte die berühmte französische Gradmessung, das heißt die Messung eines Meridianbogens begonnen, die sich von Dünkirchen bis Barcelona erstrecken sollte.[1] Der deutsche Naturforscher konnte unmittelbar nach seiner Ankunft an den letzten Messungen teilnehmen; sie fanden statt im nördlichen Teil des betreffenden Gebietes zwischen Melun und Lieursaint. Zahlreiche berühmte Gelehrte – den für Humboldts Schaffen wichtigen werden wir zu gegebener Zeit begegnen – waren auf dem Gebiet der Mathematik, der Astronomie, der Mineralogie tätig. Obwohl Humboldt nach dem regen schriftlichen Gedankenaustausch mit französischen Forschern annehmen durfte, in der damaligen Hauptstadt der Naturwissenschaften nicht mehr unbekannt zu sein. war er von dem Empfang überrascht. «In Paris wurde ich aufgenommen, wie ich es nie erwarten durfte», schrieb er an Willdenow. Das Institut National, die 1795 wiederhergestellte Vereinigung der Akademien von Paris, lud den deutschen Forscher zu Vorträgen über die Analyse der Atmosphäre und die Natur des Salpetergases ein. Der Umgang mit französischen Forschern veranlaßte ihn unter anderem zu Untersuchungen über den Einfluß bestimmter Säuren auf das Keimen der Pflanzen, die große Beachtung fanden und ihm den allgemeinen Eindruck seiner Aufnahme in Paris bestätigten, daß er bereits ein Naturforscher von europäischem Rang geworden war.

1 Der wichtigste Zweck war die genaue Feststellung der Länge des Meters, der Grundeinheit des metrischen Systems, das in der Französischen Revolution geschaffen worden war. Nach dem Regierungsdekret vom 26. März 1791 sollte die Länge des Meters ein Vierzigmillionstel eines Erdvollmeridians betragen.

Dennoch bewegte Humboldt in diesen Monaten nur ein Gedanke: die große Reise. So heimisch er sich sofort in Paris fühlte, wollte er endlich doch das Ziel erreichen, das er sich seit seiner Begegnung mit Georg Forster gesteckt hatte. Er sprach unter anderem mit dem fast siebzigjährigen Louis Antoine de Bougainville über seine Pläne, dem ersten Franzosen, der – noch vor James Cook – die Welt umsegelt und durch seine Schilderungen des Lebens auf der polynesischen Inselwelt in Rousseaus Lob des Naturzustandes als des glücklichsten für die Menschen eingestimmt hatte. Dieser greise Pionier der Entdeckungsreise modernen Stils plante eine neue Fahrt um die Welt. Der Südpol stand im Vordergrund seiner Interessen. «Er beredete mich, ihm zu folgen», schrieb Humboldt in dem bereits erwähnten Brief an Willdenow. «Von diesen weitaussehenden Hoffnungen war ich voll, als auf einmal das Direktorium den heroischen Entschluß faßt, nicht den siebzigjährigen Bougainville, sondern den Kapitän Baudin eine Reise um die Welt machen zu lassen. Kaum hörte ich von diesem Beschlusse, als auch schon die Regierung mich einladen läßt, mich auf dem ‚Vulkan', einer der drei Korvetten der Expedition, einzuschiffen. Alle Nationalsammlungen wurden mir geöffnet, um von Instrumenten auszulesen, was ich wollte. Bei der Wahl der Naturforscher, bei allem, was die Ausrüstung betraf, ward ich um Rat gefragt. Viele meiner Freunde waren damit unzufrieden, mich den Gefahren einer fünfjährigen Seereise ausgesetzt zu sehen; aber mein Entschluß stand eisern fest, und ich würde mich selbst verachtet haben, wenn ich eine solche Gelegenheit, nützlich zu sein, versäumt hätte ... Welch ein unnennbarer Schmerz, als in vierzehn Tagen alle, alle diese Hoffnungen scheiterten.»

Abermals kam eine Koalition gegen Frankreich zustande, abermals drohte Krieg. Die für die Unternehmung Baudins vorgesehenen Mittel mußten im Interesse der Landesverteidigung zurückgezogen, die Expedition auf eine günstigere Zeit verschoben werden. «Eine solche Lage, ein solcher Schmerz läßt sich nur fühlen, aber Männer müssen handeln und sich nicht dem Schmerze überlassen.»

Humboldt faßte einen tollkühnen Entschluß. Er wollte dem französischen Expeditionskorps in Syrien – die französische Flotte war bereits bei Abukir vernichtet – auf dem Landwege folgen und hoffte, in Tripolis Anschluß an eine Karawane zu finden, mit der er durch die Wüste nach Kairo gelangen könnte.

Er hatte einen Gefährten gewonnen, der von dem gleichen Forscherdrang beseelt und gleichfalls für die Teilnahme an der Expedition des Kapitäns Baudin ausersehen gewesen war. Das war der junge Arzt Aimé Bonpland, ein Kind der Vendée aus der Hafenstadt La Rochelle, wo sein Vater als Chirurg arbeitete. Er hatte Medizin studiert, war 1794 als chirurgischer Eleve zur Kriegsmarine nach Rochefort eingezogen, bald aber als «Student des Vaterlandes» vorzeitig zum ersten Examen zugelassen worden. Er führte das Studium, das ihm der Vater nahegelegt hatte, an der École de Médecine in Paris zu Ende. Die einzige gute Note, die er bei der Abschlußprüfung erhielt, war die in Botanik. Seine Leidenschaft galt den Pflanzen. Humboldt erzählte später, an der Pförtnerloge des «Hôtel Boston» in der Colombierstraße, wo er damals wohnte, sei er wiederholt einem jungen Hausgenossen begegnet, der regelmäßig eine Botanisiertrommel bei sich trug. Dieser ihm vertraute Behälter des Pflanzensammlers habe seine Bekanntschaft mit dem Mann vermittelt, der jener Gehilfe auf dem Gebiet der Botanik und Pflanzengeographie werden sollte, den Humboldt brauchte und schon in Wien gesucht hatte.

Es erwies sich, daß der damals fünfundzwanzigjährige Arzt ein Meister des Skalpells beim Zerlegen kleiner Pflanzenteile war und eifrig an dem französischen Namenverzeichnis der Pflanzen mitwirkte, das in den botanischen Gärten und Instituten von Paris erarbeitet wurde. Humboldt wußte den Sohn der Meeresküste um so eher für seine Reisepläne und Forschungsvorhaben zu begeistern, als Bonpland nur ungern praktischer Arzt werden oder gar in die Praxis seines Vaters zu La Rochelle eintreten wollte. Wie sich später zeigte, floß weit mehr Abenteurerblut in den Adern des französischen Bürgers als in denen des preußischen Edelmannes. Das einzige Hemmnis, das sich der Teilnahme Bonplands an Humboldts weitgesteckten und kostspieligen Plänen in den Weg stellen konnte, war seine Mittellosigkeit. Da aber Kunth inzwischen größere Beträge aus Humboldts Vermögen flüssig gemacht hatte, war Humboldt auch in dieser Beziehung unabhängig. Er übernahm die Gesamtkosten der Expedition und gewann den französischen Arzt als Gast, Gehilfen und Freund.

Wie aber auch immer das überseeische Ziel hieß, die entscheidende Frage war: wie kommt man aus dem Machtbereich der sich wechselseitig blockierenden europäischen Seemächte hinaus und wie erhält man die Aufenthaltserlaubnis in den Ländern, in denen man tätig sein will? Da es sich bei der Unternehmung der beiden Forscher um eine private Veranstaltung handelte, war zunächst das Mißtrauen zu überwinden, das alle Kolonialmächte in Reisen setzten, die nicht von ihnen veranlaßt worden waren.

Unvermittelt bot sich eine Reisegelegenheit nach Nordafrika. Der schwedische Konsul in Algier erwartete in Marseille eine schwedische, vor dem Zugriff der Frankreich bekriegenden Engländer also geschützte Fregatte, die ihn mit einem diplomatischen Auftrag nach Algier bringen sollte. Er lud Humboldt und Bonpland ein, das Schiff zu benutzen. Die beiden Freunde verließen Paris am 20. Oktober 1798 und eilten nach Marseille – einer neuen Enttäuschung entgegen.

Die Fregatte kam nicht. Nach monatelangem Warten wurde bekannt, daß sie Schiffbruch erlitten hatte und vor dem Frühjahr nicht eintreffen könne. Humboldt verhandelte mit dem Kapitän eines kleinen Seglers aus Ragusa, der nach Tunis in See gehen sollte. Bevor noch die Kajüte von Federvieh und anderem lebenden Proviant befreit und für die beiden Passagiere und ihre umfangreiche Forscherausrüstung hergerichtet war, landeten Kaufleute, die neue Nachrichten von der nordafrikanischen Küste brachten.

In der Berberei, wie man die Länder zwischen Mittelmeer und Sahara nach ihren Bewohnern, den Berbern, damals nannte, herrschten seit Jahrhunderten türkische Paschas und Beis, die nur noch dem Buchstaben nach dem türkischen Sultan in Konstantinopel botmäßig waren. Als Barbareskenstaaten wurden insbesondere Algerien, Tunis und Tripolis bezeichnet, weil die Bewohner dieser Gebiete unter einem barbarischen und despotischen Regime standen und sich in den Schlupfwinkeln der Küsten Seeräuber eingenistet hatten, die die Schiffahrt im ganzen Mittelmeer beunruhigten. Als Humboldt und Bonpland eben das Wagnis des Aufbruches nach Nordafrika unternehmen wollten, kam die Kunde, daß in Tunis infolge des napoleonischen Eroberungszuges nach Ägypten nicht nur alle Franzosen, sondern auch alle aus französischen Häfen kommenden Fremden eingesperrt würden. Unter diesen Umständen schien es ausgeschlossen, daß ein Vorhaben, an dem ein Franzose beteiligt war, das Ägypten zum Ziele hatte und mit so mißtrauenerweckenden Geräten wie den Meßinstrumenten durchgeführt werden sollte, gelingen konnte.

Was nun? Humboldt war fest entschlossen, nicht nach Paris zurückzukehren. Wenn sich ihm Ägypten versagte, gab es dann wirklich keine Möglichkeit, nach Westindien zu gelangen? Gewißheit darüber konnte er sich nur in Spanien verschaffen, dem Lande, das die tropischen Gebiete Mittel- und Südamerikas beherrschte und von dem Christoph Kolumbus am 3. August 1492 mit drei kleinen Seglern in den unbekannten Westen aufgebrochen war.

Endlich am Ziel der Wünsche

Noch Ende Dezember 1798 machten sich die Freunde auf den Weg nach Madrid, wo sie Anfang Februar 1799 eintrafen.

Humboldt erprobte unterwegs seine Instrumente, bestimmte die Meereshöhe und die astronomische Lage geographisch bemerkenswerter Punkte, untersuchte die geologischen Formationen der kastilischen Hochebene, bestieg den Montserrat; mit dem Sextanten, Chronometer, Barometer und Thermometer legte Humboldt auf dieser Reise die Grundlage für das Profil eines größeren Gebietes. Bonpland studierte indessen die Flora, systematisierte und sammelte Pflanzen. Allein Willdenow erhielt vor Humboldts Abreise aus Spanien eine Sammlung von vierhundert Pflanzen. Die meist zu Fuß durchgeführte Reise wurde zur Bewährungsprobe in ihrem Unterfangen, «das Zusammenwirken der Kräfte, den Einfluß der unbelebten Schöpfung auf die belebte Tier- und Pflanzenwelt zu erkennen». Sie sahen das Land und seine Menschen mit den scharfen Augen der Forscher und der Naturfreunde, genossen die Gastfreundschaft und die Lebensfröhlichkeit des Volkes und ließen sich auch gelegentlich auszischen, wenn ihre magnetischen und meteorologischen Messungen im Lande der heiligen Inquisition als ein unchristliches Tun mißverstanden wurden.

In Spanien herrschte noch immer das mittelalterliche Ketzergericht, das nach einer kurzen aufgeklärten Epoche während der Regierung Karls III. (1759 bis 1788) nach Ausbruch der Französischen Revolution alle freiheitlichen Regungen um so grausamer verfolgte. König Karl IV. war unfähig; seine durch und durch verkommene Gemahlin Maria Luisa von Parma herrschte durch ihren Geliebten, den «Friedensfürsten» Godoy, der durch seine Selbstsucht und seine Günstlingsherrschaft das Land abwechselnd in Kriege gegen Frankreich und England gestürzt hatte. Zur Zeit, als Humboldt nach Spanien kam, befand sich das Land in völliger Abhängigkeit von der französischen Direktorialregierung. Korruption und Verschwendungssucht des Hofes vermehrten die katastrophale Finanznot, die Flotte war schon in der ersten Seeschlacht gegen England, am 14. Februar 1797, weitgehend zerstört worden, die spanische Küste wurde von englischen Kriegsschiffen blockiert, der Überseehandel, die Quelle des ehemaligen Reichtums, war praktisch unterbunden und der Besitz der amerikanischen Kolonien gefährdet.

All diese Tatsachen waren kaum geeignet, Humboldt hoffnungsfroh zu stimmen. Hinzu kam, daß der Seekrieg und das Mißtrauen unter den Seemächten England, Spanien und Portugal zu einer völligen Abschließung der Kolonien geführt hatten. Der Kolonialhandel war monopolisiert und bediente sich noch immer überwiegend der Seekarawanen, großer, von Kriegsfahrzeugen geschützter Flottenverbände, die nur einige Male im Jahr den Atlantik überquerten.

Den verrotteten Zuständen im bourbonischen Spanien entsprach die Politik der Vertreter der christlichen Majestäten in dem gewaltigen amerikanischen Kolonialgebiet, das sich an der pazifischen Küste von San Franzisko bis in den äußersten Süden Chiles erstreckte und mit Ausnahme der portugiesischen Besitzungen (Brasilien, Patagonien, Feuerland) Südamerika,

Mittelamerika mit den meisten westindischen Inseln sowie den Süden und Westen (Louisiana, Texas, Mexiko, Kalifornien) des heutigen Gebietes der Vereinigten Staaten von Nordamerika umfaßte, die damals erst zwölf Jahre von England unabhängig waren. Die vier spanischen Vizekönige in Mexiko, Bogotá, Lima, und Buenos Aires sowie die vier Generalkapitäne in Guatemala, Caracas, Santiago und Havanna übten in diesem riesigen Gebiet mit wenigen tausend Soldaten und Beamten, von katholischen Missionsgesellschaften unterstützt, eine Willkürherrschaft aus, die noch immer ausschließlich der kolonialen Unterdrückung diente.

Der Handel mit fremden Staatsangehörigen wurde mit der Konfiszierung des Vermögens, unter Umständen sogar mit dem Tode, die Lieferung statistischer Angaben über Wirtschafts- und Bevölkerungsverhältnisse an Fremde mit lebenslänglichem Gefängnis bestraft.

Unter diesen Umständen überrascht es nicht, daß in den drei Jahrhunderten spanischer Herrschaft allenfalls ein halbes Dutzend Reisen von wissenschaftlichem Wert nach Spanisch-Amerika durchgeführt worden waren. Und auch deren Wirkungskreis beschränkte sich auf die Küstengebiete. Im portugiesischen Teil Südamerikas lagen die Verhältnisse nicht anders. Alexander Malaspina, der seit 1789 im Auftrag des spanischen Königs mit einer Flottille die Nordküste Westamerikas vermessen hatte, wurde nach seiner Rückkehr 1795 als politisch verdächtig verhaftet. Humboldt erinnerte sich bei der Ausfahrt nach dem Westen seines unmittelbaren Vorgängers, der noch immer im Gefängnis saß: «In dem Augenblick, wo ich Europa verließ, um Länder zu besuchen, welche dieser berühmte Reisende mit so vielem Nutzen durchwandert hatte, hätte ich gewünscht, meine Gedanken mit einem weniger traurigen Gegenstande beschäftigen zu können.»

Der an Enttäuschungen gewöhnte Humboldt hat bei seiner langsamen Annäherung an Madrid kaum damit gerechnet, daß er der Erfüllung seines sehnlichsten Wunsches so nahe war. Schließlich war Aimé Bonpland ein französischer «citoyen», nicht nur dem Namen nach französischer Bürger, sondern ein überzeugter und leidenschaftlicher Parteigänger der Revolution, Humboldt zwar ein preußischer «Baron» – als solcher trat er in Spanien auf, obwohl er den Titel nicht beanspruchen konnte –, aber ein ketzerischer Naturforscher und der republikanischen Gesinnung zumindest verdächtig. Man begegnete den beiden Ankömmlingen in den spanischen Staatskanzleien und im Rat von Westindien zunächst auch mit äußerstem Mißtrauen. Und es wäre der sich hier abermals erweisenden diplomatischen Geschicklichkeit Humboldts allein gewiß nicht geglückt, die Erlaubnis zum Betreten der spanischen Besitzungen in Amerika zu erhalten, wenn er nicht in dem sächsischen Gesandten Baron Forell und in dem Ersten Staatssekretär der Krone Spaniens, Mariano Luiz de Urquijo, zwei einflußreiche Verbündete gefunden hätte.

Forell wußte den Ruhm des deutschen Naturforschers bei den spanischen Majestäten in ein helles Licht zu setzen und dem Gelehrten Zugang zum Hof zu verschaffen. Urquijo, den Humboldt wahrscheinlich schon in London kennengelernt hatte, wurde bald für die Pläne des Deutschen gewonnen. Er war ein aufgeklärter Mann und grimmiger Gegner des mittelalterlichen Dunkels, das noch immer auf dem unglücklichen spanischen Volk lag. Die Inquisition hatte bereits ihren Arm nach dem gefährlichen Freigeist ausgestreckt, als ihn der korrupte Godoy, wegen anderweitiger Liebschaften bei seiner königlichen Buhlerin in Ungnade gefallen, zu einem seiner beiden Nachfolger empfahl, in der Erwartung, der fortschrittliche Urquijo und sein rückschrittlicher Gegenspieler würden alsbald in einen Konflikt geraten, in dem nur die Alleinherrschaft Godoys die spanischen Bourbonen vor der Vergeltung des Volkes retten könnte. Dem besonnenen Ersten Staatssekretär war es jedoch geglückt, Godoys Intrigen zu durchkreuzen und sich durch seine Fähigkeiten den um Thron und Leben besorgten Majestäten einstweilen unentbehrlich zu machen.

Dem Rat und dem Einfluß dieses Mannes hatte es Humboldt vor allem zu verdanken, daß ihm und Bonpland als seinem «Ayudante ó Secretario», wie es bezeichnenderweise in der Anweisung Urquijos an die zuständigen Behörden heißt, Sonderpässe mit unbeschränkten Vollmachten für den Aufenthalt in den spanischen Kolonien und für die Benutzung der wissenschaftlichen Instrumente ausgestellt wurden. «Nie wurde», bemerkt Humboldt, «einem Reisenden unumschränktere Erlaubnis verwilligt, nie wurde ein Fremder mit mehr Zutrauen von der spanischen Regierung beehrt.»

Schon im Mai waren die Vorbereitungen für eine mehrjährige Forschungsreise in ein unbekanntes Land abgeschlossen. Die beiden Freunde brachen nach dem Hafen La Coruña auf, um von dort mit dem regelmäßigen Paketboot nach Havanna auf Kuba zu reisen.

Endlich am Ziel seiner Wünsche, entfaltete Alexander seine wohl stärkste Begabung: zu sammeln, was Auge und Ohr sahen und hörten, nüchtern-kritisch zu wägen, zu ordnen und ineinanderzufügen und das als wirklich Erfahrene und als lebendig Erschaute in Wort und Schrift anderen mitzuteilen, nicht nur in der gegenständlich-sachlichen Sicht des Forschers, sondern dichterisch-beschwingt, bisweilen romantisch-malerisch, den Gelehrten wie den Poeten, den Bildungsbeflissenen wie den naturnahen Mann aus dem Volk in gleicher Weise anregend. Sein Reichtum an Gaben offenbarte sich, seinen Reichtum an klingender Münze wußte er zu nutzen. Er genoß nicht und vergeudete nicht, was er an irdischen Schätzen geerbt hatte. Wenn auch nicht frei von Selbstgewißheit und Geltungsdrang, entwickelte er seine Fähigkeiten zielbewußt und stellte sie wie sein Vermögen in den Dienst an der Forschung und am Fortschritt der Menschheit.

Nicht Abenteuersucht – echter, von Ehrgeiz beflügelter Forscherdrang trieb Humboldt auf die westindische Reise. Sie war nicht Selbstzweck, sondern sollte der Beschaffung der Erfahrungstatsachen dienen, die für den wissenschaftlichen Vergleich der Verhältnisse auf der Erde und damit für das Erkennen von Gesetzmäßigkeiten des Lebens auf dem Planeten erforderlich waren. Mit den Reisen Cooks und des Vaters und Sohnes Forster – um nur diese zu nennen –, in dem Aufschwung der Naturforschung auf zahlreichen Gebieten war nicht nur die unerläßliche Vorarbeit für Humboldts Unternehmung geleistet worden: der damit erreichte Stand des menschlichen Tatsachenwissens verlangte nach einer Zusammenschau der physischen Verhältnisse auf der Erde, nach einer von der Wirklichkeit der Natur bestimmten «Welt»-Anschauung. Und das um so mehr, als das biblische Bild der «Schöpfung» von der Aufklärung zwar als Mythos entlarvt, aber nicht durch ein überzeugendes reales Weltbild ersetzt worden war. Die Versuche der Philosophen, die «Welt» rein spekulativ zu erkennen, zwangen die Naturforscher geradezu, all die bereits bekannten Tatsachen und Gesetzmäßigkeiten der unabhängig vom Menschen bestehenden Außenwelt als Bausteine für ein materialistisch begründetes, naturwissenschaftliches Weltbild zu sammeln, zu vermehren, zu sichten und aneinanderzufügen. In einem Wort: die Entwicklung des menschlichen Wissens verlangte nach einem Humboldt.

Aber nicht nur von den Gegebenheiten der Forschung aus betrachtet war Humboldts Entschluß wohlbegründet. Der nach nützlicher Tätigkeit strebende, human empfindende, die gesellschaftlichen Verhältnisse realistisch betrachtende Dreißigjährige fand im rückständigen Preußen keine Aufgabe, die ihn befriedigen konnte. Die Erforschung des Unbekannten, die Gesamtschau der Natur, die Stiftung von Nutzen für die menschliche Gesellschaft - das waren Aufgaben, wie er sie sich wünschte. Doch so erstaunlich die verbissene Beharrlichkeit ist, mit der er den politischen und gesellschaftlichen Widerständen die Gelegenheit zur Bewährung abtrotzte - er hätte es nicht gekonnt und sich der Macht der Verhältnisse beugen müssen, wenn ihm nicht das ererbte Vermögen die Unabhängigkeit von den Gewalten der Zeit gewährleistet hätte. Daß er aber seinen Reichtum in einer Weise nutzte, die dem Fortschritt der Menschheit diente, gehört mit an erster Stelle zu den Taten, durch die er sich ein Denkmal in der Geschichte seines Volkes und der Menschheit gesetzt hat.

Auf den Spuren des Kolumbus

Vor dem Hafen von La Coruña lagen zwei britische Fregatten und ein Linienschiff. Es war nicht abzusehen, ob und wann das Postboot seine Reise antreten könne. Die Fregatte «Pizarro» sollte den Durchbruch wagen, sobald die Verhältnisse es gestatteten.

«Welch ein Glück ist mir eröffnet!» jubelte Alexander am 4. Juni 1799 in einem seiner Abschiedsbriefe, der «mit inniger, herzlicher Dankbarkeit» an Freiesleben gerichtet war. «Ich gehe ab mit der spanischen Fregatte ‚Pizarro'. Wir landen auf den Kanaren und an der Küste von Caracas in Südamerika. Welchen Schatz von Beobachtungen werde ich nun nicht zu meinem Werke über die Konstruktion des Erdkörpers sammeln können! Von dort aus mehr. Der Mensch muß das Gute und Große wollen! Das übrige hängt vom Schicksal ab.»

«Bei seinem Genie», schrieb Goethe am 26. Mai 1799 an Wilhelm von Humboldt auf dessen Mitteilung von Alexanders bevorstehender Abreise, «seinem Talent, seiner Tätigkeit ist der Vorteil seiner Reise für die Wissenschaft ganz inkalkulabel, ja man kann behaupten, daß er über die Schätze, deren Gewinst ihm bevorsteht, künftig dereinst selbst erstaunen wird.»

In der Nacht zum 5. Juni kam Wind auf, am Morgen lag dichter Nebel über dem Hafen. Nachmittags zwei Uhr lichtete die «Pizarro» die Anker und erreichte, ohne von den britischen Bewachern gesehen zu werden, das offene Meer.

Humboldt kam schon bei seiner Ausreise zu der Einsicht, die er später mit den Worten ausdrückte: «Man schadet der Erweiterung der Wissenschaft, wenn man sich zu allgemeinen Ideen erheben und doch die einzelnen Tatsachen nicht kennenlernen will.» Man darf einen zweiten Leitsatz hinzufügen: die Wissenschaft hat ihren Zweck nicht in sich selbst, sondern in der Förderung der Erkenntnis des Lebenssinnes und des Lebens der menschlichen Gesellschaft. Humboldt verlor diese Grundsätze nicht aus den Augen, obwohl alles neu war, was ihm begegnete, eine Beobachtung die andere an Gewalt der Eindrücke übertraf, ein «Wunder» das andere ablöste.

Lange bevor fliegende Fische und Tanginseln das sich der amerikanischen Küste nähernde Schiff begleiteten und von einem weithin unerforschten, Bonpland wie Humboldt erregenden Leben von Tieren und Pflanzen im Meere Kunde gaben, lange bevor die See allnächtlich aufleuchtete, Sternschnuppen in rätselhafter Menge niederfielen und das Sternbild des Südlichen Kreuzes eine neuartige, Humboldt nur aus Reiseberichten bekannte Sicht in den Kosmos eröffnete, prüfte Humboldt die Temperaturen des Meereswassers nachts im Schein der abgeschirmten Blendlaterne, um die britischen Blockadekreuzer nicht anzulocken, studierte er die Strömung des Meeres. Fünfzehn Jahre vorher hatte Benjamin Franklin, das sechzehnte

Kind eines Seifensieders, der große Vorkämpfer der amerikanischen Unabhängigkeit und Erfinder des Blitzableiters, bei seiner Rückkehr aus Europa, wo er die Sache der Freiheit und der Menschlichkeit verfochten hatte, physikalische Beobachtungen des Meeres zur Verbesserung der Schiffahrt angestellt. Er hatte den schon den spanischen Eroberern bekannten Floridastrom in Golfstrom umbenannt. Aber erst Humboldt stellte die Frage, ob einer Kenntnis der Gesetze der Meeresströmungen nicht eine praktische Bedeutung für die damals ausnahmslos mit Seglern betriebene Schiffahrt zukäme. Die Frage blieb noch unbeantwortet, denn neue, die Sinne unmittelbar erregende Eindrücke gewannen den Vorrang. Am 17. Juni 1799 ging die «Pizarro» vor Graziosa, einer der Kanarischen Inseln, und zwei Tage später in Santa Cruz vor Anker.

Humboldt war von der Schönheit der «Glücklichen Inseln», wie die Inselgruppe an der Westküste Afrikas von den Alten genannt worden war, überwältigt. Die vielfarbige üppige subtropische Vegetation mit dem charakteristischen Drachenbaum und den immergrünen Lorbeerwäldern reizte das Auge des Botanikers; der Blick des Geologen richtete sich auf die kahlen Zacken bald roter, bald schwarzer Felsmassen und verfing sich am Pic de Teyde auf Teneriffa. Der erste Vulkan, der erste Krater, den er zu Gesicht bekam, war der hauptsächlichste Anlaß für die knapp eine Woche währende Unterbrechung der Reise der «Pizarro», die dank der ungewöhnlichen Vollmachten der beiden Forscher erwirkt werden konnte. «Der königliche Paßport tut Wunder», schrieb Humboldt dem Bruder.

Im Krater des Pic de Teyde

Alexander von Humboldt an seinen Bruder

Puerto Orotava, am Fuße des Pic von Teneriffa,
den 23. Juni abends

«... Gestern nacht kam ich vom Pic zurück. Welch ein Anblick! welch ein Genuß! Wir waren bis tief im Krater, vielleicht weiter als irgendein Naturforscher ... Gefahr ist wenig dabei, aber Fatigue von Hitze und Kälte; im Krater brannten die Schwefeldämpfe Löcher in unsere Kleider, und die Hände erstarrten bei 2 Grad R [2,5° Celsius].

Gott, welche Empfindung auf dieser Höhe von 11 500 Fuß[1]! Die dunkelblaue Himmelsdecke über sich; alte Lavaströme zu den Füßen; um sich dieser Schauplatz der Verheerung; drei Quadratmeilen Bimsstein, umkränzt von Lorbeerwäldern, dann tiefer hinab Weingärten, zwischen denen Pisangbüsche sich bis ans Meer erstrecken; zierliche Dörfer am Ufer; das Meer und alle sieben Inseln, von denen Palma und Gran Canaria sehr hohe Vulkane haben, wie eine Landkarte unter uns!

Der Krater, in dem wir waren, gibt nur Schwefeldämpfe; die Erde ist 70 Grad R [87,5° C] heiß. An den Seiten brechen die Laven aus. Auch sind dort die kleinen Krater, wie die, welche vor zwei Jahren die ganze Insel erleuchteten. Man hörte damals zwei Monate lang ein unterirdisches Kanonenfeuer, und häusergroße Steine wurden 4 000 Fuß hoch in die Luft geschleudert. Ich habe hier sehr wichtige mineralogische Beobachtungen gemacht. Der Pic ist ein Basaltberg, auf welchem Porphyrschiefer und Obsidianporphyr aufgesetzt ist. In ihm wütet Feuer und Wasser. Überall sah ich Wasserdämpfe ausbrechen. Fast alle Laven sind geschmolzener Basalt. Der Bimsstein ist aus dem Obsidianporphyr entstanden; ich habe Stücke, die beides noch halb sind.

Vor dem Krater, unter Steinen, die man ‚la Estancia de los Ingleses' nennt, am Fuße eines Lavastromes, brachten wir eine Nacht im Freien zu, 1 200 Toisen über dem Meere. Um zwei Uhr nachts setzten wir uns schon in Marsch nach dem letzten Kegel. Der Himmel war vollkommen sternenhell, und der Mond schien sanft; aber so sollte es nicht bleiben. Der Sturm fing an heftig um den Gipfel zu brausen, wir mußten uns fest an den Kranz des Kraters anklammern. Donnerähnlich tobte die Luft in den Klüften, und eine Wolkenhülle schied uns von der belebten Welt. Wir klommen den Kegel hinan, einsam über den Dünsten, einsam wie ein Schiff auf dem Meere. Dieser schnelle Übergang von der schönen heiteren Mondhelle zu der Finsternis und Öde des Nebels machte einen rührenden Eindruck.

Nachschrift. In der Villa Orotava ist ein Drachenblutbaum,

1 Die genaue Höhe des Pic de Teyde beträgt 3711 m.

45 Fuß im Umfang. Vor 400 Jahren, zu den Zeiten der Guanchos[1], war er schon so dick als jetzt. Fast mit Tränen reise ich ab; ich möchte mich hier ansiedeln: und bin doch kaum vom europäischen Boden weg. Könntest Du diese Fluren sehen, diese tausendjährigen Wälder von Lorbeerbäumen, diese Trauben, diese Rosen! Mit Aprikosen mästet man hier die Schweine. Alle Straßen wimmeln hier von Kamelen.

Eben, den 25., segeln wir ab.»

Landung in der «Neuen Welt»

Während die «Glücklichen Inseln» hinter der westwärts segelnden Fregatte im Meer verschwanden, Untersuchungen des Meereswassers und Beobachtungen des nächtlichen Sternenhimmels zu ihrem Rechte kamen, machte sich der Drang geltend, die Fülle der neuen Eindrücke zu ordnen, Vergleiche anzustellen, nach Regeln zu suchen, Gesetzen auf die Spur zu kommen.

Vermittelten die schroffen Zacken von Graziosa wirklich eine völlig neue Anschauung, waren der Basalt, der Porphyrschiefer, die Schwefeldämpfe des Pic de Teyde denn so anders als die Basalte am Rhein, die Phonolitkuppen in der Rhön und im Westerwald, die schwefligen Gase, die anderen Kratern entströmten? Offenbarten solche Vergleiche in der unbelebten Natur Ähnlichkeiten in weit voneinander entfernten Teilen der Erde, führten Vergleiche in der belebten Natur zu bemerkenswerten Verschiedenheiten. Unvergeßlich war der Anblick im Freien gedeihender Bananen- und Melonenbäume, Dattel- und Kokospalmen, völlig anderer Gewächse, als sie in Europa außerhalb von Treibhäusern lebensfähig waren. Oben aber, auf den Felsgipfeln, an der Vegetationsgrenze, lebten Flechten und Moose wie in den kalten Regionen Lapplands. Klima und Höhenlage schienen zwei Bestimmungsfaktoren für die Verteilung der Pflanzen auf der Erde zu sein. Während die Vulkane einen wesentlichen Ansatzpunkt für die Frage nach der Bildung und Veränderung der Erdrinde boten – die Erdbebengebiete

1 Die schon damals fast ausgestorbenen Guanchen waren die Ureinwohner der Kanarischen Inseln.

Südamerikas ergänzten dies bald –, wurden die ersten Grundsteine zu einer neuen Wissenschaft, der Pflanzengeographie gelegt.

So unterschiedlich auch die allgemeinen Schlüsse sein mochten, zu denen der Forscher bei Vergleichen über die Erdteile hin in der belebten und in der unbelebten Natur gelangte, überall waren Kräfte tätig, lösten Ursachen bestimmte Wirkungen aus, zeigte sich eine Verkettung von Besonderem und Allgemeinem, die eine Zusammenschau aller Einzelbeobachtungen der organischen wie der anorganischen Natur, der gesamten belebten Erdoberfläche in einer «Physik der Erde» voraussetzte.

Humboldt verlor sich nicht in gedanklichen Spekulationen. Er begann ein wissenschaftliches Tagebuch zu führen, Sammlungen anzulegen, damit jede Beobachtung und Erfahrung später nach Abschluß der Reise sorgfältig ausgewertet werden könne. Er bemühte sich zugleich, das Landschaftsbild in allen seinen Zügen festzuhalten. Er zeichnete und schrieb, entwarf in Worten ganze Naturgemälde, denn, so meinte er: «Wenn ein Reisender die hohen Berggipfel unseres Erdballs, die Katarakte der großen Ströme, die gewundenen Täler der Anden zu beschreiben hat, so läuft er Gefahr, den Leser durch den eintönigen Ausdruck seiner Bewunderung zu ermüden. Am besten lernt man die Physiognomie einer Landschaft kennen, wenn man die einzelnen Züge auffaßt, sie untereinander vergleicht und so den Quellen der Genüsse nachgeht, die uns das große Naturgemälde bietet.»

Die Kajüte der beiden Forscher auf dem spanischen Segler, der nach Caracas bestimmt war, wurde zu einer Mischung von Studierstube und Laboratorium.

Kurz bevor die Küste in Sicht kam, brach an Bord des Schiffes eine Seuche aus. Die «Pizarro» war bestrebt, so schnell wie möglich den nächsten Hafen zu erreichen. Das war nicht Caracas, die damalige Residenz des Generalkapitäns der spanischen Provinz Neu-Andalusien und heutige Hauptstadt Venezuelas, sondern das östlicher an einem tiefen Meereseinschnitt gelegene Cumaná. Mit der Landung in Cumaná rückte das eigentliche Ziel, die Insel Kuba, in weite Ferne. Aus der «westindischen Reise» wurde weit mehr, als Humboldt ursprünglich beabsichtigt hatte. Es begann die abenteuerliche, später als «Wiederentdeckung Amerikas» bezeichnete, fünf Jahre währende «Reise in die Äquinoktialgegenden[1] des Neuen Kontinentes».

Am 16. Juli 1799 betraten die beiden Forscher amerikanischen Boden. Eine Welt der Wunder tat sich vor ihnen auf. Der Gedanke, so schnell wie möglich nach Caracas und Havanna zu gelangen, war verflogen. Vier volle Monate verweilten die Freunde in Cumaná und seiner Umgebung; einige Tage galten einem Besuch der Halbinsel Araya, drei Wochen brachten sie auf einer Forschungsfahrt in das Gebiet der Chaymasindianer zu. Am 4. November erlebten sie ein Erdbeben, am 12. November ergoß sich ein wahrer Sternschnuppenregen über die venezuelische Küste.

Wunder über Wunder

Aus Briefen und Schriften Alexander von Humboldts

«Mit eben dem Glück, guter Bruder, mit dem wir im Angesicht der Engländer in Teneriffa angekommen sind, haben wir unsere Seereise vollendet. Ich habe viel auf dem Wege gearbeitet, besonders astronomische Beobachtungen gemacht. Wir bleiben einige Monate in Caracas; wir sind hier einmal in dem göttlichsten und vollsten Lande. Wunderbare Pflanzen; Zitteraale, Tiger, Armadille, Affen, Papageien; und viele, viele echte, halbwilde Indianer, eine sehr schöne und interessante Menschenrasse.

Cumaná ist, wegen der nahen Schneegebirge, der kühlste und gesundeste Aufenthalt in Amerika – ein Klima wie in Mexiko – und, obgleich von Jacquin besucht, noch einer der unbekanntesten Teile der Welt, wenn man nur etwas in das Innere der Gebirge geht. Was uns, außer dem Zauber einer solchen Natur (wir haben seit gestern auch noch nicht ein einziges Pflanzen- oder Tierprodukt aus Europa gesehen) vollends bestimmt, uns

1 Gegenden der Tagundnachtgleiche, die Tropen, die zwischen den Wendekreisen auf beiden Seiten des Äquators gelegene heiße Zone der Erde.

hier in Cumaná, zwei Tagereisen von Caracas zu Wasser, aufzuhalten, ist die Nachricht, daß eben in diesen Tagen englische Kriegsschiffe in dieser Gegend kreuzen ...

Wir haben für 20 Piaster monatlich ein ganz neues, freundliches Haus gemietet, nebst zwei Negerinnen, von denen die eine kocht. An Essen fehlt es hier nicht; leider nur existiert jetzt nichts Mehl-, Brot- oder Zwiebackähnliches. Die Stadt ist noch halb in Schutt vergraben; denn dasselbe Erdbeben von Quito, das berühmte von 1797, hat auch Cumaná umgestürzt. Diese Stadt liegt an einem Meerbusen, schön wie der von Toulon, hinter einem Amphitheater 5–8 000 Fuß hoher und dick mit Wald bewachsener Berge. Alle Häuser sind von weißem Sinabaum- und Atlasholz gebaut. Längs dem Flüßchen (Río de Cumaná), etwa wie die Saale bei Jena, liegen sieben Klöster und Plantagen, die wahren englischen Gärten gleichen. Außer der Stadt wohnen die Kupferindianer, von denen die Männer fast alle nackt gehen; die Hütten sind von Bambusrohr, mit Kokosblättern gedeckt. Ich ging in eine. Die Mutter saß mit den Kindern, statt auf Stühlen, auf Korallenstämmen, die das Meer auswirft; jedes hatte Kokosschalen, statt der Teller, vor sich, aus denen sie Fische aßen. Die Plantagen sind alle offen, man geht frei ein und aus. In den meisten Häusern stehen selbst nachts die Türen offen, so gutmütig ist hier das Volk. Auch sind hier mehr echte Indianer als Neger.

... Wie die Narren laufen wir bis jetzt umher; in den ersten drei Tagen können wir nichts bestimmen, da man immer einen Gegenstand wegwirft, um einen anderen zu ergreifen. Bonpland versichert, daß er von Sinnen kommen werde, wenn die Wunder nicht bald aufhören. Aber schöner als diese Wunder im einzelnen ist der Eindruck, den das Ganze dieser kraftvollen, üppigen und doch dabei so leichten, erheiternden, milden Pflanzennatur macht. Ich fühle es, daß ich hier sehr glücklich sein werde und daß diese Eindrücke mich auch künftig noch erheitern werden ...»

«Wenn ein eben aus Europa angekommener Reisender zum erstenmal die Wälder Südamerikas betritt, so hat er ein ganz unerwartetes Naturbild vor sich. Alles, was er sieht, erinnert nur entfernt an die Schilderungen, welche berühmte Schriftsteller an den Ufern des Mississippi, in Florida und in andern gemäßigten Ländern der Neuen Welt entworfen haben. Bei jedem Schritt fühlt er, daß er sich nicht an den Grenzen der heißen Zone befindet, sondern mitten darin, nicht auf einer der antillischen Inseln, sondern auf einem gewaltigen Kontinent, wo alles riesenhaft ist: Berge, Ströme und Pflanzenmassen. Hat er Sinn für landschaftliche Schönheit, so weiß er sich von seinen mannigfaltigen Empfindungen kaum Rechenschaft zu geben. Er weiß nicht zu sagen, was mehr sein Erstaunen erregt, die feierliche Stille der Einsamkeit oder die Schönheit der einzelnen Gestalten und ihre Kontraste oder die Kraft und die Fülle des vegetabilischen Lebens. Es ist, als hätte der mit Gewächsen überladene Boden gar nicht Raum genug zu ihrer Entwicklung. Überall verstecken sich die Baumstämme hinter einem grünen Teppiche, und wollte man all die Orchideen, die Pfeffer- und Pothosarten, die auf einem einzigen Heuschreckenbaum oder amerikanischen Feigenbaum wachsen, sorgsam verpflanzen, so würde ein ganzes Stück Land damit bedeckt. Durch diese verwunderliche Aufeinanderhäufung erweitern die Wälder, wie die Fels- und Gebirgswände, das Bereich der organischen Natur. – Dieselben Lianen, die am Boden kriechen, klettern zu den Baumwipfeln empor und schwingen sich mehr als hundert Fuß hoch, von einem zum andern. So kommt es, daß, da die Schmarotzergewächse sich überall durcheinanderwirren, der Botaniker Gefahr läuft, Blüten, Früchte und Laub, die verschiedenen Arten angehören, zu verwechseln.

Wir wanderten einige Stunden im Schatten dieser Wölbungen, durch die man kaum hin und wieder den blauen Himmel sieht. Er schien mir um so tiefer indigoblau, da das Grün der tropischen Gewächse meist einen sehr kräftigen, ins Bräunliche spielenden Ton hat. Zerstreute Felsmassen waren mit einem großen Baumfarn bewachsen, der sich vom Polypodium arboreum der Antillen wesentlich unterscheidet. Hier sahen wir zum erstenmal jene Nester in Gestalt von Flaschen oder kleinen Taschen, die an den Ästen der niedrigsten Bäume aufgehängt sind. Es sind Werke des bewunderungswürdigen Bautriebes der Drosseln, deren Gesang sich mit dem heisern Geschrei der Papageien und Aras mischte. Die letzteren, die wegen der lebhaften Farben ihres Gefieders allgemein bekannt sind, flogen nur paarweise, während die eigentlichen Papageien in Schwärmen von mehreren hundert Stück umherfliegen. Man muß in diesen Ländern, besonders in den heißen Teilen der Anden, gelebt haben, um es für möglich zu halten, daß zuweilen das Geschrei dieser Vögel das Brausen der Bergströme, die von Fels zu Fels stürzen, übertönt.»

«Es ist ein unaussprechlich tiefer und ganz eigentümlicher Eindruck, welchen das erste Erdbeben, das wir empfinden, sei es auch von keinem unterirdischen Getöse begleitet, in uns zurückläßt. Ein solcher Eindruck, glaube ich, ist nicht Folge der Erinnerung an die Schreckensbilder der Zerstörung, welche unserer Einbildungskraft aus Erzählungen oder Erfahrungen der Vergangenheit vorschweben. Was uns so wunderbar ergreift, ist die Enttäuschung von dem angeborenen Glauben an die Ruhe und Unbeweglichkeit des Starren, der festen Erdrinde.

Von früher Kindheit sind wir an den Kontrast zwischen dem beweglichen Elemente des Wassers und der Unbeweglichkeit des Bodens gewöhnt, auf dem wir stehen. Alle Zeugnisse unserer Sinne haben diesen Glauben befestigt. Wenn nun plötzlich der Boden erbebt, so tritt geheimnisvoll eine unbekannte Naturmacht, als ein das Starre Bewegendes, als etwas Handelndes auf. Ein Augenblick vernichtet die Illusion des ganzen früheren Lebens. Enttäuscht sind wir über die Ruhe der Natur; wir fühlen uns in den Bereich zerstörender, unbekannter Kräfte versetzt. Jeder Schall, die leiseste Regung der Lüfte spannt unsere Aufmerksamkeit. Man trauet gleichsam dem Boden nicht mehr, auf den man tritt. Das Ungewöhnliche der Erscheinung bringt dieselbe ängstliche Unruhe bei Tieren hervor. Schweine und Hunde sind besonders davon ergriffen, die Krokodile im Orinoco, sonst so stumm wie unsere kleinen Eidechsen, verlassen den erschütterten Boden des Flusses und laufen brüllend dem Walde zu.

Dem Menschen stellt sich das Erdbeben als etwas Allgegenwärtiges, Unbegrenztes dar. Von einem tätigen Ausbruchkrater, von einem auf unsere Wohnung gerichteten Lavastrome kann man sich entfernen; bei dem Erdbeben glaubt man sich überall, wohin auch die Flucht gerichtet sei, über dem Herd des Verderbens. Ein solcher Zustand des Gemütes, aus unserer innersten Natur hervorgerufen, ist aber nicht von langer Dauer. Folgt in einem Lande eine Reihe von schwachen Erdstößen aufeinander, so verschwindet bei den Bewohnern fast jegliche Spur von Furcht. An den regenlosen Küsten von Peru kennt man weder Hagel noch den rollenden Donner und die leuchtenden Blitze im Luftkreise. Den Wolkendonner ersetzt dort das unterirdische Getöse, welches die Erdstöße begleitet ... Vieljährige Gewohnheit und die sehr verbreitete Meinung, als seien gefahrbringende Erschütterungen nur zwei- bis dreimal in einem Jahrhundert zu befürchten, machen, daß in Lima schwache Erschütterungen des Bodens kaum mehr Aufmerksamkeit erregen als ein Hagelwetter in der gemäßigten Zone ...

Das unterirdische Getöse, wenn es von keinen fühlbaren Erdstößen begleitet ist, läßt einen besonders tiefen Eindruck selbst bei denen zurück, die schon lange einen oft erbebenden Boden bewohnt haben. Man harret mit Bangigkeit auf das, was nach dem unterirdischen Krachen folgen wird ... Das auffallendste, mit nichts vergleichbare Beispiel von ununterbrochenem, unterirdischem Getöse, ohne alle Spur von Erdbeben, bietet die Erscheinung dar, welche auf dem mexikanischen Hochlande unter dem Namen des «Gebrülles» und «unterirdischen Donners» von Guanamato (Guanajuato) bekannt ist. Diese berühmte und reiche Bergstadt liegt fern von allen tätigen Vulkanen. Das Getöse dauerte seit Mitternacht des 9. Januars 1784 über einen Monat lang. Es war, als lägen unter den Füßen der Einwohner schwere Gewitterwolken, in denen langsam rollender Donner mit kurzen Donnerschlägen abwechselte. Das Getöse war auf einen kleinen Raum beschränkt; wenige Meilen davon, in einer basaltreichen Landstrecke, vernahm man es gar nicht.

So öffnen und schließen sich Klüfte tief im Innern der Erde.»

Rund um Cumaná

Unermüdlich sammelten die Freunde, längst zu einer unzertrennlichen Forschergemeinschaft verwachsen, Pflanzen, Insekten, Muscheln. Im Dezember 1799 hatte Bonpland bereits das sechzehnte Hundert tropischer Gewächse beisammen, zahlreiche neue Arten bestimmt, das französische Pflanzenverzeichnis bereichert und berichtigt. Eine Sammlung von Samen wurde nach Paris in die Treibhäuser geschickt; die fremden Zöglinge wuchsen auf, wurden, in den ehemals königlichen Gärten bewundert, als Zierpflanzen in ganz Europa heimisch.

Während Bonpland botanisierte, systematisierte, sezierte, schwollen Humboldts Aufzeichnungen über die Verbreitung der Pflanzen an. Er untersuchte die Abhängigkeit der Flora vom Klima und vom Boden, studierte die naturgegebenen Bedingtheiten des Ackerbaues und deren Wirkungen auf die menschliche Gesellschaft. Vom Klima führte der Weg zur Zusammensetzung der Luft; er nutzte seine chemischen Erfahrungen und analysierte die Atmosphäre, maß die Feuchtigkeit, deren erstaunlich hoher Grad zu der Vermutung Anlaß gab, hier liege neben der Hitze eine weitere Ursache für die im Vergleich zu den gemäßigten Zonen geringere Strahlenbrechung.

Die Instrumente, die Humboldt in Europa erworben und ausprobiert hatte, bewährten sich. Nachts, wenn es galt, «die Reinheit, die Schönheit und die Pracht» des tropischen Himmels wissenschaftlichen Beobachtungen zu unterziehen, half die Venus, sie spielte «die Rolle des Mondes». Ihre Höfe leuchteten «in den schönsten Regenbogenfarben, selbst wenn die Luft vollkommen rein und der Himmel ganz blau» war. Es war so hell, daß Humboldt mit Hilfe einer Lupe von seinem kleinen Sextanten die Messungen ablesen konnte. Tagsüber bestimmte er geographische Orte, um Anhaltspunkte für eine Karte vom Innern des Landes zu gewinnen, oder er maß Sonnenhöhen; die Ergebnisse seiner Untersuchungen teilte er den Freunden in Europa zur Nachprüfung mit.

Die Messungen bei der Sonnenfinsternis am 28. Oktober betrieb er mit einem solchen Eifer, daß er sich einen schmerzhaften Sonnenbrand zuzog. Auch die Aufzeichnungen über Vulkanausbrüche und Erdbeben wanderten nach Deutschland mit dem bemerkenswerten Hinweis, daß der Vulkan von Tunguragua, dessen Ausbruch zwei Jahre zuvor in Quito Tausende von Menschen zum Opfer fielen, «mehr warmes Wasser und Kot (terre pâteuse) als Lava auswarf – also ein Vulkan, durch welchen die Natur die Neptunisten mit den Vulkanisten aussöhnen und vereinen will».

Waren alle die neuartigen Entdeckungen im Haushalt der Natur den beiden jungen Forschern «Wunder», denen sie mit den noch immer kärglichen Erkenntnismitteln ihrer Zeit mutig zu Leibe rückten ohne Furcht vor den kleinen Moskitos und den großen Krokodilen, die gar «nicht ekel sind und einen weißen oder schwarzen Mann für einen gleich guten Bissen halten», so erschienen die beiden unermüdlichen Forscher als wahre Wunder einer ungekannten Menschlichkeit in den Augen der indianischen Eingeborenen. Wie groß das Vertrauen war, das sich Humboldt und Bonpland bei diesen versklavten Naturmenschen in wenigen Wochen erworben hatten, zeigt eine Episode, die sie während des Erdbebens erlebten. Als am Abend des 4. Novembers 1799 in Cumaná unterirdisches Dröhnen anzeigte, daß zum dritten Male am selben Tage Erschütterungen der Erdrinde zu erwarten seien, eilten Eingeborene zu den furchtlos an ihren Geräten ausharrenden Fremden und fragten, ob die Erde abermals erbeben werde. – Humboldt mag, von ihnen eingeladen, manchen Abend seinen Stuhl in den seichten Fluß gestellt und ihren Bräuchen entsprechend in wortloser Beschaulichkeit eine ihrer Zigarren geraucht haben.

Besonders die Menschen, «friedliche Indianer und Karaiben», welche «die interessantesten Gegenstände sind, die sich einem Naturforscher darbieten können», zogen ihn in das von spanischen Kapuzinern missionierte Gebiet der Chaymasindianer. Sehr im Gegensatz zu den zutraulichen Naturmenschen, die ihn zur Übernachtung in ihre Hütte luden, begegnete er bei den spanischen Mönchen – Kapuzinern wie Franziskanern – trotz seiner Pässe oft einer bezeichnenden Interesselosigkeit, wenn nicht einem unverhüllten Mißtrauen in seine «ketzerischen» Absichten. «Wie soll einer gauben», wurden die beiden Forscher später vom Missionar in Uruana am Orinoco gefragt, «daß ihr euer Vaterland verlassen habt, um euch auf diesem Flusse von den Moskitos aufzehren zu lassen und Land zu vermessen, das euch nicht gehört?» Und der Leiter der ersten Mission, die Humboldt nach seiner Landung besuchte, hatte nur ein geringschätziges Lächeln für die Instrumente der Forschungsreisenden. Das Kuhfleisch, meinte der Glaubensbote, sei, den Schlaf nicht ausgenommen, der köstlichste Genuß des Lebens.

Kurz vor Ausbruch der Regenzeit trafen Humboldt und Bonpland nach dreitägiger Küstenfahrt am 21. November 1799 in Caracas ein, um dort günstigere Witterungsverhältnisse für ihre erste große Reise in das Innere – sie begann Anfang Februar 1800 – abzuwarten.

In diesem Zentrum der spanischen Macht an der heute venezolanischen Küste lebte noch ein Rest des Herrengeistes der Konquistadorenzeit. Die Abkömmlinge der Eroberer dieses Landes, überwiegend Besitzer riesiger Ländereien, waren selbstbewußte Aristokraten, die mit den Beamten der allerkatholischsten Majestäten um die Gunst der seltenen Fremdlinge wetteiferten. Sie waren nicht ohne Interesse für den Gang der Dinge in Europa und erwogen das nordamerikanische Beispiel der Loslösung vom Mutterland für ihre eigenen Zwecke. Weit über ihre Absichten hinaus wurden die beiden Reisenden in den geselligen Verkehr dieser Herrenschicht einbezogen, die nur nach dem materiellen Nutzen der Dinge fragte, so «ketzerischen» Neuerungen wie den Naturwissenschaften hingegen unwissend und teilnahmslos gegenüberstand. Nie hatte ein Spanier die Silla de Caracas, das Gebirge in der unmittelbaren Nachbarschaft der Stadt, bestiegen, das zu erforschen Humboldt reizte.

Ungeduldig warteten die Freunde auf das Ende der Regenzeit. 27 Nächte wurden durchwacht, um die einzelnen Phasen der Jupiterbahnen zu beobachten. Diese Mühen waren vergebens, nicht aber der Aufstieg auf die Silla und die Expedition in die Landschaft zwischen Küste und Valencia-See. Kakaoplantagen in den Niederungen von Aragua, Zuckerpflanzungen bei Manterola, Goldschächte in den Tälern des Tui, Baumwollkulturen bei Cura veranlaßten zu mannigfachen Beobachtungen und Betrachtungen agrarwirtschaftlicher und gesellschaftskritischer Art; die warmen Quellen von Mariara und Trinchera, die Begegnung mit dem Kuhbaum unweit Porto Cabello – «einem der prächtigsten und wunderbarsten Häfen», von wo aus die Wanderung nun in südlicher Richtung landeinwärts ging –, die erste Durchquerung einer der «Llanos» genannten fast baumlosen Steppen und die Erlebnisse mit den

Zitteraalen in den Gewässern um Calabozo vermehrten die Zahl der neuen Eindrücke.

Verwirrend und empörend zugleich war der Einblick in die Sklavenhalterbetriebe und die Lebensweise der spanischen Großgrundbesitzer, die Humboldt und Bonpland erstmalig in der Landschaft um Valencia kennenzulernen Gelegenheit hatten. Dem rücksichtslosen Raubbau an den Kräften der Natur entsprach der brutale Raubbau an der Lebenskraft der Neger, die, nach der fast völligen Ausrottung der Ureinwohner auf den Westindischen Inseln, zu Hunderttausenden in den afrikanischen Urwäldern gefangen, als Sklaven über den Atlantik geschafft worden waren und von den Nachkommen der spanischen Konquistadoren auch in den Weizen-, Baumwoll-, Tabak-, Zuckerrohr- und Kakaopflanzungen im Generalkapitanat Caracas als Ausbeutungsobjekte benutzt wurden. Der preußische Edelmann scheute sich nicht, auf einer Ochsenhaut ausgestreckt, sein Nachtlager mit den Negersklaven einer Zuckerrohrplantage zu teilen. Verwundert hörte er die Klagen der spanischen Zwischenpächter, die den Tabakbau in dieser einst Castilia del Oro, «goldenes Kastilien», getauften Provinz verfluchten. Noch immer träumte man von Gold, hatten fast alle Spanier in den Gebirgssiedlungen ihre «Goldmine», wenn sie auch, wie eine den Geologen interessierende Goldwäscherei am Tui, längst von Bäumen und Farnen überwuchert war. Das Gold der Latifundienbesitzer war die Arbeitskraft der Negersklaven, die von Sonnenaufgang bis Sonnenuntergang in greller Hitze fronten, während es zu den Gewohnheiten der reichen Sklavenhalter gehörte, in 24 Stunden zwei Bäder und drei Mahlzeiten zu nehmen und dreimal ausgiebig zu schlafen. Wie es anders hätte sein können, lernte Humboldt im Tale von Aragua kennen, wo arbeitsame und lebensfrohe Menschen auf freiem Boden schufen, der freilich nicht größer war, als es ihrer Arbeitskraft entsprach, und wo selbst ein spanischer Graf auf den Gedanken gekommen war, einen Teil seiner Ländereien seinen freigelassenen Negern zu niedrigem Zins und zur freien Nutzung zu verpachten.

Im Tal von Aragua stießen die beiden Forscher auch auf den Baum mit den geflügelten Früchten, den «Volador», den einzigen seiner Art, dem sie begegneten. Noch merkwürdiger erschien den Botanikern die Bestätigung der von ihnen für ein Märchen angesehenen Erzählungen der Eingeborenen von einem Baum, aus dem eine Flüssigkeit rinne, die wie Milch schmecke. «Einige Tropfen dieses Pflanzensaftes», schrieb Humboldt über den längs der Küste von Venezuela verbreiteten «Kuhbaum», «erinnern uns an die Allmacht und Fruchtbarkeit der Natur. Am dürren Abhange eines Felsens wächst ein Baum, dessen Blätter dürr und zähe sind, seine dicken, holzigen Wurzeln haben Mühe, in das Gestein einzudringen; mehrere Monate des Jahres befeuchtet kein erquickender Regen sein Laub, die Äste erscheinen abgestorben und vertrocknet; bohrt man aber den Stamm an, dann entfließt ihm eine milde und nährende Milch. Bei Sonnenaufgang ist diese vegetabile Quelle am reichsten; es kommen alsdann von allen Seiten Neger und Eingeborene, mit großen Näpfen versehen, um die Milch zu sammeln, welche gelb wird und sich auf der Oberfläche verdichtet. Einige leeren ihre Näpfe unter dem Baume selbst aus, andere bringen das Gesammelte ihren Kindern – man glaubt den Haushalt eines Hirten zu sehen, der die Milch seiner Herde verteilt.»

Humboldts nächstes Ziel war der Rio Apure, den er in seiner nördlichen Biegung bei San Fernando erreichen wollte. Dieser Weg führte ihn durch eine völlig veränderte Landschaft, die Ebenen von Calabozo, die sich von der Küstenkette von Caracas bis zu den Wäldern von Guayana erstrekken – ein weites, fast baumloses Land, in dem nur hier und da nomadisierende Hirten, die Llaneros, anzutreffen waren. Das merkwürdigste Erlebnis mit Tieren war der Versuch, einiger Zitteraale habhaft zu werden, um die Ursache ihrer elektrischen Wirkung zu untersuchen. Da die Eingeborenen die geheimnisvollen Tiere fürchteten – wir wissen heute, daß diese besondere Art «elektrischer» Fische bei einer «Entladung» ihrer Schwanzmuskeln eine Spannung von 300 bis 400 Volt entwickelt –, folgte Humboldt dem Rat der Indianer, einige der in den Gewässern und Sümpfen um Calabozo recht häufigen Zitteraale mit Hilfe von Pferden zu «fischen».

Zitteraale – mit Pferden gefischt

Aus Alexander von Humboldts «Beobachtungen aus der Zoologie»[1]

«Die Indianer hatten eine Art von Treiben angestellt; die Tiere wurden von allen Seiten eingeschlossen und endlich in den Sumpf hineingezwungen. Das interessante Schauspiel, welches sich uns darbot, dieser Kampf der Zitteraale mit den Pferden, läßt sich in Worten nur unvollkommen schildern. Die Indianer, jeder mit langen Bambusröhren und Harpunen bewaffnet, stellten sich um den Sumpf. Einige kletterten auf die Baumäste, die sich über dem Wasser ausbreiteten. Durch ihr Geschrei und ihre langen Bambusröhren trieben sie die Pferde, wo sie sich dem Ufer näherten, zurück. Die durch den Lärm erschreckten Zitteraale verteidigten sich mit den wiederholten Entladungsschlägen ihrer elektrischen Batterie. Lange schien es, als würden sie den Sieg über die Pferde und Maulesel davontragen. Mehrere von diesen, durch die Menge und Stärke der elektrischen Schläge betäubt, verschwanden unter dem Wasser; einige derjenigen, die sich wieder aufrafften, erreichten ungeachtet der Wachsamkeit der Indianer das Ufer und streckten sich hier, von der Anstrengung erschöpft und durch die starken elektrischen Schläge an allen Gliedern gelähmt, der Länge nach auf die Erde...

In weniger als fünf Minuten waren bereits zwei Pferde ertrunken. Die Aale, deren mehrere über fünf Fuß lang sind, schlüpften den Pferden und den Mauleseln unter den Bauch und gaben dann Entladungen ihres ganzen elektrischen Organs. Diese Schläge treffen zugleich das Herz, die Eingeweide und besonders das Nervengeflecht des Magens. Es ist daher nicht zu verwundern, daß der Fisch auf ein großes vierfüßiges Tier eine viel mächtigere Wirkung als auf einen Menschen hervorbringt, der ihn nur mit den Extremitäten berührt. Doch zweifle ich, daß der Gymnotus im eigentlichen Sinne des Wortes die Pferde tötet; er betäubt sie nur, wie ich glaube, durch die

1 «Observation de zoologie etc. I», aus seinem Reisewerk hier gekürzt wiedergegeben nach W. C. Wittwer: «Alexander von Humboldt. Sein wissenschaftliches Leben und Wirken», Leipzig 1861.

wiederholten Erschütterungsschläge, die er ihnen gibt; sie fallen in eine tiefe Ohnmacht und verschwinden besinnungslos unter dem Wasser, die anderen Pferde und Maulesel treten ihnen auf den Leib, und in wenigen Minuten sind sie wirklich tot.

Nach diesem Anfang schien es, als würde die Jagd ein sehr tragisches Ende nehmen und die Pferde eines nach dem andern ertrinken ... Die Indianer versicherten uns, die Jagd würde bald geendigt sein und nur der erste Angriff der Zitteraale sei furchtbar. In der Tat kommen die Gymnoten nach einiger Zeit in den Zustand entladener Batterien; sei es nun, daß die galvanische Elektrizität sich durch Ruhe in ihnen häufe oder daß ihr elektrisches Organ durch einen zu häufigen Gebrauch ermüdet und zu seinen Verrichtungen unbrauchbar gemacht wird. Zwar ist ihre Muskelbewegung dann immer noch ebenso lebhaft als zu Anfang; sie haben aber nicht mehr das Vermögen, kräftige Schläge zu erteilen. Als der Kampf eine Viertelstunde gedauert hatte, schienen die Pferde und Maulesel minder geschreckt. Sie sträubten die Mähnen nicht mehr. Ihr Auge drückte seltener Schmerz aus. Nirgends sah man sie fallen und unter dem Wasser verschwinden. Auch schwammen die Aale mit dem halben Leibe auf der Oberfläche des Sumpfes, flohen vor den Pferden, die sie vorher angegriffen, und näherten sich dem Ufer ...

Die Zitteraale, welche nach dem Ufer fliehen, werden sehr leicht mit kleinen, an einem Strick befestigten Harpunen gefangen, die man ihnen in den Leib wirft; die Harpune spießt manchmal ihrer zwei auf. Ist der Strick sehr trocken und ziemlich lang, so kann man sie damit ans Land ziehen, ohne Schläge zu erhalten. In wenigen Minuten waren fünf große Gymnoten auf dem Trockenen. Wir hätten über zwanzig haben können, hätten wir ihrer so viele zu unseren Versuchen bedurft. Einige waren nur leicht am Schwanze verwundet, andere schwer am Kopfe, und wir konnten deutlich beobachten, wie die Intensität der natürlichen Elektrizität dieses Fisches durch die verschiedene Stärke der Lebenskraft modifiziert wird.»

Die Llanos

Aus Alexander von Humboldts «Ansichten der Natur»

«Seit der Entdeckung des Neuen Kontinentes sind die Ebenen (Llanos) dem Menschen bewohnbar geworden. Um den Verkehr zwischen der Küste und der Guayana (dem Orinocolande) zu erleichtern, sind hier und da Städte an den Steppenflüssen erbaut. Überall hat Viehzucht in dem unermeßlichen Raume begonnen, Tagereisen voneinander entfernt liegen einzelne mit Rindsfellen gedeckte, aus Schilf und Riemen geflochtene Hütten. Zahllose Scharen verwilderter Stiere, Pferde und Maulesel (man schätzte sie zur friedlichen Zeit meiner Reise noch auf anderthalb Millionen Köpfe) schwärmen in der Steppe umher. Die ungeheure Vermehrung der Tiere der Alten Welt ist um so bewunderungswürdiger, je mannigfaltiger die Gefahren sind, mit denen sie in diesen Erdstrichen zu kämpfen haben.

Wenn unter dem senkrechten Strahl der nie bewölkten Sonne die verkohlte Grasdecke in Staub zerfallen ist, klafft der erhärtete Boden auf, als wäre er von mächtigen Erdstößen erschüttert. Berühren ihn dann entgegengesetzte Luftströme, deren Streit sich in kreisender Bewegung ausgleicht, so gewährt die Ebene einen seltsamen Anblick. Als trichterförmige Wolken, die mit ihren Spitzen an der Erde hingleiten, steigt der Sand dampfartig durch die luftdünne, elektrisch geladene Mitte des Wirbels empor, gleicht den rauschenden Wasserhosen, die der erfahrene Schiffer fürchtet. Ein trübes, fast strohfarbiges Halblicht wirft die nun scheinbar niedrige Himmelsdecke auf die verödete Flur. Der Horizont tritt plötzlich näher. Er verengt die Steppe wie das Gemüt des Wanderers. Die heiße, staubige Erde, welche im nebelartig verschleierten Dunstkreis schwebt, vermehrt die erstickende Luftwärme. Statt Kühlung führt der Ostwind neue Glut herbei, wenn er über den lang erhitzten Boden hinweht.

Auch verschwinden allmählich die Lachen, welche die gelb gebleichte Fächerpalme vor der Verdunstung schützte. Wie im eisigen Norden die Tiere durch Kälte erstarren, so schlummern hier unbeweglich das Krokodil und die Bodenschlange tief vergraben in trockenem Letten. Überall verkündigt Dürre den

Tod; und doch überall verfolgt den Dürstenden im Spiele des gebogenen Lichtstrahls das Trugbild des wellenschlagenden Wasserspiegels. Ein schmaler Luftstreifen trennt das ferne Palmengebüsch vom Boden. Es schwebt durch Kimmung gehoben bei der Berührung ungleich erwärmter und also ungleich dichter Luftschichten. In finstere Staubwolken gehüllt, von Hunger und brennendem Durste geängstigt, schweifen Pferde und Rinder umher, diese dumpf aufbrüllend, jene mit langgestrecktem Halse gegen den Wind anschnaubend, um durch die Feuchtigkeit des Luftstroms die Nähe einer nicht ganz verdampften Lache zu erraten.

Bedächtiger und verschlagener sucht das Maultier auf andere Weise seinen Durst zu lindern. Eine kugelförmige und dabei vielrippige Pflanze, der Melonenkaktus, verschließt unter seiner stacheligen Hülle ein wasserreiches Mark. Mit dem Vorderfuße schlägt das Maultier die Stacheln seitwärts und wagt es dann erst, die Lippen behutsam zu nähern und den kühlen Distelsaft zu trinken. Aber das Schöpfen aus dieser lebendigen vegetabilischen Quelle ist nicht immer gefahrlos, oft sieht man Tiere, welche von Kaktusstacheln am Hufe gelähmt sind.

Folgt auf die brennende Hitze des Tages die Kühlung der hier immer gleich langen Nacht, so können Rinder und Pferde selbst dann nicht sich der Ruhe erfreuen. Ungeheure Fledermäuse saugen ihnen während des Schlafes vampirartig das Blut aus oder hängen sich an dem Rücken fest, wo sie eiternde Wunden erregen, in welchen Moskitos, Hippobosken und eine Schar stechender Insekten sich ansiedeln. So führen die Tiere ein schmerzvolles Leben, wenn vor der Glut der Sonne das Wasser auf dem Erdboden verschwindet.

Tritt endlich nach langer Dürre die wohltätige Regenzeit ein, so verändert sich plötzlich die Szene in der Steppe. Das tiefe Blau des bis dahin nie bewölkten Himmels wird lichter. Kaum erkennt man bei Nacht den schwarzen Raum im Sternbild des Südlichen Kreuzes. Der sanfte, phosphorartige Schimmer der Magellanischen Wolken verlischt. Selbst die scheitelrechten Gestirne des Adlers und des Schlangenträgers leuchten mit zitterndem, minder planetarischem Lichte. Wie ein entlegenes Gebirge erscheint einzelnes Gewölk im Süden, senkrecht aufsteigend, am Horizonte. Nebelartig breiten allmählich die vermehrten Dünste sich über den Zenit aus. Den belebenden Regen verkündet der ferne Donner.

Kaum ist die Oberfläche der Erde benetzt, so überzieht sich die duftende Steppe mit Kyllingien, mit vielrispigen Paspalum und mannigfaltigen Gräsern. Vom Lichte gereizt, entfalten krautartige Mimosen ihre gesenkt schlummernden Blätter und begrüßen die aufgehende Sonne wie der Frühlingsgesang der Vögel und die sich öffnenden Blüten der Wasserpflanzen. Pferde und Rinder weiden nun in frohem Genusse des Lebens. Das hochaufschießende Gras birgt den schöngefleckten Jaguar. Im sicheren Versteck auflauernd und die Weite des einzigen Sprunges vorsichtig messend, erhascht er die vorüberziehenden Tiere, katzenartig wie der asiatische Tiger. Bisweilen sieht man (so erzählen die Eingeborenen) an den Ufern der Sümpfe die befeuchteten Letten sich langsam und schollenweise erheben. Mit heftigem Getöse, wie beim Ausbruche kleiner Schlammvulkane, wird die aufgewühlte Erde hoch in die Luft geschleudert. Wer des Anblicks kundig ist, flieht die Erscheinung; denn eine riesenhafte Wasserschlange oder ein gepanzertes Krokodil steigen aus der Gruft hervor, durch den ersten Regenguß aus dem Scheintode erweckt.

Schwellen nun allmählich die Flüsse, welche die Ebene südlich begrenzen: der Arauca, der Apure und der Payara, so zwingt die Natur dieselben Tiere, welche in der ersten Jahreshälfte auf dem wasserleeren, staubigen Boden vor Durst verschmachteten, als Amphibien zu leben. Ein Teil der Steppe erscheint nun wie ein unermeßliches Binnenwasser. Die Mutterpferde ziehen sich mit den Füllen auf die höheren Bänke zurück, welche inselförmig über dem Seespiegel hervorragen. Mit jedem Tage verengt sich der trockene Raum. Aus Mangel an Weide schwimmen die zusammengedrängten Tiere stundenlang umher und nähren sich kärglich von der blühenden Grasrippe, die sich über dem braungefärbten gärenden Wasser erhebt. Viele Füllen ertrinken; viele werden von den Krokodilen erhascht, mit dem zackigen Schwanze zerschmettert und verschlungen. Nicht selten bemerkt man Pferde und Rinder, welche, dem Rachen dieser blutgierigen riesenhaften Eidechsen entschlüpft, die Spur des spitzigen Zahnes am Schenkel tragen ...»

Seit dem 17. Jahrhundert vermutete man, daß der Orinoco im Oberlauf eine Verbindung mit dem Rio Negro, einem der gewaltigsten Zuflüsse des Amazonenstromes, habe. Der Eintönigkeit der Steppe überdrüssig, beschloß Humboldt, den Orinoco flußaufwärts in das Innere Südamerikas vorzudringen, Materialien für eine kartographische Aufnahme des Flußsystems zu sammeln und vor allem festzustellen, ob die oft behauptete und ebensooft bestrittene Bifurkation, die gabelförmige Teilung, des Orinoco bestünde.

Das Gebiet, in das er vorzustoßen gedachte, hatte noch kein Forscher betreten. Die Flüsse und Ströme waren die einzige Fährte, an die er sich halten konnte, die Wälder verdichteten sich zu undurchdringlichem Urwald.

Nach wenigen Tagen der Erholung und der Vorbereitung auf diesen kühnsten Teil der ganzen Expedition bestiegen Humboldt und Bonpland am 30. März 1800 in San Fernando de Apure eine Piroge – einen mit Axt und Feuer ausgehöhlten Baumstamm –, um zunächst den Apure abwärts fahrend den Orinoco zu erreichen. Außer den beiden Forschern, einem Steuermann und vorerst vier indianischen Ruderern waren die Instrumente, der Reisebedarf, die Koffer mit Papieren und getrockneten Pflanzen, Insekten, Käfern und bald auch die Käfige mit Affen und Vögeln auf diesem landesüblichen Einbaum zu verstauen. Dichter wurden die Wälder, bis schließlich nur noch Wechsel von Jaguaren, Tapiren und Pekarischweinen zum Flusse die lebenden Mauern von Bäumen und Pflanzen durchbrachen. Hatte die Strömung einen Uferstreifen angeschwemmt, so lagen Hunderte von Krokodilen aller Größen auf dem noch vegetationslosen Sande. Auf den Inseln tummelten sich unzählige Flamingos, Löffelgänse, Fischreiher, Wasserhühner, im Wasser wimmelte es von Fischarten, die noch keines Forschers Auge geschaut hatte.

Nur zum Teil konnte der Reichtum von Tier- und Pflanzenwelt wissenschaftlich erschlossen werden. Die Pfirsichpalme mit ihren riesigen, den Pfirsichen ähnelnden Früchten und die Mauritiapalme, die dem Stamme der Guarani das Material für ihre Pfahlbauten, ihre Hängematten, ihre Feuerung, ihre Ernährung lieferten, waren nur zwei der mehrere Tausend zählenden Pflanzenarten, die von den beiden Forschern beobachtet wurden. «Was für einen Schatz wundervoller Pflanzen birgt nicht das Land zwischen Orinoco und Amazonas», berichtete Humboldt begeistert, «das Urwälder überziehen, in denen so viele neue Affenarten hausen! Ich konnte kaum ein Zehntel von alldem sammeln, was wir sahen. Ich bin überzeugt, wir kennen keine drei Fünftel der Pflanzen, die es gibt.»

Einige wenige Auszüge aus den vielfältigen Schilderungen, die Humboldt von dieser Urwaldfahrt gegeben hat, sollen im Anschluß an unseren kurz zusammenfassenden Bericht eine ungefähre Vorstellung von dem einzigartigen Erlebnis vermitteln, das diese erste wissenschaftliche Reise in das Innere Spanisch-Amerikas für die beiden kühnen Pioniere der Forschung gewesen ist, und einen Eindruck von den unvorstellbaren Strapazen und Gefahren vermitteln, die sie auf der zweieinhalb Monate währenden, fast 2800 Kilometer langen Fahrt auf Flüssen und Strömen zu bestehen hatten.

Nicht nur die Pflanzen- und Tierwelt war neuartig und lockend, überwältigend und gefährlich, auch der Geograph, Geologe und Völkerkundler tat einen überaus umfassenden, an Beobachtungen und Erkenntnissen reichen Einblick in eine wahrhaft «neue Welt».

Bald nachdem der Orinoco erreicht war und die treuen eingeborenen Gefährten das schmale Fahrzeug nun stromaufwärts ruderten, gelangten die Reisenden in die seither so berühmten Stromschnellen von Atures und Maypures. Humboldt faßte den Entschluß, diese Folge staffelförmiger, meist breit dahinfließender Fälle trotz der zahllosen Inseln und Klippen zu bezwingen, ständig besorgt um seine Instrumente, Aufzeichnungen und die sich bedenklich mehrenden Sammlungen.

Für die Indianer waren diese Fälle ein Hort sagenhafter Geheimnisse. Auf dem Kari-Felsen, am südlichsten Ausgang der Stromschnellen, verehrten sie in einem kreisrunden weißen Fleck den Mond – nach Humboldts Meinung handelte es sich um einen Quarzknoten im grauschwarzen Granit –, und auf einem basaltähnlichen Zwillingsfelsen sahen sie in einem ähnlichen Einschluß anderen Gesteins das Abbild der Sonne.

Felsen und Höhlen waren merkwürdig wegen ihrer Formen,

aber auch wegen ihrer Beziehungen zur Geschichte der zum Teil schon in vorspanischer Zeit versunkenen Indianerstämme. Als Humboldt und Bonpland einmal das Boot verließen, das um eine unüberwindliche Schnelle herumgetragen werden mußte, und mit ihren Käfigen voll Affen und Vögeln von einer Klippe aus, von Wassern umtost, in eine Höhle eindrangen, um sie zu erkunden, wurden sie von einem Gewitterregen überrascht. Sie mußten vor den anbrausenden Fluten auf den Rand des Felsens flüchten. Das Schreien der verängstigten Affen lockte Krokodile an. Die Nacht brach bereits herein, als die beiden Forscher nach stundenlangem, schon hoffnungslosem Warten aus der Lebensgefahr von ihren treuen indianischen Gefährten errettet wurden, die sich mit dem Boot und seiner Last auf einem Umweg zum vereinbarten Treffpunkt hatten durchkämpfen müssen.

Eine andere Höhle, die Grotte von Ataruipé, zu vorgeschichtlicher Zeit in einen Felsen gewaschen, offenbarte sich als Grab eines ganzen Stammes. Neben Urnen, deren Henkel die Gestalt von Schlangen und Krokodilen erkennen ließen, fanden sich Mapire, viereckige, aus Palmenfasern geflochtene korbähnliche Behälter – die einen wie die anderen zur Ruhestätte eines Stammes gehörend, der, nach der Sage von Karaiben verdrängt, hier zugrunde gegangen sein soll. Humboldt zählte sechshundert wohlerhaltene und vollständige Skelette, gebleicht, zum Teil auch rot gefärbt, durch ein besonderes Harz wasserfest gemacht und präpariert.

War das ein Blick in eine versunkene Kultur, deren geringe Hinterlassenschaften Humboldt Ähnlichkeiten mit Funden im Kulturboden alter Mittelmeervölker und mit Bräuchen bei Südsee-Insulanern zu zeigen schienen, so erschütterte und empörte ihn ein indianisches Mahnmal an die damals noch immer mit brutaler Grausamkeit geübte «Seeleneroberung» durch spanische Missionare, denn nur zu oft entartete die christliche Bekehrung in Menschenjagd und Versklavung.

Davon erzählte der «Felsen der Mutter» am westlichen Ufer des Atabapo, eines Nebenflusses des Orinoco. Er erinnerte an die letzte Zuflucht einer jungen indianischen Mutter, die der Missionar von San Fernando de Atabapo mit ihren Kindern hatte einfangen lassen, um die Kinder den Christen als Sklaven in «christliche Lehre» zu geben. Wiederholte Fluchtversuche der Mutter mißlangen und wurden mit Auspeitschungen bestraft. Von ihren Kindern getrennt und den Atabapo aufwärts gebracht, sprang die Indianerin aus dem Boot in den Fluß. Sie rettete sich auf den von den Indianern seither «Felsen der Mutter» genannten Vorsprung, um abermals eingefangen, ausgepeitscht und in einer entfernten Mission am Rio Negro eingesperrt zu werden. Mutterliebe ließ sie abermals entfliehen. Hunderte von Kilometern wanderte sie während der Regenzeit durch den tropischen Urwald, von Ameisen lebend; sie fand den Weg zu ihren Kindern und – wurde nun so weit verschleppt, daß sie sich, ohne Hoffnung, ihre Kinder wiederzusehen, den Tod gab.

An diesen besonders grausamen Fall erinnerte der «Felsen der Mutter». «Wenn der Mensch», schließt Humboldt seinen Bericht, «in diesen Einöden kaum eine Spur seines Daseins zurückläßt, so wird vom Namen dieses Felsens, eines unvergänglichen Denkmals der Natur, das Gedächtnis der sittlichen Verkehrtheit unseres Geschlechts, die Erinnerung des Kontrastes von der Tugend der wilden und der Barbarei der gesitteten Menschen aufbewahrt. Hier lebt das Gedächtnis eines Opfers der Bigotterie und Roheit elender Menschen, die sich Diener einer Religion nannten, welche Nächstenliebe zu einem ihrer ersten Gebote macht!»

«Neue Welt» – im Einbaum erobert

Berichte Humboldts vom Apure, Orinoco und Casiquiare[1]

«Unterhalb der Mission von Santa Barbara de Arichuna brachten wir die Nacht wie gewöhnlich unter freiem Himmel, auf einer Sandfläche am Ufer des Apure zu. Sie war von dem nahen, undurchdringlichen Walde begrenzt. Wir hatten Mühe,

1 Das erste Bild entstammt Humboldts «Ansichten der Natur», das vierte der großen französischen Ausgabe des Reisewerkes (zitiert nach der deutschen Übersetzung in W. C. Wittwer, a. a. O.), die übrigen Bilder sind der deutschen Übersetzung des Reiseberichtes Humboldts von Hermann Hauff: «Reise in die Äquinoktialgegenden des Neuen Continents», Tübingen 1859/60, entnommen.

dürres Holz zu finden, um die Feuer anzuzünden, mit denen nach der Landessitte jedes Biwak wegen der Angriffe des Jaguars umgeben wird. Die Nacht war von milder Feuchte und mondhell. Mehrere Krokodile näherten sich dem Ufer. Ich glaube bemerkt zu haben, daß der Anblick des Feuers sie ebenso anlockt wie unsere Krebse und manche andere Wassertiere. Die Ruder unserer Nachen wurden sorgfältig in den Boden gesenkt, um unsere Hängematten daran zu befestigen. Es herrschte tiefe Ruhe; man hörte nur bisweilen das Schnarchen der Süßwasserdelphine, welche dem Flußnetze des Orinoco wie (nach Colebrooke) dem Ganges bis nach Benares hin eigentümlich sind und in langen Zügen aufeinander folgten.

Nach elf Uhr entstand ein solcher Lärm im nahen Walde, daß man die übrige Nacht hindurch auf jeden Schlaf verzichten mußte. Wildes Tiergeschrei durchtobte den Forst. Unter den vielen Stimmen, die gleichzeitig ertönten, konnten die Indianer nur die erkennen, welche nach kurzer Pause einzeln gehört wurden. Es waren das einförmig jammernde Geheul der Aluaten (Brüllaffen), der winselnde, fein flötende Ton der kleinen Sapajus, das schnarrende Murren des gestreiften Nachtaffen (Nyctipithecus trivirgatus, den ich zuerst beschrieben habe), das abgesetzte Geschrei des großen Tigers, des Kuguars oder ungemähnten amerikanischen Löwen, des Pecari, des Faultiers und einer Schar von Papageien (Ortaliden) und anderer fasanenartiger Vögel. Wenn die Tiger dem Rande des Waldes nahe kamen, suchte unser Hund, der vorher ununterbrochen bellte, heulend Schutz unter den Hängematten. Bisweilen kam das Geschrei des Tigers von der Höhe eines Baumes herab. Es war dann stets von den klagenden Pfeiftönen der Affen begleitet, die der ungewohnten Nachstellung zu entgehen suchten.

Fragt man die Indianer, warum in gewissen Nächten ein so anhaltender Lärm entsteht, so antworten sie lächelnd: ‚Die Tiere freuen sich der schönen Mondhelle, sie feiern den Vollmond.‘ Mir schien die Szene ein zufällig entstandener, lang fortgesetzter, sich steigernd entwickelnder Tierkampf. Der Jaguar verfolgt die Nabelschweine und Tapire, die dicht aneinandergedrängt das baumartige Strauchwerk durchbrechen, welches ihre Flucht behindert. Davon erschreckt, mischen von dem Gipfel der Bäume herab die Affen ihr Geschrei in das der größeren Tiere. Sie erwecken die gesellig horstenden Vogelgeschlechter, und es kommt allmählich die ganze Tierwelt in Aufregung. Eine längere Erfahrung hat uns gelehrt, daß es keineswegs immer die ‚gefeierte Mondhelle' ist, welche die Ruhe der Wälder stört. Die Stimmen waren am lautesten bei heftigem Regengusse oder wenn bei krachendem Donner der Blitz das Innere des Waldes erleuchtete. Der gutmütige, viele Monate schon fieberkranke Franziskanermönch, der uns durch die Katarakte von Atures und Maypures nach San Carlos am Rio Negro bis an die brasilianische Grenze begleitete, pflegte zu sagen, wenn bei einbrechender Nacht er ein Gewitter fürchtete: ‚Möge der Himmel wie uns selbst so auch den wilden Bestien des Waldes eine ruhige Nacht gewähren!'»

«Mit der Ausfahrt aus dem Apure sahen wir uns in ein ganz anderes Land versetzt. So weit das Auge reichte, dehnte sich eine ungeheure Wasserfläche, einem See gleich, vor uns aus. Das durchdringende Geschrei der Reiher, Flamingos und Löffelgänse, wenn sie in langen Schwärmen von einem Ufer zum andern ziehen, erfüllte nicht mehr die Luft. Vergeblich sahen wir uns nach den Schwimmvögeln um, deren gewerbsmäßige Listen[1] bei jeder Sippe wieder andere sind. Die ganze Natur schien weniger belebt. Kaum bemerkten wir in den Buchten der Wellen hie und da ein großes Krokodil, das mittels seines langen Schwanzes die bewegte Wasserfläche schief durchschnitt. Der Horizont war von einem Waldgürtel begrenzt. Aber nirgends traten die Wälder bis ans Strombett vor. Breite, beständig der Sonnenglut ausgesetzte Ufer, kahl und dürr wie der Meeresstrand, gleichen infolge der Luftspiegelung von weitem Lachen stehenden Wassers. Diese sandigen Ufer verwischen vielmehr die Grenzen des Stromes, statt sie für das Auge festzustellen; nach dem wechselnden Spiel der Strahlenbrechung rückten die Ufer bald mehr heran, bald wieder weit weg.

Diese zerstreuten Landschaftszüge, dieses Gepräge von Einsamkeit und Großartigkeit kennzeichnen den Lauf des Ori-

1 In Humboldts Original: «ruses industrieuses» – geschickte, listige Verhaltensweisen.

noco, eines der gewaltigsten Ströme der Neuen Welt. Allerorten haben die Gewässer, wie das Land, ihren eigentümlichen, individuellen Charakter. Das Bett des Orinoco ist ganz anders als die Betten des Meta, des Guaviare, des Rio Negro und des Amazonenstromes. Diese Unterschiede rühren nicht bloß von der Breite und der Geschwindigkeit des Stromes her; sie beruhen auf einer Gesamtheit von Verhältnissen, die an Ort und Stelle leichter aufzufassen als zu beschreiben sind.»

«Nur schwer gewöhnten wir uns an die neue Piroge, die uns eben ein neues Gefängnis war. Um an Breite zu gewinnen, hatte man auf dem Hinterteile des Fahrzeugs aus Baumzweigen eine Art Gitter angebracht, das auf beiden Seiten über Bord hinausreichte. Leider war das Blätterdach (el toldo) darüber so niedrig, daß man gebückt sitzen oder ausgestreckt liegen mußte, wo man dann nichts sah. Da man die Pirogen durch die Stromschnellen, ja von einem Fluß zum andern schleppen muß und weil man dem Winde zu viel Fläche böte, wenn man den Toldo höher machte, so kann auf den kleinen Fahrzeugen, die zum Rio Negro hinaufgehen, die Sache nicht anders eingerichtet werden. Das Dach war für vier Personen bestimmt, die auf dem Verdeck oder dem Gitter aus Baumzweigen lagen; aber die Beine reichen weit über das Gitter hinaus, und wenn es regnet, wird man zum halben Leibe durchnäßt. Dabei liegt man auf den Ochsenhäuten oder Tigerfellen, und die Baumzweige darunter drücken einen durch die dünne Decke gewaltig. Das Vorderteil des Fahrzeuges nehmen die indianischen Ruderer ein, die drei Fuß lange, löffelförmige Pageien führen. Sie sind ganz nackt, sitzen paarweise und rudern im Takt, den sie merkwürdig genau einhalten. Ihr Gesang ist trübselig, eintönig. Die kleinen Käfige mit unsern Vögeln und Affen, deren immer mehr wurden, je weiter wir kamen, waren teils am Toldo, teils am Vorderteil aufgehängt. Es war unsere Riesenmenagerie. Obgleich viele der kleinen Tiere durch Zufall, meist aber am Sonnenstich zugrunde gingen, hatten wir ihrer bei der Rückkehr vom Casiquiare noch vierzehn...

Wenn wir unser Nachtlager aufschlugen, befanden sich die Menagerie und die Instrumente immer in der Mitte; ringsum kamen sofort unsere Hängematten, dann die Indianer und zuäußerst die Feuer, die man für unentbehrlich hielt, um den Jaguar fernzuhalten. Um Sonnenaufgang stimmten unsere Affen in das Geschrei der Affen im Walde ein. Dieser Verkehr zwischen Tieren derselben Art, die einander zugetan sind, ohne sich zu sehen, von denen die einen der Freiheit genießen, nach der die andern sich sehnen, hat etwas Wehmütiges, Rührendes.

Auf der überfüllten, keine drei Fuß breiten Piroge blieb für die getrockneten Pflanzen, die Koffer, einen Sextanten, den Inklinationskompaß und die meteorologischen Instrumente kein Platz als der Raum unter dem Gitter aus Zweigen, auf dem wir den größten Teil des Tages ausgestreckt liegen mußten. Wollte man irgend etwas aus einem Koffer holen oder ein Instrument gebrauchen, mußte man ans Ufer fahren und aussteigen. Zu diesen Unbequemlichkeiten kam noch die Plage der Moskitos, die unter einem so niedrigen Dache in Scharen hausen, und die Hitze, welche die Palmblätter ausstrahlen, deren obere Fläche beständig der Sonnenglut ausgesetzt ist. Jeden Augenblick suchten wir unsere Lage erträglicher zu machen, und immer vergeblich. Während der eine sich unter ein Tuch steckte, um sich vor den Insekten zu schützen, verlangte der andere, man solle grünes Holz unter dem Toldo anzünden, um die Mücken durch den Rauch zu vertreiben. Wegen des Brennens der Augen und der Steigerung der ohnehin erstickenden Hitze war das eine Mittel so wenig anwendbar als das andere.»

«Die Üppigkeit der Vegetation nimmt gegen den Orinoco hin in einer Weise zu, von der man sich nur schwer einen Begriff machen kann, selbst wenn man den Anblick der Tropenwaldungen gewöhnt ist. Hier gibt es keine flache Gegend mehr, denn ein Zaun von dick belaubten Bäumen bildet das Ufer des Flusses. Man sieht einen 200 Toisen breiten Kanal, eingeschlossen von zwei enormen Mauern, welche von Lianen und Blätterwerk bedeckt sind. Oft versuchten wir zu landen, ohne daß wir den Kahn verlassen konnten. Bisweilen fuhren wir gegen Sonnenuntergang eine ganze Stunde am Ufer hin, nur um nicht etwa eine Lichtung (denn das gibt es gar nicht), sondern bloß einen weniger angefüllten Platz zu finden, an dem unsere Indianer mit Hilfe der Axt genug Raum gewinnen könnten, um ein Biwak für zwölf bis dreizehn Personen darauf zu errichten. Über Nacht in der Piroge zu bleiben, war uns unmöglich, denn die Moskitos, die uns am Tage peinigten, sammelten sich bei Nacht unter dem Toldo ...

Mitten im dichten Wald hatten wir Mühe, uns Brennholz zu verschaffen, denn in diesen Äquatorialgegenden, wo es fortwährend regnet, strotzen die Äste der Bäume so von Saft, daß sie fast gar nicht brennen. Da es keine kahlen Flecke gibt, kann man sich nicht leicht altes Holz verschaffen, das die Indianer ‚an der Sonne gebacken' nennen. Andererseits war uns das Feuer auch nur notwendig, um vor den Tieren des Waldes Schutz zu gewähren, denn wir waren in einer solchen Not an Nahrungsmitteln, daß wir es zum Kochbedarfe ziemlich entbehren konnten.»

Zwischen Orinoco und Amazonas

Den Atabapo aufwärts bis zur Mündung des Temi und des Tuamini rudernd, hatten die Forscher am Monte Pimichin endlich die Wasserscheide zwischen den Stromgebieten des Orinoco und des Amazonas erreicht. Nur drei Tagemärsche entfernt befand sich ein Zufluß zum Rio Negro. Den Argonauten der griechischen Sage vergleichbar, die das «Goldene Vlies» suchten, fuhren die Forscher und ihre Begleiter mit dem Boot der Lösung des Rätsels entgegen, die in der Verbindung von Orinoco und Rio Negro liegt. Am 36. Tag der Expedition war der «Schwarze Fluß» erreicht, auf dem es abwärts bis San Carlos ging, dem südlichsten Punkt der abenteuerlichen Fahrt.

Eines war nun gewiß: der Casiquiare, der oberhalb von San Carlos in den Rio Negro mündet, ist ein Arm des Orinoco. Neben anderen wurde nun auch dieses bemerkenswerte Flußgebiet astronomisch bestimmt und, wie der Lauf des Orinoco und mehrerer Nebenflüsse, kartographisch festgehalten. Die Absicht, bis zu den Quellen des Orinoco vorzudringen, mußte Humboldt wegen der kaum zu bewältigenden Schwierigkeiten, darunter der Feindseligkeiten eines den Zugang beherrschenden Indianerstammes, aufgeben. Er stand somit vor der Frage, ob er dem Rio Negro folgen und den Amazonas abwärts zur brasilianischen Küste fahren oder durch den Casiquiare in den Orinoco zurückkehren sollte.

Humboldt befand sich unmittelbar an der Grenze zwischen dem spanischen und dem portugiesischen Kolonialreich. Er wählte die äußerst beschwerliche Fahrt durch die Flußgabelung zum Orinoco – nie vorher und nachher wurden die Forscher so von Moskitos und Ameisen geplagt wie auf diesem Wege – und verhinderte dadurch unbewußt das vorzeitige Ende seiner amerikanischen Reise in einem portugiesischen Gefängnis.

Mit Mißtrauen hatte die portugiesische Regierung die Unternehmung «eines gewissen Baron von Humboldt, aus Berlin gebürtig», verfolgt. «Und weil nun in so kritischen Umständen und der jetzigen Lage der Dinge», heißt es in einer auf Befehl des Prinzregenten ergangenen Anweisung an den Gouverneur der portugiesischen Statthalterschaft in Ceará[1], «die Reise eines solchen Fremden, der vielleicht unter Scheinvorwänden den Plan verbirgt, in einer so zart zu behandelnden und gefährlichen Lage die Gemüter der Nation, seiner treuen Untertanen dieser weiten Gebiete, mit neuen Ideen und verfänglichen Prinzipien zu überraschen, verdächtigt wird, so befiehlt der Erlauchte Herrscher – abgesehen davon, daß durch die bestehenden Gesetze Seiner Königlichen Hoheit der Eintritt in seine Gebiete jeglichem Fremden ohne Erlaubnis Seiner Königlichen Hoheit schon untersagt ist – ganz ausdrücklich, daß Ew. Exzellenz mit der größten Sorgfalt und Genauigkeit untersuchen lassen, ob der besagte Baron von Humboldt oder ein anderer fremder Reisender in der Tat die inneren Gebiete dieser Provinz durchreist hat oder durchreist, da es für die politischen Interessen der Krone Portugals höchst nachteilig wäre, wenn solche Tatsachen sich bewahrheiten.» Lissabon fürchtete in dem französischen Citoyen und dem preußischen «Baron» Bazillenträger der Menschenrechte in den Kolonien, und so sollten bei «einer Sache solcher Wichtigkeit» «die ganze Geschicklichkeit und der ganze Scharfsinn» des Gouverneurs aufgeboten und

1 Zitiert nach der deutschen Übersetzung in der von Carl Bruhns bearbeiteten und herausgegebenen wissenschaftlichen Biographie Alexander von Humboldts, Band 1, Leipzig 1872. – Humboldt hat von dieser Anweisung erst 1848 Kenntnis erhalten.

«der Gefahr» sollte «vorgebeugt» werden, indem Humboldt «an der Fortsetzung solcher gesetzlich verbotener Forschungen durch Gefangennahme» gehindert würde.

Humboldt erreichte am 20. Mai 1800 wieder den Orinoco und verließ sein Boot endgültig in Angostura, der Hauptstadt von Spanisch-Guayana, 380 Kilometer oberhalb der Mündung des dort 780 Meter breiten Stromes. Nur neunzehn Jahre später wurde hier die Zentralrepublik Kolumbien gegründet, eine in den Parteikämpfen schnell wieder zerstörte Schöpfung Simón Bolívars. Zu Ehren des Befreiers Südamerikas vom spanischen Joch erhielt Angostura den Namen Ciudad Bolívar.

Sein Leben: «Zum Handeln bestimmt»

Briefe Humboldts an seinen Bruder und an Willdenow

Cumaná, den 17. Oktober 1800

«Ich kann Dir nicht genug wiederholen, wie sehr glücklich ich mich befinde in diesem Teile der Welt, in welchem ich mich schon so an das Klima gewöhnt habe, daß es mir vorkommt, als wenn ich gar nicht in Europa gewohnt hätte. Es gibt vielleicht kein Land in der ganzen Welt, wo man angenehmer und ruhiger leben könnte als in den spanischen Kolonien, die ich seit fünfzehn Monaten durchreise. Das Klima ist sehr gesund; die Hitze fängt erst des Morgens gegen neun Uhr an stark zu werden und dauert nur bis um sieben Uhr des Abends. Die Nächte und Morgen sind viel frischer als in Europa. Die Natur ist reich, mannigfaltig, groß und über allen Ausdruck majestätisch. Die Einwohner sind sanft, gut und gesprächig, sorglos und unwissend zwar, aber einfach und ohne Ansprüche.

Keine Lage könnte zum Studieren und Untersuchen vorteilhafter sein als diejenige, in der ich mich wirklich befinde. Die Zerstreuungen, welche in kultivierten Ländern aus dem gesellschaftlichen Umgange entstehen, ziehen mich hier von nichts ab; dagegen bietet mir die Natur unaufhörlich neue und interessante Gegenstände dar. Das einzige, was man in dieser Einsamkeit bedauern könnte, ist, daß man mit den Fortschritten der Aufklärung und Wissenschaft in Europa unbekannt bleibt und der Vorteile beraubt ist, welche aus der Mitteilung der Ideen entspringen. Allein, wäre dies auch ein Beweggrund, nicht zu wünschen, sein ganzes Leben hier zuzubringen, so kann man doch einige Jahre auf die allerangenehmste Art hier verleben. Das Studium der verschiedenen Menschenrassen, die untereinander vermischt sind, der Indianer und besonders der Wilden, ist allein hinlänglich, den Beobachter zu beschäftigen. Unter den Bewohnern dieses Landes, die aus Europa herstammen, mag ich mich vorzüglich gern mit den Kolonisten unterhalten, die auf dem Lande wohnen. Bei diesen hat sich die ganze Einfalt der spanischen Sitten aus dem fünfzehnten Jahrhundert erhalten; und man findet unter ihnen oft Züge von Menschlichkeit und Grundsätze einer wahren Philosophie, die man unter den Nationen, die wir kultiviert nennen, zuweilen vergebens sucht.

Ich bin landwärts eingedrungen, von den Küsten Porto Cabellos und dem großen See von Valencia durch die Llanos und über den Fluß Apure bis an den Ursprung des Orinoco und den Fluß Niu unter dem Äquator; ich habe das weitläufige Land zwischen dem Orinoco und dem Amazonenfluß, Popayan und Guayana, durchstreift; ein Land, in welches die Europäer seit 1766 nicht wieder gekommen sind und wo nur jenseits der Wasserfälle ungefähr achtzehnhundert Weiße in einer Art von Dörfern beisammenwohnen. Ich habe von mehr als fünfzig Orten die Länge und Breite bestimmt, viele Ein- und Austritte der Planeten beobachtet und werde von diesem ungeheuren Lande, das von mehr als zweihundert indianischen Völkerschaften bewohnt wird, wovon die meisten noch keinen weißen Menschen gesehen und ganz verschiedene Sprachen und Bildungen haben, eine genaue Karte herausgeben.

Alle Beschwerlichkeiten dieser mühevollen Reise habe ich glücklich überstanden. Mein Freund Bonpland ist von den Folgen unserer Streiferei viel mehr angegriffen worden als ich. Er bekam nach unserer Ankunft in Guayana Erbrechen und ein Fieber, was mich für ihn fürchten ließ. Ich kann Dir meine Unruhe nicht beschreiben, in der ich während seiner Krankheit war; niemals würde ich einen so treuen, tätigen und mutigen Freund wieder gefunden haben. Auf unserer Reise, wo wir unter den Indianern sowohl als in den mit Krokodilen, Schlangen und Tigern angefüllten Wüsten von Gefahren umringt waren, hat er erstaunliche Proben von Mut und Resignation[1] gezeigt. Nie werde ich seine großmütige Anhänglichkeit an mich vergessen, wovon er mir bei einem Sturm, der uns am 6. April 1800 mitten auf dem Orinoco überfiel, die größten Beweise gab. Unsere Piroge war schon zu zwei Dritteln mit Wasser angefüllt; und die Indianer, die bei uns waren, fingen schon an, sich in das Wasser zu werfen, um das Ufer durch Schwimmen zu erreichen. Mein großmütiger Freund bat mich, ihrem Beispiel zu folgen, und erbot sich, mich ebenso zu retten.

Das Schicksal wollte nicht, daß wir in dieser Wüste umkommen sollten, wo zehn Meilen im Umkreis kein Mensch weder unsern Untergang noch die geringste Spur davon würde entdeckt haben. Unsere Lage war in Wahrheit schrecklich; das Ufer war über eine halbe Meile von uns entfernt, und eine Menge Krokodile ließen sich mit halben Körpern über dem Wasser sehen. Selbst wenn wir der Wut der Wellen und der Gefräßigkeit der Krokodile entgangen und an das Land gekommen wären, würden wir daselbst vom Hunger und von Tigern verzehrt worden sein; denn die Wälder sind an diesen Ufern so dick, so mit Lianen durchschlungen, daß es schlechterdings unmöglich ist, darin fortzukommen. Der robusteste Mensch würde mit dem Beil in der Hand in zwanzig Tagen kaum eine französische Meile zurücklegen. Der Fluß selbst ist so wenig befahren, daß kaum in zwei Monaten ein indianisches Kanu an diesen Ort kommt. In diesem allergefährlichsten und bedenklichsten Augenblicke schwellte ein Windstoß das Segel unseres Schiffchens und rettete uns auf eine unbegreifliche Weise. Wir verloren nur einige Bücher und Lebensmittel.»

Havanna, den 21. Februar 1801

«... Vier Monate hindurch schliefen wir in Wäldern, umgeben von Krokodilen, Boas und Tigern (die hier selbst Kanus anfallen), nichts genießend als Reis, Ameisen, Maniok, Pisang, Orinocowasser und bisweilen Affen. Von Mondavaca bis zum Vulkan Duida, von den Grenzen von Quito bis Surinam hin, Strecken von achttausend Quadratmeilen, in denen kein India-

1 Hier im Sinne von Gelassenheit.

ner, sondern nichts als Affen und Schlangen anzutreffen sind, haben wir, an Händen und Gesicht von Moskitostichen geschwollen, durchstrichen.

In der Guayana, wo man wegen der Moskiten, die die Luft verfinstern, Kopf und Hände stets versteckt haben muß, ist es fast unmöglich, am Tageslicht zu schreiben; man kann die Feder nicht ruhig halten, so wütend schmerzt das Gift der Insekten. Alle unsere Arbeit mußte daher beim Feuer, in einer indianischen Hütte, vorgenommen werden, wo kein Sonnenstrahl eindringt und in welche man auf dem Bauche kriechen muß. Hier aber erstickt man wieder vor Rauch, wenn man auch weniger von den Moskitos leidet. In Maypures retteten wir uns mit den Indianern mitten in den Wasserfall, wo der Strom rasend tobt, wo aber der Schaum die Insekten vertreibt. In Higuerote gräbt man sich nachts in den Sand, so daß bloß der Kopf hervorragt und der ganze Leib mit drei bis vier Zoll Erde bedeckt bleibt. Man hält es für eine Fabel, wenn man es nicht sieht. – Sonderbar ist es, daß da, wo die schwarzen Gewässer, eigentlich die kaffeebraunen Flüsse (Atabapo, Guainia usw.) anfangen, weder Moskiten noch Krokodile gefunden werden.

Aber dagegen auch welcher Genuß in diesen majestätischen Palmenwäldern, wo man so viele und unabhängige Völkerschaften und bei diesen einen Rest peruanischer Kultur antrifft! Nationen, die ihren Acker wohl bestellen, Gastfreundschaft ausüben, sanft und menschlich schienen wie die Otaheitier, aber auch wie diese – Anthropophagen sind. Überall, überall im freien Südamerika (ich rede von den Teilen südlich von den Katarakten des Orinoco, wo außer fünf bis sechs Franziskanermönchen kein Christenmensch vor uns eindrang) fanden wir in den Hütten die entsetzlichen Spuren des Menschenfressens!

Meine Gesundheit und Fröhlichkeit hat, trotz des ewigen Wechsels von Nässe, Hitze und Gebirgskälte, seitdem ich Spanien verließ, sichtbar zugenommen. Die Tropenwelt ist mein Element, und ich bin nie so ununterbrochen gesund gewesen als in den letzten zwei Jahren.

Ich arbeite sehr viel, schlafe wenig, bin oft bei astronomischen Beobachtungen vier bis fünf Stunden lang ohne Hut der

Sonne ausgesetzt. Ich habe mich in Städten aufgehalten (La Guayra, Porto Cabello), wo das gräßliche gelbe Fieber wütete, und nie, nie hatte ich auch nur Kopfweh. Nur in St. Thomas d'Angostura, der Hauptstadt von Guayana, und in Nueva Barcelona hatte ich drei Tage lang Fieber, einmal am Tage meiner Rückkunft vom Rio Negro, da ich nach langem Hungern zum ersten Male und unmäßig Brot genoß; das andere Mal, als ich von einem hier stets fiebererregenden Staubregen bei Sonnenschein naß wurde. Am Atabapo, wo die Wilden stets am Faulfieber leiden, widerstand meine Gesundheit unbegreiflich gut.

Meine Aufnahme in den spanischen Kolonien ist so schmeichelhaft, als der eitelste und aristokratischste Mensch sich nur wünschen kann. In Ländern, in denen kein Gemeinsinn herrscht und in denen alles nach Willkür gelenkt wird, entscheidet die Gunst des Hofes alles. Das Gerücht, daß ich von der Königin und dem König von Spanien persönlich ausgezeichnet worden bin, die Empfehlungen eines neuen, allmächtigen Ministers, Don Urquijo, erweichen alle Herzen. Nie, nie hat ein Naturalist mit solcher Freiheit verfahren können. Dazu ist die Reise bei weitem nicht so teuer, als man glauben möchte, wenn man hört, daß ich auf den Flüssen vierundzwanzig Indianer viele Monate lang, im Innern oft vierzehn Maultiere für Pflanzen und Instrumente bedurfte ...

Meine Unabhängigkeit wird mir mit jedem Tage teurer, daher habe ich nie, nie eine Spur von Unterstützung irgendeines Gouvernements angenommen, und falls deutsche Zeitungen vielleicht einen englischen, mir übrigens sehr schmeichelhaften Artikel übersetzen – «daß ich mit Aufträgen vom spanischen Gouvernement reise und zu einem hohen Posten im Rate von Indien bestimmt sei» –, lache darüber, wie ich. Falls ich glücklich nach Europa zurückkehre, so werden mich ganz andere Pläne beschäftigen, die mit dem Consejo de Indias wenig zusammenhängen. Ein Menschenleben, begonnen wie das meinige, ist zum Handeln bestimmt; und sollte ich unterliegen, so wissen die, welche meinem Herzen so nahe sind als Du, daß ich mich nicht gemeinen Zwecken aufopfere ...»

Kuba – «die Perle der Antillen»

Bonpland war nach den Anstrengungen der Urwaldfahrt in Angostura ernstlich erkrankt; Humboldt brachte den Freund in die Berge. Erst am 10. Juli 1800 konnte die Reise an die Küste fortgesetzt werden, diesmal wohl auf Maultieren in nördlicher Richtung durch die Llanos nach (Neu-)Barcelona am Karibischen Meer, wo die beiden Forscher mehrere Wochen mit der Aufbereitung ihrer Sammlungen und Aufzeichnungen beschäftigt waren. Am 26. August bestiegen sie einen Küstensegler; das Ziel war Cumaná, der Ausgangspunkt der großen Reise, von wo aus die ersten umfangreichen Sendungen an Samen, Pflanzen und Niederschriften nach Europa abgehen sollten. Nahe der Küste wurde das Segelboot von einem Kaperschiff aufgebracht, aber von einer englischen Korvette wieder befreit.

Die Unsicherheit der Meere veranlaßte Humboldt und Bonpland, ihre Schätze zu teilen und in getrennten Sendungen nach Europa zu schicken. Ein Herbarium wurde nach Frankreich auf den Weg gebracht; Empfänger eines anderen, das sechzehnhundert Arten enthielt, war der englische Botaniker John Fraser[1], der sich als Forscher, Gärtner und Samenhändler auf mehreren Reisen mit der Flora Labradors vertraut gemacht hatte; er sollte seine eigenen in Nordamerika gesammelten Erfahrungen mit denen vergleichen, die Humboldt und Bonpland in Südamerika gemacht hatten, und das wertvolle Forschungsgut «bis zum Frieden» in Verwahrung nehmen. Fraser sollte dieses Herbarmaterial dann für Willdenow nach Europa bringen, der es auch erhalten hat. Eine dritte, kleinere Sammlung nahmen die beiden Freunde zu Vergleichszwecken auf ihre weitere Reise mit. Ähnlich verfuhren sie mit den Pflanzenbeschreibungen und anderen Aufzeichnungen, von denen trotz des Umfanges Abschriften angefertigt wurden. Diese Vorsichtsmaßnahmen erwiesen sich als nur zu berechtigt; denn ein Teil des Materials, darunter das einzige Skelett, das Humboldt aus

1 Fraser war Humboldt besonders verpflichtet, da er, schiffbrüchig geworden und von Eingeborenen auf einer Sandbank aufgefunden, von Humboldt finanziell unterstützt und den spanischen Behörden erfolgreich empfohlen worden war.

der Grotte von Ataruipé mitgenommen hatte, ging bei einem Schiffbruch verloren.

Obwohl der Aufenthalt in Cumaná, wo die Freunde im Hause des Gouverneurs der Provinz wohnten, zur ersten Auswertung der Forschungsergebnisse benutzt wurde und zugleich der Erholung diente, empfand Humboldt diese schöpferische Muße als drückend, weil sie unfreiwillig war. Er wollte nun endlich nach Kuba, wo er zuerst hatte an Land gehen wollen. Doch an eine Ausfahrt aus Cumaná war nicht zu denken, der Hafen wurde von den Engländern blockiert. Humboldt entschloß sich, mit einem Küstensegler zurück nach (Neu-)Barcelona zu reisen und von hier aus die Überfahrt nach Kuba zu versuchen. Das gelang zwar, aber nur mit Hilfe eines kleinen Schiffes, das sein Ziel erst nach abenteuerlicher Irrfahrt erreichte.

Kuba, wegen seiner Schönheit und Fruchtbarkeit schon damals die «Perle der Antillen», war gleichsam das Einfallstor der Spanier in ihre mittel- und südamerikanischen Besitzungen. Die Engländer hatten es ihnen zwar 1762 weggenommen, aber zwei Jahre später im Austausch gegen Florida zurückgegeben. Seit 1773 war es Mittelpunkt des Sklavenhandels für das gesamte spanische Kolonialgebiet. Kaufleute aus Cadiz hatten schon 1740 von der Regierung das Tabakmonopol gepachtet; der Anbau der Tabakpflanze, die nach dem Siegeszug des «Tabaktrinkens» durch Europa zu einer Art braunem Gold geworden war, hatte die Viehzucht an wirtschaftlicher Bedeutung in den Schatten gestellt. Royalistisch gesinnte Pflanzer, die nach der von der Französischen Revolution verkündeten Aufhebung der Sklaverei auf der französischen Insel Haiti nach dem spanischen Kuba ausgewandert waren, erweiterten eben die Kolonialwirtschaft durch die Einrichtung riesiger Kaffeeplantagen, als Humboldt und Bonpland die Insel betraten.

Wie der Sklavenhandel von Afrika nach den Westindischen Inseln und der Küste des Festlandes, so stand auf Kuba das auf der Sklavenarbeit beruhende Wirtschaftssystem noch in voller Blüte. Bei seinen Vermessungen im Hafen von Havanna und auf seinen vornehmlich geographischen Erkundungen dienenden Streifzügen durch die Insel studierte Humboldt die gesellschaftlichen Verhältnisse. Dabei begegnete er den ersten

Anzeichen eines vorerst noch unterirdischen Bebens, ausgelöst nicht von der Natur, sondern von dem sich seiner Würde bewußt gewordenen Menschen. Die ersten Aufzeichnungen für Humboldts aufsehenerregende Abhandlung über die politischen Zustände in Kuba entstanden während dieses ersten Aufenthaltes auf der Insel, die die Natur zu einem irdischen Paradies gemacht, fremde Gewaltherren aber in eine Hölle verwandelt hatten.

Seit seiner ersten Begegnung mit Indianern hatte sich Humboldt entschlossen, das umfassende Gebiet seiner Naturforschungen noch um eine besondere Wissenschaft zu erweitern. Das war die Kunde vom Leben der Völker, von ihren Beziehungen zu Landschaft und Natur wie ihren gesellschaftlichen Verhältnissen. Auch das war weithin wissenschaftliches Neuland, insbesondere hinsichtlich der vorkolumbianischen amerikanischen Kulturvölker, die der Raubgier der spanischen Konquistadoren zum Opfer gefallen waren, und für Humboldt ein Beweggrund mehr, vor dem Abschluß seiner kubanischen Forschungen zunächst Mexiko, d. h. auch die ehemaligen Gebiete der gleichfalls durch Eroberung entstandenen Reiche der Azteken und Tolteken, aufzusuchen. Reizten doch den jungen Forscher durchaus nicht nur naturwissenschaftliche, sondern auch historische Forschungen; bei der Vorbereitung der geplanten und dann gescheiterten Ägyptenfahrt hatte er sich mit den damals freilich noch spärlichen Kenntnissen über Alt-Ägypten vertraut gemacht.

Humboldt stand im Begriff, nach zweieinhalbmonatigem Aufenthalt in Kuba über die südlichen Gebiete der Vereinigten Staaten von Nordamerika nach Mexiko aufzubrechen, um später nach den Philippinen weiterzusegeln, als seine Reisepläne abermals eine unvorhergesehene Änderung erfuhren.

Nach Havanna gelangte amerikanische Zeitungen berichteten, die Expedition des französischen Kapitäns Baudin sei doch noch zustande gekommen, sie befinde sich bereits auf dem Wege um das Kap Hoorn nach der chilenisch-peruanischen Küste. Für einen solchen Fall war vereinbart worden, daß sich Humboldt und Bonpland mit dem französischen Seefahrer vereinigten. So entschlossen sich die beiden Forscher, Baudin an der Westküste Südamerikas zu erwarten und mit ihm weiter nach den Philippinen zu reisen. Sie schickten ihm eine Nachricht entgegen, die eineinhalb Jahre später als unbestellbar wieder in ihre Hände gelangte, nachdem sie bereits im Januar 1802 in Quito erfahren hatten, daß die nordamerikanischen Zeitungsmeldungen, die die Änderung ihres Reiseplanes veranlaßt hatten, falsch gewesen waren. Baudin war nicht um das Kap Hoorn an der Südspitze Südamerikas, sondern um das Kap der Guten Hoffnung an der Südspitze Südafrikas gesegelt.

«An Rückschläge gewöhnt», schrieb Humboldt nach Empfang dieser Nachricht, «trösteten wir uns bei dem Gedanken, um des Guten willen so große Opfer gebracht zu haben. Wenn wir unsere Herbarien, unsere barometrischen und geodätischen Messungen, unsere Zeichnungen und Experimente betrachteten, bedauerten wir nicht, daß wir durch Länder gekommen waren, die zum Teil von Naturforschern noch nie besucht worden waren. Es wurde uns klar, daß der Mensch sich allein auf das verlassen kann, was er mit eigener Energie vollbringt.»

Beschwerliche Seefahrt

Alexander von Humboldt an seinen Bruder

Cartagena de las Indias, 1. April 1801

«Wenn Du meinen letzten Brief aus der Havanna empfangen hast, lieber Bruder, so weißt Du nunmehr, daß ich meinen anfänglichen Plan geändert habe und, statt über Nordamerika nach Mexiko zu gehen, an die Südküste des mexikanischen Meerbusens zurückgekehrt bin, um von hier zu Lande nach Quito und Lima zu reisen. Es würde zu weitläufig werden, Dir die Gründe, die mich hierzu vermocht haben, vollständig auseinanderzusetzen; der hauptsächlichste aber war der, daß die Schiffahrt von Acapulco nach Guajaquil langwierig und beschwerlich zu sein pflegt und daß ich doch hätte noch einmal nach Acapulco zurückgehen müssen, um dort eine Gelegenheit nach den Philippinen zu finden.

Ich reiste am 8. März von Batabano, an der südlichen Küste der Insel Kuba, in einem sehr kleinen Schiffe von kaum 40

Tonnen ab und landete erst nach fünfundzwanzig Tagen am 30. März, während sonst die Überfahrt nur sechs bis acht Tage dauert. Wir hatten fast ununterbrochen Windstille oder doch nur schwache Winde, auch trieb uns der Meeresstrom und die Ungläubigkeit des Kapitäns, der meinem Chronometer nicht traute, zu weit westlich, so daß wir in den Busen von Darien gerieten. Wir mußten nun acht Tage hindurch längs der Küste wieder hinauffahren, was bei dem orkanartigen Ostwinde, der um diese Jahreszeit beständig hier zu wehen pflegt, mit unserm kleinen Fahrzeuge ebenso schwierig als gefährlich war. Wir legten am Rió Sinú vor Anker und botanisierten zwei Tage lang an seinen Ufern, die wohl nie ein Beobachter betreten hat.

Wir fanden eine herrliche, palmenreiche, aber wilde Natur und sammelten eine beträchtliche Anzahl neuer Pflanzen. Die Mündung des Flusses ist gegen zwei Meilen breit, und er selbst mit Krokodilen angefüllt. Dort sahen wir Darien-Indianer: klein, breitschultrig, platt und überhaupt das Gegenteil der Kariben, aber ziemlich weiß und fetter, fleischiger und stärker an Muskeln, als ich bisher Indianer gesehen habe. Sie leben unbezwungen und unabhängig. Du siehst also, daß, wenn unsere Schiffahrt gleich lang und beschwerlich war, sie uns doch mancherlei interessante Gegenstände darbot. Nur hatten wir leider noch die größte Gefahr am Ende derselben, dicht vor Cartagena selbst, zu bestehen.

Wir wollten gegen den Wind mit Gewalt in den Hafen einlaufen. Das Meer wütete fürchterlich. Unser Schiffchen widerstand nicht der Gewalt der Wogen und schlug plötzlich auf die Seite. Eine entsetzliche Welle bedeckte es und drohte uns zu verschlingen. Der Steuermann blieb unerschrocken auf seinem Platze; aber auf einmal rief er aus: «No gobierna el timón!» Jetzt hielten wir uns alle für verloren. Allein da man noch das Äußerste versuchte und ein Segel abschnitt, welches nur lose flatterte, so hob sich das Schiff auf einmal auf dem Rücken einer neuen Welle wieder empor, und wir retteten uns hinter das Vorgebirge Gigante.

Doch hier drohte mir eine neue und fast noch größere Gefahr. Es war eine Mondfinsternis; und um dieselbe besser zu beobachten, ließ ich mich in einem Boote ans Land setzen. Aber kaum war ich mit meinen Begleitern ausgestiegen, so hörten wir Ketten rasseln, und baumstarke, entlaufene Neger (Cimarones), aus dem Gefängnisse zu Cartagena entsprungen, stürzten mit Dolchen in den Händen aus dem Gebüsch hervor und auf uns zu, vermutlich in der Absicht, sich, da sie uns unbewaffnet sahen, unseres Bootes zu bemächtigen. Wir flohen augenblicklich dem Meere zu, hatten aber kaum noch so viel Zeit, uns einzuschiffen und die Küste zu verlassen. Am folgenden Tage liefen wir endlich ruhig und bei Windstille in den Hafen von Cartagena ein ...»

Zum Hochland von Bogotá

Cartagena de las Indias liegt, damals noch von alten Befestigungen eingeengt, auf einer Landzunge. Malaria herrschte in der Stadt. Humboldt und Bonpland zogen sich in das auf einem Hügel gelegene fieberfreie Indianerdorf Turbaco zurück. Von hier aus brachen sie am 19. April 1801 zu der zweiten gewaltigen Entdeckungsreise durch Südamerika auf; anderthalb Jahre später, am 23. Oktober 1802, erreichten sie Lima, wo diese Unternehmung im wesentlichen ihren Abschluß fand.

Die erste, fast 1 000 km lange Etappe führte auf dem durch Regengüsse angeschwollenen, schnell strömenden Magdalenenstrom aufwärts bis Honda, heute bequem zu Schiff, damals nur durch eine gewagte, vierundfünfzig Tage währende Bootsfahrt erreichbar. Die Freunde nutzten die Erfahrungen, die sie auf den Pirogen im Stromsystem des Orinoco gesammelt hatten. Sie vertauschten die Ochsenhäute mit Matratzen und Feldbetten, der Toldo war kein Ungeziefer sammelndes Blätterdach mehr, sondern ein luftiges, dünnes Baumwollgewebe, das die Moskitoplage erträglich machte.

Dennoch verursachten Gewitterstürme und Stromschnellen viel Ungemach. Weder das Botanisieren, das Bonpland betrieb, noch die Gewinnung eines möglichst genauen Bildes des Flußverlaufes, Humboldts wichtigstes Anliegen, waren eine reine Freude. In den Zimtpflanzungen von Honda trafen sie auf die ersten Spuren des in Bogotá lebenden Botanikers Don José Celestino Mutis, den die beiden Forscher kennenzulernen wünschten. Die Flußfahrt, von Humboldt bevorzugt, war für diesmal zu Ende. Auf schmalem Pfad, einer von Wassermassen gerissenen Kluft, ging es auf das 2 700 Meter höher gelegene Plateau von Bogotá, der heutigen Hauptstadt Kolumbiens, damals Sitz eines der vier spanischen Vizekönige. Nach dem fast menschenleeren Stromtal wirkte die zwar baumarme, aber mit europäischen Getreiden bepflanzte und kleinen Indianerdörfern belebte Ebene wohltuend auf die Reisenden.

Humboldt befand sich zum erstenmal an einer der Wiegen altindianischer Kulturen. «Diese Ebene», schrieb er am 21. September 1801 dem Bruder, «ist der ausgetrocknete Grund des Sees Funzhe, welcher in der Mythologie der Muyscas-Indianer eine wichtige Rolle spielt. Das böse Prinzip oder der Mond, ein Weib, brachte die Sündflut hervor, durch welche sich der See bildete. Aber Bochika, das gute Prinzip oder die Sonne, zertrümmerte den Fels Tequendama, wo heutigentag der berühmte (137 Meter hohe) Wasserfall ist; der See Funzhe lief ab; die Bewohner der Gegend, die sich während der Flut auf die nächsten Berge geflüchtet hatten, kehrten in die Ebene zurück; und Bochika, nachdem er den Indianern eine politische Verfassung und Gesetze, welche denen der Inkas ähnlich waren, gegeben hatte, ging den Tempel von Sagamun zu bewohnen. Da lebte er 25 000 Jahre und zog sich hernach in sein Haus, die Sonne, zurück.»

Die Kunde von der bevorstehenden Ankunft der beiden Forscher in Bogotá war ihnen vorausgeeilt. Vizekönig und Erzbischof wetteiferten in Beweisen ihrer Gunst für die beiden Gelehrten, deren Besuch zugleich als eine Ehrung des greisen Botanikers Mutis angesehen wurde, der eben sein Werk über die Flora von Bogotá beendete.

Die Sammlungen dieses naturkundigen Geistlichen – seine botanische Bibliothek wurde nach Humboldts Mitteilungen nur von der übertroffen, die er, Humboldt, in London im Hause von Joseph Banks kennengelernt hatte – begeisterten die beiden Botaniker um so mehr, als die Arbeitsmethode des Spaniers mit ihrer eigenen vieles gemeinsam hatte. Humboldt berichtet, daß Mutis, der übrigens als erster den Fieberrindenbaum anbaute, seit fünfzehn Jahren dreißig Maler beschäftigte, die bereits zwei- bis dreitausend Miniaturgemälden vergleichbare Zeichnungen von Pflanzen hergestellt hatten.

Das Klima der hoch gelegenen Stadt (2 600 m) begünstigte die Wiederherstellung der Gesundheit Bonplands, der erneut von Fieber befallen worden war. Dennoch mußten sich die Freunde zwei Monate in dem Landhaus aufhalten, das Mutis ihnen in seiner Nachbarschaft eingerichtet hatte, bevor sich Bonpland abermals den Strapazen eines Marsches in die Tropen aussetzen konnte. Humboldt führte zahlreiche Höhenmessungen in der gebirgigen Umgegend durch; Bogotá wird um 600 Meter von einer Felswand überragt, liegt am Westrand der Ostkordilleren und ist auch jenseits der Hochebene von Bergen eingeschlossen.

Am 9. September 1801 brachen die Freunde auf, trotz der Regenzeit, die ihnen viel zu schaffen machte. Zunächst ging es hinab ins Tal des Magdalenenstromes, der überquert wurde. Dann galt es, das Flußtal des Cauca zu gewinnen, des bedeutendsten Nebenstromes des Rio Magdalena, der sich mit dem parallellaufenden Hauptstrom erst kurz vor der Mündung in das Antillenmeer vereinigt. Beide Flußtäler werden durch die Kordillere von Quindiu getrennt. Sie zu überqueren gehörte zu den anstrengendsten Wagnissen der südamerikanischen Reise. Obwohl Humboldt und Bonpland auf das landesübliche Beförderungsmittel, das Lasttier Mensch, verzichteten, erreichten sie endlich doch die Stadt Cartago, freilich «barfüßig und mit blutrünstigen Füßen, aber mit einer schönen Sammlung neuer Pflanzen bereichert».

Über den Quindiu-Paß – ohne das Lasttier Mensch

Aus Humboldts «Pittoresken Ansichten der Kordilleren»[1]

«Das Quindiu-Gebirge (Weg von Santa Fé de Bogotá nach Popayán und an die Ufer des Cauca) wird als die beschwerlichste Straße in der Kordillere der Anden angesehen. Es ist ein dichter, völlig unbewohnter Wald, den man auch in der besten Jahreszeit nicht schneller als in zehn oder zwölf Tagen zurücklegt. Hier findet man keine Hütte, keine Lebensmittel, und die Reisenden versehen sich in jeder Jahreszeit auf einen

1 Auszugsweise zitiert nach W. C. Wittwer, a. a. O.

ganzen Monat mit Vorräten, weil es nur zu oft geschieht, daß sie durch das Schmelzen des Schnees und plötzliches Anschwellen der Gießbäche so sehr abgeschnitten werden, daß sie weder auf der Seite von Cartago noch auf der von Ibagué herabkommen können. Der höchste Punkt des Weges, die Garita des Páramo, liegt 3 505 Meter über der Fläche des Ozeans ... Der Pfad über die Kordillere ist so eng, daß seine gewöhnliche Breite nicht über drei bis vier Dezimeter beträgt und er größtenteils einer offenen, durch die Felsen gehauenen Galerie ähnlich ist. In diesem Teile der Anden ist der Fels, wie beinahe sonst überall, mit einer dicken Tonlage bedeckt. Die Wasserbäche, welche von dem Gebirge herabfließen, haben Schluchten von sechs bis sieben Meter Tiefe ausgespült.

Diese Schluchten, in denen sich der Weg fortzieht, sind mit Morast gefüllt, und ihre Dunkelheit wird noch durch die dichte Vegetation, welche ihren Rand einfaßt, vermehrt. Die Ochsen, deren man sich in diesen Gegenden gemeiniglich als Saumtiere bedient, kommen nur mit größter Mühe in diesen Galerien fort, welche bis auf 2 000 Meter Länge haben. Hat man das Unglück, solchen Saumtieren zu begegnen, so ist kein anderes Mittel, ihnen aus dem Weg zu gehen, als den Pfad wieder zurückzuwandeln oder auf die Erdmauer zu steigen, welche die Schlucht einfaßt, und sich da an den Wurzeln festzuhalten, die von dem Baumwerke der Höhen hervorragen.

Als wir im Monat Oktober 1801 zu Fuß und mit zwölf Ochsen, welche unsere Instrumente und Sammlungen trugen, das Quindiu-Gebirge bereisten, litten wir sehr viel durch die beständigen Platzregen, denen wir die drei oder vier letzten Tage bei unserem Herabsteigen von dem westlichen Hang der Kordillere ausgesetzt waren. Der Weg führte durch ein sumpfiges, mit Bambusschilf bedecktes Land; die Stacheln, womit die Wurzeln dieser gigantesken Grasart bewaffnet sind, hatten unsere Fußbekleidung so zerrissen, daß wir genötigt waren, wie alle Reisenden, die sich nicht von Menschen auf dem Rücken tragen lassen wollen, barfuß zu gehen. Dieser Umstand, die beständige Feuchtigkeit, die Länge des Wegs, die Muskelkraft, welche man, um auf dichtem, schlammigem Ton zu gehen, anwenden muß, und die Notwendigkeit, durch sehr tiefe Gießbäche von äußerst kaltem Wasser zu waten, machen diese Reise gewiß beschwerlich; aber in so hohem Grade sie das auch ist, so hat sie doch keine der Gefahren, womit die Leichtgläubigkeit des Volkes die Reisenden schreckt. Der Pfad ist freilich schmal, aber die Stellen sind sehr selten, da er an Abgründen wegführt. Da die Ochsen ihre Beine immer in dieselben Fußtapfen stellen, so bildet sich dadurch eine Reihe von kleinen Gräben, die den Weg durchschneiden und zwischen denen eine sehr enge Erderhöhung sich ansetzt. Bei starkem Regen stehen diese Dämme unter Wasser, und der Gang des Reisenden wird nun doppelt unsicher, da er nicht weiß, ob er auf dem Damm oder in den Graben seinen Fuß setzt.

Da nur sehr wenige wohlhabende Personen in diesen Klimaten geübt sind, fünfzehn bis zwanzig Tage hintereinander und auf so beschwerlichem Wege zu Fuß zu gehen, so läßt man sich von Menschen tragen, welche sich einen Sessel auf den Rücken gebunden haben, indem es beim gegenwärtigen Zustande der Straße unmöglich wäre, sie auf Mauleseln zurückzulegen. Man spricht daher in diesem Lande vom Reisen auf dem Rücken eines Menschen (andar en carguero), wie man anderwärts von einer Reise zu Pferd redet. Auch verbindet man gar keine erniedrigende Vorstellung mit dem Gewerbe des Cargueros, und die, welche es treiben, sind keine Indianer, sondern Mestizen und manchmal sogar Weiße ... Die Cargueros tragen gewöhnlich 6–7 Arrobas (75–88 Kilogramm), und manche sind so stark, daß sie sogar 9 Arrobas aufladen. Bedenkt man die ungeheure Anstrengung, welche diese Unglücklichen die acht bis neun Stunden machen müssen, so sie täglich in diesem Gebirgslande zurücklegen; weiß man, daß ihr Rücken manchmal wundgedrückt wird und daß die Reisenden oft grausam genug sind, sie, wenn sie krank werden, mitten im Wald liegenzulassen; weiß man überdies, daß sie auf einer Reise von Ibagué nach Cartago in einer Zeit von 15 und selbst von 25 bis 30 Tagen nicht mehr als 12 bis 14 Piaster (60–70 Franken) gewinnen, so begreift man kaum, wie alle starken jungen Leute, die am Fuß dieser Gebirge wohnen, das Gewerbe der Cargueros, eines der mühseligsten von allen, denen sich die Menschen ergeben, freiwillig wählen können. Allein der Hang zu einem freien, herumstreifenden Leben und die Idee einer gewissen Unabhängigkeit in den Wäldern läßt sie diese beschwerliche Beschäftigung den monotonen und sitzenden Arbeiten der Städte vorziehen.

Indes ist der Weg über das Quindiu-Gebirge nicht die einzige Gegend im südlichen Amerika, wo man auf dem Rücken von Menschen reist. Die ganze Provinz von Antioquia z. B. ist mit Gebirgen umgeben, über welche so schwer zu kommen ist, daß diejenigen, die sich der Geschicklichkeit eines Carguero nicht anvertrauen wollen und nicht stark genug sind, um den Weg von Santa Fé de Antioquia nach der Boca de Nares oder nach dem Rio Saman zu Fuß zu machen, dieses Land gar nicht verlassen können ... Als man vor einigen Jahren den Plan hatte, den Gebirgsweg aus dem Dorfe Nares nach Antioquia für die Maultiere zu bahnen, machten die Cargueros in aller Form Vorstellungen gegen diese Verbesserungen der Straße, und die Regierung war schwach genug, ihren Einwendungen zu willfahren. Indes muß auch hier bemerkt werden, daß die mexikanischen Bergwerke eine Menschenklasse enthalten, die keine Beschäftigung hat, als andere auf ihrem Rücken zu tragen. In diesen Klimaten sind die Weißen so träge, daß jeder Bergwerksdirektor einen oder zwei Indianer in seinem Sold hat, welche seine Pferde (Cavallitos) heißen, weil sie sich alle Morgen satteln lassen und, auf einen kleinen Stock gestützt und mit vorgeworfenem Körper, ihren Herrn von einem Teile des Bergwerkes nach dem andern tragen. Unter den Cavallitos und Cargueros unterscheidet und empfiehlt man den Reisenden diejenigen, die sichere Füße und einen sanften, gleichen Schritt haben, und es tut einem recht wehe, von den Eigenschaften eines Menschen in Ausdrücken reden zu hören, womit man den Gang der Pferde und Maultiere bezeichnet.»

Durch die Landschaft der Vulkane

«Von Cartago gingen wir nach Popayán über Buga durch das herrliche Tal des Caucaflusses», lesen wir in einem Brief vom 25. November 1802, in Lima geschrieben, an Wilhelm von Humboldt. «Den November 1801 blieben wir zu Popayán und besuchten von dort die Basaltgebirge von Julusuito, den Schlund des Vulkans von Puracé, der mit entsetzlichem Getöse Dämpfe eines durch geschwefeltes Wasserstoffgas geschwängerten Wassers ausstößt, und die porphyrartigen Granite, welche fünf- bis siebeneckige Säulen bilden ... Die größte Schwierigkeit stand uns noch zu überwinden bevor zwischen Popayán und Quito. Auf diesem Wege mußten wir die Páramos von Pasto übersteigen, und zwar in der Regenzeit, die bereits angefangen hatte. Páramo heißt in den Anden jeder Ort, wo auf einer Höhe von 1 700 bis 2 000 Toisen jede Vegetation stillsteht und eine Kälte ist, die bis in die Knochen dringt.»

Gegen den Regen schützte ein Blätterzelt, das aus Hunderten aneinandergereihter Heliconienblätter bestand – die Heliconie oder Tafelbanane ist eine krautartige, im tropischen Amerika in zahlreichen Arten heimische Pflanze – und sich selbst dann noch als wasserdicht erwies, wenn die Reisenden bei strömendem Regen mehrere Tage hintereinander darunter zubringen mußten. Gegen die Kälte half es nicht.

Dennoch mieden die Wanderer das fieberberüchtigte heiße Patiatal und gingen, wie Humboldt weiter berichtet, «über die Spitze der Kordilleren, wo scheußlich schroffe Abgründe sind, kamen so von Popayán nach Almagar und von da nach Pasto, das am Fuße eines furchtbaren Vulkans liegt. Man kann sich nichts Schrecklicheres denken als den Eintritts- und Ausgangsweg bei dieser kleinen Stadt, wo wir die Weihnachten zubrachten und deren Einwohner uns mit rührender Gastfreundschaft aufnahmen. Dicke Wälder liegen zwischen Morästen; die Maultiere sinken bis auf den halben Leib ein; und man muß durch so tiefe und enge Schlüfte, daß man in Stollen eines Bergwerkes zu kommen glaubt. Auch sind die Wege mit den Knochen der Maultiere gepflastert, die hier vor Kälte und aus Mattigkeit umfielen ... Nachdem wir zwei Monate hindurch Tag und Nacht von Regengüssen durchnäßt worden waren und bei der Stadt Ibarra beinahe ertranken, da plötzlich bei einem Erdbeben das Wasser stieg, langten wir am 6. Januar zu Quito an.»

Vier Monate hatte der Marsch von der heutigen Hauptstadt Kolumbiens zur heutigen Hauptstadt Ekuadors gedauert. Zwei Jahre waren die Reisenden nun schon ohne direkte Nachrichten aus Europa.

Fünf Monate weilten sie bereits in Quito, als sie erfuhren, daß Baudin die Westküste Südamerikas nicht berühren würde; drei weitere Monate blieben sie noch dort und in der weiteren Umgebung. Sie bedurften nach den überstandenen Strapazen einer längeren Erholung, wofür der Marqués von Selva-Alegre mit von Humboldt hoch gerühmter Geschicklichkeit sorgte. Humboldt mußte wohl auch auf weitere Geldmittel aus der Heimat warten. Ausschlaggebend für den langen Aufenthalt im Hochtal von Quito aber war für ihn, daß er sich in der klassischen Landschaft der Vulkane und der Erdbeben befand.

Kathedrale und erzbischöflicher Palast – einen Vizekönig gab es hier nicht, wie sich auch am wesentlich kühleren Empfang zeigte – und die fast fünf Dutzend Klöster lagen gleichsam am Fuße des Vulkans Pichincha (4 701 m) und in der unmittelbaren Gefahrenzone des Cotopaxi (5 896 m, Quito 2 850 m), der sich selbst in Ruhezeiten durch Aschen- und Sandregen oder durch Schlammströme und Hochwasserstürze bemerkbar macht, wenn der Firnmantel plötzlich wegschmilzt.

Die ganze Provinz war im Februar 1797 Herd eines großen Erdbebens gewesen. «Seit jener Katastrophe hören die Erdbeben nicht auf, und welche Stöße mitunter! Wahrscheinlich ist der ganze hohe Teil der Provinz ein einziger Vulkan», mutmaßte Humboldt im bereits erwähnten Brief vom 25. November 1802 an den Bruder. «Was man die Berge von Cotopaxi und Pichincha nennt, sind nur kleine Spitzen, deren Krater verschiedene Röhren (Schornsteine) bilden, die sämtlich zu dem ansehnlichen Herde hinabführen.» Verwundert fuhr er fort: «Ungeachtet dieser Schrecknisse und Gefahren, mit denen die Natur sie ringsumher umgibt, sind die Einwohner von Quito froh, lebendig und liebenswürdig. Ihre Stadt atmet nur Wollust und Üppigkeit, und nirgends vielleicht gibt es einen entschiedenern und allgemeinern Hang, sich zu vergnügen. So kann sich der Mensch gewöhnen, ruhig am Rande eines jähen Verderbens zu schlafen.»

Wenn Humboldt irgendwo Gelegenheit hatte, den Ansichten der Neptunisten und Vulkanisten auf den Grund zu gehen, so war es in dieser Landschaft. Und in der Tat haben sich hier seine Anschauungen über die vulkanischen Erscheinungen ausgeprägt. Pichincha und Cotopaxi, Antisana und Ilinica und Tunguragua wurden nacheinander in bisweilen mehrwöchigen Expeditionen bestiegen und untersucht; der Pichincha war allein dreimal das Ziel seines kühnen Forscherdranges. Im Juni 1802 versuchte Humboldt, den Chimborazo (6 267 m) zu bezwingen, der damals als der höchste Berg der Erde galt. Humboldt wurde zum Pionier der Gipfelstürmer auf die Achttausender im Himalaja und zu einem der Begründer der Hochgebirgsforschung, auch wenn er am 23. Juni 1802 in der damals noch von keinem Menschen erreichten Höhe von vermutlich 5 759 m (nach anderen Berechnungen 5 878 m)[1] umkehren mußte, weil ihn eine unüberwindliche Schlucht vom Gipfel trennte, die dünne Luft das Atmen schwer machte und der niedrige Luftdruck das Blut aus Augen und Lippen rinnen ließ.

Über die Schneerinde zum Kraterrand

Humboldt über die zweite Besteigung des Pichincha[2]

«Die Führer mit den größten Instrumenten waren, wie gewöhnlich, zurückgeblieben. Ich war allein mit einem sehr gebildeten Kreolen, Herrn Urquinaona, und dem Indianer Felipe Aldas. Wir saßen mißmutig am Fuße des Bergschlosses. Der Krater, den wir suchten, war gewiß hinter der Felswand im Westen, aber wie sollten wir dahin gelangen und zu der Wand selbst emporsteigen? Die turmähnlichen Massen schienen zu steil, ja teilweise senkrecht abgestürzt.

Am Pic von Teneriffa hatte ich mir das Erklimmen des Aschenkegels dadurch erleichtert, daß ich meinen Weg längs dem Rande eines vorstehenden Felsgrates verfolgte, an welchem ich mich mit den Händen, freilich nicht ohne Verletzung, festhielt. So beschloß ich auch hier, an dem Bimssteinabhange, dicht an dem Rande des südlichen Felsenturms, aufzusteigen. Wir machten zwei mühevolle Versuche, einmal etwa 300, ein

1 Wie neuere Berechnungen ergeben haben, dürfte Humboldt eine Höhe von 5 350 m erreicht haben.

2 Gekürzte Wiedergabe nach Alexander von Humboldt, «Kleinere Schriften», 1853.

anderes Mal 700 Fuß hoch. Die Schneedecke schien uns sicher zu tragen, und wir glaubten um so mehr bis an den Rand des Kraters zu gelangen, als vor sechzig Jahren Bouguer und La Condamine[1] wahrscheinlich denselben Weg über das Schneefeld des Aschenkegels eingeschlagen hatten. Die Schneedecke war so fest, daß wir eher fürchten mußten, bei einem Falle auf der schiefen Fläche mit beschleunigter Geschwindigkeit herabzurollen und gegen einen der scharfkantigen Blöcke zu stoßen, die aus dem Bimsstein hervorragen. Plötzlich und mit großem Angstgeschrei brach der Indianer Aldas, welcher dicht vor mir ging, durch die gefrorene Schneerinde durch. Er war bis an den Leib versunken, und da er versicherte, daß seine Füße keinen Widerstand fänden, so fürchteten wir, er hänge in einer offenen Spalte. Glücklicherweise war die Gefahr geringer. Weit ausschreitend, hatte der Mann eine große Masse Schnee zwischen den Schenkeln durch sein Gewicht sattelförmig zusammengepreßt. Er ritt gleichsam auf dieser Masse, und da wir bemerkten, daß er nicht tiefer sank, so konnten wir desto besonnener daran arbeiten, ihn herauszuziehen. Es gelang, indem wir ihn hintenüber warfen und dann bei den Schultern aufhoben. Der Vorfall hatte uns etwas verstimmt. Der Indianer, bei seiner abergläubischen Furcht vor der Nähe des Feuerschlundes, protestierte gegen alle weiteren Versuche auf dem trügerischen Schnee.

Wir stiegen herab, um aufs neue Rat zu pflegen. Der östlichste, mittlere Turm am Umkreise des Kraters schien bei näherer Betrachtung nur am unteren Teile sehr steil, nach oben hin mehr verflacht und treppenförmig durch Absätze unterbrochen ... Der gutmütige Indianer ließ sich bereden, mich nochmals zu begleiten ... Als wir das nackte Gestein erreicht hatten und mühevoll, des Weges unkundig, auf schmalen Simsen und zapfenartigen Hervorragungen immer hoffnungsvoll emporstiegen, wurden wir in einen immer dichter werdenden, aber noch geruchlosen Dampf gehüllt. Die Gesteinsplatten gewannen an Breite, das Ansteigen wurde minder

1 Charles Marie de la Condamine nahm 1736–1742 mit Pierre Bouguer an der französischen Gradmessung im heutigen Ekuador teil. Er war einer der wenigen Forscher, die vor Humboldt nach Südamerika gelangten.

steil. Wir trafen zu unserer großen Freude nur einzelne Schneeflecke. Sie hatten 10–12 Fuß Länge und kaum 8 Zoll Dicke. Wir fürchteten nach dem, was wir erfahren, nichts so sehr als den halbgefrorenen Schnee. Der Nebel erlaubte uns nur den Felsboden zu sehen, den wir betraten; kein ferner Gegenstand war sichtbar. Wir wanderten in einem Gewölk. Ein stechender Geruch von schwefliger Säure verkündigte uns nun zwar die Nähe des Kraters, aber wir ahnten nicht, daß wir gewissermaßen schon über demselben standen. Auf einem kleinen Schneefelde schritten wir langsam in nordwestlicher Richtung, der Indianer Aldas voran, ich hinter ihm, etwas zur Linken. Wir sprachen keine Silbe miteinander, wie dies immer geschieht, wenn man durch lange Erfahrung des Bergsteigens auf schwierigen Pfaden kundig ist.

Groß war meine Aufregung, als ich plötzlich dicht vor uns auf einen Steinblock sah, der frei in einer Kluft hing, und zugleich zwischen dem Stein und dem äußersten Rande der Schneedecke, die uns trug, in großer Tiefe ein Licht erschien, wie eine kleine sich fortbewegende Flamme. Gewaltsam zog ich den Indianer bei seinem Poncho (so heißt ein Hemd aus Lammwolle) rückwärts und zwang ihn, sich mit mir zur Linken platt auf den Boden zu werfen. Es war ein schneefreies Felsenstück mit horizontaler Oberfläche von kaum 12 Fuß Länge und 7–8 Fuß Breite. Wir lagen nun beide ausgestreckt auf einer Steinplatte, die altanartig über dem Krater gewölbt schien. Das furchtbare, tiefe, schwarze Becken war wie ausgebreitet vor unseren Augen, in schaudervoller Nähe. Ein Teil des hier senkrecht abgestürzten Schlundes war mit wirbelnden Dampfsäulen erfüllt. Gesichert über unsere Lage, fingen wir bald an zu untersuchen, wo wir uns befanden. Wir erkannten, daß die schneefreie Steinplatte, auf die wir uns geworfen, von der schneebedeckten Masse, über die wir gekommen waren, durch eine kaum 2 Fuß breite Spalte getrennt wurde. Die Spalte war aber nicht ganz bis zu ihrem Ende mit gefrorenem Schnee brückenartig überdeckt. Eine Schneebrücke hatte uns, solange wir in der Richtung der Spalte gingen, mehrere Schritte weit getragen. Das Licht, welches wir zuerst durch einen Teil der Kluft zwischen der Schneedecke und dem eingeklemmten frei hängenden Felsblocke gesehen, war nicht Täuschung; wir sahen es wieder bei der dritten Besteigung an demselben Punkte und durch dieselbe Öffnung. Es ist eine Region des Kraters, in dem damals in dem dunklen Abgrunde kleine Flammen, vielleicht von brennendem Schwefelgas, am häufigsten aufloderten.»

Von Quito nach Lima

Vom Äquator aus bis zum 12. Grad südlicher Breite vorzudringen und Lima, die 1535 von Francisco Pizarro als stolze Ciudad de los Reyes gegründete heutige Hauptstadt Perus, aufzusuchen, entschloß sich Humboldt erst in Quito. Die Hoffnung auf Kapitän Baudin war zerstört, eine eigene Reise nach den Philippinen kostspielig und wegen der lang andauernden Seefahrt wissenschaftlich nicht recht ergiebig. Weiter im Süden lockte das Quellensystem des Amazonas, lagen die Ruinenfelder der Kultur der Inkas, lebten noch Erinnerungen an das grausame Drama der spanischen Eroberung.

Humboldt hatte schon in Quito begonnen, die Sprache der Inkas zu lernen, die damals noch ganz allgemein auch in den größeren Städten wie Quito und Lima gesprochen wurde. Zu seinen Bewunderern gehörte ein Sohn seines Gastgebers, des Marqués von Selva-Alegre, Carlos Montúfar. Er begeisterte sich so für den Forscherdrang des deutschen Gelehrten und seines französischen Freundes, daß er sich erbot, die beiden Forscher auf ihrer weiteren Reise zu begleiten. Humboldt nahm das Angebot des «trefflichen, lernbegierigen jungen Mannes» an; er hoffte, Montúfar werde einer der Gelehrten werden, mit denen er später die reichen Länder Südamerikas der Forschung und einem allgemeinen Wohlstand der Menschheit zu erschließen wünschte. Ein Jahrzehnt Kriege in Europa und mehrere Jahrzehnte blutiger Machtkämpfe in Südamerika ließen diesen kühnen Plan jedoch nie zur Durchführung gelangen.

Montúfar begleitete Humboldt und Bonpland auch nach Mexiko und Kuba und reiste mit ihnen nach Paris. In die Heimat zurückgekehrt, wurde er als glühender Parteigänger der Unabhängigkeitsbewegung ein Opfer der Strafexpedition des spanischen Generals Morillo, der Carlos Montúfar zusammen mit anderen Freiheitskämpfern erschießen ließ.

Wenn Humboldt seine Reise bis nach Lima ausdehnte, so hatte das noch den besonderen Grund, daß er in geographisch und klimatisch günstiger Lage Anfang November 1802 den Durchgang des Merkur vor der Sonne beobachten wollte, was ihm zu seiner besonderen Genugtuung am 9. November 1802 in Callao gelang.

Die Reisenden verließen das Hochland von Quito, überquerten das Gebirge in einer Paßhöhe vom Gipfel des Montblanc (4 800 m) und gelangten über Cuenca, eine in fruchtbarer Hochebene gelegene, von kunstvoll gezogenen Kanälen bewässerte Bergstadt (2 580 m), in die Landschaft Amazonas am oberen Marañon. Bonpland fand vielseitige Betätigung; die Wälder waren überreich an chininspendenden Arten des Chinarindenbaumes; dreitausenddreihundertvierundsiebzig Pflanzenbeschreibungen konnte er in Lima als botanische Ausbeute der beiden ersten großen Abschnitte der Südamerikareise zählen. Humboldt untersuchte die Abhängigkeit der verschiedenen Pflanzen vom Klima und von der Bodenbeschaffenheit und war bemüht, genaue Feststellungen über den Lauf der Flüsse zum Amazonasstrom zu treffen.

Dieser Abstieg in die Ebene des oberen Amazonas, «in eine unbekannte, an herrlichen Pflanzen reiche Welt», war abermals voller Wagnisse und Abenteuer. Über zwei Dutzend Male überquerten sie mit ihrem Dutzend Maultieren allein den an Windungen reichen Río de Cuanca-Bamba. Sie machten die Bekanntschaft mit den schwankenden, aus Wurzelfasern der Agave geflochtenen Seilbrücken, bewunderten riesige Zitronenbäume, deren Fruchtsegen zu Boden fiel und verfaulte, und durchquerten das Hochland von Caxamarca. Bot bei Cuenca ein Schwefelbergwerk geologische und wirtschaftliche Einblicke besonderer Art, so interessierten hier die Silberbergwerke. Dann kam nach der vierten Durchquerung des gewaltigen Gebirges beim Abstieg nach dem Hafen von Trujillo der Augenblick, wo Humboldt zum erstenmal die «Südsee», den Stillen Ozean, erblickte. «Er hatte etwas Feierliches für den, welcher einen Teil seiner Bildung und viele Richtungen seiner Wünsche dem Umgang mit einem Gefährten des Kapitän Cook», Georg Forster, «verdankte».

Welch einen Kontrast zu den üppigen Wäldern am Marañon,

zu den Schneeketten der Anden und zum weiten Meer bildete die fast vegetationslose Sandwüste, die sich die Küste entlang nach Süden erstreckte. Nachdem auch sie überwunden war, näherten sich die Reisenden dem in einem fruchtbaren Flußtal gelegenen und von den Vorbergen der Kordilleren eingesäumten Lima.

Auch diese nahe der Küste gelegene Stadt war eine Hochburg der spanisch-katholischen Herrschaft über Südamerika. Sie war Sitz eines Vizekönigs, beherbergte mächtige Klöster der Franziskaner und Dominikaner und den Palast der «Heiligen Inquisition». Noch gegensätzlicher als der Charakter der durchwanderten Landschaften waren die Eindrücke, welche die Reisenden empfingen, wenn sie den Lebensstil der schmalen fremden Herrenschicht mit den lebenden und toten Trümmern der grausam vernichteten Kultur der vorkolumbianischen Zeit verglichen.

Von Quito bis Lima war Humboldt in Lacatunga, Hambato, Riobamba und Caxamarca den Ruinen des Inkareiches begegnet. Immer wieder kreuzte er die verfallene Inkastraße, die sich über zwanzig Breitengrade auf dem Gebirgskamm hinzog. Von den Untertanen Atahualpas, der durch List und Betrug 1533 Leben und Reich durch die Spanier verloren hatte, lebte ein Rest von vielleicht achttausend Köpfen in kleinen Dörfern des Hochlandes; sie teilten ihre karge Nahrung mit den fremden Reisenden, stellten die Transporttiere und halfen selbst die Lasten tragen.

Humboldt hat auch diese Zeugen einer versunkenen Kultur mit den Augen des Wissenschaftlers betrachtet; er hat manchen anregenden Hinweis für die Erforschung der vorkolumbianischen Zeit gegeben und nach Möglichkeit versucht, das bereits zum Mythos Gewordene vom Wirklichen zu scheiden.

Unter den Ruinen des festungsartigen Palastes in Caxamarca zeigte man ihm in dem Raum, in dem Atahualpa im Jahre 1532 neun Monate gefangengehalten worden war, das Zeichen an der Wand, bis zu welchem der letzte König der Inkas das Gold häufen ließ, um freizukommen. An einer dünnen Gesteinsplatte vor dem Altar der Kapelle des Stadtgefängnisses wiesen die indianischen Führer auf dunkle Flecken, angebliche Blutspuren ihres gemarterten Königs, in denen Humboldt dunkelgetönte Mineraleinsprengsel in einer Porphyrplatte zu erkennen glaubte. Er zeichnete den Grundriß der Gewölbe und die Schriftzeichen auf dem Wandschmuck nach und sammelte, von den phantasievollen Erzählungen der in größtem Elend lebenden Nachkömmlinge der Inkas erschüttert, was er aus ihrer Geschichte und ihrer zur Legende gewordenen Überlieferung in Erfahrung bringen konnte.

Auf den Spuren der Inkas

Alexander von Humboldt an seinen Bruder Wilhelm

Auszug aus dem Brief vom 25. November 1802

«Zu Riobamba brachten wir einige Wochen zu bei einem Bruder Karl Montúfars, unsers Reisegefährten, welcher daselbst Corregidor, königliche Magistratsperson, ist. Hier verschaffte uns ein Zufall eine höchst merkwürdige Entdeckung. Der Zustand der Provinz Quito, ehe der Inka Tupayupangi sie eroberte, ist noch durchaus unbekannt. Aber der indianische König Leandro Zapla, welcher zu Likan wohnt und für einen Indianer ungemein gebildet ist, besitzt Handschriften von einem seiner Vorfahren aus dem 16. Jahrhundert in der Puruguaysprache. Dies war ehedem die allgemeine Sprache von Quito, die nachher der Inka- und Quichuasprache gewichen und jetzt völlig untergegangen ist. Glücklicherweise fand ein anderer Ahnherr Zaplas Vergnügen daran, diese Memoiren ins Spanische zu übersetzen.

Wir haben aus ihnen schätzbare Nachrichten geschöpft, vornehmlich über die merkwürdige Epoche der Eruption des sogenannten Nevado del Altar, welcher der größte Berg der Welt gewesen sein muß, höher als der Chimborazo, und der bei den Indianern Kapa-urku (Haupt der Berge) hieß. Zu der Zeit regierte Uainia Abomatha, der letzte unabhängige Kochokanao (König) des Landes, zu Likan. Die Priester offenbarten ihm die unglücksschwangere Bedeutung dieser Katastrophe. ‚Der Erdball', sagten sie, ‚verändert seine Gestalt; andere Götter werden kommen und die unsrigen vertreiben. Laß uns dem Geheiß des Schicksals nicht widerstreben!' Wirklich führten die

Peruaner den Sonnendienst (statt der alten Religion) ein. Der Ausbruch des Vulkans dauerte sieben Jahre, und die Handschrift Zaplas läßt die Asche zu Likan so dicht und häufig regnen, daß eine siebenjährige stetige Nacht dort gewesen sei. Wenn man in der Ebene von Tapia die Menge der vulkanischen Materie um den ungeheuren, damals eingestürzten Berg (jetzt steht er, wie zerrissen, mit zwei noch immer mächtig hohen Spitzen da) betrachtet, wenn man bedenkt, daß der Cotopaxi mehrmals Quito in fünfzehn- bis achtzehnstündige Finsternis eingehüllt hat, so muß man einräumen, daß die Übertreibung wenigstens nicht gar zu unmäßig war.

Dieses Manuskript und die Sagen, die ich in Parime sammelte, und die Hieroglyphen, die ich in der Wüste des Casiquiare sah, wo gegenwärtig keine Spur von Menschen zu finden ist, alles dies, nebst Clavigeros Nachrichten über die Wanderungen der Mexikaner in das südliche Amerika, hat mich auf Ideen über den Ursprung dieser Völker geleitet, die ich zu entwickeln gedenke, sobald mir Muße dazu wird.

Das Studium der amerikanischen Sprachen hat mich ebenfalls sehr beschäftigt, und ich habe gefunden, wie falsch La Condamines Urteil über ihre Armut ist. Die karaibische Sprache z. B. verbindet Reichtum, Anmut, Kraft und Zartheit ... Vorzüglich lege ich mich auf die Inkasprache; sie ist die gewöhnliche hier (zu Quito, Lima usw.) in der Gesellschaft und ist so reich an feinen und mannigfachen Wendungen, daß die jungen Herren, um den Damen Süßigkeiten zu sagen, gemeiniglich Inka zu sprechen anfangen, wenn sie den ganzen Schatz des Kastilischen erschöpft haben. Diese zwei Sprachen und einige andere gleich reiche könnten allein genügen, sich zu überzeugen, daß Amerika einst eine weit höhere Kultur besaß, als die Spanier dort 1492 vorfanden. Aber ich habe dafür noch ganz andere Beweise. Nicht bloß in Mexiko und Peru, sondern auch am Hof des Königs von Bogotá verstanden die Priester eine Mittagslinie zu ziehen und den Augenblick des Solstitiums zu beobachten; sie verwandelten das Mondjahr in ein Sonnenjahr durch Einschaltungen, und ich besitze einen siebeneckigen Stein, der zu Santa Fé gefunden ist und der ihnen zur Berechnung dieser Schalttage diente. Noch mehr! Zu Erivaro im Innern der Landschaft glauben die Wilden, daß der Mond bewohnt ist, und wissen durch Traditionen von ihren Vätern, daß er sein Licht von der Sonne hat.

Von Riobamba ging mein Weg über den berühmten Páramo des Assuay nach Cuenca. Doch besuchte ich vorher das große Schwefelwerk zu Tiskan. Diesen Schwefelberg wollten die rebellierenden Indianer nach dem Erdbeben von 1797 in Brand stecken. Gewiß der schrecklichste Plan, den je die Verzweiflung eingab! Sie hofften, auf die Art einen Vulkan hervorzubringen, der die ganze Provinz Alaussi vernichtet hätte. Auf dem Páramo von Assuay, in einer Höhe von 2 300 Toisen, sind die Ruinen des prächtigen Inkaweges. Diese Straße läuft fast bis nach Cuzco, ist ganz aus behauenen Steinen aufgeführt und schnurgerade; sie gleicht den schönsten Wegen der alten Römer. In derselben Gegend liegen auch die Ruinen des Palastes des Inka Tupayupangi, welche La Condamine in den Memoiren der Berliner Akademie[1] beschrieben hat. Ich weiß nicht, ob Condamine auch von dem sogenannten Billard des Inka spricht. Es ist ein Kanapee, in den Felsen gehauen, mit arabeskenähnlichen Zieraten. Unsere englischen Gärten haben nichts Eleganteres aufzuweisen. Der richtige Geschmack des Inka leuchtet überall hervor; der Sitz ist so gestellt, daß man eine entzückende Aussicht genießt. Nicht weit davon, in einem Gehölz, findet man einen runden Fleck gelben Eisens im Sandstein. Die Peruaner haben die Platte mit Figuren geziert, denn sie glaubten, daß sie die Sonne abbilde.»

Küstenfahrt nach Norden

Am 5. Dezember 1802, sechs Wochen nach ihrer Ankunft in Lima, schifften sich Humboldt, Bonpland und Montúfar in Callao ein, um an der Küste Südamerikas entlang nordwärts nach Mexiko zu reisen.

Callao, dem vierzehn Kilometer von Lima entfernten Hafen, vorgelagert sind einige Inseln, auf denen die Ausscheidungen der dort zu Millionen nistenden Seevögel unter den besonderen klimatischen Bedingungen stickstoffreiche Ablagerungen

1 La Condamines «Mémoire» erschien bereits im Jahrgang 1746 der Abhandlungen der Berliner Akademie.

gebildet hatten, die auf den Chincha-Inseln sieben bis dreißig Meter starke Schichten bildeten. Humboldt untersuchte diesen Stoff, den die Eingeborenen treffend Guano, «Mist», nannten und als Düngemittel benutzten; er berichtete über seine Beobachtungen, nahm Proben mit nach Europa und wies auf die Bedeutung hin, die dieser natürliche Düngestoff für die zu intensiverer Bodenbenutzung übergehende europäische Landwirtschaft haben könnte. Erst Justus Liebig nahm sich mit Nachdruck der Stickstoffdüngung an, die Ausfuhr aus Peru und Chile begann 1840 und wurde für die Volkswirtschaften der beiden Länder so bedeutungsvoll, daß die allmähliche Erschöpfung der Lager und die Herstellung künstlicher Düngemittel dort zu schweren wirtschaftlichen Krisen führten.

Die wochenlange Seereise gab Humboldt Gelegenheit, sich mit der kalten Strömung zu beschäftigen, die die Küste entlangzieht und von wesentlichem Einfluß auf das Klima, die Bodenverhältnisse und die Pflanzendecke des Landstreifens zwischen Meer und Kordilleren ist. Des Forschers Untersuchungen haben seinen Namen für immer mit dieser «Humboldt-Strömung» verbunden. Er selbst erhob gegen diese Benennung Einspruch, insbesondere, nachdem er unter anderem von Karl Ritter fälschlich sogar als Entdecker des «Perustromes» gefeiert worden war. «Die Strömung», schrieb er, bereit, «auch allenfalls öffentlich gegen ‚alle humboldtsche Strömung'» zu protestieren, an den Geographen Heinrich Berghaus, «war 300 Jahre vor mir allen Fischerjungen von Chile bis Payta bekannt; ich habe bloß das Verdienst, die Temperatur des strömenden Wassers zuerst gemessen zu haben.»

Vom 3. Januar bis zum 15. Februar 1803 mußten die drei Reisenden in Guayaquil auf eine Gelegenheit zur Weiterreise nach dem mexikanischen Hafen Acapulco warten. Aus Sorge, das Schiff zu versäumen, widerstand Humboldt der für einen Geologen verlockenden Aussicht, dem befürchteten Ausbruch des Cotopaxi (der dann auch bald nach seiner Abreise unter furchtbaren Verheerungen stattfand) als Augenzeuge beizuwohnen. Er drängte nach Mexiko, ja sogar auf baldmögliche Beendigung der Reise, da seine Instrumente an Zuverlässigkeit eingebüßt hatten und er fürchtete, der Fortschritt der Naturforschung in Europa könnte in den fast vier Jahren seiner Abwesenheit dem Stand seines Wissens und seiner Hilfsmittel wesentlich vorausgeeilt sein.

Diese Besorgnis war bald vergessen, nachdem er am 23. März in Acapulco gelandet war. Erst ein Jahr später, am 7. März 1804, schiffte er sich mit seinen Begleitern zum zweiten Besuch der Insel Kuba ein.

Erster Versuch einer modernen Länderkunde

Es ist weit schwieriger, den Leser Humboldt durch das Königreich Neuspanien, wie Mexiko in der spanischen Zeit hieß, begleiten zu lassen, als das auf der Orinoco-Stromfahrt oder auf der Reise durch die Kordilleren der Fall war, weil sich das Studium dieses Landes in eine Reihe von Einzelunternehmungen auflöste; der Wanderung nach der Hauptstadt Mexiko folgten mehrere große und kleine Reisen in verschiedene Gegenden des Landes – dazwischen lagen jeweils längere Studienaufenthalte in der Hauptstadt – und schließlich der Aufbruch zur Ostküste.

Es ist auch nicht sinnvoll, Humboldts Wegen in Mexiko im einzelnen zu folgen, weil der Forscher dort ein anderes, wesentlich weiter gestecktes Ziel vor Augen hatte als auf seinen südamerikanischen Reisen.

«Ich habe gesucht, diesen Aufenthalt nicht bloß zu naturhistorischen Zwecken zu benutzen, sondern mir auch eine genaue Kenntnis von dem politischen Zustande dieses weitausgedehnten und merkwürdigen Landes zu verschaffen», sagt Humboldt in der Vorrede zu seinem fünfbändigen Werk «Über den politischen Zustand des Königreichs Neuspanien», dessen deutsche Ausgabe noch vor der mexikanischen Erhebung gegen die spanische Herrschaft im Jahre 1809 in Tübingen zu erscheinen begann.

Freilich ist der Begriff Politik hier nicht im heutigen engeren Sinne zu verstehen; er steht seinem griechischen Ursprung, der Politik als der «Lehre vom Staat», noch näher und bedeutet soviel wie praktische Staatskunde, die Beschreibung des Königreiches Neuspanien unter Berücksichtigung aller Faktoren, die nach Humboldts Ansicht die Verhältnisse in dieser wichtigsten und wirtschaftlich am weitesten entwickelten spanischen Kolonie bestimmten. Humboldt untersuchte die geographischen Verhältnisse, berechnete den Flächeninhalt, erforschte die allgemeine physische Beschaffenheit, zeichnete eine geographische Karte und entwarf auf Grund seiner zahlreichen barometrischen Höhenmessungen die ersten je für ein Land gefertigten Profile von Meer zu Meer. Er ermittelte nach den Kirchenbüchern die Einwohnerzahl, gliederte die Bevölkerung in gebürtige Spanier, in Mexiko geborene Abkömmlinge von Spaniern, indianische Eingeborene und Neger, sammelte Angaben über deren Lebensverhältnisse, wandte sich dem Ackerbau zu, prüfte Umgang und Ausdehnung der landwirtschaftlichen Erzeugung, Herkunft und Wachstumsbedingungen der Nutzpflanzen, verbreitete sich eingehend über den Bergbau und seine Erträge, die Ausfuhr von Metallen seit der Eroberung des Landes durch Spanien, über das Fabrikwesen, das Handwerk, das Staatseinkommen, die Militärausgaben und das Verkehrswesen.

Man kann die Bedeutung einer solchen umfassenden geographisch-staatswissenschaftlichen Untersuchung nur ermessen, wenn man sich vergegenwärtigt, daß erst ein halbes Jahrhundert zuvor der Geistliche Johann Peter Süßmilch die ersten Berechnungen einer Bevölkerungsziffer anhand von Geburts- und Sterbelisten angestellt, anderthalb Jahrzehnte zuvor die erste methodisch befriedigende Volkszählung (in den Vereinigten Staaten von Nordamerika) stattgefunden hatte und daß – wie Humboldt in der Einleitung mitteilte – noch nach dessen Rückkehr nach Europa die Angaben der Einwohnerzahl von Paris zwischen 500 000 und 800 000 Köpfen schwankten. Humboldts Schrift über Mexiko darf als die erste moderne Länderkunde bezeichnet werden. Sie eröffnete eine neue Epoche in der Entwicklung der Geographie und der Staatskunde.

Humboldt bediente sich zwar weitgehend der damals üblichen Methode von Länderbeschreibungen, aber sein Zahlenmaterial bildete nur die Grundlage für vergleichende Untersuchungen mit anderen Ländern und für die Erforschung der Ursachen der zahlenmäßig ermittelten Erscheinungen. Er setzte z. B. Klima und Bodenbeschaffenheit mit der Auswahl der Feldfrüchte in Beziehung und befaßte sich mit den Rückwirkungen dieser Verhältnisse auf die gesellschaftlichen Zustände, wobei er zu erkennen suchte, in welchem Ausmaß es dem Menschen möglich ist, gegebene Naturbedingungen nicht nur voll auszuschöpfen, sondern zur Hebung der Wohlfahrt zu verändern. Um ein Beispiel zu nennen: Humboldt nahm die mexikanische Produktion an Rohrzucker zum Anlaß von Berechnungen, welche Mengen Zucker unter den gegebenen Bodenverhältnissen erzeugt werden könnten, weil danach die Leistung Mexikos für die Versorgung der Welt mit Zucker festgesetzt werden müßte.

Der entscheidende Fortschritt, den Humboldt durch diese Forschungen anbahnte, lag nicht in der wissenschaftlichen Methode als solcher – so bahnbrechend sie geworden ist –, sondern in ihrer Zielsetzung. Der Gedanke, der Humboldt leitete, ist bereits in jenem Brief des Zwanzigjährigen an den Studienfreund Wegener ausgesprochen, in dem er voller Unwillen gegen das «elende Kameralistenvolk» forderte: «Je mehr die Menschenzahl und mit ihr der Preis der Lebensmittel steigen, je mehr die Völker die Last zerrütteter Finanzen fühlen müssen, desto mehr sollte man darauf sinnen, neue Nahrungsquellen gegen den von allen Seiten einfließenden Mangel zu eröffnen.»

Der auffallende Gegensatz zwischen dem wirtschaftlich verhältnismäßig erschlossenen Mexiko und den Gebieten, die er in Südamerika bereist hatte, veranlaßte Humboldt in seinen geographisch-staatswissenschaftlichen Studien über Neuspanien, wie er in der Vorrede zu seinem Werk schrieb, «den noch wenig entwickelten Ursachen nachzuforschen, welche in diesem die Fortschritte der Bevölkerung und der Nationalbetriebsamkeit so auffallend begünstigt haben». Auch bei diesem Unternehmen bewegte ihn der Wunsch, Malthus und allen Verelendungsaposteln entgegen zu beweisen, welche Möglichkeiten für die Förderung der menschlichen Wohlfahrt in jenen weiten, durch die Spanier (von gewissen kolonialwirtschaftlichen Ansätzen abgesehen) nur ausgeplünderten Ländern zu erschließen wären, falls diese jungfräulichen Gebiete nach den Einsichten der Naturforschung planmäßig entwickelt würden.

Die jahrzehntelangen Machtkämpfe innerhalb der spanischen und kreolischen Herrenschicht, die der Loslösung der spanischen Kolonien vom Mutterlande und der Befreiungstat Simon

Bolívars folgten, vernichteten die in den Unabhängigkeitskriegen hervorgetretenen Ansätze zu einer fortschrittlichen Entwicklung und machten die praktisch-politische Nutzanwendung der Humboldtschen Untersuchung unmöglich. Dennoch haben seine Studien über Mexiko in den fortschrittlichen Kreisen der ehemaligen Kolonien weitergewirkt und auch vereinzelte Früchte getragen. Manche Kunststraße, die in Mexiko gebaut wurde, beruht auf den Vermessungen, die Humboldt durchführte. Er war der erste, der konkrete Hinweise auf die für die Schiffahrt so bedeutungsvolle Durchstechung der mittelamerikanischen Landenge gab. Als man, zwanzig Jahre nach Humboldts Tod, daran ging, den Kanal vom Karibischen Meer zum Stillen Ozean zu bauen, entschied man sich für eine Wasserstraße durch den Isthmus von Panama; das war eine der neun Möglichkeiten, die Alexander von Humboldt ein dreiviertel Jahrhundert zuvor erwogen und für die er in seinem mexikanischen Atlas auch die Karten gezeichnet hatte.

Im Lande der Azteken

Vizekönig, der sechsundfünfzigste übrigens in der dreihundertjährigen Herrschaft Spaniens über Mexiko, war damals bereits Don José Iturrigaray, der fünf Jahre später der drohenden Erhebung der Kreolen entgegenwirken wollte, indem er ihnen gleiche Rechte mit den Spaniern gewährte. Er wurde jedoch von seinen eigenen Landsleuten ergriffen und nach Spanien geschickt, wo man noch immer der Meinung war, die Gewaltherrschaft in Mexiko aufrechterhalten zu können, und einen neuen Vizekönig ernannte.

Für Humboldts Absichten ist Iturrigaray von ungewöhnlichem Nutzen gewesen. Es mag dahingestellt bleiben, ob er wirklich, wie er Humboldt bald nach dessen Landung in Acapulco schrieb, diejenigen Männer seiner «besonderen Anerkennung und Hochachtung für würdig erachtet» hat, die «sich den wichtigen Forschungen in den Naturwissenschaften zum Wohle der Menschheit und zu andern lobenswerten Zwecken widmen». Er hat jedenfalls den deutschen Forscher, dem der Ruhm bereits vorauseilte, in einer Weise unterstützt, an die man im

Rat von Indien in Madrid nicht gedacht haben dürfte. Er machte ihm für seine Studien die Materialien zugänglich, ohne die Humboldts geographisch-staatswissenschaftliche Untersuchung unmöglich gewesen wäre und deren Übermittlung an Fremde noch immer mit schwersten Strafen belegt war. «Kein gedrucktes Werk konnte mir die Materialien liefern, deren ich bedurfte», bekannte Humboldt in seiner Vorrede, «aber es standen mir die Archive und eine Menge handschriftlicher Aufsätze zu Gebote.»

Quellenforschungen und Nachforschungen gingen Hand in Hand, der Staatswissenschaftler und der Geograph waren nicht weniger rührig als der Geologe und der Botaniker, der Völkerkundler und der Naturhistoriker. Alle diese Forschungsgebiete waren in Humboldts Augen ja nur Teile der umfassenden Wissenschaft von der Natur in ihrer Bedeutung für die menschliche Wohlfahrt. Humboldt begnügte sich nicht mit Lesefrüchten; er mußte aus der Anschauung und der Beobachtung erkennen, um zu vergleichbaren Ergebnissen und einer möglichst allseitigen Einsicht in das Ganze zu gelangen.

Dem Gegensatz zwischen Weiß und Rot, Herren und Knechten, begegneten Humboldt und seine Begleiter schon in Acapulco, wo verelendete, seuchenbehaftete Indianer Silber auf Segler verluden, die für die Philippinen bestimmt waren. Humboldt berechnete, daß 2 028 Millionen Piaster (etwa 6 700 Millionen Goldmark) oder zwei Fünftel des Goldes und Silbers, die während der spanischen Herrschaft bis zum Beginn des 19. Jahrhunderts aus der Neuen in die Alte Welt gebracht worden waren, aus Mexiko stammten, zur Hälfte aus den Minendistrikten von Guanajuato, Zacatecas und Catorce. Die Minen, die sich überwiegend im Privatbesitz von Spaniern befanden, wurden rücksichtslos ausgebeutet. Wer irgend konnte, bereicherte sich auch persönlich an der Ausplünderung der Gold- und Silberlager durch das «Mutterland» Spanien. Eine einzige Mine, die von Valenciana, lieferte – wie Humboldt in seinem Werk «Über den politischen Zustand des Königreiches Neuspanien» berichtete – «seit vierzig Jahren ihren Eigentümern[1] einen jährlichen Reingewinn von mehr als 3 Millionen

1 Gemeint sind die Besitzer, d. h. die Bergwerksunternehmer, Eigentümer im rechtlichen Sinne war die spanische Krone.

Franken. Dieser Gewinn hat sich bisweilen auf 6 Millionen gehoben, ja die Familie Fagoaga in Sombrerete hat schon binnen wenigen Monaten 20 Millionen gewonnen.»

In Taxco besichtigten die drei Reisenden einige mexikanische Silbergruben, nachdem sie auf den Hochebenen von Chilpancingo und Tehuilotepec im mild erfrischenden Klima von 1 200 bis 1 400 Meter Höhe zwischen Zypressen und Baumfarnen Tannen und Eichen begegnet waren. Flaschenkürbisse, durch Agavenstricke miteinander verbunden, trugen zu einer weiteren Bereicherung ihrer Erfahrungen bei, reißende Bergströme zu überqueren. Über Cuernacara und Cuchilaque, wo dichte Nebel die Sicht behinderten, erreichten sie etwa sechs Wochen nach der Landung die Hauptstadt Mexiko.

Humboldt weilte an der Stätte, an der im Jahre 1519 Moctezuma, der Alleinherrscher der Azteken, den spanischen Konquistador Cortez mit Geschenken begrüßt hatte und, wie Atahualpa, der König der Inkas, gefangengesetzt und gezwungen worden war, der allerkatholischsten Majestät in Madrid zu huldigen – an der Stätte, an der ein in seinen religiösen Gefühlen verletztes Volk aufstand und den fremden Eroberer in der «noche trista», der «traurigen Nacht» zum 1. Juli 1520, zur Flucht an die Küste zwang – an der Stätte, die der Eindringling Cortez bis auf den Grund zerstörte, als er im Jahr darauf, von Verrat und Treulosigkeit unterstützt, in die Hauptstadt der Azteken zurückkehrte. Man zeigte den Reisenden das Indianerdorf am Fuße eines Berges, aus dem das Material für jene Messer gewonnen worden war, mit denen sich Cortez in der Kunst des Rasierens übte, den Felshügel von Chapultepec, auf dem der Palast Moctezumas gestanden hatte, und die «schwimmenden Gärten» von Santa Anita und Ixtacalco, kleine Landfetzen in Seen, auf denen einzigartige Gemüse gezogen wurden. Von Tenochtitlan, der im Jahre 1325 inmitten von Seen auf Pfählen erbauten, der Überlieferung nach allein zweitausend Tempel einschließenden Hauptstadt der Azteken, hatten die rachgierigen Spanier keine Spur übriggelassen.

Auch hier war mit dem Despotismus der Konquistadoren der Fanatismus der mittelalterlichen katholischen Kirche eingezogen. Der Bischof Zumaraga, ein Franziskaner, hatte alles, was an Tempeln, Inschriften und Aufzeichnungen an den Kult der Azteken, an ihre Geschichte und ihre Kultur erinnern konnte, vernichten lassen, um ein für allemal den «Götzendienst» eines zwar despotisch regierten, aber auf hoher Kulturstufe stehenden Volkes auszurotten. Seine Amtsbrüder hatten es verstanden, sogar die Sklaverei als eine gottgewollte Einrichtung aus der Bibel zu rechtfertigen.

Humboldt mag die Höhle von Ataruipé, «die Gruft eines untergegangenen Völkerstammes», vor Augen geschwebt haben, als er mit seinen Begleitern daranging, an Spuren der aztekischen Kultur zu sammeln, was der Zerstörung entgangen war. Er fand nicht viel. Ruinen von Tempeln, weit vom spurlos versunkenen Tenochtitlan, pyramidenähnliche Bauten, deren Seiten merkwürdige Parallelen zur Lage des Ortes wie zur Mittagslinie des Sonnenstandes aufwiesen, eine Zeitrechnung, die auf einem ebenso einfachen wie genauen Kalender beruhte, Schriftzeichen nach der Art der Hieroglyphen. Nicht viel, wenn man aus den geringen der Zerstörung entgangenen Resten die Kultur der Azteken erschließen will, eine der drei vorkolumbianischen Kulturen, die Humboldt neben der der Inkas in Peru und der Muyscas auf der Hochebene von Bogotá als Leistung einer einheitlichen, durch Schädelbildung, Hautfarbe und andere Merkmale gekennzeichneten Menschenrasse erkennen zu können glaubte. Genug, um ganzen Generationen von Forschern fruchtbare Anregungen zu geben, wenn man nur bedenkt, daß Humboldt die weite Verbreitung der Schriftzeichen der Azteken den Magueyblättern zuschrieb, aus denen Papier erzeugt wurde. Das ist dieselbe Spinnfaserpflanze aus der Gattung der Agaven, deren Fasern zu brückentragenden Seilen und zu Schiffstauen geflochten und deren Wurzeln zu einer Heilsalbe gegen die Syphilis verarbeitet wurden, deren Dornen Nägel ersetzten und Pfeilspitzen lieferten, deren Blätter gegessen wurden oder als Dachziegel dienten und deren Knospen aus den Blütenschäften herausgeschnitten wurden (und noch werden), damit sich in den kesselförmigen Hohlräumen, die einen Durchmesser bis zu einem halben Meter haben, jener zuckerreiche, bis zu einer Menge von tausend Kilogramm pro Pflanze fließende Saft sammelt, der, in ledernen Säcken gegoren, den Pulque liefert, das befeuernde und berauschende Nationalgetränk der Mexikaner.

Die Maguey ist eine Pflanze, deren vielfacher Nutz- und Kulturwert bis auf den heutigen Tag aus dem Leben und den schöpferischen Leistungen der Völker nicht wegzudenken ist, die in Mexiko und Mittelamerika heimisch gewesen oder geworden sind; sie ist zugleich ein Musterbeispiel für Humboldts Ansichten über die Abhängigkeit der gesellschaftlichen Verhältnisse von den Gegebenheiten der Natur, mit deren Veränderung durch den Menschen er sich bereits beschäftigt hat.

Humboldts völkerkundliche und kulturhistorische Beobachtungen in Mexiko trugen nur bruchstückhaften Charakter. Das ist, von der Kürze seines Aufenthaltes in Mexiko und der Vielseitigkeit seiner wissenschaftlichen Interessen abgesehen, um so verständlicher, wenn man sich erinnert, daß die Entstehungs- und Entwicklungsgeschichte der vorkolumbianischen Kulturen infolge der weitgehenden Vernichtung ihrer Zeugnisse durch den Zerstörungswahn der Spanier für Jahrhunderte in tiefes Dunkel gehüllt blieb. Vor einiger Zeit gelang es beispielsweise sowjetischen Forschern, aus den drei einzigen uns erhaltenen Maya-Handschriften die Grundsätze der Schreibweise sowie die Bedeutung einer Reihe von Inschriften der Mayas zu enträtseln. An Ausgrabungen war zu Humboldts Zeiten noch nicht zu denken, die Ruinenfelder auf der Halbinsel Yucatan waren eben erst in den Gesichtskreis der europäischen Forschung getreten. Kennzeichnend für die Schwierigkeiten, mit denen die Altertumsforschung im damaligen Königreich Neuspanien zu kämpfen hatte, ist die Tatsache, daß die Dominikaner an der spanischen Universität Mexiko ein 1790 entdecktes Heiligtum aus der aztekischen Zeit vergraben hatten und erst auf eindringliche Vorstellungen eines duldsameren Bischofs veranlaßt worden waren, es wieder auszugraben, so daß Humboldt es untersuchen und skizzieren konnte.

Dieses Heiligtum war aus Basaltporphyr; die große Pyramide von Cholula, einen Tempelbau, dessen Grundfläche über hunderttausend Quadratmeter umfaßte, hatten die Tolteken aus ungebrannten Ziegeln errichtet. Auch solche Materialfragen veranlaßten Humboldt zu Erwägungen, denen die Altertumswissenschaften manche fruchtbare Anregung verdanken. Er lehrte aber auch die Mineralogen und Geologen, Gesteine und Erdschichten nicht nur als solche, sondern wie auch die Erze vor allem in ihren Beziehungen zur gesellschaftlichen Entwicklung der Menschheit zu betrachten. Zwei Forschungsaufgaben traten dabei in Mexiko entsprechend der Natur des Landes in den Vordergrund: die Erze, insonderheit die Edelmetalle, als Quelle des Reichtums der spanischen Kolonie, und die Vulkane in ihren Einflüssen auf die Veränderung der Erdoberfläche als dem Kulturboden für Ernährung und gesellschaftliche Entwicklung.

Humboldt untersuchte die geologischen und bergmännischen Verhältnisse der Bergwerke von Real del Monte und Guanajuato, wo er zwei Monate verbrachte, befaßte sich mit Porphyr- und Basaltsteinbrüchen und begutachtete den mit großen Kosten ausgeführten Durchbruch durch eine Bergwand bei Huehuetoca, der die Stauwässer in den Tälern um Mexiko dem Fluß Montezuma zuführen sollte; er wagte sich in die verfallenen Schächte des «Messerberges» in der Nähe des alten Tenochtitlan, aus dem die Azteken das Material für Waffen und Gebrauchsgegenstände gefördert hatten, wanderte durch die Ruinen ihrer Werkstätten und prüfte die halbfertigen Erzeugnisse vorkolumbianischer Schmiedekunst, die er dort unter dem Schutt der Jahrhunderte fand.

Besondere Anziehungskraft übten auf Humboldt der südöstlich der Hauptstadt gelegene, 4 200 Meter über der Ebene von Morelos emporragende «rauchende Berg», der Popocatepetl (5 452 m), und dessen nur 15 Kilometer entfernter kleinerer Bruder, der Ixtaccihuatl (5 286 m) aus. Der Krater des Popocatepetl – diesen hielt Humboldt übrigens irrtümlich für höher als Mittelamerikas höchsten Berg, den Pic von Orizaba (5 700 m) – erwies sich als unzugänglich; der «rauchende Berg» wurde erst 1827 bezwungen. Humboldt nahm mit seinen Gefährten zahlreiche geometrische Vermessungen vor.

Weit ergiebiger waren die Untersuchungen, die er auf einer früheren Unternehmung in das Innere des Landes an dem im September 1759 wortwörtlich über Nacht entstandenen, fünfhundert Meter hoch aufgeworfenen Vulkan Jorullo durchführte. Humboldt und seine Begleiter stiegen etwa achtzig Meter tief in den von rund zweitausend kleinen rauchenden Öffnungen umgebenen entzündeten Krater hinab und untersuchten die Zusammensetzung der Luft. Humboldt nannte die plötzliche

Entstehung dieses Vulkans auf bis dahin fruchtbarem Ackerland «eine der merkwürdigsten Begebenheiten, welche die Annalen der Geschichte unseres Planeten aufzuweisen haben». Er vertrat die vielumstrittene Ansicht, die sechs Kegel des Vulkans wären als «Erhebungskegel» auf einer Spalte entstanden, die sich gebildet habe, nachdem die Erdrinde sich infolge eines unterirdischen Bebens gehoben habe und dann geborsten sei. Nicht minder merkwürdig als die Bildung des Vulkans selbst waren die von späteren Forschern infolge Zersetzung bereits wesentlich verändert vorgefundenen «Hornitos», zwei bis drei Meter hohe, Wasserdämpfe auswerfende, Backöfen vergleichbare Hügel, die seinerzeit zu Tausenden das verwüstete Land um den Jorullo bedeckten.

Auf allen seinen Kreuzundquerzügen durch Mexiko hatte Humboldt barometrische Höhenmessungen und geographische Ortsbestimmungen vorgenommen. Seine eigenen, schadhaft gewordenen Instrumente ergänzte er durch Leihgaben seines Freiberger Studienfreundes del Río, der an der Bergschule in Mexiko tätig war. Als die drei Reisenden am 7. März 1804 in Veracruz an Bord einer spanischen Fregatte gingen, um nach Havanna zu segeln, hatte er nicht nur die geographische Lage der Hauptstadt und anderer wichtiger Punkte bestimmt, sondern auch all die Vermessungen durchgeführt, die er für sein Kartenwerk des Königreiches Neuspanien und für seine Profile von Meer zu Meer brauchte. Bonplands botanische Sammlungen waren abermals bereichert, und Samen mexikanischer Pflanzen befanden sich auf dem Weg in europäische Treibhäuser.

Abscheu vor der Sklaverei

Humboldts zweiter Aufenthalt auf Kuba währte nur einige Wochen. Am 29. April 1804 trat er mit Bonpland und Montúfar die Heimreise an, die über die Vereinigten Staaten von Amerika führte. Nach sehr stürmischer und gefahrvoller Fahrt trafen die drei Freunde am 20. Mai vor Philadelphia ein; am 30. Juni gingen sie in New Castle am Delaware an Bord der «Favorite», die am 3. August in Bordeaux landete.

Humboldts kurzer Besuch in den Vereinigten Staaten galt

vor allem dem Zweck, zwischen einem ehemaligen Koloniallande, das seine Unabhängigkeit erkämpft hatte, und den süd- und mittelamerikanischen Besitzungen der spanischen Krone zu vergleichen. Er suchte sogleich Verbindung mit dem damaligen Präsidenten Thomas Jefferson, dessen Schriften und liberale Ideen ihm vertraut waren; er erhielt eine Einladung nach Washington und hatte einen angeregten Gedankenaustausch mit dem vielseitig interessierten fortschrittlichen amerikanischen Staatsmann. Er war von den demokratischen Einrichtungen des jungen Staatswesens und von der wirtschaftlichen Entwicklung beeindruckt, aber er verurteilte den Mangel und die Geringschätzung kultureller Werte, das krasse Gewinnstreben und vor allem die Sklaverei, die er mit einer humanen Gesinnung, mit dem Geist der Staatsverfassung der USA und mit der politischen Vernunft für unvereinbar hielt. Noch an seinem Lebensabend hat er sich verpflichtet gefühlt, in diesem Sinne in eine Auseinandersetzung einzugreifen, die während eines Wahlkampfes in den Vereinigten Staaten über seine Anklagen gegen die Versklavung der Neger ausgelöst worden war.

Humboldt hatte seinen zweiten Aufenthalt in Kuba besonders dazu benutzt, seine Untersuchungen über die gesellschaftlichen Verhältnisse auf den Antillen zu vervollständigen. Seinem «Essai politique», dem «Versuch über den politischen Zustand des Königreiches Neuspanien», entsprechend veröffentlichte er 1826 in seinem großen, französisch geschriebenen Reisewerk bereits enthaltene Untersuchungen noch einmal besonders als «Essai politique sur l'Ile de Cuba», «Versuch über den politischen Zustand der Insel Kuba». Den Schwerpunkt dieser Abhandlung bildete nach seiner eigenen Meinung die Darstellung der geschichtlichen Entwicklung und des Umfanges des Menschenhandels mit Negern sowie der Sklaverei in den spanischen Besitzungen und im Süden der Vereinigten Staaten.

Humboldt schätzte die Zahl der Neger, die von 1670 bis 1825 aus Afrika als Sklaven nach den Antillen gebracht worden waren, auf 5 Millionen, die auf den Westindischen Inseln 1825 noch lebenden Negersklaven auf 2 400 000. Ihr Anteil an der Bevölkerung der Antillen betrug durchschnittlich vierzig von

Hundert, in Kuba sechsunddreißig von Hundert, auf den englischen Antillen einundachtzig von Hundert und erreichte in Jamaica mit fünfundachtzig den höchsten Prozentsatz. In den Vereinigten Staaten von Nordamerika bestand die Bevölkerung noch 1823 zu sechzehn von Hundert aus Negersklaven.

«Ich habe», schrieb Humboldt[1], «den Zustand der Schwarzen in Ländern gesehen, wo Gesetze, Religion und nationale Gewohnheit sich vereinen, um ihr Los zu mildern, und doch habe ich bei meiner Abreise von Amerika denselben Abscheu vor der Sklaverei gefühlt, den ich schon in Europa gehabt hatte. Vergebens haben geistreiche Schriftsteller, um die Grausamkeit der Institution durch geistreiche Wortklauberei zu verdecken, die ‚Negerbauern der Antillen', ‚Untertänigkeit der Schwarzen' und ‚patriarchalischen Schutz' erfunden; es heißt das nur, die edlen Eigenschaften des Geistes und des Gedankens entheiligen, wenn man mit Hilfe von nichtigen Vorwürfen und Spitzfindigkeiten einen Unfug verteidigt, der die Menschlichkeit beleidigt und empört. Glaubt man sich des Mitleidens entschlagen zu können, wenn man den Zustand der Schwarzen mit dem der Leibeigenen des Mittelalters oder mit der Lage vergleicht, unter der noch jetzt einige Klassen im Norden und Osten von Europa seufzen? Diese Vergleiche, diese Wortkünste und die hochmütge Verdrießlichkeit, mit denen man selbst die Hoffnung auf eine allmähliche Milderung der Sklaverei zurückweist, sind in der Zeit, in der wir leben, unnütze Waffen. Die großen Umwälzungen, welche der Kontinent von Amerika und der Antillenarchipel seit dem Beginn des 19. Jahrhunderts[2] durchmachten, wirkten auf die Ideen und die allgemeine Denkungsweise in den Ländern selbst, in denen die Sklaverei besteht, und beginnen sie zu ändern. Viele verständige und bei der Ruhe der Zucker- und Sklaveninseln interessierte Männer fühlen, daß man durch freie Übereinkunft mit den Eigentümern, durch Maßregeln, die von mit den Ortsverhältnissen bekannten Leuten ausgehen, einer Krise entgehen

1 Zitiert nach der deutschen Übersetzung der französischen Erstausgabe von W. C. Wittwer, a. a. O.

2 Gemeint sind die Freiheitskriege und Unabhängigkeitserklärungen in den vormaligen spanischen und portugiesischen Kolonien, die an der Negersklaverei zunächst nichts änderten.

könne, deren Gefahren sich durch Indolenz und Halsstarrigkeit nur vermehren.»

Humboldt forderte nachdrücklich gesetzgeberische Maßnahmen zur Aufhebung der Sklaverei und warnte: «Die Zeit wird einen Einfluß auf die Sklaven ausüben, aber auch zugleich auf die Beziehungen zwischen den Bewohnern der Inseln und des Kontinents und auf die Ereignisse, die man nicht wird meistern können, wenn man sie in einer apathischen Untätigkeit abgewartet hat. Überall, wo die Sklaverei schon länger eingeführt ist, haben die Fortschritte der Zivilisation auf die Behandlung der Sklaven viel weniger Einfluß, als man ihnen gerne zuschreiben möchte.» Er schloß seine von echtem Humanitätsgefühl getragenen Ausführungen mit den Hinweisen, «daß, um den Zustand der Sklaverei wesentlich zu ändern, um sie [die Sklaven] allmählich zum Genusse der Freiheit zu bringen, ein fester Wille der Ortsbehörden und ein Zusammenhelfen aller Begüterten und verständigen Bürger und endlich ein allgemeiner Plan nötig sind, in dem alle Möglichkeiten der Unordnung und die Mittel, ihnen zuvorzukommen, vorausgesehen sind. Ohne dieses Zusammengehen wird die Sklaverei mit allen ihren Schmerzen und Leiden wie im alten Rom sich erhalten neben der Freiheit der Sitten, den so gerühmten Fortschritten der Aufklärung und allen Zeichen der Zivilisation. Daß sie vorhanden ist, bildet einen Anklagepunkt für diese und ist eine stehende Drohung, sie zu verschlingen, wenn der Tag der Rache angebrochen sein wird.»

Als Humboldt diese Forderungen erhob, war zwar der Negerhandel von den Seemächten bereits verboten worden. Die Beseitigung der Sklaverei in den überseeischen Gebieten begann, von der Befreiung der Neger auf Haiti durch die Französische Revolution abgesehen, jedoch erst 1830 mit der Freilassung der der britischen Krone gehörenden Sklaven; 1833 folgte dann die völlige Aufhebung der Sklaverei in den englischen und 1848 in den französischen Kolonien. Im Süden der Vereinigten Staaten hingegen nahm die Sklaverei ständig zu – 1860 wurden dort über 3 Millionen Sklaven gezählt – und trug schließlich maßgeblich zum Ausbruch des Bürgerkrieges zwischen den elf Südstaaten und den Nordstaaten der USA bei, die unter Abraham Lincolns Führung die Abschaffung der

Sklaverei forderten. In Kuba mußten die Sklaven in harten und blutigen Aufständen, die bis zum Jahre 1880 andauerten, ihre Freiheit erkämpfen.

Im Jahre 1856 erschien in Amerika eine englische Ausgabe des «Essai politique sur l'Ile de Cuba», in der das siebente Kapitel, das die Sklaverei behandelte, weggelassen worden war. Humboldt sah sich genötigt, in der Zeitschrift für allgemeine Erdkunde (1856) öffentlich dagegen Einspruch zu erheben. «Auf diesen Teil meiner Schriften», erklärte er, «lege ich eine weit größere Wichtigkeit als auf die mühevollen Arbeiten astronomischer Ortsbestimmungen, magnetischer Intensitätsversuche oder statistischer Angaben.» Er wiederholte seine Feststellung aus dem Jahre 1826, «daß die alte spanische Sklavengesetzgebung weniger unmenschlich und weniger hart ist als die der Sklavenstaaten des amerikanischen Festlandes im Norden wie im Süden[1] des Äquators». Und er schloß seinen Protest mit den Sätzen: «Ein beharrlicher Verteidiger der freiesten Meinungsäußerung in Rede und Schrift, würde ich mir selbst nie eine Klage erlaubt haben, wenn ich auch mit großer Bitterkeit wegen meiner Behauptungen angegriffen würde; aber ich glaube dagegen auch fordern zu dürfen, daß man in den freien Staaten des Kontinents von Amerika lesen könne, was in der spanischen Übersetzung seit dem Jahre des Erscheinens hat zirkulieren dürfen.»

Natürlich erreichte Humboldts Protest in der Zeitschrift für allgemeine Erdkunde nur einen kleinen Leserkreis. Dennoch fand er weithin das beabsichtigte Echo, zumal in den Vereinigten Staaten von Amerika, wo er u. a. auch in der schon damals viel beachteten Zeitung «New York Herald» abgedruckt wurde. In Kuba freilich war die Verbreitung der spanischen Übersetzung bereits 1827 verboten worden.

«Indem wir die Einheit des Menschengeschlechtes behaupten», lesen wir am Schlusse des «Naturgemäldes» in Humboldts vor mehr als hundert Jahren geschriebenem «Kosmos», «widerstreben wir auch jener unerfreulichen Annahme von höheren und niederen Menschenrassen. Es gibt bildsamere, höher gebildete, durch geistige Kultur veredelte, aber keine edleren Volksstämme. Alle sind gleichmäßig zur Freiheit bestimmt;

1 Gemeint sind die Südstaaten der USA und Brasilien.

zur Freiheit, welche in roheren Zuständen dem einzelnen, in dem Staatenleben bei dem Genuß politischer Institutionen der Gesamtheit als Berechtigung zukommt.»

Ein «Benemérito» Mittel- und Südamerikas

Humboldts literarische Kämpfe gegen die Sklaverei entsprangen seinem humanen Bewußtsein, der Gesinnung eines Menschenfreundes, der mit dem Herzen auf der Seite der Freiheit stand.

Humboldt war kein Revolutionär, der – wie etwa sein Freund Georg Forster – bereit gewesen wäre, unter Einsatz seines Lebens für die Freiheit seiner Mitmenschen zu kämpfen. Er klagte an, aber er handelte nicht. Er war ein sehr tätiger und kritischer Beobachter und Erforscher des Lebens im Sinne des Ganzen der Natur, aber nicht auch ein Mann der politischen Tat.

Humboldts Amerikareise hatte wissenschaftliche Beweggründe, keine politischen. Auch sein Drang zu forschen entsprang nicht nur der Hingabe an die Sache, sondern auch persönlichem Geltungswillen. Aber weil er die Studierstube des Gelehrten verließ, die Natur und das Leben der Menschen mit den Augen des Forschers anschaute und untersuchte, weil er Wissenschaft nicht um ihrer selbst willen, sondern als ein Mittel zur Beförderung der menschlichen Wohlfahrt betrieb, wurden die gesellschaftlichen Zustände, die er in den spanischen Kolonien vorfand, und die wirtschaftlichen Entwicklungsmöglichkeiten, die er in den verschiedenen Gebieten erkannte, ebenso zum Gegenstand seiner wissenschaftlichen Untersuchungen wie die natürlichen Gegebenheiten der von ihm bereisten Länder. Daher waren die Gedanken, die Humboldt in seinen «Essais politiques» und in zahllosen Gesprächen in der Neuen wie in der Alten Welt vertrat, politisch bedeutsam und wurden politisch wirksam. Humboldts Schriften und Pariser Vorträge über seine amerikanischen Erfahrungen weckten ein ganz allgemeines Interesse für die spanischen Kolonien.

Diese Anteilnahme der europäischen Öffentlichkeit an dem durch Humboldt gleichsam zum zweiten Male entdeckten südamerikanischen Kontinent wurde besonders augenfällig, als wenige Jahre nach Humboldts Rückkehr der Kampf um die Unabhängigkeit der spanischen Kolonien vom Mutterland begann. Humboldt hielt Spanisch-Amerika für «eine reife Frucht». In Wort und Schrift sprach er sich gegen das koloniale Ausbeutungssystem im allgemeinen und die westindische Sklavenhalterwirtschaft im besonderen aus. Er war darüber hinaus der Meinung, daß die weiten südamerikanischen Gebiete entwicklungsfähig seien und entwickelt werden müßten, eine Ansicht, die noch nie vertreten worden war und für die Humboldt überzeugende Gründe geltend machte. Er wußte aber auch um die Ursachen der allgemeinen Rückständigkeit und die mannigfachen Widerstände, die sich jeder fortschrittlichen Entwicklung hemmend in den Weg stellten, und kannte das korrupte spanische Regime zu genau, als daß er sich der Hoffnung hingegeben hätte, der Rat von Indien in Madrid wäre fähig oder auch nur willens, in den Kolonien Reformen im Sinne seiner Vorstellungen durchzuführen. Humboldt ließ daher seine Absicht, alsbald nach seiner Rückkehr nach Spanien zu reisen, fallen. Der Möglichkeit einer revolutionären Entwicklung in Südamerika selbst und einer gewaltsamen Loslösung der Kolonien vom Mutterland stand er skeptisch gegenüber. Er hatte während seiner amerikanischen Reise zwar eine Reihe revolutionär und patriotisch gesonnener Männer kennengelernt, hatte aber nicht den Eindruck gewonnen, daß diese schmale Schicht über das weite Gebiet verstreut lebender fortschrittlicher Kräfte bereits in der Lage wäre, die gewaltigen politischen und wirtschaftlichen Aufgaben zu lösen.

Diese Auffassung vertrat Humboldt auch in dem Pariser Salon der Madame Dervieu du Villars, in dem er unmittelbar nach seiner Rückkehr häufig verkehrte. Der Vetter dieser venezolanischen Aristokratin, der schon als Knabe nach Europa gekommen war und nach einem längeren Aufenthalt in Madrid jetzt in Paris lebte, verfocht eine andere Meinung. «Die Völker sind in den Augenblicken, da sie die Notwendigkeit empfinden, frei zu sein, so stark wie Gott, weil Gott ihnen seinen Geist eingibt», antwortete er. Der einundzwanzigjährige Jüngling, der dieses Wort sprach, war Simón Bolívar.

Bolívar entstammte einem altspanischen, in Caracas ansässigen Adelsgeschlecht. Er war Vollwaise, hatte ausgedehnte Ländereien und ein Kupferbergwerk geerbt. Er schwärmte für Rousseau und die Menschenrechte und träumte von der Möglichkeit, die Gedanken der Französischen Revolution in seiner Heimat zu verwirklichen. Er war ein romantischer Schöngeist, als er Humboldt begegnete. Es ist ein geschichtliches Verdienst Humboldts, den jugendlichen Überschwang des leidenschaftlichen Patrioten auf die wirtschaftlichen und humanen Aufgaben gelenkt zu haben, die es in dessen Heimat zu lösen gab. Während Aimé Bonpland das revolutionäre Feuer des gemeinsamen jungen Freundes schürte, wurde Alexander von Humboldt nicht müde, von der Wirklichkeit und den Entwicklungsmöglichkeiten Spanisch-Südamerikas und von den großen und verantwortungsvollen Aufgaben zu sprechen, die der schmalen venezolanischen Intelligenzschicht zufielen.

Simón Bolívar kehrte 1807 nach Caracas zurück. Drei Jahre später, siebenundzwanzig Jahre alt, begann er seinen heldischen Kampf um die Befreiung der spanischen Kolonien und die Errichtung eines starken demokratischen Staates im Norden des südamerikanischen Kontinents. Der Mann, der als «El Libertador», als «der Befreier» Südamerikas, in die Geschichte eingegangen ist, hatte seinen Kampf unter ganz anderen Voraussetzungen durchzustehen als wenige Jahrzehnte zuvor George Washington, der Begründer der Unabhängigkeitsbewegung der Vereinigten Staaten von Nordamerika.

Die britischen Kolonien in Nordamerika waren Siedlerkolonien, in denen die vornehmlich von den Britischen Inseln stammenden europäischen Einwanderer die drückenden Lasten und hemmenden Fesseln loswerden wollten, mit denen das Mutterland die Landwirtschaft und die junge Industrie im Zaume hielt. Humboldt hatte ganz richtig erkannt, daß es in Nordamerika nur des Mannes bedurft hatte, der den Unwillen der Farmer und Gewerbetreibenden gegen das Mutterland zu einer Unabhängigkeitsbewegung entfachte; die ökonomischen Voraussetzungen für eine solche Entwicklung waren gegeben.

Die Kolonien in Spanisch-Amerika dienten zur Ausbeutung, wiesen jedoch in ihrer ökonomischen Struktur grundsätzliche Unterschiede auf. Es gab «Silberländer» wie Mexiko und Peru, deren wichtigste Bestimmung darin lag, Edelmetalle im Rohzustand zu liefern, und agrarische Länder wie Venezuela und die Westindischen Inseln, in denen «Kolonialwaren» in landwirtschaftlichen Großbetrieben erzeugt wurden, die dem Staat oder der Kirche oder einer kleinen Anzahl aus Spanien stammender und in den Kolonien reich gewordener Familien gehörten. Von den einheimischen Handwerksbetrieben und Kleingewerben abgesehen, die lediglich der Versorgung der unmittelbaren Nachbarschaft mit Verbrauchsgütern dienten, gab es weder Gewerbe noch Industrien. Die Produktionsmonopole lagen entweder in der Hand des Staates – der Anbau des Tabaks war beispielsweise ein Monopol der Königlichen Domänenverwaltung – oder in der Hand der Minenbesitzer beziehungsweise der Großgrundbesitzer. Ähnliches gilt für die Ausfuhrmonopole, die ihrerseits einer Reihe staatlicher Beschränkungen und Bevormundungen unterlagen. Waren durften nur nach spanischen Häfen ausgeführt und nur von dort bezogen werden. Landpächtern war es nicht gestattet, Wein zu keltern oder Oliven zu Öl zu pressen; sie durften nur die Frucht anbieten, nicht ihr konsumfertiges Erzeugnis.

Während in Nordamerika die eingewanderten, auf eigenem Boden wirtschaftenden Farmer auf dem Lande und die selbständigen Gewerbetreibenden in den Städten die überwiegende Mehrzahl der Bevölkerung bildeten, gab es in Spanisch-Amerika, teils aus Gründen des Klimas und der Bodenbeschaffenheit, teils infolge der spanischen Kolonialpolitik, nur eine verschwindend geringe Zahl von Einwanderern. Reich und arm, Herren und Knechte standen einander gegenüber, von einem Mittelstand konnte kaum die Rede sein.

Die dünne Herrenschicht bestand einmal aus Spaniern, die als Beamte der Krone oder als missionierende Geistliche meist nur vorübergehend ins Land kamen, und aus Kreolen. Die Minen- und Großgrundbesitzer spanischer Herkunft, deren Geschlechter zum Teil seit der Konquistadorenzeit im Lande ansässig waren, lehnten sich am stärksten gegen die spanische Kolonialverwaltung auf, weil sie sich in ihrer wirtschaftlichen Bewegungsfreiheit beschränkt sahen und eine Reihe von Vorrechten bei Verwaltung und Militär verloren hatten. Sie waren zudem heftige Gegner der geringfügigen Zugeständnisse, welche die spanische Krone unter Mithilfe des Klerus den Mestizen und anderen «Pardos» sowie den völlig entrechteten und unterdrückten Indianern und den als Arbeitssklaven eingeführten Negern gewährt hatte, um die Entstehung einer allgemeinen antispanischen Bewegung zu verhindern. Nimmt man hinzu, daß die breiten unteren Schichten des Volkes, die leibeigenen Negersklaven auf den Großfarmen und die indianischen Lohnsklaven in den Minen, aber auch die Tagelöhner in den Häfen und auf dem Lande, die kleinen Pächter, die halbwilden und wilden Stämme in den Urwäldern und Savannen, infolge Unwissenheit, Analphabetentums und zielbewußter Lenkung durch das weitverzweigte Netz katholischer Missionen zu keiner politischen Willensbildung, geschweige denn zu einem Klassenbewußtsein gelangen konnten, so begreift man Humboldts Skepsis, die Frucht sei zwar reif, aber es fehle – um in seinem Bilde zu bleiben – an dem, der den rechten, und das heißt in der Vorstellung Humboldts einen humanen Gebrauch von ihr machen könne. Nach den ökonomisch-politischen Gegebenheiten war vorauszusehen, daß im Falle einer Loslösung der Kolonien von Spanien die Minenkönige und die Großgrundbesitzer auch politisch die herrschende Klasse bilden würden. Unabhängigkeit vom «Mutterland» nach dem nordamerikanischen Vorbild war ihr Ziel, soweit sie nicht Royalisten waren und lediglich von der Bevormundung durch die korrupte Kolonialbürokratie befreit werden wollten; aber diese mächtige Herrenschicht hatte ausschließlich ihr Profitinteresse im Auge und war ein Todfeind der Befreiung des Volkes aus den Fesseln des kolonialen Feudalismus. Nationale Unabhängigkeit und zugleich revolutionäre Neuordnung der gesellschaftlichen Zustände erstrebten hingegen nur kleine Gruppen republikanischer Patrioten. Es handelte sich meist um Angehörige der Intelligenz, um Gelehrte, Advokaten, von Rousseau begeisterte und der Französischen Revolution beeindruckte junge Männer aus der alteingesessenen Aristokratie, um einige Offiziere und aufgeklärte Geistliche. Diese Gruppen lebten weit voneinander entfernt und ohne gegenseitige Verbindung in den wenigen Kulturzentren des ausgedehnten Kolonialreiches. Mittelpunkt und bald auch treibende Kraft einer solchen Gruppe in Caracas wurde der junge Simón Bolívar.

Man wird Florian Kienzl, dem deutschen Biographen Bolívars, recht geben müssen, wenn er meint, die Frucht «hätte sich erst sehr viel später vom Aste gelöst, wenn nicht ein Orkan sich erhoben hätte».[1]

In Europa griff Napoleon auch nach der spanischen Krone. Das spanische Volk jagte im März 1808 den korrupten «Friedensfürsten» Godoy davon. Der unfähige Karl IV. dankte zugunsten seines Sohnes ab; dieser Ferdinand VII. wurde von Napoleon nach Bayonne gelockt und gezwungen, die Krone an Joseph Bonaparte, den ältesten Bruder des Korsen, auszuliefern, der dadurch zugleich Beherrscher von Spanisch-Amerika werden sollte. Auf der ganzen Iberischen Halbinsel erhob sich das spanische Volk gegen die napoleonische Fremdherrschaft. Aus den verschiedensten Beweggründen unterstützten zahlreiche Behörden und Bevölkerungskreise Spanisch-Südamerikas den Kampf der spanischen Patrioten; 280 Millionen Realen (etwa 140 Millionen Goldmark) wurden gesammelt und den Kämpfenden zur Verfügung gestellt.

In der Ablehnung des französischen Herrschaftsanspruches auf die Kolonien war man sich in Spanisch-Amerika einig. Sendlinge Joseph Bonapartes, die in Caracas die Regierungsgewalt übernehmen wollten, wurden verjagt, während Spanien selbst bis auf die Landzunge von Cadiz von französischen Truppen überflutet wurde. Die spanische Krone, das einigende Band zwischen dem iberischen Königreich und den überseeischen Vizekönigreichen beziehungsweise Generalkapitanaten, befand sich in der Hand eines Usurpators. Es war unmöglich geworden, in den Kolonien klare Herrschaftsverhältnisse zu schaffen. Zwei Gruppen hielten die Zeit für gekommen, zur Tat zu schreiten.

Die Mehrheit der Kreolen, darunter besonders die Minen- und Großgrundbesitzer, wünschte die uneingeschränkte Macht für sich, sei es als «Treuhänder der spanischen Krone», sei es als Herren einer unabhängigen Republik. Im Namen der Patrioten, die sich in der «Sociedad patriotica» zu einer politischen Partei im Sinne der französischen Revolutionsklubs zu-

1 Florian Kienzl, «Bolívar, der Befreier», Berlin 1936, S. 10. Auch die folgenden Zitate sind dieser Schrift entnommen. Vgl. ferner Kienzls umfangreichere Biographie: «Bolívar, Ruhm und Freiheit Südamerikas», Berlin 1948.

sammengefunden hatten, verlangte Bolívar, «daß endlich die Einheit der Nation Tatsache werde, daß wir uns in dem gemeinsamen Willen finden, die Freiheit zu erringen». Der Orkan, der die Frucht vom Aste löste, brach los.

Bolívars Hauptziel war die Unabhängigkeit von Spanien, die er nur in einer einheitlichen starken Republik gewährleistet sah, deren innere Verfassung auf den Menschenrechten beruhte, wie sie zwei Jahrzehnte zuvor in Paris verkündet worden waren. Der erste, aus sieben Bundesstaaten bestehende südamerikanische Föderativstaat wurde noch nach nordamerikanischem Muster geschaffen und erhielt eine Verfassung, die zwar jedem Freien das aktive Wahlrecht zubilligte, das passive aber nur denen, die ein erhebliches Vermögen nachweisen konnten. Entgegen den Wünschen Bolívars und der Patrioten hatte sich nämlich das Großbürgertum, vertreten besonders durch Minen- und Großgrundbesitzer, die Macht in dem jungen Staatswesen gesichert. Bei den übrigen Staatsgründungen auf südamerikanischem Boden vollzog sich der Vorgang nicht wesentlich anders. Das Besitzbürgertum herrschte, die verfassungsrechtlichen Freiheiten standen lediglich auf dem Papier.

Die Machtkämpfe zwischen Royalisten und Republikanern, Kapitalisten, Feudalherren und Patrioten, Freiheitskämpfern und spanischen Truppen, die den Kolonialstatus wiederherstellen sollten, begannen schon in der Geburtsstunde des «freien» Südamerikas; sie führten zu jener Epoche von Bürgerkriegen, diktatorischen Regimen und Militärrevolten, die in einer ganzen Reihe mittel- und südamerikanischer Staaten noch heute kein Ende gefunden hat. Von wenigen Getreuen unterstützt, unternahm der junge Oberst Bolívar den kühnen Versuch, die Freiheit gegen die spanischen Kolonialtruppen und gleichzeitig gegen die reaktionären Machtgruppen zu verteidigen und aus der Vielzahl an Staatsgründungen wenigstens im Norden Südamerikas eine einzige kraftvolle Republik zu schaffen. In wechselvollen heldenhaften Kriegszügen gelang es dem «Libertador» und seinen Kampfgefährten, die Spanier 1824 endgültig zu vertreiben. Der Kampf des Großbürgertums gegen ihn begann, als er als Oberhaupt der Republik Venezuela die Sklaverei aufhob. Er fügte Neugranada, Venezuela und Ekuador zu einer einheitlichen Republik zusammen und befreite Nieder- und Oberperu, das ihm zu Ehren den Namen «Bolivia» annahm.

Bolívar hat die diktatorischen Vollmachten, die ihm in Kolumbien wie in Bolivia übertragen wurden, nicht mißbraucht; sein kompromißloses Vorgehen gegen Royalisten und Reaktionäre war eine geschichtliche Notwendigkeit. Mehrmals legte er die Präsidentenwürde nieder, um den Verdacht zu entkräften, er wolle der Napoleon Südamerikas werden. Es gelang ihm, Schutz- und Trutzbündnisse zwischen den verschiedenen Republiken abzuschließen. Er wollte mehr. Er wollte ganz Südamerika zu einem Staatenbund zusammenfügen und allen Bürgern gleiche Rechte geben. Dieser kühne Versuch scheiterte am Widerstand der Besitzenden, die ihre Klasseninteressen mit allen Mitteln der List und der Gewalt durchsetzten, und an der Mißgunst der in den einzelnen Staaten um die Macht ringenden Cliquen. Auf der ersten panamerikanischen Konferenz 1826 in Panama (an der sich, bezeichnend genug, die Vereinigten Staaten von Nordamerika wegen der Freilassung der Neger in den vormals spanischen Kolonien nicht beteiligten) mußte Bolívar erkennen, daß sich seine Ziele mit den Mitteln der Staatskunst allein nicht verwirklichen ließen. Er versuchte mit Gewalt zu erreichen, was er unter den gegebenen gesellschaftlichen Verhältnissen bei aller Begeisterung für die Unabhängigkeit und Einheit der Heimat anders nicht durchzusetzen vermochte. In Peru wie in Kolumbien wurden dem Nationalhelden der breiten Schichten des Volkes unbeschränkte Vollmachten eingeräumt, aber der Widerstand der reaktionären Gruppen steigerte sich zu Verschwörungen und Mordanschlägen.

Bolívars Kraft war erschöpft. Als ihm der Staatsrat von Bogotá die Krone anbot, glaubte er seine politischen Grundsätze selbst von denen verraten, die mit ihm kämpften. Er spürte das wachsende Mißtrauen gegen seine letzten, «geheimen» Absichten; selbst die, die ihn brauchten und mißbrauchten, fürchteten die Machtfülle des Mannes, den das Volk den «Kaiser der Anden» nannte. Er erkannte nicht, daß er den ökonomisch-politischen Gegebenheiten seiner Zeit weit vorauseilte, als er die äußere Befreiung vom spanischen Joch durch die Schaffung eines demokratischen Einheitsstaates krönen wollte. Erschöpft, todkrank und verbittert, legte er zu Beginn des Jahres 1830 vor dem in Bogotá versammelten Nationalkongreß alle seine Ämter nieder. «Ich versichere Euch, Gesetzgeber, die Republik wird glücklich sein, wenn Ihr meine Abdankung genehmigt und an meiner Stelle einen Präsidenten wählt, den das Volk liebt ... Hört meine Bitte: Rettet das Vaterland – rettet meinen Ruhm, der der Ruhm Kolumbiens ist!» Schon vorher hatte er geschrieben: «Es gibt keinen Glauben mehr in Amerika – weder unter den Menschen noch unter den Völkern. Die Verträge sind Papier, die Verfassungen Bücher, die Wahlen Kämpfe, die Freiheit ist Anarchie – und das Leben ist eine Qual.»

Sein Leben währte nicht mehr lange. Noch im selben Jahr, 1830, in dem er sich in der Hoffnung zurückgezogen hatte, sein Verzicht werde dazu beitragen, daß die Machtkämpfe aufhörten und die Einheit wiederhergestellt werden würde, starb er an der Tuberkulose.

Alexander von Humboldt hat Simón Bolívar nach der Pariser Begegnung im Herbst und Winter 1804 nicht wiedergesehen. Von Italien aus, wohin er sich alsbald begab, erkundigte er sich bei Bonpland nach dem Tun des «Brausekopfes». Wie Goethe, so verfolgte auch er dann Bolívars Befreiungswerk mit größter Anteilnahme. Bei den geschichtlichen Entscheidungen, die sich in den vormaligen spanischen Kolonien vollzogen, stand er auf der Seite der jungen Republiken, bei deren inneren Auseinandersetzungen auf der Seite der Menschlichkeit. Er begrüßte jede Entwicklung, die der Befreiung der Menschen von politischer Fremdherrschaft und wirtschaftlicher Ausbeutung diente, und nahm mit Genugtuung zur Kenntnis, daß seine wissenschaftlichen Untersuchungen und seine «physischen Landbeschreibungen» über Mexiko, Kuba und Venezuela den Regierungen der unabhängigen Staaten wesentliche Hinweise für die Entwicklung ihrer Nationalwirtschaften gaben. Bolívars Briefe bewahrte er, wie er dem «Libertador» schrieb, als «kostbare Erinnerungen» des ihm «entgegengebrachten Wohlwollens», «als schönstes Ruhmesblatt» seines Lebens auf, das, wie das Bolívars «– freilich mit sanfteren Waffen – dem Fortschritte der menschlichen Vernunft und einer besonnenen Freiheit dient». Von Bolívars Taten sprach er als «den großen und edlen Aktionen ..., die die Bewunderung beider Hemisphären erregen».

Man weiß, daß Bolívar sich als Heerführer und Staatsmann immer wieder Humboldts erinnerte und oft betonte, wieviel Dank er selbst und die jungen südamerikanischen Staaten dem deutschen Forscher schuldig seien. «Alexander von Humboldt» – so heißt es in einem Brief Bolívars – «ist der wahre Entdecker Südamerikas! Ihm hat die Neue Welt mehr zu verdanken als allen Konquistadoren zusammen!» – Uns gebührt es vor allem, auf den moralischen Einfluß hinzuweisen, den Humboldt in seinen Briefen an Bolívar auszuüben bemüht war. Er begrüßte die Freilassung der Sklaven, setzte sich für eine Förderung der Wissenschaften ein und mahnte zur Mäßigung im Triumph des Sieges.

Nicht nur in Südamerika, auch in Europa wurde Humboldt zum Kronzeugen und Anwalt der politischen Befreiung Spanisch-Amerikas vom spanischen Joch und der Gewährung der Menschenrechte an Indianer und Neger. Mexiko, das sich in seinem neuen Zustand verhältnismäßig schnell festigte, konnte auf dem Londoner Kapitalmarkt nur unter Hinweis auf Humboldts wissenschaftliches Zeugnis eine für die Entfaltung seiner wirtschaftlichen Kräfte notwendige größere Anleihe erhalten. Das wissenschaftliche Zeugnis Humboldts hatte für die britischen Kapitalisten größere Überzeugungskraft als die Ohnmacht des vielfach geschlagenen Spaniens und der auch den Briten bekannte Reichtum der Silberminen im Lande der Azteken.

Alexander von Humboldt, der Naturforscher und Humanist, hat den Bewohnern Spanisch-Amerikas erst den natürlichen Reichtum und die Entwicklungsmöglichkeiten ihrer Heimat zum Bewußtsein gebracht und sie dadurch in ihrem Aufstand gegen die spanische Ausbeutung und im Willen zur Begründung unabhängiger Staaten bestärkt. Er hat in ihnen die Hoffnung geweckt, «daß», wie es in der «Reise in die Äquinoktialgegenden» heißt, «volkreiche Handelsstädte, daß fruchtbare Felder, von freien Händen bebaut, die Stelle der undurchdringlichen Wälder einnehmen, die sich zur Zeit meiner Reise allein hier fanden».

Einen «Benemérito», einen Mann, der sich um ihr Land große

Verdienste erworben habe, nannten die Mexikaner den deutschen Forscher und begrüßten es, als er unter dem Druck der Reaktion in Preußen den Wunsch äußerte, für immer nach Mexiko zurückzukehren und dort ein wissenschaftliches Institut zu gründen, ein Gedanke übrigens, den er schon in Paris erwogen hatte. «Durch Ihre lichtvollen Werke», schrieb ihm der damalige mexikanische Außenminister Lucas Alamán im Jahre 1824[1], «kann man sich ein Bild dessen machen, was Mexiko unter einer guten Verfassung werden könnte, weil es alle Voraussetzungen des Wohlstandes in sich trägt. Das ganze Volk ist von dem Gefühl der Dankbarkeit für Ihre Arbeiten erfüllt, die der Welt gezeigt haben, was es zu werden imstande ist ... Wir hoffen, daß Sie diesen Plan [der Rückkehr nach Mexiko] ausführen und daß wir uns beglückwünschen dürfen, zu unseren Bürgern einen Mann zu zählen, der in der Kulturwelt größten Ruhm und gerechtes Ansehen genießt.»

Nicht weniger groß als die mittelbare Wirkung, die Alexander von Humboldt auf die politische und wirtschaftliche Entwicklung der Länder ausübte, die er in den Jahren 1799 bis 1804 besuchte, ist die Bedeutung, die seine «wissenschaftliche Entdeckung Amerikas» für die Geographie, die vergleichende Botanik, die Klimakunde, die Naturwissenschaften überhaupt und für die Entstehung eines neuen Weltbildes gehabt hat.

Forschungsziel: das Ganze der Erde

Die Bedeutung der wissenschaftlichen Entdeckung Amerikas

«Ehe Alexander von Humboldt in Amerika war, wußte man wohl schon vieles einzelne von diesem durch egoistisch-fanatische Christen blutig eroberten Weltteile; allein es waren verworrene, unübersichtliche, unvergleichbare Einzelheiten. Das erste, was der mit klarem, geübtem Geiste eintretende Alexander von Humboldt entdeckte, war der zwar schon viel betretene, aber nicht bekannte Boden, war die Gleichheit der geologischen Gebirgsarten und die Verschiedenheit der vulkanischen Auswurfstoffe gegenüber den europäischen. Mit rastloser,

1 Zitiert nach W. Linden, «Alexander von Humboldt», Hamburg 1940.

aufopfernder Mühe sammelte der wissensdurstige, klare Forscher mit seinem ihn treulich unterstützenden Gefährten Bonpland auch alle Pflanzen- und Tierformen, und die Vergleichung jener Formen in Ebenen und Tälern, auf Hügeln und für unersteigbar gehaltenen, von ihnen aber erstiegenen und gemessenen Höhen, welche damals für die höchsten der Erde galten, ergab, neben wichtigen atmosphärischen Eigentümlichkeiten, sogleich zwei neue Wissenschaften, die Pflanzengeographie oder die Lehre von der Verbreitung der Familien und Arten der Pflanzen nach den Zonen, und die Wissenschaft der gleichwarmen Linien in verschiedenen Höhen der verschiedenen Zonen, welche den Namen der Lehre der Isothermen oder gleichwarmen Linien erhalten hat. Ein dritter, großer Gedanke, welcher von ihm ausgeführt wurde und der die Gesellschaftszustände betrifft, war die allgemeine Statistik. Jene erste Statistik Neuspaniens gab Anregung und Beispiel für die Form der neueren Wissenschaft. Seine wichtigen, stets auf den Kern- und Angelpunkt gerichteten Betrachtungen über die Atmosphäre, die astronomischen und magnetischen Erscheinungen haben allmählich die zweite Erdhälfte der ersten vergleichbar angeschlossen, und seit diesem Anschluß erst ist es möglich geworden, das Ganze der Erde in seinen allgemeinen Eigenschaften zu überblicken und die Erkenntnis abzurunden.»

Christian Gottfried Ehrenberg[1]

«In der vordarwinschen Zeit kann Humboldt darauf Anspruch erheben, der größte unter den Reisenden genannt zu werden, die hinauszogen, nicht um neue Länder zu entdecken und allerlei Kuriosa mit nach Hause zu bringen, sondern um in bereits bekannten Ländern wissenschaftliche Beobachtungen anzustellen und Tatsachen zum Ausbau der allgemeinen Erd- und Länderkunde zu sammeln. Nicht die Erforschung der besonderen Eigentümlichkeiten der bereisten Länder an sich stand für Humboldt im Vordergrund, obgleich er auch darin Bedeutendes leistete, nicht das Sammeln von Tieren und Pflanzen war ihm die Hauptsache, sondern die Erkenntnis des gesetzlichen Zusammenhangs der Erscheinungen. ‚Ich werde Pflanzen und

1 Der Naturforscher Christian Gottfried Ehrenberg begleitete Humboldt im Jahre 1829 auf seiner asiatischen Reise.

Fossilien sammeln', schreibt er in einem Reisebrief [vom 5. Juni 1799 noch aus La Coruña vor Antritt der Reise], ‚mit vortrefflichen Instrumenten astronomische Beobachtungen machen können; ich werde die Luft chemisch zerlegen. Das alles ist aber nicht Hauptzweck meiner Reise. Auf das Zusammenwirken der Kräfte, den Einfluß der unbelebten Schöpfung auf die belebte Tier- und Pflanzenwelt, auf diese Harmonie sollen stets meine Augen gerichtet sein!'

Nicht nur eine gründlichere Erkenntnis Mittel- und Südamerikas verdanken wir daher der Reise Humboldts, sondern vor allem ganz neue Wissenszweige und allgemein wissenschaftliche Erkenntnisse. Er war der erste, der tropische Witterungsverhältnisse zum Gegenstand umfassender Messungen machte und durch die dort unmittelbar zutage tretende Gesetzmäßigkeit der Erscheinungen die Überzeugung begründete, daß auch in höheren Breiten eine solche vorhanden ist, wenn auch durch überwiegende Störungen verdeckt. Durch seine Isothermenkarten und die klare Formulierung des Gegensatzes zwischen Küsten- und Binnenklima verbreitete er zum ersten Male Klarheit über die Ursachen, warum die örtliche Wärmemenge nicht symmetrisch mit der wachsenden Polhöhe abnimmt. Durch diese Forschungen wurde er zum Begründer der wissenschaftlichen Klimatologie. Die Lehre vom Erdmagnetismus bereicherte er durch die Erkenntnis, daß das Maß der magnetischen Erdkraft ungleichmäßig über die Erdoberfläche verteilt ist und von den magnetischen Polen nach dem magnetischen Äquator zu abnimmt. In geologischer Hinsicht enthüllte ihm die amerikanische Reise die Bedeutung der vulkanischen Naturkräfte und den Zusammenhang zwischen Form und Zusammensetzung der Gebirge. Die vergleichende und erklärende Länderkunde sind wesentlich seine Schöpfungen. In seinem Buch über Mexiko versuchte er zum ersten Male, die örtlichen Erscheinungen aus den gesetzlich wirkenden Naturkräften zu erklären, indem er die Beziehungen zwischen Bodenbeschaffenheit, Klima, Ackerbau, Sitten und Gewohnheiten der Bewohner erörterte. Dadurch erhob er die Geographie, die vor ihm nicht viel mehr als eine bloße Ortskunde gewesen war, zu einer erklärenden Wissenschaft. Aber nicht nur die Sitten und Gewohnheiten, auch die Gemütsstimmungen des Menschen wußte er in Einklang mit den Naturerscheinungen zu bringen und so eine Physiognomik der Natur zu begründen. Ihm verdanken wir die erste Darstellung der Vegetationsformen und ihrer Gruppierung, der Formationen der Landschaft. Und damit in engem Zusammenhang stehen seine epochemachenden Leistungen auf dem Gebiete der Pflanzengeographie, einer Wissenschaft, die vor ihm kaum dem Namen nach existierte. Er begnügte sich dabei nicht mit einer bloß geographischen Darstellung der Vegetation, sondern suchte deren physische Bedingungen zu ergründen und allgemeine Gesetze der Verbreitung aufzustellen. Das Verhalten der Pflanzen in Alter und Neuer Welt bei gleicher Polhöhe, den Zusammenhang zwischen Pflanzenvorkommen und Meereshöhe machte er zum Gegenstand seiner Untersuchungen. Das wichtige Gesetz, das die Gebirgshöhen mit entfernten, dem Pole näher liegenden Tiefebenen verknüpft, ist von ihm zuerst auf Grund der Erforschung der Andenvegetation ausgesprochen worden.

Alle diese großen Erkenntnisse, durch die Humboldt die Wissenschaft bereichert hat, waren im letzten Grunde Ergebnisse der amerikanischen Reise. Die fundamentale Bedeutung dieser Reise besteht daher darin, daß sie Bausteine geliefert hat zu dem Gebäude einer allgemeinen Welttheorie. Der Reisende Humboldt war der Pionier einer erweiterten Auffassung des Weltganzen, und darin berührt er sich mit dem Reisenden Darwin.»

Walther May[1]

1 Walther May, «Goethe, Humboldt, Darwin, Haeckel. Vier Vorträge», Berlin 1906.

«Der alles belebende,
tätigste Naturforscher
dieses Jahrhunderts»

(Liebig)

1804—1826

«Der berühmte Herr von Humboldt»

Humboldt war wieder in Europa, wieder in Paris.

«Alexander ist endlich gestern angekommen, und seitdem geht es uns wie ein Mühlrad im Kopf herum», lautete Karolines erste Mitteilung vom 28. August 1804 an Wilhelm von Humboldt, der in den preußischen Staatsdienst zurückgekehrt war und seit 1802 als diplomatischer Vertreter des Königs beim Heiligen Stuhl in Italien lebte. Frau von Humboldt hatte sich einige Monate von ihrem Mann getrennt und weilte nach einem Aufenthalt in ihrer Heimat und in Weimar seit dem Juni in Paris. «Er sieht sehr wohl aus», fuhr sie fort, «gar nicht so cuivré, wie er geschrieben hatte, und ist viel fetter geworden. Er ist so unbeschreiblich noch derselbe in Manieren, Mienen, Gestikulationen und Tournüren, so daß ich meine, er wäre vorgestern erst von uns gereist ... Alle europäischen Länder gehen ihm im Kopf herum. Er möchte auf einmal hier, in Spanien, in Berlin und bei uns in Rom sein ...»

Diese Nachricht kreuzte sich mit einem Briefe Wilhelm von Humboldts an Karoline vom 29. August 1804. Der ältere Bruder war über die ihm bereits bekannte Mannigfaltigkeit der Pläne des jüngeren besorgt. Daß Alexander zunächst einige Monate in Paris bliebe, nach Madrid ginge, nach Rom käme, das alles sei auch seine Meinung. Aber «daß er Berlin zu sehr zurücksetzt», warnte er, «das ist in keiner Art klug. Vor der Welt muß man das Vaterland ehren, wenn es auch eine Sandwüste ist. Das Wesentliche meines Rates geht bloß dahin, daß er dem König um Urlaub schreiben soll.» Und zuvor hieß es: «Alexander in Paris ankommen zu sehen muß himmlisch sein. Er wird wie ein Wundertier angestaunt werden, es wird unerhörte Effekte geben, und ich hoffe, er wird die Klugheit haben, nicht das Erkalten derselben abzuwarten.»

Humboldts glückliche Heimkehr erregte um so größeres Aufsehen, als der berühmte Forschungsreisende in der Öffentlichkeit wiederholt totgesagt worden war. Im Sommer 1803 hieß es, Humboldt sei unter den «Wilden» in Nordamerika umgekommen, und noch im Juli 1804, nach Karolines Abreise von Weimar nach Paris, bat Schiller seinen Freund Körner, ihm zu schreiben, wenn er «Bestimmtes» über Humboldt erführe.

«Es sollte mich freuen, wenn das Gerücht von seinem Tode nicht gegründet wäre.» Auch in Deutschland war im Juni 1804 die Nachricht durch die Zeitungen gegangen, Humboldt sei in Acapulco am gelben Fieber gestorben.

«Was meinem Aufenthalt hier die Krone aufsetzt», berichtete Karoline von Humboldt am 10. September an Kunth, «ist unsers teueren Alexander glückliche Rückkunft und die Freude, Zeugin der Aufnahme zu sein, die er hier genießt. Schwerlich hat die Erscheinung eines Particuliers je mehr Aufsehen gemacht als die seine und ein so allgemeines Interesse eingeflößt.»

Auch Kunth erhielt eine genaue Schilderung der Eindrücke, die Karoline von ihrem Schwager gewann. Sein Gesicht sei merklich voller geworden, die Lebendigkeit seiner Rede und seines ganzen Wesens womöglich noch vermehrt, erzählte sie. «Alexander ist in den sechs Jahren, die er von uns entfernt lebte, nicht um ein Haar gealtert!»

Der tatsächlich einzigartige Empfang, der Humboldt und seinem Freunde Bonpland in Paris zuteil wurde, hatte – von der damals höchst sensationellen Art, in der diese Entdeckungsreise begonnen und durchgeführt worden war, ganz abgesehen – recht unterschiedliche Gründe.

In den Treibhäusern von Paris blühten bereits exotische Gewächse, aus Samen gezogen, die Bonpland und Humboldt nach Europa geschickt hatten. Sie dufteten in den Wintergärten der Neureichen von Napoleons Gnaden, waren zum Zimmerschmuck der Salons geworden, und Modegecken trugen an den Uhrketten in Gold getriebene, aus Amerika stammende Samenkörner.

Die Revolution war vergessen. In Paris hatte sich eine neue Oberschicht gebildet, die sich im Glanze des neuen Herrn Frankreichs sonnte. Vier Monate nach Humboldts Abreise von Spanien war der General Bonaparte im Oktober 1799 in Südfrankreich gelandet. Die ägyptische Expedition war zwar gescheitert, aber der ruhmsüchtige Korse verstand es dennoch, sich dem von einer neuen Koalition europäischer Mächte bedrohten Lande als Retter zu empfehlen. Im Staatsstreich vom 18. Brumaire (9. November 1799) ersetzte er das Direktorium durch das dreiköpfige Konsulat. Er riß die Macht als Erster

Konsul an sich, ordnete die zerrütteten Finanzen, schuf eine zentralisierte Verwaltung, reformierte das Zivilrecht, beseitigte den Widerstand der Republikaner wie der Royalisten durch nackte Gewalt, entledigte sich seiner militärischen Nebenbuhler und schlug die Österreicher bei Marengo am 14. Juni 1800 so entscheidend, daß auch die zweite Koalition auseinanderbrach. Die vorübergehende Beendigung des Seekrieges und die gewaltige Aufrüstung erzeugten eine wirtschaftliche Scheinblüte. Aus zurückgekehrten Emigranten, mit Staatsgütern reichlich bedachten und mit dem Orden der Ehrenlegion dekorierten Günstlingen, aus erfolgreichen Militärs sowie aus Kriegsgewinnlern bildete sich eine neue, dem im August 1802 zum Konsul auf Lebenszeit ernannten Usurpator ergebene Herrenschicht. Als der Bürger Bonpland, von seinem deutschen Freunde begleitet, Ende August 1804 in Paris eintraf, hatte das Bürgertum seine Freiheit bereits an den selbstherrlichen General verloren, der, gestützt auf Armee und Großbürgertum, vom willfährigen Senat im Mai 1804 zum Kaiser ausgerufen worden war und im Begriffe stand, sich ganz Europa zu unterwerfen. Wenige Monate nach Humboldts Heimkehr, am 2. Dezember 1804, ließ sich Napoleon in der Kirche Notre-Dame mit größter Prachtentfaltung und im Beisein des Papstes zum erblichen Kaiser der Franzosen krönen.

Napoleon mochte den Preußen nicht, der einen Teil des Zeitruhmes auf sich zog und seine bürgerliche Gesinnung so selbstgefällig zur Schau trug; sah man ihn doch noch im Jahr des Wiener Friedens (1809), als der Korse den Gipfel seiner Laufbahn erklommen hatte, nicht anders als nach der Mode der Zeit des Direktoriums gekleidet, in Stulpenstiefeln, blauem Rock und gestreifter Kniehose, über der gelben Weste eine hohe weiße Krawatte.

«Sie beschäftigen sich mit Botanik?» fragte der Kaiser, als ihm der Naturforscher vorgestellt wurde, und fügte, noch ehe eine Antwort kam, hinzu: «Das tut meine Frau auch.» – «Kaiser Napoleon war von eisiger Kälte gegen Bonpland, voll Haß gegen mich», teilte Humboldt später seinem Biographen Julius Löwenberg mit.

Napoleon mißgönnte Humboldt nicht nur den Ruhm, der auf den Gelehrten fiel, der kein Franzose war und, wie er sich überzeugen lassen mußte, wesentlich dazu beitrug, den Glanz seiner Hauptstadt auf dem Gebiet der Wissenschaft zu mehren, den zu fördern der Korse sich mit sichtlichem Erfolge ebenso bemühte wie auf dem Gebiete der Künste. Doch der Kaiser der Franzosen hielt «den berühmten Humboldt ... stets für einen preußischen Spion». Er hatte eines Tages den Polizeiminister bereits angewiesen, Alexander von Humboldt aufzufordern, innerhalb vierundzwanzig Stunden Paris zu verlassen.

Humboldt bat einen seiner Freunde, Jean-Antoine Chaptal, den er bereits vor seiner großen Reise in Paris kennengelernt hatte, um eine Intervention beim Kaiser. Chaptal, einem Bahnbrecher der modernen Chemie und Schöpfer der chemischen Industrie in Frankreich – er blieb bis zu seinem Tode (1832) mit Humboldt in Verbindung –, gelang es, besonders unter Hinweis auf Humboldts eben entstehendes, von französischen Gelehrten mitgestaltetes, in französischer Sprache gedrucktes großes Reisewerk, Napoleon zur unverzüglichen Aufhebung seines Ausweisungsbefehls zu veranlassen. In den von Chaptals Urenkel erst 1893 veröffentlichten «Mes souvenirs sur Napoléon» («Meine Erinnerungen an Napoleon») sagte Chaptal u. a. dem Kaiser: «M. de Humboldt beherrscht alle Wissenschaften, und wenn er reist, ist es die ganze Akademie der Wissenschaften, die unterwegs ist. Man muß darüber staunen, wie er es in drei Jahren fertiggebracht hat, das Material zu sammeln, das er jetzt in Paris aufarbeitet. Auch hat er unser Land zu seiner Wahlheimat gemacht. Er veröffentlicht in unserer Sprache, er beschäftigt unsere Gravierer, unsere Zeichner, unsere Drukker.»[1]

Diesem Eingreifen eines französischen Gelehrten beim Kaiser der Franzosen zugunsten Humboldts, das sich im oder nach dem Jahr 1810 ereignete, entsprachen Humboldts wiederholte Interventionen zum Schutze des Jardin des Plantes, d. h. des Naturhistorischen Museums, beim preußischen Militärkommandanten nach Besetzung der französischen Hauptstadt durch die

1 Zitiert nach «Alexander von Humboldt in Paris. Urkunden und Begebnisse» von E. F. Podach, in «Alexander von Humboldt. Studien zu seiner universalen Geisteshaltung», herausgegeben von Joachim H. Schultze, Berlin 1959, S. 196 ff.

Verbündeten im Frühjahr 1814 und im Juli 1815. Kaiser Alexander I. von Rußland hatte zwar versichert, daß alle Museen und Monumente von den Besatzungsmächten geschont werden würden. Dennoch wurde das Naturhistorische Museum, mit dem Humboldt seit 1798 Kontakt hatte und dessen Gewächshäuser und Pflanzensammlungen durch ihn und Bonpland wesentlich bereichert worden waren, durch Einquartierungen und andere Forderungen der Besatzungsmächte bedroht. Der vielseitig tätige Naturforscher Georges Baron de Cuvier, einer der zeitgenössischen französischen Gelehrten, denen Humboldt auch im persönlichen Umgang besonders nahestand, wandte sich am 8. April 1814 mit der Bitte um Hilfe an Humboldt. Fünf Minuten nach Empfang des Briefes, wie Humboldt seinen «cher confrère», seinen lieben Mitbruder, wissen ließ, war er auf dem Wege zum preußischen Stadtkommandanten Grafen von der Goltz, der zusagte, den Wünschen der Professoren am Jardin des Plantes unverzüglich zu entsprechen, und darüber hinaus gemeinsam mit dem russischen Gouverneur dafür Sorge trug, daß die Zufuhr des Futters für die Tiere der Menagerie sichergestellt wurde.

Auch bei der zweiten Besetzung von Paris sorgte Humboldt im Juli 1815 dafür, daß der preußische Kommandant von Paris eine Anordnung erließ, auf Grund deren Pflanzen und Tieren in den botanischen Gärten wie den dazugehörigen naturhistorischen Sammlungen von preußischen Soldaten in keiner Weise Schaden zugefügt werden durfte.

Für Humboldt war es selbstverständlich, allen daraus sich ergebenden Mißverständnissen zum Trotz seinen Einfluß geltend zu machen, wo immer er konnte, damit Paris Mittelpunkt der naturwissenschaftlichen Forschung blieb, eine Stellung, die es in der Zeit der Republik erworben hatte und auch im Kaiserreich behauptete.

Paris – Hauptstadt der Naturforschung

Fünfunddreißig Kisten bargen das wissenschaftliche Material, das die beiden Forscher mit sich führten, die Tagebücher, Aufzeichnungen, Statistiken, Berechnungen, Vermessungsergebnisse, die getrockneten und gepreßten Pflanzen, die Samen, die Gesteinsproben, Mineralien, Versteinerungen, zoologischen Materialien; sie ergänzten die überreiche Ausbeute, die zum größten Teil schon vorher in getrennten Sendungen nach Paris, London, Berlin geschickt worden war.

Es kam nun darauf an, das Gesehene, Gesammelte und Notierte zu sichten, aufzubereiten, kritisch zu verarbeiten und zu veröffentlichen, um es den Fachgelehrten und der weiteren Öffentlichkeit zugänglich zu machen und zum Nutzen der Allgemeinheit die Wissenschaft und die menschliche Erfahrung zu bereichern.

Humboldt war es von vornherein klar, daß seine Kraft zur Bewältigung einer solchen Aufgabe nicht ausreichte; er setzte zudem seinen Ehrgeiz daran, hervorragende Gelehrte zur Mitarbeit an seinem gewaltigen Vorhaben zu gewinnen, sich der besten Hilfsmittel, Bibliotheken, Forschungsinstitute und Druckanstalten zu bedienen, die es damals gab. Standort eines solchen Unternehmens konnte nur die Stadt sein, in der diese Voraussetzungen erfüllt waren. Das war Paris, nur Paris.

Humboldt entschloß sich, zunächst in der französischen Hauptstadt zu bleiben und hier seine vordringlichen wissenschaftlichen Pläne zu verwirklichen. Wie sich bald zeigte, unterschätzte er den Aufwand an Zeit und Kosten. Aus drei Jahren, die er für die Vorbereitung und Drucklegung der großen Ausgabe seines schließlich vierunddreißigbändigen Reisewerkes veranschlagte, wurden zweieinhalb Jahrzehnte, ohne daß es dem ursprünglichen Plan entsprechend verwirklicht wurde. Die Herstellungskosten beliefen sich auf zweihundertzwanzigtausend Taler; sie wurden nur zum Teil durch den Verkauf der geringen Auflage gedeckt, so daß das ererbte Vermögen durch die Reise und ihre wissenschaftliche Auswertung aufgezehrt wurde.

Weder die Zeit noch die Kosten schmerzten Humboldt. Mit der gleichen zähen Beharrlichkeit, mit der er die Forschungsreise vorbereitet, den Widrigkeiten der Zeitverhältnisse abgetrotzt und durchgeführt hatte, ging er nun daran, ihre Ergebnisse zu einem geordneten Ganzen zusammenzufügen und seine Beobachtungen und Sammlungen, seine Ansichten wie sein auf der Einsicht in die Natur und in das Leben beruhendes Weltbild der Wissenschaft und der Öffentlichkeit zur Kenntnis zu bringen. An dieses ihn ganz ausfüllende, nach seiner Wesensart zudem alle anderen Interessen ausschließende Ziel muß man sich erinnern, wenn man sein Tun und Lassen im folgenden Jahrzehnt verstehen will. Der ältere Bruder in Rom kannte ihn gut und gab ein treffendes Urteil über die Verbindung sachlicher und persönlicher Beweggründe, wenn er, um das Echo des Fernbleibens Alexanders in der Heimat besorgt, am 11. September 1804 an Karoline schrieb: «Ihn eigentlich an seine Deutschheit zu erinnern und ihn überhaupt von der ivresse de la vaine gloire zum Ernst zurückzuführen, dazu muß man noch einige Zeit abwarten. In gewisser Art fürchte ich da nicht. Er hat wahren Ehrgeiz.»

Wenige Tage nach der Ankunft in Paris nahm Humboldt seinen Platz als Mitglied der naturwissenschaftlichen Akademie des Institut de France ein. Die Sammlungen – die Herbarien, die Mineralien und Versteinerungen – wurden im Museum ausgestellt und den Blicken der kritischen Gelehrten zur Prüfung preisgegeben. Humboldt teilte die gemeinsam gesammelten Schätze mit Bonpland. Die mit Rücksicht auf die Transportschwierigkeiten zwar nicht umfangreiche, aber sehr wertvolle Gesteinssammlung schickte er dem seit 1797 als Oberbergrat, seit 1803 als Geheimer Rat in preußischen Diensten stehenden Dietrich Ludwig Gustav Karsten als Ergänzung zu der von dem jungen Mineralogen bearbeiteten Sammlung europäischer Gesteine. Den sehr zurückhaltenden Bonpland bewog er, dem Botanischen Garten in Paris eine Sammlung von sechstausendzweihundert Pflanzen anzubieten.

Mit diesem Geschenk, das zu einem Viertel bis dahin unbekannte Arten enthielt, erwarben sich die Freunde den Beifall der berühmten Botaniker am Jardin des Plantes; Bonpland erhielt auf Grund eines kaiserlichen Dekrets eine Vergütung, freilich trotz aller Bemühungen Humboldts nur die Hälfte des geforderten und in früheren Fällen berühmten Forschungsreisenden gewährten Jahresgeldes von sechstausend Franken.

Mit Antoine-Laurent de Jussieu, der die von seinem Onkel Bernard de Jussieu begonnene Systematisierung der Pflanzen fortsetzte, und René-Louiche Desfontaines, der sich durch seine Studien in Tunis und Algier und seine «Flora atlantica» einen

Namen gemacht hatte, verband Humboldt bald eine weit über die gemeinsamen wissenschaftlichen Interessen hinausgehende Freundschaft. Auch dem berühmten Jean-Baptiste de Lamarck, dem Pionier der Abstammungslehre, seit 1793 Professor der Zoologie, trat Humboldt näher. Lamarck stellte 1809 die Lehre auf, daß sich die Tierwelt unter der Wirkung von Umwelt und Lebensweise aus einer geringen Zahl einfacher Urformen entwickelt habe. Wenn Humboldt später von dem Physiologen Emil Du Bois-Reymond als «vordarwinischer Darwinianer», als «Anhänger der mechanischen Kausalität und Evolutionist» bezeichnet wurde, so ist das jedoch nur bedingt richtig. Humboldt wußte auf Grund seiner Beobachtungen in Südamerika um den Kampf ums Dasein in der Natur. Aber Walther May weist mit Recht darauf hin[1], daß Humboldt noch weit davon entfernt war, «diesen Kampf ums Dasein zu Hilfe zu rufen, um das Problem von der Entstehung der Arten zu lösen, und er schien ihm nur zur Erklärung der Zahl der Individuen einer Form verwendbar». Humboldt selbst meinte in den «Ansichten der Natur»: «Es läßt sich erklären, wie auf einem gegebenen Erdraum die Individuen einer Pflanzen- und Tierklasse einander der Zahl nach beschränken, wie nach Kampf und langem Schwanken durch die Bedürfnisse der Nahrung und Lebensart sich ein Zustand des Gleichgewichtes einstellte; aber die Ursachen, welche nicht die Zahl der Individuen einer Form, sondern die Formen selbst räumlich abgegrenzt und in ihrer typischen Verschiedenheit begründet haben, liegen unter dem undurchdringlichen Schleier, der noch unsern Augen alles verdeckt, was den Anfang der Dinge und das erste Erscheinen organischen Lebens berührt.»

Humboldt ist zwar Charles Darwin im späteren Leben einmal begegnet – nicht zur reinen Freude des Engländers, dem der Deutsche zu viel sprach –, aber nur dem Reisenden, nicht dem Verfasser der «Entstehung der Arten»; dieses epochemachende Werk erschien erst wenige Monate nach Humboldts Tod.

Dennoch gab es bedeutende wechselseitige Anregungen, ja Einflüsse zwischen Humboldt und dem vier Jahrzehnte jüngeren Darwin, der sich schon in seinem letzten Studienjahr

1 A. a. O., S. 174.

(1830) in Cambridge sehr gründlich mit Humboldts Reisebericht beschäftigt hatte und auf seiner Weltreise (1831–1836) immer wieder Humboldts Erfahrungen und Einsichten vor Augen hatte, dessen Werk er auf der Weltreise mit sich führte. «Seine Reiseerlebnisse knüpften an Humboldts lebendige Reiseschilderungen an, deren anregenden Einfluß Darwin wiederholt in Briefen und in seiner Selbstbiographie betonte.»[1] Unmittelbar nach Erscheinen seiner «Reise eines Naturforschers um die Welt» – das Werk erschien 1839 unter dem Titel «Narrative of the Surveying Voyages of Her Majesty's ships ‚Adventure' and ‚Beagle' ... 1832–36» – schickte Charles Darwin ein Exemplar an Alexander von Humboldt.

Viele Seiten umfaßte Humboldts in Sanssouci bei Potsdam am 18. September 1839 geschriebener Dank- und Anerkennungsbrief an Darwin, nachdem er schon vorher den Sekretär der Englischen Geographischen Gesellschaft hatte wissen lassen, Darwins Buch sei «eines der bemerkenswertesten Werke», das er während seines langen Lebens habe erscheinen sehen. 1881, ein Jahr vor seinem Tode, noch rühmte Darwin dem englischen Botaniker William Jackson Hooker, der Humboldt gleichfalls gekannt hatte, Humboldt als «wundervoll, mehr noch wegen seiner Universalität als wegen seiner Originalität», und «als den Vater einer großen Nachkommenschaft von Forschungsreisenden ..., die insgesamt sehr viel für die Naturwissenschaft geleistet haben».

Ein Revolutionär des naturwissenschaftlichen Weltbildes wie Darwin war Humboldt freilich nicht. Den Kampf der Gegensätze als Quelle der Entwicklung in der Natur hatte er nicht erkannt; er vermochte sich wie im Leben der Menschen so in der Natur nicht von der Idee einer Harmonie bzw. eines Gleichgewichts zu lösen.[2]

Auch zu Étienne Geoffroy Saint-Hilaire, der «das Prinzip typischer Einheit in der Organisation der Pflanzen», das Bestehen eines allgemeinen Planes in der Pflanzenwelt behauptete

1 Vgl. Ilse Jahn, «Dem Leben auf der Spur. Die biologischen Forschungen Alexander von Humboldts», Berlin–Jena–Leipzig, 1969, bes. S. 183ff.
2 Vgl. Gerhard Harig, «Alexander von Humboldt – Wissenschaftler und Humanist», in: «Deutsche Zeitschrift für Philosophie», 7 (1959), S. 253ff., bes. S. 267f.

(der, nur in Einzelheiten abgewandelt, die Verschiedenheiten der Pflanzengattungen begründe), trat Humboldt in nähere Beziehung. Unversöhnlicher Gegner Lamarcks wie Geoffroy Saint-Hilaires war der vielseitige Naturforscher Georges Cuvier, der das Dogma von der Unveränderlichkeit der Arten mit der sogenannten Katastrophentheorie verteidigte, indem er erklärte, die Skelettfunde und Versteinerungen seien Reste der Katastrophen der Erdrinde, bei denen die jeweilige Tierwelt gänzlich zugrunde gegangen sei. Wenn es Lamarck seinem Widersacher Cuvier auch durch teilweise recht einfältige Argumente leicht machte, in diesem Kampf zwischen Entwicklungsgedanken und Unveränderlichkeitsdogma in jenen Jahrzehnten zu siegen, so triumphierte Cuvier nicht zuletzt durch den politischen Einfluß, den er sich zu verschaffen wußte. Er war 1802 Generalinspekteur des öffentlichen Unterrichts geworden und wurde 1808 Rat der kaiserlichen Universität. Während der Restauration wurde der ehemalige Staatsrat des Kaisers Baron und Kabinettsrat und nach der Julirevolution von 1830 Pair von Frankreich. Der ehrgeizige, politisch wankelmütige Gelehrte hätte es 1832 zum Minister des Innern gebracht, wenn er nicht plötzlich gestorben wäre.

Humboldt unterhielt wissenschaftliche Beziehungen zu Cuvier und bediente sich der Hilfe des einflußreichen Mannes oftmals bei seinen Bemühungen, junge aufstrebende französische Gelehrte zu fördern. Zum engeren Freundeskreis des deutschen Naturforschers gehörte dieser französische Kollege nicht, wohl aber der Physiker und Chemiker Louis-Joseph Gay-Lussac, der sich besonders um die Erforschung der Gase und der Ausdehnung flüssiger Körper bedeutende Verdienste erworben hat. Humboldt bewunderte den jungen Gelehrten, der im Luftballon in damals schwindelerregende Höhen aufgestiegen war, um thermometrische und magnetisch-elektrische Beobachtungen anzustellen. «Pottasche» nannte er ihn im Unterschied zu «Soda», dem Chemiker Louis-Jacques de Thénard, und «Ammoniak», dem Chemiker Claude-Louis de Berthollet, einem Günstling Napoleons. Auch Antoine-François de Fourcroy und Nicolas-Louis Vauquelin gehörten zu jenem Kreise Humboldt befreundeter Gelehrter, die damals Paris zum Mittelpunkt der modernen chemischen Forschung machten und Humboldts Wis-

Miniatur Alexanders um 1796
Stich von A. Krausse

Humboldts Mutter, Maria Elisabeth von Humboldt, geb. Colomb
Miniatur eines unbekannten Malers

Humboldts Vater, Alexander Georg von Humboldt
Miniatur eines unbekannten Malers

Schloß Tegel um 1700, von der Wasserseite gesehen
Kupferstich von Peter Schenk

Alexander von Humboldt
Lithographie von van Hove nach einer
Zeichnung von August Stein

Aimé Bonpland
Kupferstich von Weger

Johann Georg Forster, 1784
Stich nach dem Gemälde von Anton Graff

Schiller, Wilhelm und Alexander von Humboldt
und Goethe in Jena
Zeichnung von Andreas Müller (1860)

Alexander von Humboldt, 1805
Nach einer Skizze von François Gérard
(geätzt von August Desnoyers, 1805)

Die Naturbrücken von Iconozo
Stich von Gmelin nach einer Skizze Alexander von Humboldts

Alexander von Humboldt, 1806
Gemälde von Friedrich Georg Weitsch

Simón Bolivar

Alexander von Humboldt, 1813
Gemälde von Carl von Steuben

Alexander von Humboldt, 1857
Fotografie von S. Friedländer

Alexander von Humboldt in seinem Arbeitszimmer, 1856
Gemälde von Eduard Hildebrandt

Das Denkmal Alexander von Humboldts
vor der Humboldt-Universität in Berlin
Statue von Reinhold Wegas (1883)

sen im Sinne jener Universalität bereichert haben, die ihn später auszeichnete.

Es ist Humboldt bald nach seiner Rückkehr nach Europa in Deutschland vielfach verübelt worden, daß er die Auswertung seiner Reise in Paris vornahm und die große Ausgabe seines Reisewerkes in französischer Sprache erscheinen ließ. Er hat sich sogar gegen die gehässige Bemerkung wehren müssen, er lasse sich «ins Deutsche übersetzen». «Ein solches Gerücht hat lieblose Quellen», schrieb er im Februar 1805 in die Heimat. Sollte Humboldt werden, was er geworden ist (und werden wollte), so bedurfte er des wissenschaftlichen Umganges und der wissenschaftlichen Hilfsmittel, wie sie ihm damals nur Paris bieten konnte. Gewiß trugen außer der Kühnheit und Unbegrenztheit des gelehrten Strebens auch die Weltweite der Metropole an der Seine und der bürgerliche Sinn der Kreise, in denen er vornehmlich verkehrte, dazu bei, daß ihm Frankreichs Hauptstadt zur zweiten Heimat wurde; die Enge und Rückständigkeit Preußens, denen er vor seiner Reise bewußt den Rücken gekehrt hatte, konnten einen Mann nicht anziehen, der inzwischen zum «wissenschaftlichen Entdecker Amerikas» geworden war.

Wenn Humboldt ganz unabhängig vom Wandel der politischen Regime Frankreichs zwischen 1789 und 1859 von den französischen Gelehrten als einer der Ihren und in Frankreich überhaupt geradezu als «Wahlfranzose» gefeiert worden ist, so liegt das nicht nur an seinem Beitrag zur Naturforschung und an der Stellung, die er im öffentlichen Leben Frankreichs einzunehmen wußte; es liegt nicht weniger an den engen persönlichen Beziehungen, die den zu menschlichem Umgang neigenden, geselligen, die Freundschaft zu anderen bedeutenden Männern suchenden Gelehrten mit zahlreichen hervorragenden französischen Forschern zeitlebens verbanden.

Zu seinem vertrauten fachlichen und persönlichen Verkehr gehörten neben Botanikern, Zoologen und Chemikern auch Mathematiker, Astronomen und Physiker, die sich in der Geschichte der Naturforschung einen unsterblichen Namen gesichert haben. Der berühmteste unter ihnen war Pierre-Simon Laplace, der unter anderem die Himmelsmechanik entwickelte, die Wahrscheinlichkeitsrechnung der Astronomie und Physik, der Statistik und dem Versicherungswesen nutzbar machte, vor allem aber eine Theorie der Entstehung des Sonnensystems aus einem sich drehenden, abkühlenden Gasball aufstellte. Neben Laplace, den Napoleon in den Grafenstand erhob und den Ludwig XVIII. zum Pair von Frankreich und Marquis machte, wirkten als Astronomen Joseph-Jérôme de Lalande, der seine Forschungen durch einen Sternenkatalog krönte, in dem 47 000 Sterne verzeichnet waren, und Jean-Baptiste-Joseph Delambre, der mit anderen die bereits erwähnte große Gradmessung von Dünkirchen bis Barcelona durchführte und beschrieb.

An den Arbeiten des Pariser Bureaus für Längenmessung waren auch zwei junge Gelehrte beteiligt, zu denen Humboldt in ein besonders enges Verhältnis trat. Der eine war der vielseitige Physiker Jean-Baptiste Biot, ein entschiedener, jeder Spekulation abholder Empiriker, der Gay-Lussac auf der ersten Luftfahrt begleitet hatte, der andere war François Arago. Mit Biot war Arago, schon als Neunzehnjähriger Sekretär des Bureaus für Längenmessung, an den Anschlußmessungen der französischen Unternehmung in Spanien beteiligt. Bei Beginn des spanischen Aufstandes verhaftet, gelang es Arago, aus einer Zitadelle auf der Iberischen Halbinsel nach Nordafrika zu entfliehen, wo er bis 1809 gefangengehalten wurde. Arago wurde einer der volkstümlichsten Gelehrten Frankreichs, weniger wegen seiner Forschungen über Galvanismus, Magnetismus, das Licht usw., sondern weil er die Astronomie dem Verständnis auch des Laien nahezubringen wußte und vor allem, weil er als entschiedener Gegner der Monarchie in den Revolutionsjahren 1830 und 1848 das Studierzimmer mit der Deputiertenkammer beziehungsweise einem Ministersessel in der provisorischen Regierung vertauschte und für die Rechte des Volkes kämpfte.

Aragos Stellung als Gelehrter und Volksmann war so stark, daß er beim Staatsstreich des «Prinz-Präsidenten» Louis Napoleon im Dezember 1851 den Amtseid verweigern konnte, ohne aus seiner Stellung als Direktor der Sternwarte entlassen zu werden. Humboldt nannte Arago, den besten, ihm fast ein halbes Jahrhundert verbundenen französischen Freund, «eine der edelsten Menschennaturen, in der Weisheit und Güte gepaart sind». Dennoch war es keine problemlose Freundschaft; denn Arago war nicht nur streitbarer Gelehrter, sondern auch leidenschaftlicher Franzose.

Humboldts «Amerikanisches Reisewerk»

Arago, Gay-Lussac, Cuvier, Vauquelin, der Insektenforscher Pierre-André Latreille, der junge Zoologe Achille Valenciennes, ein besonderer Schützling Humboldts, und natürlich Bonpland wirkten an dem großen Reisewerk mit; Leopold von Buch half dem Freund, der Berliner Astronom Jabbo Oltmanns berechnete die astronomischen und barometrischen Angaben, Willdenow kam mit befristetem Urlaub nach Paris, sein Schüler Karl Sigismund Kunth, ein Neffe des ehemaligen Hofmeisters der Humboldts, war nach 1813 viele Jahre in Paris an dem gewaltigen Unternehmen tätig, das zur bis dahin größten und bedeutendsten Gemeinschaftsleistung von Forschern wurde; Kunth blieb länger als Humboldt in Paris und kam erst 1829 nach Berlin zurück. Auch der englische Botaniker William Jackson Hooker, der die Flora Islands studiert hatte, leistete seinen Beitrag, wenn auch seine Bearbeitung von Kryptogamen, von blütenlosen Pflanzen, der amerikanischen Reise 1816 außerhalb des Reisewerkes erschien und unvollendet blieb. Für Kunths «Synopsis plantarum», einer «Zusammenschau», d. h. vergleichenden Nebeneinanderstellung von Pflanzen, bearbeitete Hooker die Pilze, Moose und Flechten.

Aber nicht nur Gelehrte von beiden Seiten des Rheins versammelten sich um Humboldt, sondern auch Maler, Zeichner und Kupferstecher, die nach Humboldts Skizzen und den gesammelten Pflanzen naturgetreue Bildwerke herstellten und die Karten für den «Atlas der Neuen Welt» und den «Atlas Neuspaniens» zeichneten. Zu den Mitarbeitern am mexikanischen Atlas gehörte ein junger Lehrer, den Humboldt kennen- und schätzenlernte, als er im Herbst 1805 nach Berlin kam. Das war Karl Friedrich Friesen, der spätere Mitstreiter des Turnvaters Jahn und Freiheitskämpfer von 1813.

Das ungewöhnlich kostspielige Unternehmen, das Humboldt einschließlich der Honorare für seine Mitarbeiter ganz aus eigenen Mitteln finanzierte[1], wurde in seinem Fortgang nicht nur durch die sich ständig ausweitenden Pläne seines Herausgebers, sondern auch durch die kriegerischen Ereignisse im Jahrzehnt nach 1805 beeinträchtigt. Im ganzen umfaßt es den Reisebericht, allerdings nur bis kurz vor der Einschiffung auf dem Magdalena, historisch-geographische Arbeiten, die bereits genannten drei politisch-statistischen «Essais», die Kartenwerke und eine Fülle von Einzeluntersuchungen, die sich zum Teil mit der Pflanzen- und Tierwelt sowie den geographischen und geologischen Verhältnissen der bereisten Gebiete befassen, zum Teil Aufrisse neuer wissenschaftlicher Disziplinen darstellen wie die Abhandlungen über die Pflanzengeographie und die isothermischen Linien, durch die bestimmte Orte gleicher mittlerer Jahrestemperatur verbunden werden.

Nur nach und nach erschienen die einzelnen Bände der «Voyage aux régions équinoxiales du Nouveau Continent fait dans les années 1799 à 1804 par Alexandre de Humboldt et Aimé Bonpland» («Reise in die Äquinoktialgegenden des Neuen Kontinentes, ausgeführt in den Jahren 1799 bis 1804 von Alexander von Humboldt und Aimé Bonpland»). Abgeschlossen wurde das Gesamtwerk niemals. Von dem Reisebericht im engeren Sinne, der «Relation historique», erschienen nur drei Bände, zum Teil mit irreführendem Erscheinungsjahr; Band 3 ist laut Titelblatt 1825 der Öffentlichkeit übergeben, in Wirklichkeit aber erst nach Humboldts Asienreise vollendet worden. Die Schlußlieferung erschien 1831; die Veröffentlichung der beiden zoologischen Bände zog sich von 1805 bis 1832 hin. Allzu gewaltig und vielseitig war die mit Hilfe zahlreicher Gelehrter ausgewertete Sammlung von Materialien und Einsichten, als daß sie – und das auf Kosten Humboldts – bis zum letzten der Öffentlichkeit hätte zugänglich gemacht werden können. Im übrigen liegt das Gesamtwerk

1 Im Jahre 1815 erhielt Humboldt, in finanzielle Bedrängnis geraten, vom preußischen Staat einen Vorschuß von 24 000 französischen Francs. Die Summe war zur vorläufigen Deckung der restlichen Kosten für das Werk bestimmt und wurde später dadurch mehr als ausgeglichen, daß Humboldt je ein Prachtexemplar aller Teile seines Werkes (der Preis eines vollständigen Exemplars belief sich auf über 10 000 Francs) für die Universitäten Berlin, Bonn, Breslau und Halle kostenlos zur Verfügung stellte.

nur in französischer Sprache vor. Teile wurden, dem wissenschaftlichen Brauch entsprechend, in lateinischer Sprache veröffentlicht, andere auch in deutschen Ausgaben, wieder andere wurden in weitere Sprachen übersetzt, darunter aus dem Französischen ins Deutsche; der für weitere Kreise bestimmte allgemeine Reisebericht zuerst von Therese Forster (erschienen 1815 bis 1832) – eine Übersetzung, von der Humboldt angeblich nichts gewußt hat – und erst erheblich später, freilich wesentlich gekürzt, von Hermann Hauff in den Jahren 1859/60. Spezialfragen hat Alexander von Humboldt in zahlreichen kleineren Veröffentlichungen oder in wissenschaftlichen Zeitschriften behandelt.

Mit Rücksicht auf den kleinen Interessentenkreis und die hohen Herstellungskosten war die für die einzelnen Bände unterschiedliche Auflage durchweg niedrig gehalten. «Leider, leider!» klagte Humboldt im Jahre 1830 in einem Brief an Heinrich Berghaus, «meine Bücher stiften nicht den Nutzen, der mir vorgeschwebt hat, als ich an ihre Bearbeitung und Herausgabe ging; sie sind zu teuer! Außer dem einzigen Exemplar, welches ich zu meinem Handgebrauch besitze, gibt es in Berlin nur noch zwei Exemplare von meinem amerikanischen Reisewerke. Eins davon ist in der königlichen Bibliothek und vollständig, das zweite hat der König in seiner Privatbibliothek, aber unvollständig, weil auch dem Könige die Fortsetzungen zu hoch gekommen sind.»

Auch das sind Zeichen der Zeit: dem preußischen König sind 2573 preußische Taler für die Bezahlung eines vollständigen Exemplares des Reisewerkes zuviel, für dessen Bearbeitung und Drucklegung sein berühmtester Untertan Hunderttausende französischer Francs hingegeben hat. Als man 1859 den Nachlaß des «zweiten Kolumbus» sichtete, stellte sich heraus, daß sein eigenes Handexemplar nicht einmal vollständig war.

In Berlin, der «menschenleeren Wüste»

Als erste Veröffentlichung des Gesamtwerkes erschien noch 1805 in Paris ein «Essai sur la géographie des plantes», den Humboldt zwei Jahre später bei Cotta in Stuttgart deutsch unter dem Titel «Ideen zu einer Geographie der Pflanzen, nebst einem Naturgemälde der Tropenländer» herausgab. Die deutsche Ausgabe war Goethe gewidmet. Das den Naturforscher Goethe ansprechende Widmungsblatt hatte der dänische Bildhauer Bertel Thorwaldsen gezeichnet, den Humboldt 1805 bei seinem Bruder in Rom kennengelernt hatte.

Humboldt brach Mitte März von Paris nach Italien auf. Gay-Lussac und der spätere Ingenieur-Geograph Franz August O'Etzel begleiteten ihn. Mit Gay-Lussac hatte Humboldt in Paris gemeinsam Untersuchungen über das Verhältnis der Bestandteile der Atmosphäre durchgeführt. Auf dem Wege durch Südfrankreich und die Alpen stellten sie meteorologische Beobachtungen an. In Italien erwartete man einen Ausbruch des Vesuvs. Auch Leopold von Buch eilte herbei, um bei diesem Ereignis wissenschaftliche Einsichten in das Problem der Entstehung der Erdrinde zu sammeln. Zu viert reisten die Forscher nach anregenden Wochen geselligen Verkehrs in Wilhelm von Humboldts Haus, einem Treffpunkt Italien bereisender Künstler und Gelehrter, am 15. Juli nach Neapel weiter. Der Vesuv war unruhig und auch so für einen Meinungsaustausch der beiden Vulkanisten interessant; am 12. August konnte von Portici und Torre del Greco aus ein Ausbruch des Vesuvs beobachtet werden.

Auf dem Rückweg weilten Humboldt, Gay-Lussac und Buch abermals einige Tage in Rom, während O'Etzel allein weitergereist war. Dann wandten sie sich nach Florenz und Bologna, besuchten Volta in Como, passierten in Regen, Schnee und Hagel die Gotthardstraße. Über Heidelberg, Kassel und Göttingen, wo die Lehrer den ehemaligen Schüler mit Freude und Bewunderung empfingen, erreichten die Freunde am 16. November 1805 Berlin; hier wollten sie gemeinsam den Winter verbringen. Gay-Lussac hatte die Absicht, den Stand der Naturforschung in der preußischen Hauptstadt zu studieren. Auch Bonpland erschien für kurze Zeit in Berlin und nahm an einigen der Vorträge teil, die Humboldt in der Akademie der Wissenschaften hielt.

Humboldt wurde ordentliches Mitglied dieser gelehrten Gesellschaft; der König ernannte ihn zum Kammerherrn. Mit beiden Berufungen war eine jährliche Vergütung verbunden, ein

Umstand, auf den Humboldt nun doch einiges Gewicht zu legen begann, da er sein Vermögen dahinschmelzen sah.

Wohl fühlte er sich nicht in seiner Vaterstadt. «Ich lebe fremd und isoliert in diesem mir fremd gewordenen Lande», schrieb er im April 1806 einem Freund der Berliner Jugendjahre, und in einem Briefe an die Schwägerin des verstorbenen Schiller vom Mai desselben Jahres nannte er Berlin eine «menschenleere Wüste».

Seiner Eitelkeit schmeichelten wohl die Ehrungen und der Wunsch des Königs, ihn für immer an Preußen zu binden, aber sein weltweiter Blick fand in der Enge der Heimat keine Nahrung. An den Fingern einer Hand war die Zahl der Gelehrten abzuzählen, die ihm in seinem wissenschaftlichen Schaffensdrang helfend und anregend zur Seite stehen konnten. Er stürzte sich in die Arbeit an seinem Reisewerk. Die Anwesenheit Gay-Lussacs mochte ihn zu den erdmagnetischen Untersuchungen veranlaßt haben, die er zunächst mit dem französischen Freunde, nach dessen am 2. April 1806 erfolgten Abreise von Berlin nach Paris allein, oft sechs und acht Nächte hintereinander, in einem eisenfreien Häuschen durchführte, das er in einem Garten nahe der Weidendammer Brücke entdeckt hatte.

Noch fünfzig Jahre später erzählte er seinem Altersfreunde Varnhagen, daß der Besitzer des Grundstücks, der der französischen Kolonie entstammende Benjamin George, dessen Namen noch heute die Georgenstraße trägt, Fremden gegenüber gern mit «seinen Gelehrten» zu prahlen pflegte. «Hier habe ich den berühmten Müller» – gemeint war der Schweizer Historiker Johannes von Müller, der 1804 als Geschichtsschreiber des Hauses Hohenzollern nach Berlin gekommen war und dann in Napoleons Dienste trat –, «hier den Humboldt, hier auch den Fichte, der aber nur ein Philosoph sein soll.» Johann Gottlieb Fichte, der Sohn eines Bandwebers aus der sächsischen Lausitz, kehrte, nachdem er zunächst vor Napoleon geflüchtet war, 1807 wieder nach Berlin zurück, um im folgenden Winter seine berühmten «Reden an die deutsche Nation» zu halten.

Seit der Besetzung Hannovers im Jahre 1803 lagen französische Truppen zwischen den westlichen und östlichen Gebieten Preußens. Friedrich Wilhelm III. glaubte sich Napoleons Schonung erwerben zu können, indem er sich der Dritten Koalition versagte, seine natürlichen Bundesgenossen Österreich, Rußland und England im Stich ließ, westliche Landesteile preisgab und sich in schmählichen Verträgen dem Kaiser der Franzosen unterwarf. Napoleon lohnte die haltlose Schwäche des Hohenzollern mit Hohn und Herausforderungen, bis sich Friedrich Wilhelm III. im ungünstigsten Augenblick der sich ständig wandelnden europäischen Gesamtlage zum Kriege entschloß. Die Staatskassen waren leer, Beamtenschaft und Offizierskorps mit wenigen Ausnahmen korrupt oder unfähig, die Soldaten wurden für einen Staat, der nicht ihre Interessen vertrat, in den Krieg getrieben.

Am 14. Oktober 1806 vollzog sich bei Jena und Auerstedt die Katastrophe des friderizianischen Preußens. Am 27. Oktober zog Napoleon in Berlin ein, der König war in den äußersten Winkel des Landes geflohen.

In Halle waren am Abend des 19. Oktober Studenten vor Napoleons Quartier erschienen und hatten unter den erleuchteten Fenstern des Eroberers ein «Pereat»[1] gerufen. Auf Befehl Napoleons wurde die Universität geschlossen, und die Studenten mußten die Stadt verlassen. Der Professor für alte Sprachen, Friedrich August Wolf, wandte sich an den Bruder des ihm befreundeten Wilhelm von Humboldt nach Berlin, er möge auf Grund seiner Geltung in Frankreich versuchen, die Rücknahme der Maßnahmen zu erwirken. Humboldt gelang es zwar, mehrere Männer in der unmittelbaren Umgebung des Kaisers für sein Anliegen zu interessieren. Napoleon empfing den Historiker von Müller und nahm ihn in seinen Dienst, aber den Naturforscher von Humboldt, den die naturwissenschaftliche Akademie des Institut de France zu ihren berühmtesten Mitgliedern zählte, empfing er nicht. «Nach allem, was ich erfahren habe», schrieb Humboldt am 18. November an

1 Mißfallensausruf der Studenten, dem Sinne nach «Nieder mit ihm» (im Gegensatz zu «Vivat», «Er lebe hoch!»).

Wolf, «so scheint der Kaiser jedesmal von neuem gereizt zu werden, wenn man ihm Halle nennt.»

Diese Erfahrung mag den empfindlichen, durchaus nicht harten Gelehrten, der sich ganz seiner wissenschaftlichen Tätigkeit verschrieben hatte, in dem Bestreben bestärkt haben, sich in seine Studierstube zurückzuziehen. Er schrieb an seinen «Ansichten der Natur», die aus Vorträgen hervorgingen, die er an der Berliner Akademie der Wissenschaften gehalten hatte. Der erste Band, der 1808 bei Cotta in Tübingen erschien, legte den Grundstein zur Volkstümlichkeit Humboldts. Im Mai 1807 verfaßte er in Berlin die Vorrede, in der es unter anderem heißt: «Bedrängten Gemütern sind diese Blätter vorzugsweise gewidmet. Wer sich herausgerettet aus der stürmischen Lebenswelle, folgt mir gern in das Dickicht der Wälder, durch die unabsehbare Steppe und auf den hohen Rücken der Andenkette. Zu ihm spricht der weltrichtende Chor[1]:

‚Auf den Bergen ist Freiheit, der Hauch der Grüfte
dringt nicht hinauf in die reinen Lüfte;
die Welt ist vollkommen überall,
wo der Mensch nicht hinkommt mit seiner Qual.'»

Humboldt gehörte nicht zum Kreis der Patrioten, die sich damals um den Reichsfreiherrn vom Stein, um Scharnhorst und Gneisenau sammelten. Er war kein Mann der politischen Tat; dennoch kann dieses «Lieblingsbuch» Humboldts nicht schlechthin als die Unternehmung eines «unpolitischen» Gelehrten gewertet werden, der seine Mitmenschen vom Zeitgeschehen ablenken wollte.

Humboldt wandte sich mit seinen künstlerisch bedeutsamen, wissenschaftlich meisterhaften und dennoch allgemeinverständlichen Landschaftsbildern und Naturgemälden zum erstenmal an breite Schichten des Bürgertums, durchbrach die Vorherrschaft von Dichtung, Philosophie und Theologie als den Bildungselementen, weckte den Sinn für die Natur und die Naturforschung und tat den ersten zielbewußten Schritt zu der gesellschaftlich bedeutendsten Leistung seines Lebens: der Weckung des Verständnisses breiter Volksschichten für die

1 Schiller, «Die Braut von Messina».

überragende Bedeutung, welche die Nutzbarmachung naturwissenschaftlicher Forschungsergebnisse für den Fortschritt der Menschheit hat. Und vor allem: Dieses im dunkelsten Jahr nach dem Zusammenbruch des Heiligen Römischen Reiches Deutscher Nation und des friderizianischen Preußens geschriebene Buch ist von einer Lebenszuversicht erfüllt, die weit über die nationale Erhebung hinaus in den Jahrzehnten der Reaktion in die Breite und Tiefe des deutschen Volkes gewirkt hat. «Wenn der Mensch», verkündete Humboldt in der Vorrede seiner zuerst 1806 als Einzeldruck erschienenen «Ideen zu einer Physiognomik der Gewächse» – sie wurden dann in die Erstausgabe der «Ansichten der Natur» übernommen –, «mit regsamem Sinne die Natur durchforscht oder in seiner Phantasie die weiten Räume der organischen Schöpfung mißt, so wirkt unter den vielfachen Eindrücken, die er empfängt, keiner so tief und mächtig als der, welchen die allverbreitete Fülle des Lebens erzeugt.»

«Meine Ansicht der Welt ist trübe»

Auf Drängen des Reichsfreiherrn vom Stein, der am 4. Oktober 1807 – drei Monate nach dem Frieden von Tilsit – an die Spitze der preußischen Regierung berufen worden war und sein Reformwerk begonnen hatte, schickte Friedrich Wilhelm III. im Winter seinen Bruder Wilhelm nach Paris; der Prinz sollte versuchen, eine Ermäßigung der an Frankreich zu zahlenden Kriegsentschädigungen zu erwirken.

Alexander von Humboldt wurde dazu ausersehen, dem Prinzen auf dieser wenig aussichtsreichen Mission zu assistieren. Man wünschte sein Ansehen in Paris und seine Beziehungen zu nutzen und versprach sich einige Hilfe von den diplomatischen Fähigkeiten, die der Oberbergmeister vor einem Dutzend Jahren bewiesen hatte. Humboldt nahm den Auftrag an, zumal er darin zugleich eine Möglichkeit sah, seine ins Stocken geratenen Arbeiten an dem großen Reisewerk in Paris fortzusetzen.

Die Verhandlungen waren schwierig, demütigend und ohne Erfolg. Napoleon diktierte am 8. September 1808 eine weitere

Kriegskontribution von 140 Millionen Francs, suchte die Tätigkeit der aus Scharnhorst, Gneisenau, Grolman und Boyen bestehenden Reorganisationskommission der preußischen Armee durch die Beschränkung des Truppenstandes auf 42 000 Mann zu durchkreuzen und setzte die Entlassung Steins am 24. November 1808 durch. Prinz Wilhelm kehrte nach Berlin zurück. Humboldt erbat und erhielt die Erlaubnis, in Paris zu bleiben, um die in Berlin unter den gegebenen Umständen unmögliche Auswertung seiner amerikanischen Forschungsergebnisse zu Ende führen zu können.

Varnhagen von Ense, der 1810 im Gefolge eines österreichischen Generals nach Paris kam, sah Humboldt in den glanzvollen Räumen des österreichischen Botschafters, des damaligen Grafen Metternich, «nur wie ein glänzendes, angestauntes Meteor vorüberschweben ... Selten hat ein Mann so der allgemeinen Hochachtung, der Huldigung der verschiedensten Parteien, der Beeiferung aller Mächtigen genossen», berichtete Varnhagen, der einige Jahrzehnte später zum Altersfreund des von ihm bewunderten Gelehrten wurde, über seine Pariser Beobachtungen. «Napoleon liebte ihn nicht, er war als freidenkender und in seiner Denkart nicht zu beugender Mann bekannt; aber der Kaiser und sein Hof und seine Staatsbehörden verleugneten nie den Eindruck, den sie in der Person des kühnen Reisenden von der Macht der Wissenschaft und ihres nach allen Seiten ausstrahlenden Lichtes empfingen. Die Gelehrten aller Nationen waren stolz auf ihren hohen Standesgenossen, die Deutschen insgesamt auf ihren Landsmann und alle Freisinnigen auf den Gesinnungsverbündeten ... Zugleich in wissenschaftlicher Tätigkeit und in großer Weltverbindung, in der einsamen Forschung und dem lebhaftesten Gesellschaftsgewirr immer sich selber gleich und selbständig hervorzuragen wie Humboldt ist nur selten einem Manne verliehen worden, keiner ist mir vorgekommen, der dabei so beharrlich und gleichmäßig ein ganzes Leben hindurch für Menschenwohl mit reichstem Erfolge beeifert und bemüht gewesen.»

Bonpland, der treue Reisegefährte und unermüdliche Sammler, war weder vom gleichen Ehrgeiz beseelt wie sein deutscher Freund, noch verfügte er über die Beständigkeit des systematisch arbeitenden Gelehrten. Seit seiner Rückkehr aus

Amerika beriet er die Kaiserin Joséphine, die auf ihrem Landsitz in Malmaison zum Verdruß Napoleons beträchtliche Summen in den exotischen Pflanzenkulturen ihrer Gewächshäuser und Gärten anlegte. Für Bonpland waren nicht nur die Bäume und Blumen ein Stück Tropen, auch die heißblütige schöne Kreolin von der Insel Martinique, die der General Napoleon Bonaparte nach dem Tode ihres ersten Gatten, des Generals Beauharnais, 1796 geheiratet hatte, gehörte dazu.

Im Jahre 1809 wurde Bonpland Intendant der kaiserlichen Gärten von Malmaison. Er schürte Joséphines Leidenschaft für die tropische Flora, statt nach dem Willen des Kaisers die kostspielige Laune zu dämpfen. Der Botaniker der Kaiserin fiel bei Napoleon um so mehr in Ungnade, als er zum Vertrauten der Frau geworden war, die dem Kaiser der Franzosen keinen leiblichen Erben schenken konnte und ihm nun, auf dem Gipfel seiner Laufbahn, nicht mehr ebenbürtig erschien. Die Ehe wurde geschieden. An Joséphines Stelle trat die Erzherzogin Marie Luise, die Tochter des gedemütigten Habsburgers Franz I. in Wien. Bonpland begleitete Joséphine in ihr Exil und blieb bei ihr bis zu ihrem Tode im Mai 1814. Er heiratete einen ihrer Schützlinge, eine überaus ehrgeizige Frau, besuchte in den nächsten zwei Jahren wiederholt Joseph Banks und andere englische Botaniker, bis ein jahrelang gehegter Plan gereift war: die Rückkehr in die Neue Welt.

Bonpland lockte nicht nur die Flora Südamerikas, ihn zog es auf den jungfräulichen Boden der jungen Staaten, in denen das Wirklichkeit zu werden schien, was er seit dem Jahre 1789 als den politischen Traum eines französischen Bürgers mit sich umhertrug. Gegen Ende des Jahres 1816 reiste er mit seiner Frau nach Buenos Aires, einem Leben entgegen, wie es abenteuerlicher nicht zu denken ist. – Seine Arbeiten am Reisewerk führte, da Willdenow schon 1812 starb, im wesentlichen Karl Sigismund Kunth unter Humboldts Anleitung zu Ende.

Je weiter die einzelnen fachwissenschaftlichen Teile des Reisewerkes fortschritten, um so mehr wurde es Humboldt bewußt, daß diese Spezialuntersuchungen sich nur an einen kleinen Kreis von Gelehrten richteten und daß aus dem reichen Material seiner Tagebücher und Aufzeichnungen sehr viel von dem zurückblieb, was eine breite Öffentlichkeit zu interessieren vermochte. Das waren vor allem die Erlebnisse der abenteuerlichen Reise und alle jene Beobachtungen am Wege, die das Besondere der Verhältnisse in der Neuen Welt betrafen. Er entschloß sich, den «Ansichten der Natur» einen eigentlichen Reisebericht folgen zu lassen, der freilich unvollendet blieb.

Er arbeitete noch an diesem Bericht, als sich ihm die Möglichkeit einer Anstellung in Berlin bot. Sein Bruder Wilhelm war, wenn auch widerstrebend, im Februar 1809 Geheimer Staatsrat und Direktor der Sektion für Kultus und Unterricht im Ministerium des Innern geworden. Er hatte, unbekümmert um die Intrigen der junkerlichen Hofkamarilla und nur von den wenigen Beamten unterstützt, die im Geiste des verbannten Freiherrn vom Stein fortwirkten, mit der Reform des Schulwesens begonnen und die Errichtung einer Universität in Berlin durchgesetzt. Alexander sollte zu den Gelehrten gehören, die er für seine Gründung zu gewinnen hoffte. Doch der jüngere Humboldt konnte sich nicht dazu entschließen, sein Werk unvollendet zu lassen, und das um so weniger, als er den Plan gefaßt hatte, seine Kenntnis von den physischen Verhältnissen der Erde durch eine zweite Forschungsreise zu vervollständigen.

In den ersten Januartagen des Jahres 1810 übersandte er Goethe ein Exemplar seiner soeben erschienenen «Pittoresken Ansichten der Kordilleren und Monumente amerikanischer Völker», ein Teil des großen Reisewerkes. «Ich führe in diesem nüchternen Lande», hieß es in dem Brief, der die Sendung nach Weimar begleitete, «mitten unter dem leeren Treiben der Menschen ein beschäftigtes, einförmiges, in mich gekehrtes Leben. Ich bin von dem Gefühl gepeinigt, nicht schneller vollenden zu können, was ich mir selbst schuldig bin. Meine Ansicht der Welt ist trübe. Der Anblick einer großen Natur, Einsamkeit der Wälder und der rege Wunsch ins Weite und Blaue haben eine Stimmung in mir vermehrt, die nicht heiter ist, mich aber nie im Arbeiten stört und meinen Mut nicht sinken läßt. Meine Gesundheit, mannigfaltige rheumatische Übel (Folgen der Nässe der Wälder), ein etwas lahmer Arm – von dem allen melde ich Ihnen nichts. Mein Befinden wird besser sein, sobald ich erst wieder in der heißen Zone lebe. Mein

Projekt ist, mich nach dem Kap [der Guten Hoffnung] einzuschiffen, an der Südspitze von Afrika ein Jahr zu bleiben und mich mit den südlichen Strömen zu beschäftigen; dann nach Ceylon und Kalkutta zu gehen, mich in Benares, wo Karawanen von Lassa [Lhasa] ankommen, auf Tibet vorzubereiten und dann weiter vorwärts nach Norden einzudringen. Möge die äußere Lage der Welt meine Pläne bald begünstigen.»

Humboldt widmete sich diesem Plan mit der ihm eigenen Beharrlichkeit. Sein Bruder Wilhelm war von der Leitung der Unterrichtsverwaltung im Frühjahr 1810 zurückgetreten, da die Schaffung eines interimistischen Staatsrates, in dem die Geheimen Räte keine mitentscheidende, sondern nur noch eine beratende Stimme hatten, eine wesentliche Einschränkung seiner Wirkungsmöglichkeiten zur Folge haben mußte. Er wurde zum Gesandten in Wien ernannt; der Staatskanzler Hardenberg, Alexanders ehemaliger Vorgesetzter in Bayreuth, bot dem jüngeren Humboldt das bisherige Amt seines Bruders an. Alexander lehnte ab, «um sich seine freie, unabhängige Lage als Gelehrter zu erhalten».

Besprechungen, die er mit vorübergehend in Paris weilenden russischen Unterhändlern hatte – Humboldt nennt besonders den Handelsminister Rumjanzew –, eröffneten ihm die Aussicht auf Teilnahme an einer russischen, von Sibirien über Kaschgar und Jarkand nach Tibet geplanten Forschungsexpedition. Schon im Oktober 1811 reiste er nach Wien, wo er bis Ende November blieb, um sich von seinem Bruder und dessen Familie zu verabschieden.

Nächstes Ziel: Asiatische Reise

Bald sollte sich erweisen, daß dieser Abschied von seinem Bruder und dessen Familie zumindest voreilig war; denn das ersehnte Ziel, die «asiatische Reise», ließ sich erst mehr als anderthalb Jahrzehnte später verwirklichen. Allzu groß, ja unüberwindlich waren vor allem die politischen Schwierigkeiten, die sich Humboldt in den Weg stellten.

«Humboldt war noch nicht 24 Jahre alt, als er am 11. Juli 1793 seinem vormaligen Kommilitonen an der Bergakademie in Freiberg, dem russischen Bergbeamten Vladimir Juŕevič Sojmonow, brieflich seinen Wunsch ausdrückte, später in Sibirien, auf der Krim oder im Kaukasus als Forschungsreisender oder auch in fester Anstellung geologische oder botanische Untersuchungen durchzuführen. Soweit wir überblicken, ist dies die erste Nennung eines Reiseziels in Rußland. Man sollte diese Äußerung nicht überbewerten; sie zeugt aber davon, daß schon der junge Bergmeister, der Humboldt damals war, nicht nur die Tropen, sondern auch Asien bereits in seine Zukunftspläne einbezogen hat. Anfang 1801, in Cartagena im heutigen Kolumbien, äußerte er die später nicht verwirklichte Absicht, über die Philippinen, Indien, Persien und Palästina nach Europa zurückzureisen. Das ist das zweite Mal, daß eine Asienreise von Humboldt ins Auge gefaßt wurde.»[1]

Wir wissen, daß es zu Humboldts wissenschaftlicher Arbeitsmethode gehörte, im kleinen wie im großen immer wieder den Vergleich zu suchen. Biermann nennt ihn mit Recht einen «Meister in der Handhabung des Vergleichs» und erinnert daran, daß Friedrich Engels «bei der Nennung ‚des vergleichenden Elements' als eine der in die konservative Naturanschauung geschlagenen Breschen den Namen Humboldt ausdrücklich erwähnt». Je umfangreicher und vielseitiger seine Einsichten und Beobachtungen auf seiner ersten großen Reise wurden, um so mehr festigte sich der Wunsch, neben der Auswertung aller der Materialien und Erlebnisse, die er und Bonpland aus Amerika nach Europa heimgebracht hatten, auch Asien kennenzulernen, gewiß nicht nur um zu vergleichen, sondern «seine Beobachtungen auf Gebiete mit völlig anderem Charakter auszudehnen. Als er beispielsweise nach fünfjähriger Abwesenheit von Europa wieder in Paris war, sprach er am 10. 3. 1805 von seinem Vorhaben, im ‚nördlichsten Asien' Beobachtungen in der ‚langen Polarnacht' anzustellen. Von 1807 an war indessen Zentralasien sein erklärtes Reiseziel.» (Biermann)

1 Kurt-R. Biermann, «Aus der Vorgeschichte der Pläne Alexander von Humboldts für eine russisch-sibirische Forschungsreise» (Geologische Wissenschaften 1976, Heft 2, S. 331–336); auf diese Arbeit stützten sich auch weitere Angaben und Zitate (vgl. dazu auch Kurt-R. Biermann: «Alexander von Humboldts Forschungsprogramm von 1812 und dessen Stellung in Humboldts indischen und sibirischen Reiseplänen», Studia z dziejôw geogr. i. kartogr. Wrocław 1973, S. 471–483).

Man war auch in Rußland auf Humboldt und seine asiatischen Reisepläne aufmerksam geworden. Schon Ende 1808 wurde Humboldt in Paris von dem bereits erwähnten russischen Staatsmann Nikolai Petrowitsch Rumjanzew der Vorschlag gemacht, eine Reise nach Tibet und Nordindien auf Kosten der russischen Regierung zu unternehmen. Bisher ist unbekannt, inwieweit Humboldt sich damals mit diesem Angebot eingehender beschäftigt hat, zu einer Zeit, als er sich ernstlich mit dem Plan trug, von Sibirien aus über Ostturkestan zum tibetanischen Hochland vorzudringen.

Humboldts Abschiedsbesuch bei seinem Bruder in Rom offenbart mit besonderer Eindringlichkeit, wie intensiv er sich damals, allen kriegerischen Verwirrungen und der wissenschaftlich-publizistischen Auswertung seiner ersten großen Reise zum Trotz, mit neuen Reiseplänen beschäftigte, deren Schwerpunkte Indien und Innerasien waren. Eben im Jahre 1811 war ihm durch den ihm bekannten Baron Alexander Rennenkampf in Petersburg, höchstwahrscheinlich wiederum in höherem Auftrag, ein weiteres Angebot russischer Unterstützung für die Durchführung seiner Pläne gemacht worden. Humboldts viele Seiten umfassende Antwort an Rennenkampf erfolgte erst am 7. Januar 1812 aus Paris. In dem höchst bedeutsamen Schreiben legte er seine asiatischen Forschungspläne eingehend dar; Ausmaß und Bedeutung dieses kühnen Vorhabens sind ebenso bezeichnend für Humboldts Mut und Entschlossenheit wie für seinen Widerwillen gegen die «politische Lage Europas».

Diese Antwort Humboldts an Rennenkampf «stellt die ausführlichste Darstellung der Humboldtschen Reisepläne für Asien überhaupt dar, sie ist mit Recht als ‚Forschungsprogramm' bezeichnet worden», schreibt Kurt-R. Biermann[1]. «Humboldt gab sein Interesse zu erkennen, Kamtschatka, den Mustag-ata (Mushitagshan) im östlichen Hochland von Pamir und die Wüste Gobi aufzusuchen. An die Spitze der Wissenschaften, die durch eine solche Reise bereichert würden, stellte er die Geologie, dann folgen Pflanzengeographie, Meteorologie, Pendelmessungen zur Schwerkraftbestimmung, geomagnetische Beobachtungen, daneben fehlen Studien der Menschen, ihrer Sprache und Kultur ebensowenig wie der Hinweis auf die Er-

1 A. a. O., S. 333.

kundung von Handelsstraßen nach dem Süden, geographische Ortsbestimmungen, barometrische Höhenmessungen, die Herstellung von Profilen und die Anlage von naturkundlichen, insbesondere mineralogischen Sammlungen. Zwar könne er noch kein Wort Russisch, äußerte sich Humboldt, aber er werde zum Russen werden, wie er zum Spanier geworden sei. Beginnen wollte Humboldt mit einer Erkundung Sibiriens unter dem 58. und 60. Breitengrad bis zum Bering- und Ochotsker Meer. Danach sollte die Expedition in westlicher Richtung zum Baikalsee gehen und sich später nach Süden wenden. Für diesen Abschnitt der Reise setzte Humboldt allein vier bis fünf Jahre bei einer geplanten Gesamtdauer von sieben bis acht Jahren an. Er wünschte, daß die Mehrzahl der wissenschaftlichen Teilnehmer Russen seien, weil sie mutiger und ausdauernder wären und nicht ständig auf Rückkehr drängen würden. Humboldts detaillierte Aufgabenstellung für die Forschungsreise, seine Vorschläge für die instrumentelle Ausrüstung und weitere Einzelheiten dieses Briefes mit dem Charakter einer Denkschrift können hier übergangen werden. Wichtig erscheint jedoch, daß Humboldt in einem erst unlängst vom Verfasser veröffentlichten Postskriptum ein Dekret forderte, mit dem die Expedition befohlen würde, in dem das Zusammentreffen der Teilnehmer für 1814 in Tiflis, Tobolsk oder Irkutsk angesetzt und ein Minister bestimmt werde, der die Vorbereitungen der Expedition zu überwachen habe.

Die kriegerischen Ereignisse jener Jahre verhinderten, daß das Projekt verwirklicht werden konnte. Noch im Alter hat Humboldt nicht ohne Trauer seine damaligen umfassenden Pläne zur Bereicherung der Wissenschaften mit dem verglichen, was er später leisten konnte, so hoch er auch seine russisch-sibirische Reise von 1829 zu schätzen wußte.»

Zwischen Weltbürgertum und Patriotismus

Als am 7. Januar 1812 Humboldts Brief an Rennenkampf in Paris geschrieben wurde, hatte Napoleon bereits den Krieg gegen Rußland beschlossen. Im Sommer 1812 überschritt die «Große Armee» die Grenze. Wenige Monate später artete ihr

Rückzug unter den Schlägen der russischen Soldaten zur Flucht aus. Am 30. Dezember 1812 sagte Yorck, der Kommandeur des preußischen Hilfskorps, in der Konvention von Tauroggen dem Kaiser der Franzosen die Waffenhilfe auf. Stein und seine Getreuen eilten aus dem russischen Exil nach Königsberg. Die Stunde der Befreiung vom napoleonischen Joch hatte geschlagen.

Alexander von Humboldt weilte in Paris, in seine wissenschaftlichen Arbeiten und die Vorbereitung der zweiten großen Forschungsreise vertieft. «Ich war töricht genug», schrieb er am 19. August 1813 der Schwägerin in Wien, «an eine prosaischere Lage der Welt zu glauben ... Ich arbeite viel und lebe von meiner Arbeit, denn wie ist jetzt auf andere Quellen zu rechnen.»

Wilhelm von Humboldt, der sich im Gefolge der verbündeten Monarchen befand, mißbilligte das Verhalten des Bruders. Auch er hatte wenig Neigung, sich «in die Welthändel zu mischen», wäre aber, wie er Karoline am 6. Dezember 1813 schrieb, hätte man ihn nicht mit diplomatischen Aufgaben betraut, «in irgendeine Tätigkeit und am allereinfachsten in die militärische bei der Landwehr eingetreten. Ja, ich gestehe Dir frei, was ich sonst nicht sage, daß ich auch an Alexander sein Bleiben in Paris nicht billige. Er konnte allerdings nichts für den Krieg tun, das mit dem, was er dort treibt, vergleichbar wäre. Es war auch allerdings ein mit dem, was er tun konnte, ganz unverhältnismäßiger Verlust, wenn er im Kriege verunglückte. Aber das Rechte besteht eben darin, daß man nicht in solchen Fällen den Nutzen abwägt, und auf seine Person Wichtigkeit legen und sich in solcher Art schonen, ist wenigstens außer aller Charakterschönheit.»

Auch für Wilhelm waren sein diplomatischer Dienst und seine Mitwirkung an den gesamtdeutschen und demokratischen Bestrebungen der Patrioten weit mehr eine Angelegenheit seiner echten Humanität und seines Ehrbegriffes als der selbstlosen Hingabe an das Vaterland. Im Gegensatz aber zum älteren Bruder, der sich danach sehnte, das Leben nur zu beobachten, war Alexander von einem unbändigen Tätigkeitsdrang erfüllt. Nichts war ihm jedoch mehr zuwider als der Gedanke, seine Unabhängigkeit als Forscher aufzugeben und in den Staatsdienst einzutreten, wo ihn Hardenberg und der König zu verwenden wünschten. «Diplomatische Posten sind jetzt so wichtig eben nicht für das arme Vaterland», hatte Alexander dem Bruder im Sommer 1810 geschrieben, da man ihn als Wilhelms Nachfolger zu gewinnen suchte, und mit beißendem Spott hinzugefügt: «Und trotz Deiner großen Anhänglichkeit an den Stand, in den Du mich versenken willst, gehst Du an das grüne Donauufer. Du gestandest sonst selbst, man sei am patriotischsten gesinnt, wenn man hinter den Alpen sitzt. Warst Du wirklich so lange in Berlin als ich nach meiner Rückkunft?»

Alexander empfand sich im Ausland als Deutscher, nicht als Preuße; sehr nüchtern, allzu nüchtern blickte er mit den Augen eines Naturforschers auf den preußischen «Sand» und die Herren, die ihn regierten. «Deutscher Patriotismus», schrieb er am 1. Juli 1825 aus Paris an den Geographen Heinrich Berghaus, den er 1815 in Paris kennengelernt und seitdem in seiner wissenschaftlichen Laufbahn gefördert hatte, «ist ein recht hübsch klingendes Wort! La jeunesse allemande audelà de l'Elbe était enragée de ce mot en 1813 [Die deutsche Jugend jenseits der Elbe hatte sich an diesem Wort 1813 entflammt]! Und was ist aus den unendlichen Opfern von Gut und Blut geworden? Wie es kommen würde, merkte man schon 1814, als die hohen Herren hier versammelt waren. Und nun erst Wien!»

Wenn Humboldt den Befreiungskrieg ohne äußere Anteilnahme an sich vorüberziehen ließ und sich nicht auf die eine oder die andere Weise in den Kreis der Patrioten um Stein und Scharnhorst eingliederte, so hatte das mehrere Ursachen. Humboldt sah den Gang der Ereignisse mit den Augen eines Mannes, der in Paris, dem kontinentaleuropäischen Zentrum der zeitgenössischen Naturforschung, heimisch geworden war. Es war ein selbstgewähltes Exil, das er sich auf Grund seiner wirtschaftlichen Unabhängigkeit leisten konnte; es war der Ort, der wie kein anderer in der Welt die Voraussetzungen bot, ohne die Humboldt die Aufgaben nicht lösen konnte, deren er sich mit dem Blick des Mannes bemächtigt hatte, der das in seiner Zeit Notwendige und Mögliche erkannte. Es ist «außer aller Charakterschönheit», daß ihm die Förderung seines wissenschaftlichen Werkes wichtiger war als der deutsche Befreiungskampf und daß er während der nationalen Erhebung, in seine Arbeit versunken, fern der kämpfenden Heimat in der

Hauptstadt des Feindes weilte. Wenn er sich dem Vaterlande versagte, war das aber weniger eine persönliche Schwäche als eine Folge der gesellschaftlichen Bedingungen, denen er sich durch die Flucht in die «Unabhängigkeit» zu entziehen suchte.

Humboldt lebte im Widerspruch zwischen Weltbürgertum und Patriotismus. Sein humanes Streben war auf das Wohl der gesamten Menschheit gerichtet. Er gehörte zu den Forschern, die über die Grenzen der Nationen hinaus im Austausch ihres Wissens dem Fortschritt der menschlichen Erkenntnis dienen. Er lebte in den Ideen von 1789 und empfand in der bürgerlichen Intelligenzschicht, in der er an der Seine vornehmlich verkehrte, den Unterschied zwischen den gesellschaftlichen Zuständen in Frankreich und Deutschland besonders stark. Erst in Frankreich war er sich der Schwäche des Bürgertums in Deutschland voll bewußt geworden. Er zweifelte nicht an einem Sieg der Verbündeten über Napoleon und wünschte auch um Frankreichs willen das Ende der Herrschaft des Korsen. Aber er glaubte nicht daran, daß der demokratischen Bewegung ein Sieg über die Mächte der Reaktion beschieden sein würde.

Indische Reisepläne

Am 31. März 1814 zog Friedrich Wilhelm III., in dessen Begleitung sich auch der Gesandte Wilhelm von Humboldt befand, in Paris ein. Am Tage darauf rief er den Kammerherrn Alexander von Humboldt zu sich, ließ sich von ihm die Sehenswürdigkeiten der französischen Hauptstadt zeigen und nahm ihn im Juni mit nach England.

Alexander wurde auch auf den Britischen Inseln geehrt. Er zog in die Königliche Gesellschaft der Wissenschaften ein als Nachfolger des im Februar verstorbenen verdienstvollen Chemikers Henry Cavendish, jenes selbstbewußten Sohnes des Herzogs von Devonshire, der dem jungen Humboldt während dessen erstem Aufenthalt in London die Benutzung seiner Bibliothek nur unter der Bedingung gestattet hatte, daß er ihn weder anspreche noch grüße, wenn er ihm im Hause begegne.

Humboldts Hoffnung, die durch den napoleonischen Angriff auf Rußland vorerst gescheiterte asiatische Reise mit britischer

Hilfe von Indien aus durchführen zu können, zerschlug sich am Einspruch der um ihr Handelsmonopol besorgten Britisch-Ostindischen Kompanie, deren Domäne Indien noch bis zum Jahre 1858 war.

Dennoch verfolgte Humboldt nach dem vorläufigen Scheitern des Planes einer russisch-sibirischen Forschungsreise unermüdlich die Absicht, wenigstens den Ganges zu sehen, wie er schon Rennenkampf zu verstehen gegeben hatte. Er war entschlossen, je nach Möglichkeit über Teheran oder Kabul zu reisen; wie sehr ihm an der Verwirklichung des Planes lag, zeigt u. a., daß er persische und arabische Sprachkenntnisse erwarb. Da er nicht damit rechnen konnte, daß sich ihm der Zugang nach Tibet und Bhutan in absehbarer Zeit öffnen würde, erwog er ernstlich als Reiseziele auch die Halbinsel Malakka, Ceylon (das heutige Sri Lanka), Jawa, die Philippinen. Trotz der Enttäuschungen, die ihm 1814 während seiner Anwesenheit in London im Gefolge des preußischen Königs zuteil wurden, hegte er die Hoffnung, die East India Company werde sich davon überzeugen lassen, daß seine Indienreise ausschließlich wissenschaftlichen Zwecken diene. In dieser Erwartung sollte er sich abermals täuschen.

Napoleons Flucht von der Insel Elba und seinen letzten Versuch, sich der Herrschaft zu bemächtigen, erlebte Humboldt wieder in Paris. Als Napoleon nach der Schlacht von Waterloo seinen Weltherrschaftstraum für immer zerstört sah, erinnerte sich der Ruhmgierige des verhaßten und im Grunde doch von ihm bewunderten Naturforschers Humboldt, der im Jahre 1804 monatelang die Begeisterungsfreudigkeit der Pariser Oberschicht vom «Retter des Vaterlandes» abgelenkt hatte. «Wenn ich schon verurteilt bin», sagte der gestürzte Herrscher dem ihm treu ergebenen Mathematiker Gaspard Monge[1], «keine Armeen mehr zu kommandieren, so sehe ich nur die Wissenschaften, welche sich meiner bemächtigen können ... Ich will auf dieser Bahn Entdeckungen hinterlassen, die meiner würdig sind. Ich bedarf eines Gefährten, der mich zunächst so rasch als möglich mit dem gegenwärtigen Stand der Wissenschaften bekannt macht. Hierauf wollen wir zusammen von Kanada bis zum

1 Zitiert nach Edmund Reitlinger, «Freie Blicke, Populärwissenschaftliche Aufsätze», Berlin 1875.

Kap Hoorn den neuen Kontinent durchstreifen und auf dieser ungeheuren Reise all die Phänomene der Physik unseres Erdballs studieren, über welche die gelehrte Welt noch keinen Aufschluß gefunden hat.»

Nachdem Napoleon nach St. Helena verbannt und unter Beteiligung Wilhelm von Humboldts als Mitarbeiter Hardenbergs der zweite Pariser Frieden geschlossen worden war, bot der preußische Staatskanzler Alexander von Humboldt den Posten eines Gesandten in Paris an. Zu der neuerlichen Ablehnung einer diplomatischen Tätigkeit dürfte diesen – neben seinen unverändert fortbestehenden Gründen – auch der Umstand bestimmt haben, daß sein Bruder, zuerst für dieses Amt ausersehen, von den selbstbewußten Franzosen als unerwünscht bezeichnet worden war.

Dennoch wurde Alexander auch weiterhin wiederholt mit zeitlich beschränkten diplomatischen Aufträgen bedacht, denen er sich als besoldeter Kammerherr (er erhielt jährlich 2 500 preußische Taler) nicht immer zu entziehen vermochte. Seinen Neigungen entsprach nur eine der ihm gestellten Aufgaben: der Wunsch der Alliierten, er möge ihnen eine Denkschrift vorlegen über die südamerikanischen Kolonien der iberischen Staaten, in denen der Unabhängigkeitskampf bereits begonnen hatte. Zu diesem Zweck begab sich Humboldt Ende 1817 nach England, von Arago begleitet; im Herbst 1818 war er abermals in London, diesmal zusammen mit Valenciennes.

Alexander «ist ganz entschieden», schrieb Wilhelm am 6. Oktober 1818 seiner Frau, «in einem Jahr etwa, wie er mit seinem Werk fertig ist, nach Ostindien zu gehen. Nach Tibet wird es schwerlich möglich sein, weil die Chinesen jetzt da herrschen, die niemanden einlassen. Die Sache mit dem Geld zur Reise wird in Aachen abgemacht werden. Nach dieser Reise denkt er nicht wieder nach Paris zurückzugehen, sondern die indische Reise englisch zu schreiben und dazu in London zu bleiben. Das wird in Deutschland weniger mißfallen und eine versöhnende Maßregel sein. Allerdings ist es immer nicht deutsch, aber man muß gestehen, daß bei den Dingen, die er treibt, dies auch eine besondere Schwierigkeit hat. Er muß beinah in Paris und London, wenn er so etwas arbeitet, leben. Nur in diesen Städten sind die Mittel da, solche Werke ans

Licht zu bringen und Vorteil daraus zu ziehen, und ist dies einmal, so läßt sich nicht gut in einer fremden Sprache (nämlich fremd für diese Orte) schreiben. Wirklich sind auch nur in diesen viele und mannigfaltige Gegenstände aus anderen Weltteilen, die man doch immer wieder bei solcher Arbeit sehen und um sich haben muß.»

Noch ehe Alexander von Humboldt seine Arbeiten in London abgeschlossen hatte, wünschte Friedrich Wilhelm III. seine Anwesenheit in Aachen, wo im Herbst desselben Jahres in Gegenwart der Kaiser von Rußland und Österreich der erste Kongreß der Heiligen Allianz tagte. Humboldt verstand es, sowohl den Kaiser von Rußland wie den König von Preußen für seine asiatischen Reisepläne zu interessieren; Friedrich Wilhelm III. sagte eine jährliche Unterstützung von 12 000 Talern und die Übernahme der Kosten für die wissenschaftliche Ausrüstung zu, nachdem schon vorher die französische Regierung dem deutschen Gelehrten eine finanzielle Beihilfe angeboten hatte. Kaiser Alexander von Rußland verhielt sich abwartend, vielleicht, weil Humboldt noch immer den näheren Weg nach Tibet, über Indien, nehmen wollte, der ihm aber durch das Mißtrauen der Britisch-Ostindischen Kompanie nach wie vor verschlossen blieb.

Auch die Aufenthalte 1817 und 1818 in England, während deren er alle seine Beziehungen genutzt hatte, um eine Zustimmung zu seinen Reiseplänen über Indien zu erreichen, blieben erfolglos. «Man ließ ihn in dem Glauben, es seien nahezu alle Hindernisse beseitigt, aber dabei blieb es. Bis heute sind die Verhandlungen, die hinter den Kulissen geführt worden sind, von den englischen Humboldt-Biographen nicht aus dem Dunkel der Archive an das Licht der Öffentlichkeit gebracht worden. Aber selbst ohne die Kenntnis der Dokumente liegen die Ursachen für die Verweigerung der Reisegenehmigung auf der Hand: Die Beziehungen Humboldts zu Rußland, die Tatsache der Finanzierung seiner Reise durch Preußen, vor allem aber seine freimütige Berichterstattung über die kolonialen Mißstände in Lateinamerika ließen der Ostindischen Handelskompanie eine Reise Humboldts durch Indien zum Himalaja absolut inopportun erscheinen.»[1]

1 Kurt-R. Biermann, a. a. O., S. 333/334.

So ging Jahr für Jahr dahin, ohne daß Humboldt seinem neuen Ziel näher kam. Er arbeitete unermüdlich an der Auswertung seiner in Amerika gemachten Beobachtungen und der von dort stammenden Sammlungen – die Beendigung dieses gewaltigen Vorhabens war nun abzusehen –, studierte alle erreichbaren Nachrichten über die Verhältnisse im südlichen Teil Asiens, lernte mit großem Eifer Persisch und lebte zurückgezogener als vorher, nur noch den befreundeten französischen Forschern eng verbunden und jenen jungen Deutschen ein unermüdlicher Förderer, die nach Paris kamen, um sich im nun bereits an Bedeutung verlierenden Vorort der Naturwissenschaften in ähnlicher Weise zu bilden wie die jungen deutschen Maler, Bildhauer und Baumeister, die noch immer über die Alpen nach Rom zogen.

«Der Weltruhm, den dieser Mann besaß», berichtete der Rechtsphilosoph Eduard Gans, «wurde nur dazu benutzt, seinen Landsleuten eine Stütze und ihrer Bekanntschaft mit allem, was sie zu tun hatten, ein helfender Führer zu sein. Nie hat sich wohl mit so tiefem und enzyklopädischem Wissen so viel edle Gutmütigkeit, eine mit so vielen Zeitopfern verbundene Sorglichkeit für anderer Nutzen und Vorteil, endlich eine wohl nur deutschen Naturen mögliche Bekanntschaft mit allem auch außer dem Fache Wissenswertem verbunden.»

Humboldts Hilfsbereitschaft ist viel mißbraucht worden; er hat diesem Mißbrauch selbst Vorschub geleistet, indem er seine Hilfe niemandem versagte, der zu ihm kam. Das hatte zwar zur Folge, daß seine vorbehaltlosen Empfehlungen von kritischen Köpfen bald als bloße Höflichkeitsakte angesehen wurden; aber da sich Humboldt jedem ihm vertrauenden jungen Menschen aufgeschlossen zeigte und jenseits aller jedem bezeugten Gutwilligkeit die überragende Begabung vom strebsamen Durchschnitt wohl zu unterscheiden wußte, hat er bereits während seiner Pariser Zeit manchem Hochbefähigten den Weg geebnet.

Carl Friedrich Gauß, den großen Mathematiker und Astronomen, dessen einzigartige Begabung er als einer der ersten erkannte, bemühte er sich schon damals für die Universität

Berlin zu gewinnen. Zu den großen Verdiensten, die sich Humboldt in jenem Jahrzehnt um die Naturforschung und ihre Nutzanwendung für den Fortschritt der Menschheit erwarb, gehört die Entdeckung Justus Liebigs. Gay-Lussac verlas im Juli 1823 in der Pariser Akademie der Wissenschaften eine Arbeit des damals zwanzigjährigen Studenten über die knallsauren Gase. Als der junge Deutsche selbst im März 1824 vor der gleichen Versammlung über Silber- und Quecksilberverbindungen referierte, nahm sich der soeben aus Italien zurückgekehrte Humboldt des Landsmannes an.

Alexander von Humboldts und Gay-Lussacs nachdrücklichen Verwendungen ist es zuzuschreiben, wenn der einundzwanzigjährige Jüngling im Mai 1824 der Universität Gießen als Professor gleichsam aufgezwungen wurde. Wenige Jahre später schon hieß es von dem zunächst verlachten «Blaufärber»: «Liebig ist die Chemie.» Und in der Tat wurde die Einrichtung des ersten chemischen Laboratoriums durch Justus Liebig zum Ausgangspunkt der modernen, dem Fortschritt der Menschheit dienenden Chemie.

Liebig widmete 1840 sein epochemachendes Buch «Die organische Chemie in ihrer Anwendung auf Agrikultur und Physiologie» Alexander von Humboldt. In der Vorrede folgerte er aus seiner ersten Begegnung mit Humboldt: «Diese Unterhaltung ist der Grundstein meiner Zukunft gewesen, ich hatte den für meine wissenschaftlichen Zwecke mächtigsten und liebevollsten Gönner und Freund gefunden ... Von diesem Tage an waren mir alle Türen, alle Institute und Laboratorien geöffnet ... Wie viele kenne ich, welche gleich mir die Erreichung ihrer wissenschaftlichen Zwecke Ihrem Schutze und Wohlwollen verdanken! Der Chemiker, Botaniker, Physiker, der Orientalist, der Reisende nach Persien und Indien, der Künstler, alle erfreuten sich gleicher Rechte, gleichen Schutzes; vor Ihnen war kein Unterschied der Nation, der Länder. Was die Wissenschaften in dieser besonderen Beziehung Ihnen schuldig sind, ist nicht zur Kunde der Welt gekommen, allein es ist in unser aller Herzen zu lesen.»

Alexander von Humboldt, nach Liebig «der alles belebende, tätigste Naturforscher dieses Jahrhunderts», war in den langen Jahren seines Aufenthaltes in Paris zum bedeutendsten Mittler des wissenschaftlichen Austausches zwischen den Nationen, er war durch sein Wirken und sein Werk zum Botschafter der deutschen Forschung im Ausland geworden.

Der preußische Kammerherr und der Botaniker von Malmaison

Im September 1815 wurde in Paris die Heilige Allianz gestiftet. Die daran beteiligten Monarchen trafen sich 1822 in Verona. Friedrich Wilhelm III. berief Humboldt zu sich; er liebte es, mit dem berühmten Naturforscher zu prunken, und empfand für ihn eine Art schwärmerischer Bewunderung. Humboldt begleitete den König durch Italien, nicht ohne von Neapel aus den Vesuv neuerdings dreimal zu besteigen und seine früheren Höhenmessungen zu kontrollieren.

Das Fürstentreffen, bei dem nach Alexanders Worten «der Einzug der Monarchen unter Bajonetten das einzige bemerkenswerte Schauspiel» war, stand im Zeichen des Kampfes gegen alle freiheitlichen und demokratischen Bestrebungen. Wie sehr Humboldt das politische Dunkel als niederdrückend empfand, das sich während der ersten Welle der europäischen Reaktion über die Völker Preußens, Österreichs, Rußlands legte, verraten bissige Bemerkungen in Briefen an den Bruder. «Welche geistige Bewegung diese letzten drei Monate. Die Moskitos des Casiquiare haben mir mehr Ruhe gelassen.»

Als nach den Karlsbader Beschlüssen von 1819 die Verfolgung der Wortführer des Volkes ihren ersten Höhepunkt erreicht hatte, Arndt und Jahn verhaftet, Gneisenau und selbst Wilhelm von Humboldt bespitzelt wurden, schrieb Alexander im April 1820 dem Bruder aus Paris: «Nach dem Karlsbader Wasser flieht man in ganz Europa nichts so sehr wie Grundsätze; sie beginnen auch diesem Lande die bisherige Ruhe zu nehmen, was ich sehr beklage. Man agitiert dadurch, daß man fortwährend vom Agitieren redet, wie die Ärzte, die Reizmittel geben und sich wundern, wenn Entzündungen eintreten.»

Mißtrauen versperrte ihm den nördlichen wie den südlichen Weg nach dem Himalaja, Europas aber war er müde. Er sehnte sich danach, «in einem Lande zu leben, wo die öffentlichen

Einrichtungen mit meinen inneren Wünschen übereinstimmen; jene Unabhängigkeit zu genießen, die zu meinem Glück notwendig ist.» Er trug sich mit dem Gedanken, wie Bonpland nach Amerika zurückzukehren.

Schon aber näherte sich der Zeitpunkt, an dem Humboldt seine Unabhängigkeit verlieren sollte. Seine persönlichen Mittel waren erschöpft. Friedrich Wilhelm III. machte Ansprüche auf ihn geltend. Den König beschwerte nicht die Frage, wo und wie Humboldt auf seinem ureigensten Gebiet am besten wirken könne – er hatte an dem Umgang mit dem vielgereisten und berühmten, gelehrten und witzigen Kammerherrn Gefallen gefunden und wünschte ihn ständig in der Nähe zu haben. Nach dem Kongreß in Verona bestimmte er ihn zunächst, mit nach Berlin zu reisen.

Aus ganz anderen Gründen drängte auch Wilhelm von Humboldt den Bruder zur Heimkehr. Er wünschte mit ihm zusammen nur noch der Forschung zu leben; tief enttäuscht hatte er sich aus der Öffentlichkeit zurückgezogen. Er war im Januar 1819 Minister geworden. Man hatte ihm die eine Hälfte des zu diesem Zwecke geteilten Innenministeriums als Arbeitsgebiet zugewiesen. Sein Versuch der Einwirkung auf den Regenten, endlich das bei Ausbruch der Volkserhebung gegebene Verfassungsversprechen an das Volk zu erfüllen, blieb aussichtslos. Wilhelm von Humboldt war an der Macht der reaktionären Partei und der «Demagogen»schnüffler, an der Selbstherrlichkeit des Staatskanzlers Hardenberg und an der Weigerung Friedrich Wilhelms III., Reformen zuzustimmen, gescheitert und nach wenigen Monaten, nicht gerade ungnädig, aber als unbequem entlassen worden. Der Mann, dem nach dem entmachteten Freiherrn vom Stein die letzten Hoffnungen der deutschen Patrioten galten, lebte nun ganz seinen sprachwissenschaftlichen Forschungen, teils in Berlin am Gendarmenmarkt 42, teils in Tegel, dem Schlößchen, dem Berlins Baumeister Karl Friedrich Schinkel damals die klassische und doch märkisch-heimische Form gab, an der wir uns noch heute erfreuen. Der Eindruck, den Alexander von dem erneuerten Tegel mit nach Paris nahm, war so stark, daß ihm ein Leben in der preußischen «Oase» weniger schrecklich erschien, als er bisher meinte.

Als Alexander am 3. Januar 1823 in Berlin eintraf, schien es einen Augenblick lang, als sollte Wilhelm Nachfolger des Ende November 1822 in Genua verstorbenen Staatskanzlers Fürst Hardenberg werden. Doch unter dem Einfluß der Junkerpartei wählte Friedrich Wilhelm III. einen weniger unbequemen Mann zu seinem ersten Diener.

Alexander, der bei dem Bruder in Tegel gewohnt hatte, trat schon am 10. Februar die Rückreise nach Paris an. Außer der Sehnsucht, mit dem geliebten Bruder ständig vereint zu sein, nahm er den Eindruck mit, daß Wilhelms bedeutendste staatsmännische und patriotische Tat, die Gründung der Universität Berlin, reiche Früchte trug – eine Sehnsucht und ein Eindruck, die ihm wenige Jahre später den Entschluß erleichterten, endgültig in seine Vaterstadt zurückzukehren.

Während er sich in Paris dem Abschluß seines amerikanischen Reisewerkes widmete, erreichte ihn eine Nachricht, die ihm die Gewißheit gab, daß auch in Südamerika noch keine Republik entstanden war, «wo die öffentlichen Einrichtungen mit seinen inneren Wünschen übereinstimmten».

Bonpland, der getreue Gefährte vom Orinoco und den Kordilleren, war den Paraná aufwärts gezogen, da die Professur für Naturwissenschaften in Buenos Aires ihm zwar einen Titel, aber keine Existenzmöglichkeit eingebracht hatte. Der Botaniker von Malmaison wollte den Paraguay erforschen und war auf den Maté, den schon von den Jesuiten kultivierten Paraguay-Tee gestoßen. Um leben zu können, hatte er in Santa Anna Pflanzungen angelegt und nomadisierende Indianer seßhaft gemacht. José Gaspar da Francia aber, der Halbindianer, der sich vom Advokaten zum grausamen Selbstherrscher Paraguays emporgeschwungen hatte und für sein Maté-Monopol fürchtete, ließ den botanisierenden Franzosen auf brasilianischem Gebiet überfallen und gefangennehmen. Diplomatische Schritte Frankreichs, Englands, Nordamerikas fruchteten ebensowenig wie eindringliche Mahnungen des soeben in Lima eingezogenen Libertadors Bolívar, der seinem französischen Freund Bonpland gern geholfen hätte. Humboldt schickte dem Diktator von Paraguay durch den an den Paraná reisenden französischen Gelehrten Grandsire einen Brief, in dem er auf die rein wissenschaftlichen Interessen Bonplands hinwies und

Francia beschwor, den politisch harmlosen Forscher aus Gründen der Menschlichkeit freizugeben. Als Grandsire dieses Schreiben überbringen wollte, wurde ihm der Zutritt zu der selbstherrlich regierten Republik versagt; Bonpland, als Arbeiter beim Straßenbau und schließlich als Garnisonsarzt verwendet, wurde erst 1829 freigelassen und aus Paraguay ausgewiesen.

Humboldt sah ihn nie wieder, blieb aber in brieflicher Verbindung mit ihm. Aimé Bonpland, ein entschiedener Parteigänger der Französischen Revolution, kehrte nicht mehr nach Europa zurück. Er ließ sich in San Francisco de Borgia, einer der Jesuitengründungen in der Nähe des Uruguay, nieder, blieb Botaniker, züchtete nebenbei Schafe, half als Arzt den Indianern, wo immer er konnte, und starb am 11. Mai 1858, ein Jahr vor seinem deutschen Freund, arm und vergessen in der Nähe von Restauracíon auf seiner Estancia de Santa Anna, wo ihn der Arzt Avé-Lallemant kurz vor seinem Tode aufgesucht hatte.

Aus dem Paris von 1789 in das Berlin von 1827

Die Arbeit an Humboldts Reisewerk näherte sich ihrem Ende. Am 30. Juli 1825 erhielt Goethe einen der letzten Bände. «Beide Humboldts gehören Ihnen an», lesen wir in dem Schreiben, das die Sendung begleitete, «und der Stolz ihres Lebens war, Ihren Beifall sich erworben zu haben.»

«War», nicht «ist», schrieb der sechsundfünfzigjährige Humboldt. «Mit Freuden sehe ich», hieß es weiter, «daß Sie unermüdet fortfahren, die Natur zu entschleiern und die Physik mit neuen Ansichten zu bereichern. Möge ein so schönes, die ganze intellektuelle Welt so mächtig bewegendes Leben wie das Ihrige den Freunden zur Freude, den Völkern zum Nutzen, dem deutschen Vaterland zur höchsten Zierde lange erhalten und durch keine physischen Leiden getrübt werden.»

Bonplands hartes Los, die Undurchführbarkeit der asiatischen Reise, die Aufzehrung seines Erbgutes, dem er seine Unabhängigkeit verdankte, das nahende Ende eines Werkes, das anderen als Lebenswerk vollauf genügt hätte, die Unvereinbarkeit der politischen Entwicklung in Europa mit den «inneren Wünschen», die er für den Fortschritt der Menschheit hegte, die sich häufenden Aufforderungen, Paris, das die große Epoche seines naturwissenschaftlichen Glanzes hinter sich hatte, zu verlassen und in den «Sand» der Heimat zurückzukehren – alles das wirkte zusammen, um in dem alternden Humboldt Zweifel wach werden zu lassen, ob er noch vollbringen könne, was er sich vorgenommen hatte.

Im Dezember 1825 wandte sich die mexikanische Regierung an ihn mit dem Ersuchen, er möchte in Wien und in Petersburg auf die Anerkennung des jungen mexikanischen Staates und den Abschluß von Verträgen mit den unabhängigen Republiken des ehemaligen Spanisch-Amerikas hinwirken. Humboldt mag an den erzreaktionären Metternich und den eben gestorbenen, religiösen Schwärmereien hingegebenen Alexander I. von Rußland gedacht haben, als er antwortete, was er zu sagen habe, sei freimütig in seinen Werken ausgesprochen; sich in politische Händel einzumischen, wie edel auch immer ihr Ziel sein möge, vertrüge sich nicht mit seiner Stellung. Widerwillen erfülle ihn gegen die Winkelzüge der Diplomatie, Unabhängigkeit scheine ihm die einzig mögliche Grundlage für einen Gelehrten, der in einem fremden Lande lebe.

Humboldt konnte so offen schreiben, denn der Empfänger des Briefes, der mexikanische Außenminister Alamán, war einer seiner überseeischen Freunde. Und er mußte so schreiben, denn seit er den Plan geäußert hatte, nach Mexiko zurückzukehren und dort ein wissenschaftliches Institut zu gründen, hatten ihn Angebote erreicht, die ihm – wie zum Beispiel das der Leitung einer Minengesellschaft – recht zweideutig erschienen.

Selbst in Paris, wo er heimisch geworden war, wo nicht nur Gelehrte sein Urteil wünschten, sondern auch Politiker seinen Rat suchten, bemühte er sich, Gast, nur Gast zu sein und trotz seiner Mitteilsamkeit und Offenherzigkeit jedes Wort zu vermeiden, was Andersdenkende hätte verletzen oder auf empfindliche Franzosen als Anmaßung eines geachteten, aber doch keinesfalls eingebürgerten Ausländers hätte wirken können. Doch seine Unabhängigkeit, die er nach jeder Richtung so sorgsam wahrte, wurde in dem gleichen Maße fragwürdig, in dem sein Vermögen von den Kosten seines gewaltigen Reisewerkes aufgesogen wurde und die Hoffnung auf die Verwirklichung seines neuen, durch den König von Preußen zwar finanziell gesicherten Reiseplanes dahinschmolz, der am Argwohn der Briten und an den Verhältnissen in Tibet scheiterte. Zu alledem kam, daß Friedrich Wilhelm III. immer dringlicher die Heimkehr seines Kammerherrn wünschte.

Im Herbst des Jahres 1826 reiste Humboldt nach Berlin, um seine endgültige Übersiedlung vorzubereiten, nicht zuletzt gedrängt von dem Wunsch nach dem Genuß des «so lange entbehrten Glücks, mit seinem Bruder an einem Orte zu leben und vereint wissenschaftlich zu arbeiten». Der König setzte ihm eine jährliche Vergütung von 5 000 Talern aus und erklärte sich damit einverstanden, daß Humboldt jährlich vier Monate in Paris verbringe; sein ständiger Wohnsitz müsse aber Berlin sein. Humboldt unterwarf sich diesen Bedingungen und kehrte noch einmal für wenige Wochen nach Paris zurück, um dort seine Arbeiten abzuschließen.

Sein Weg führte ihn über Freiberg und Weimar. «Alexander von Humboldt», sagte Goethe am 26. Dezember 1826 zu Eckermann, «ist diesen Morgen einige Stunden bei mir gewesen: was ist das für ein Mann! Ich kenne ihn so lange, und doch bin ich von neuem über ihn in Erstaunen. Man kann sagen, er hat an Kenntnissen und lebendigem Wissen nicht seinesgleichen. Und eine Vielseitigkeit, wie sie mir gleichfalls noch nie vorgekommen ist! Wohin man rührt, er ist überall zu Hause und überschüttet uns mit geistigen Schätzen. Er gleicht einem Brunnen mit vielen Röhren, wo man überall nur Gefäße unterzuhalten braucht und wo es uns immer erquicklich und unerschöpflich entgegenströmt. Er wird einige Tage hierbleiben, und ich fühle schon, es wird mir sein, als hätte ich Jahre verlebt.»

Am 12. Mai 1827 bezog Alexander von Humboldt in Berlin im Hause des Hofzimmermeisters Glatz hinter dem neuen Packhof Nr. 4 im ersten Stockwerk eine Mietwohnung.

Das Gesicht der preußischen Hauptstadt hatte sich gewandelt. Seit 1815 war Karl Friedrich Schinkel Geheimer Oberbaurat. Einige seiner bedeutendsten Schöpfungen, wie die Neue Wache, die Singakademie und das Schauspielhaus, waren bereits vollendet; er baute am heutigen Alten Museum, als Humboldt heimkehrte. Der Berliner Schneidermeisterssohn

Johann Gottfried Schadow, der Begründer der Berliner Bildhauerschule und Direktor der Akademie der Künste, witzelte schon, sein Ruhm sei «in Rauch aufgegangen»; sein Meisterschüler Christian Daniel Rauch, der bald einer der engsten Freunde Humboldts wurde, hatte die Statuen Scharnhorsts, Bülows und Blüchers bereits geschaffen und genoß die besondere Gunst des monumentenfreudigen Königs. In Achim von Arnim und Adelbert von Chamisso, dem Vorsteher der königlichen Herbarien, beherbergte Berlin zwei Dichter von großem Ruf; Goethes Altersfreund Karl Friedrich Zelter, Maurermeister und «Alt- und Urmeister» der Berliner Singakademie zugleich, war zum Begründer des Laiensingens geworden; die ersten Kompositionen des jungen Felix Mendelssohn-Bartholdy erlebten eben ihre Uraufführung.

Die Bauwerke und Standbilder sah Alexander wohl vornehmlich mit den Augen des Bruders; für die Musik fehlte beiden Humboldts das Organ. Um so kritischer richtete sich sein Blick auf die Akademie der Wissenschaften und die Universität. Noch beherrschten die Philosophen, Philologen und Theologen weithin das wissenschaftliche Feld. Georg Wilhelm Friedrich Hegel, von dessen Naturphilosophie Alexander von Humboldt eine Welt trennte, lehrte seit 1818 in Berlin; sein Antipode war Friedrich Ernst Daniel Schleiermacher. Humboldt fühlte sich zwar nicht zu dem Prediger und Professor hingezogen, der die Theologie aus Vernunft und Geschichte neu zu begründen suchte, und hat manch böses Wort über ihn geäußert. Doch mied er keineswegs den Kontakt zu dem klugen, human gesinnten Mann und seinem Kreis, dessen Mittelpunkt die ehemalige Jugendvertraute Henriette Herz bildete.

Um Wilhelm von Humboldt, der sich in diesen Jahren besonders seinen bahnbrechenden Studien zur vergleichenden Sprachwissenschaft widmete, sammelten sich namhafte Philologen, vor allem der hervorragende Lehrer der klassischen Sprachen August Böckh, den die Kollegen fünfmal zum Rektor wählten, Franz Bopp, der Begründer der vergleichenden Sprachforschung, und Karl Lachmann, der sich besondere Verdienste um die Wiedergewinnung der ältesten deutschen Dichtung erwarb. Friedrich Karl von Savigny bahnte den rechtshistorischen Studien den Weg. Christoph Wilhelm Hufeland, der Vorkämpfer der Volksgesundheit, hatte schon vor der Gründung der Universität das erste poliklinische Institut für unbemittelte Kranke geschaffen; noch volkstümlicher war der ehemalige Hausarzt der Humboldts, Ernst Ludwig Heim, der in Berlin die Pockenschutzimpfung eingeführt hatte und trotz seines hohen Alters noch immer die schwerreichen eingebildeten Kranken schröpfte, um den Ärmsten der Armen, die sich zu seinen unentgeltlichen Behandlungen drängten, auch noch die Medizin zahlen zu können. Karl Ferdinand von Gräfe. der seit 1811 als Professor der Chirurgie in Berlin wirkte und die Chirurgische Klinik gegründet hatte, trug als erster der Reihe großer Chirurgen den Ruhm deutscher Operationskunst über die Grenzen des Vaterlandes hinaus.

Wilhelm von Humboldts Universitätsgründung hatte bereits namhafte Gelehrte aus allen Teilen Deutschlands angezogen. Auf naturwissenschaftlichem Gebiet freilich war Göttingens Ruf bedeutender. Zwar wirkte Alexanders Freund Leopold von Buch in Berlin, allerdings nicht an der Universität, sondern an der Akademie der Wissenschaften. Eilhard Mitscherlich war als Professor der Chemie nach Berlin berufen worden, und Karl Ritter hatte 1820 einen Lehrstuhl für Geographie, der Astronom Johann Franz Encke 1825 die Stelle eines Astronomen der Akademie der Wissenschaften und das Versprechen auf den Bau einer neuen Sternwarte erhalten; aber die Naturwissenschaften hatten ihre Gleichberechtigung mit den älteren Fakultäten noch keineswegs erkämpft, obwohl die junge Universität frei von traditionsbedingten Hemmungen war. Zu alledem kam, daß Universität und Akademie der Wissenschaften ohne Verbindung mit dem Bürgertum ein akademisches Sonderdasein führten. Während noch ganz allgemein die Popularisierung wissenschaftlicher Erkenntnisse als eine Herabwürdigung empfunden wurde, war Alexander von Humboldts Anliegen die Volksbildung auf der Grundlage der exakten Naturforschung. Für dieses Ziel fand er den Boden noch kaum bereitet.

Im Berliner Bürgertum waren die freiheitliche Bewegung und das Drängen nach demokratischen Rechten während des Zeitalters der Reaktion und der «Demagogen»verfolgungen fast erstorben. Hier gab es, im Gegensatz zu Paris, keine kraftvolle bürgerliche Opposition gegen die Herrschaft der Junker, Frömmler und Bürokraten. In die literarischen Salons, ehedem vornehmlich Sammelpunkte von Freigeistern, war die späte Romantik mit ihrer Verherrlichung eines idealisierten Mittelalters eingezogen.

Nur eine wirklich bedeutende Insel des Freisinns gab es im damaligen Berlin. Das war der Salon der Rahel Varnhagen-Levin und ihres Gatten Karl August Varnhagen von Ense, der aus ähnlichen Gründen wie Wilhelm von Humboldt gleichfalls 1819 aus dem diplomatischen Dienst ausgeschieden war. Alexander von Humboldt rettete sich oft auf diese Insel und würzte die von Rahel gepflegte Form geistiger Geselligkeit mit seinem bissigen Spott, für den er in der Hofgesellschaft nur allzuviel Nahrung fand. Als Rahel am 7. März 1833 starb, gewann Humboldt in dem vereinsamten Varnhagen den Freund und Vertrauten seines Alters. Dem Briefwechsel der beiden Männer und den Tagebüchern Varnhagens verdanken wir wesentliche Einblicke in Humboldts politische Gedankenwelt.

Humboldt wußte bei seiner Heimkehr in die Vaterstadt, daß der Vorrang der französischen Hauptstadt auf dem Gebiete der Naturforschung im Abklingen war, während sich in Göttingen, in Gießen, in Berlin und auch bald in Bonn, Heidelberg und München mächtige Kraftströme zu einer fruchtbaren Entfaltung der Naturwissenschaften sammelten. Dennoch kam er aus der Weite in die Enge, aus der Unabhängigkeit in die Gebundenheit, aus der Weltstadt Paris, in der sich die besten Köpfe Frankreichs zu sammeln pflegten, in das noch immer provinzielle Berlin. «Berlin ist ein großes Krähwinkel», hatte noch fünf Jahre zuvor der junge Heinrich Heine in seinen «Briefen aus Berlin» geschrieben. Berlin war im Vergleich mit Paris nicht das Zentrum nationalen geistigen Lebens und wissenschaftlichen Fortschritts, das die französische Hauptstadt darstellte, sondern eins der jüngsten Kulturzentren des deutschen Vaterlandes; dieses war noch immer nicht politisch geeint, und sein Geistesleben war gleichfalls zersplittert.

Goethe hat diesen Vergleich am 3. Mai 1827 in einem Gespräch mit Eckermann ausgesponnen, und es kann kein Zweifel daran bestehen, daß die abermalige Begegnung mit Alexander von Humboldt der Anlaß für diese Betrachtung gewesen ist.

«Wir führen doch im Grunde», sagte der Dichter, «alle ein isoliertes armseliges Leben! Aus dem eigentlichen Volke kommt uns sehr wenige Kultur entgegen, und unsere sämtlichen Talente und guten Köpfe sind über ganz Deutschland ausgesäet. Da sitzt einer in Wien, ein anderer in Berlin, ein anderer in Königsberg, ein anderer in Bonn oder Düsseldorf, alle durch fünfzig bis hundert Meilen voneinander getrennt, so daß persönliche Berührungen und ein persönlicher Austausch von Gedanken zu den Seltenheiten gehört. Was dies aber wäre, empfinde ich, wenn Männer wie Alexander von Humboldt hier durchkommen und mich in dem, was ich suche und mir zu wissen nötig, in einem Tage weiterbringen, als ich sonst auf meinem einsamen Wege in Jahren nicht erreicht hätte. Nun aber denken Sie sich eine Stadt wie Paris, wo die vorzüglichsten Köpfe eines großen Reichs auf einem einzigen Flecke beisammen sind und in täglichem Verkehr, Kampf und Wetteifer sich gegenseitig belehren und steigern; wo das Beste aus allen Reichen der Natur und Kunst des ganzen Erdbodens der täglichen Anschauung offensteht; diese Weltstadt denken Sie sich, wo jeder Gang über eine Brücke oder einen Platz an eine große Vergangenheit erinnert und wo an jeder Straßenecke ein Stück Geschichte sich entwickelt hat. Und zu diesem allem denken Sie sich nicht das Paris einer dumpfen, geistlosen Zeit, sondern das Paris des 19. Jahrhunderts, in welchem seit drei Menschenaltern durch Männer wie Molière, Voltaire, Diderot und ihresgleichen eine solche Fülle von Geist in Kurs gesetzt ist, wie sich auf der ganzen Erde auf einem einzigen Flecke nicht zum zweiten Male findet . . .»

Humboldt war im übrigen keineswegs ein Gegner der Vielfalt der Kulturzentren, die sich in den deutschen Ländern mehr und mehr bildeten. Ja, er hätte möglicherweise nicht Berlin, zumindest nicht für immer zu seinem Wohnsitz und Wirkungsplatz gewählt, wenn ihn nicht Herkunft und Verbundenheit mit dem Bruder sowie die Abhängigkeit des Kammerherrn vom königlichen Hofe zur Niederlassung in der preußischen Hauptstadt bestimmt hätten. Für diese Entscheidung und den Zeitpunkt der Übersiedlung waren gewiß auch die verwandtschaftlichen Beziehungen zwischen dem preußischen König Friedrich Wilhelm III. und dessen Schwiegersohn, dem russischen Kaiser

Nikolaus I., nicht ohne Einfluß. Nikolaus war nach dem Tode seines ältesten Bruders Alexander Ende Dezember 1825 unerwartet die Krone zugefallen, da Großfürst Konstantin, sein älterer Bruder, auf die ihm zustehende Nachfolge verzichtet hatte. Gewiß hoffte Humboldt, nun seine asiatischen Reisepläne in modifizierter Form leichter verwirklichen zu können.

Im Zwielicht
von Fortschritt und Reaktion
1827—1847

Als Alexander von Humboldt im Frühjahr 1827 dauernden Wohnsitz in Berlin nahm, hatte er seine Unabhängigkeit verloren.

Die Aufzehrung seines Vermögens zwang ihn zu einem Ausgleich mit den Ansprüchen, die Friedrich Wilhelm III. an ihn stellte. Humboldt war nicht der Mann, mit dem Recht des Forschers, der Preußen und darüber hinaus ganz Deutschland größeren und friedlicheren Ruhm in aller Welt erworben hatte als Fürsten oder Feldherren, Forderungen geltend zu machen. Er war ebensowenig in der Lage, sich Pflichten des «Untertanen» zu entziehen, die nicht nur im Vergleich zu seinen großen wissenschaftlichen und volkserzieherischen Zielen ohne das geringste Gewicht waren. Er hatte einen Pakt mit seinem König geschlossen und war bereit, ihn zu halten, auch wenn er als Kammerherr nach dem verächtlichen Ausspruch Friedrichs II. «auf gut deutsch ein Hofschlingel» werden mußte. Er machte später unter Friedrich Wilhelm IV. aus der Not eine Tugend, indem er seinen bisweilen täglichen Umgang mit dem König benutzte, um der Forschung und auch der Kunst Entfaltungsmöglichkeiten zu verschaffen, die er ihnen auf dem direkten Weg über die Ministerialbürokratie nicht hätte eröffnen können.

Nicht der Verzicht auf die äußere Unabhängigkeit ist das Wesentliche, so ausschlaggebend gerade die Freiheit des Entschlusses für Humboldts Entwicklung gewesen war. Die zahllosen Tagesstunden, die ihm der Fürstendienst raubte, glich er durch Nachtarbeit aus; er wußte sich mit wenigen Stunden Schlafes zu begnügen. Wesentlicher ist, daß Humboldt durch sein Verhältnis zum König und damit notwendigerweise zur Hofgesellschaft die Freiheit aufgab, Bürger und nichts als Bürger zu sein. Ihm fehlte die Geradlinigkeit seines Bruders, der sich aus den «Welthändeln» zurückgezogen hatte, als er einsehen mußte, daß mit humaner Gesinnung und demokratischen Ideen allein gegen die Reaktion und die Intrige der Zweitrangigen nicht anzukommen war. Alexander mochte gehofft haben, man werde ihn, den in aller Welt geschätzten Forscher, in der Heimat seinen Aufgaben und sich selbst überlassen. Der König dachte gar nicht daran. Er war viel zu urteilslos und zu unentschieden, um zur Einsicht zu gelangen, daß er seinem berühmten Untertanen die Unabhängigkeit zurückgeben müßte, die dieser durch die völlige Hingabe an sein Werk verloren hatte. Andererseits hatte Humboldt eine zu enge Auffassung von seinen Pflichten und war außerdem zu weich und zu «diplomatisch», als daß er in männlichem Selbstbewußtsein das Recht gefordert hätte, das ihm zustand.

Was aber die Verhältnisse jener dunklen Jahrzehnte noch krasser kennzeichnet: Niemand fand sich, weder ein weitschauender Minister noch eine öffentliche Meinung oder gar eine entschlossene bürgerliche Opposition, die den am meisten gefeierten Gelehrten des Jahrhunderts vor den Ansprüchen des Königs und vor seinen eigenen Schwächen geschützt hätte. Die sogenannten Freisinnigen begnügten sich mit hämischen Bemerkungen über die Höflingsdienste ihres größten Mitbürgers, und dieser selbst flüchtete aus dem Zwiespalt zwischen fortschrittlichem Gelehrten mit bürgerlicher Gesinnung und Fürstendiener bald in bissige, sich selbst und seine Schwäche nicht schonende, aber mehr für die Nachwelt bestimmte Spottlust, bald in die «reine» Luft der Forschung.

Humboldt begann das Leben der menschlichen Gesellschaft als einen Entwicklungsprozeß anzusehen, der «seine Zeit» brauche, und gewöhnte sich an die Vorstellung, daß das Bürgertum in Deutschland noch nicht reif sei, um gegenüber einer allmächtigen Reaktion dem Fortschritt – worunter er die Menschenrechte von 1789 verstand – zum Siege zu verhelfen.

Eine wesentliche Ursache für das politische Versagen des Bürgertums erblickte er in der Unwissenheit, die durch die kirchliche Orthodoxie und das Junkerregime mit allen Mitteln aufrechterhalten wurde. Er ging daran, sein universales Wissen der Allgemeinheit so weit wie möglich zugänglich zu machen, alle Wissenshungrigen über die der Erde und dem Leben abgerungenen Geheimnisse der Natur aufzuklären, den Blick auch des schlichten Menschen auf das Ganze der Natur und die Schöpfungskraft des Lebens, auf den Nutzen und die Macht des lebendigen Wissens zu lenken.

Vom ersten Tage seiner Rückkehr nach Preußen an hatte Humboldt einen unversöhnlichen Gegner. Das war der alteingesessene preußische Adel. Wilhelms Schwiegersohn von Bülow war als Gesandter in London vorgesehen, in Alexander argwöhnte man einen neuen Kultusminister. Eine Gräfin Goltz, so berichtete Varnhagen, ereiferte sich «in Schimpfreden gegen die Humboldtsche Familie, dieses hergelaufene Volk, das Vornehmen den Platz nehme, diese bürgerlichen Bastarde», eine Beschimpfung, die sich vornehmlich auf die Abstammung von einer bürgerlichen Mutter bezog.

Die Erregung war grundlos. Friedrich Wilhelm III., der ohnehin, von den kirchlichen Angelegenheiten abgesehen, seinen Ministern das Regieren überließ, dachte gar nicht daran, sich mit Alexander in ähnliche Unbequemlichkeiten zu verlieren wie ehedem mit Wilhelm. Er wollte – nach Alexanders Worten zu Varnhagen – «einen etwas gehaltvolleren Umgang» als den gegenwärtigen, einen Kammerherrn mit Geist, nicht mehr, und eben das war dem Naturforscher recht. Humboldt sollte für Staatsgeschäfte überhaupt nicht tätig sein, allenfalls in Wissenschafts- und Kunstsachen Vortrag halten, sofern der König das wünschte, im übrigen ihm vorlesen, von den Wundern der weiten Welt erzählen und von seinem Witz Gebrauch machen, wenn Seine Majestät der geistlos langweiligen Höflinge überdrüssig waren.

Nur ein einziges Mal hat Humboldt eine öffentliche Funktion bekleidet; vom August 1827 bis Anfang April 1829 war er Vorsitzender einer Königlichen Immediat-Kommission zur Prüfung von Unterstützungsgesuchen junger Künstler.

Humboldt ahnte nicht, was ihm bevorstand. Schon 1827 hatte er den König auf der Badereise nach Teplitz (Teplice) zu begleiten, und er unterhielt ihn so gut, daß er auch in den folgenden Jahren für diesen Dienst, insgesamt zehnmal, ausersehen wurde. «Sie wissen», schrieb er bald an Böckh, «das Resultat solcher sich periodisch wiederholender Schauspiele ist, daß die Welt unverbesserlich kreist und daß man vieles wünschen kann, aber an nichts rühren muß.» Das böhmische Bad bot sommers ein Stelldichein größerer und kleinerer Potentaten, einen «Aufguß von Fürsten», wie Humboldt bissig bemerkte, «von Weltelefanten, die ihre Rüssel zusammensteckten». Er tröstete sich über die Öde solcher Unternehmungen und den unwiederbringlichen Verlust an Zeit mit der Erfahrung, daß Friedrich Wilhelm III. ihn schätzte und ihm, soweit er nicht seiner Unterhaltung oder Belehrung bedurfte, Freiheit in seinem Tun ließ, selbst dort, wo der Kammerherr mit der Frömmelei seines Monarchen in Widerspruch geriet, wie in der Reihe von einundsechzig Universitätsvorlesungen, die Alexander von Humboldt vom 3. November 1827 bis zum 26. April 1828, und bei den sechzehn öffentlichen Vorträgen, die er vom 6. Dezember 1827 bis zum 27. April 1828 in der Singakademie hielt.

Er entwarf in seinen Vorlesungen und Vorträgen ein Bild vom Stand der auf die Erforschung des Himmelsraumes und der Erdrinde gerichteten Wissenschaften, gab eine «physische Weltbeschreibung» und eine Geschichte der Welterklärung, bekannte sich als Gegner der spekulativen Naturphilosophie und Vorkämpfer der erfahrungsmäßigen, der empirischen Naturforschung, als deren Ziel er den intellektuellen und materiellen Fortschritt der Menschheit betrachtete. Aus seinem umfangreichen Wissen trug er die gesicherten Erkenntnisse einer mehrhundertjährigen Arbeit von Gelehrten aller Nationen vor und fügte sie in einer Goethe verwandten, aber durch die Zahl und das Maß methodisch exakter gegründeten und umfassenden Gesamtschau des Lebens und der Natur zu einer Einheit zusammen. Er fußte zugleich auf der europäischen Naturwissenschaft wie auf dem Humanismus der deutschen Klassik; Goethes «Phänomen», die sinnliche Erscheinung, die Gestalt, war ihm nicht mehr nur ein Gegenstand subjektiver Anschauung, sondern ein Besonderes als Teil eines Ganzen, das es zu messen, zu zählen, zu wägen galt, um seiner Bedeutung für das Ganze und der ihm zugrunde liegenden Gesetzlichkeit auf die Spur zu kommen.

Die Singakademie (das heutige Maxim-Gorki-Theater), in der Humboldt seine unentgeltlichen «Kosmos»-Vorträge hielt, war damals der größte verfügbare Saal in Berlin. «Nicht nur Kappen und Mützen», Professoren, Lehrer und Studenten kamen. Der König, der Kronprinz, Gneisenau, Schinkel, Rauch zählten zu den Hörern; Fürsten und Handwerker, Offiziere und Bürger, Männer und Frauen drängten sich zu den Veranstaltungen, die das vielbesprochene Berliner Ereignis dieses Winters waren, um so mehr, als sie die Anteilnahme des «gemischtesten Publikums (König und Maurermeister)» fanden. «Nie habe ich einen Menschen in anderthalb Stunden so viel und interessante und neue Ansichten und Tatsachen vortragen hören», schrieb der soeben zum Geschäftsträger in Rom ernannte Gelehrte und Staatsmann Christian Karl Josias von Bunsen seiner Frau. Und Zelter berichtete am 28. Januar 1828 seinem Altersfreund Goethe: «Nun will ich denn auch des großen Vergnügens gedenken, das mir von Humboldts prächtigreiches Naturwunderkollegium gewährt vor einem respektabelsten Auditorio, das in die Tausende geht. Ein Mann steht vor mir meiner Art, der hat, was er gibt, ohne zu wissen, zu kargen wem. Keine Kapitel macht, keine Vorrederei, kein Dunst, keine Kunst. Selbst wo er irren sollte, müßte man's gern glauben.»

Gleichfalls an Goethe schrieb Karl von Holtei am 17. Dezember 1827: «Achthundert Menschen atmen kaum, um den Einen zu hören. Es gibt keinen großartigeren Eindruck, als die irdische Macht zu sehen, wie sie dem Geiste huldigt; und schon deshalb gehört Humboldts jetziges Wirken in Berlin zu den erhebendsten Erscheinungen der Zeit.»

Auch die Frömmler und Spötter fehlten nicht unter den bisweilen weit über tausend Köpfe zählenden Hörern. Der Generaladjutant des Königs, Generalmajor von Witzleben, fürchtete für die Rechtgläubigkeit der Untertanen, und der scharfzüngige Journalist Saphir witzelte in einer Zeitung: «Der Saal faßte nicht die Zuhörer, und die Zuhörerinnen faßten nicht den Vortrag.»

Nun befanden sich unter den erstaunlich vielen Frauen, die regelmäßig zu den Vorlesungen Humboldts kamen, gewiß viele «Damen der Gesellschaft», die sich dieses Ereignis nicht entgehen lassen wollten. Aber weit zahlreicher als die Angehörigen der feudalen Schicht waren die Frauen und Männer aus dem Bürgertum, denen hier tatsächlich der Zugang zu einer «neuen Welt» eröffnet wurde. Das war die Welt des Wissens von der Natur und den Kräften und Erscheinungen des Lebens. Humboldt war «wirklich eine ‚puissance'», wie sein Bruder am

1. März 1828 an Friedrich Gentz schrieb, «und hat durch seine Vorlesungen hier eine neue Art des Ruhmes erworben. Sie sind unübertrefflich.»

Der Verleger Cotta machte ihm ein finanziell verlockendes Angebot, die frei gehaltenen Vorträge mitschreiben und drukken zu lassen. Humboldt lehnte das Ansinnen ab, weil er seine Ausführungen noch nicht für druckreif hielt. Er faßte den Plan, in einer jedermann verständlichen Sprache ein wissenschaftlich exaktes und umfassendes Werk über das «Weltganze» zu schreiben; der Gedanke des «Kosmos» war geboren, wobei nicht übersehen werden soll, daß Humboldt bereits 1825 in Paris in kleinem Kreise solche Vorträge gehalten und schon 1796 von seiner «idée d'une physique du monde» gesprochen hatte. Die «Kosmos»-Vorlesungen des Winters 1827 bis 1828 waren aber auch die Geburtsstunde der Popularisierung der Wissenschaft in Wort und Schrift, der wissenschaftlichen Bildungsvereine und der Volkshochschulen.

Humboldt wußte um die gesellschaftliche Bedeutung dieser Entwicklung. «Mit dem Wissen kommt das Denken», schrieb er später dem um die Gründung solcher Vereine verdienten Berliner Historiker und Staatswissenschaftler Friedrich Ludwig Georg von Raumer, «und mit dem Denken der Ernst und die Kraft in die Menge», und bei anderer Gelegenheit: «Möge die Verbreitung des Denkens der Menge die Kraft geben, ohne welche nicht bewahrt werden kann, was schon errungen ist.»

Nestor der deutschen Naturforschung

Nicht nur Humboldts Gründlichkeit verzögerte die Verwirklichung des «Kosmos»-Gedankens. Der Plan der Asienreise war keineswegs aufgegeben. Kaiser von Rußland war seit Alexanders I. Tode (1825) dessen Bruder Nikolaus I., der die älteste Tochter Friedrich Wilhelms III. geheiratet hatte. Ziemlich überraschend erhielt Humboldt noch während seiner Berliner Vorlesungen ein Angebot, das ihm die Möglichkeit gab, ohne eigene wirtschaftliche Belastung wenigstens einen Teil der Gebiete zu besuchen, die er kennenzulernen wünschte. Bevor der berühmte Gelehrte jedoch an die Verwirklichung seiner

Reiseabsichten gehen konnte, hatte er eine Aufgabe durchzuführen, deren Vorbereitung ihn schon lange beschäftigte. Das war die nationalpolitisch bedeutsame Kundgebung gelegentlich der 7. Versammlung deutscher Naturforscher und Ärzte im Herbst 1828 in Berlin.

Diese jährlichen Zusammenkünfte waren durch Lorenz Oken, einen der Jenenser Gelehrten, die zu den mannhaften Vorkämpfern deutscher Einheit und demokratischer Rechte gehören, herbeigeführt worden. Oken hatte 1819 sein Lehramt an der Universität Jena aufgegeben, als ihn das Staatsministerium in Weimar unter dem Druck Metternichs und der Reaktion vor die Wahl stellte, entweder Professor oder Herausgeber seiner naturwissenschaftlichen Zeitschrift «Isis» zu bleiben, eines der wenigen wissenschaftlichen Organe, in denen auch fortschrittliche Gedanken Raum fanden. Oken war seiner Überzeugung treu geblieben, hatte auf seinen Lehrstuhl verzichtet und als Privatgelehrter in Jena gelebt. 1827 hatte er seine akademische Laufbahn in München als Privatdozent gleichsam noch einmal begonnen, war 1828 Professor geworden und folgte einige Jahre später einem Ruf in die Schweiz. Auf seine Einladung waren im Jahre 1822 zum erstenmal Naturforscher und Ärzte aus fast allen deutschen Ländern in Leipzig zusammengetreten.

Im Bewußtsein der nationalen Bedeutung dieses Zusammenschlusses derjenigen Gelehrten, die die Vorherrschaft der Philosophie, der Philologie und der Theologie an den deutschen Universitäten und im Bildungswesen überhaupt soeben durchbrachen, setzte es Humboldt beim König durch, daß diese Kundgebung der Einheit der Naturwissenschaften nicht in Breslau, sondern in Berlin stattfinden konnte. Der Staatsrat von Kamptz, der als Direktor im Polizeiministerium einer der Urheber der Verfolgungen von Demokraten und Patrioten gewesen war, erhob – nunmehr Direktor im Justizministerium – gegen das Erscheinen Okens in Berlin Einspruch. Humboldt gelang es, die Bedenken des schwankend gewordenen Königs zu zerstreuen. Mit Oken trafen sich im September 1828 sechshundert deutsche Naturforscher und Ärzte in Berlin, darunter dank Humboldts persönlichen Bemühungen auch der Tagelöhnersohn Carl Friedrich Gauß aus Göttingen, der bedeutendste

Mathematiker seiner Zeit und hervorragende Physiker, Geodät und Astronom. Bei seinen ersten Versuchen, diesen genialen Gelehrten für Berlin zu gewinnen, hatte Humboldt dem König von Preußen geschrieben: *Ein* Mann könne der Akademie der Wissenschaften den Glanz wiedergeben, er heiße Carl Friedrich Gauß. Damals wie später in den «ekelhaften und rein deutschen», sich vier Jahre hinschleppenden Verhandlungen über eine Berufung an die Berliner Universität (1821 bis 1825) scheiterten Humboldts Bemühungen vornehmlich am beharrlichen Widerstand der Bürokratie. «Entschlußlosigkeit charakterisiert deutsche Ministerien», bemerkte Humboldt sarkastisch.

Nicht nur Gauß, der reisescheue, den Humboldt als persönlichen Gast bei sich aufnahm, kam auf den Ruf des Nestors der Naturforschung, sondern auch der schwedische Chemiker Johann Jakob von Berzelius, der durch seine vielseitigen und epochemachenden Arbeiten und seine zahlreichen berühmten Schüler Paris lange den ersten Platz im Wettkampf der chemischen Forschung streitig gemacht hatte, und der dänische Naturforscher Hans Christian Oersted, der Entdecker des Elektromagnetismus und skandinavische Pionier der Popularisierung der Naturwissenschaften. Das Berliner Treffen der Naturforscher und Ärzte, zugleich eine Huldigung für Alexander von Humboldt, den Präsidenten der Versammlung, wurde dank Humboldt zu einem epochalen Ereignis in der Geschichte der Naturforschung. In einer Rede, in der der Kammerherr Friedrich Wilhelms III. mit diplomatischem Geschick die erwarteten und unvermeidbaren Verbeugungen vor dem Monarchen machen mußte, wies er den getrennt arbeitenden Gelehrten den Weg zur Einheit ihres Schaffens und zeigte der heranwachsenden Forschergeneration das Ziel, das Erkannte zum allgemeinen Verständnis zu bringen, nicht nur sich des Besitzes des Gewußten und Erfahrenen zu erfreuen, sondern das Volk zu bilden und zum Fortschritt der Gesellschaft beizutragen. Humboldt wußte um den Wert der persönlichen Begegnung von Gelehrten, er wußte, daß die Wahrheit nicht ohne den Widerspruch der Meinungen gefunden werden kann. Mit seinem Widersacher Hegel, dessen rein spekulative Naturerkenntnis der große Empiriker ablehnte, hatte er das Bekenntnis zur dialektischen Methode gemeinsam.

Gemeinsame Forschung im gemeinsamen Vaterland

Humboldts Eröffnungsansprache auf der Tagung deutscher Naturforscher und Ärzte in Berlin am 18. September 1828

«Wenn es mir durch Ihre ehrenvolle Wahl vergönnt ist, diese Versammlung zu eröffnen, so habe ich zuerst eine Pflicht der Dankbarkeit zu erfüllen. Die Auszeichnung, welche dem zuteil geworden, der noch nie Ihren denkwürdigen Vereinen beiwohnen konnte, ist nicht der Lohn wissenschaftlicher Bestrebungen, einzelner schwacher Versuche, in dem Drange der Erscheinungen das Beharrende aufzufinden, aus den schwindelnden Tiefen der Natur das dämmernde Licht der Erkenntnis zu schöpfen. Ein zarteres Gefühl hat Ihre Aufmerksamkeit auf mich geleitet. Sie haben aussprechen wollen, daß ich in vieljähriger Abwesenheit, selbst in einem fernen Weltteile, nach gleichen Zwecken mit Ihnen hinarbeitend, Ihrem Andenken nicht fremd geworden bin. Sie haben meine Rückkunft gleichsam begrüßen wollen, um durch die heiligen Bande des Dankgefühls mich länger und inniger an das gemeinsame Vaterland zu knüpfen.

Was aber kann das Bild dieses gemeinsamen Vaterlandes erfreulicher vor die Seele stellen als die Versammlung, die wir heute zum ersten Male in unsern Mauern empfangen? Von dem heiteren Neckarlande, wo Kepler und Schiller geboren wurden, bis zu dem letzten Saume der baltischen Ebenen; von diesen bis gegen den Ausfluß des Rheins, wo, unter dem wohltätigen Einflusse des Welthandels, seit Jahrhunderten die Schätze einer exotischen Kultur gesammelt und erforscht wurden, sind, vom gleichen Eifer beseelt, von einem ernsten Gedanken geleitet, Freunde der Natur zu diesem Vereine zusammengeströmt. Überall, wo die deutsche Sprache ertönt und ihr sinniger Bau auf den Geist und das Gemüt der Völker einwirkt, von dem hohen Alpengebirge Europas bis jenseits der Weichsel, wo, im Lande des Kopernikus, die Sternkunde sich wieder zu neuem Glanze erhoben sieht, überall in dem weiten Gebiete deutscher Nation nennen wir unser jedes Bestreben, dem geheimen Wirken der Naturkräfte nachzuprüfen, sei es in den weiten Himmelsräumen, dem höchsten Problem der Mechanik oder in dem Innern des starren Erdkörpers oder in dem zartgewebten Netze organischer Gebilde.

Von edlen Fürsten beschirmt, hat dieser Verein alljährlich an Interesse und Umfang zugenommen. Jede Entfernung, welche Verschiedenheit der Religion und bürgerlicher Verfassung erzeugen könnten, ist hier aufgehoben. Deutschland offenbart sich gleichsam in seiner geistigen Einheit; und, wie Erkenntnis des Wahren und Ausübung der Pflicht der höchste Zweck der Sittlichkeit sind, so schwächt jenes Gefühl der Einheit keine der Banden, welche jedem von uns Religion, Verfassung und Gesetze der Heimat teuer machen. Eben dies gesonderte Leben der deutschen Nation, dieser Wetteifer geistiger Bestrebungen riefen – so lehrt es die ruhmvolle Geschichte des Vaterlandes – die schönsten Blüten der Humanität, Wissenschaft und Kunst hervor.

Die Gesellschaft deutscher Naturforscher und Ärzte hat seit ihrer letzten Versammlung, da sie in München eine so gastliche Aufnahme fand, durch die schmeichelhafte Teilnahme benachbarter Staaten und Akademien sich eines besonderen Glanzes zu erfreuen gehabt. Stammverwandte Nationen haben den alten Bund erneuern wollen zwischen Deutschland und dem gotisch-skandinavischen Norden. Eine solche Teilnahme verdient um so mehr unsere Anerkennung, als sie der Masse von Tatsachen und Meinungen, welche hier in einen allgemeinen, fruchtbringenden Verkehr gesetzt werden, einen unerwarteten Zuwachs gewährt. Auch ruft sie in das Gedächtnis der Naturkundigen erhebende Erinnerungen zurück. Noch nicht durch ein halbes Jahrhundert von uns getrennt, erscheint Linné in der Kühnheit seiner Unternehmungen wie durch das, was er vollendet, angeregt und beherrscht hat, als eine der großen Gestalten eines früheren Zeitalters. Sein Ruhm, so glänzend er ist, hat dennoch Europa nicht undankbar gegen Scheeles[1] und Bergmans[2] Verdienste gemacht. Die Reihe dieser gefeierten Namen ist nicht geschlossen geblieben; aber in der Furcht, edle Bescheidenheit zu verletzen, darf ich hier nicht von dem Lichte reden, welches

1 Carl Wilhelm Scheele, schwedischer Chemiker, entdeckte u. a. Sauerstoff, Stickstoff, Chlor und Glyzerin.

2 Torbern Olof Bergman, ein Schüler Linnés, schwedischer Mineraloge, Chemiker und Physiker.

noch jetzt in reichstem Maße von dem Norden ausgeht, nicht der Entdeckungen erwähnen, welche die innere chemische Natur der Stoffe (im numerischen Verhältnis ihrer Elemente) oder das wirbelnde Strömen der elektro-magnetischen Kräfte enthüllen.[1] Mögen die trefflichen Männer, welche durch keine Beschwerden von Land- und Seereisen abgehalten wurden, aus Schweden, Norwegen, Dänemark, Holland, England und Polen unserm Vereine zuzueilen, andern Fremden für kommende Jahre die Bahn bezeichnen, damit wechselweise jeder Teil des deutschen Vaterlandes den belebenden Einfluß wissenschaftlicher Mitteilung aus den verschiedensten Ländern Europas genieße.

Wenn ich aber im Angesicht dieser Versammlung den Ausdruck meiner persönlichen Gefühle zurückhalten muß, so sei es mir wenigstens gestattet, die Patriarchen vaterländischen Ruhmes zu nennen, welche die Sorge für ihr der Nation teures Leben von uns entfernt hält: Goethe, den die großen Schöpfungen dichterischer Phantasie nicht abgehalten haben, den Forscherblick in alle Tiefen des Naturlebens zu tauchen, und der jetzt in ländlicher Abgeschiedenheit um seinen fürstlichen Freund, wie Deutschland um eine seiner herrlichsten Zierden, trauert[2]; Olbers[3], der zwei Weltkörper da entdeckt hat, wo er sie zu suchen gelehrt; den größten Astronomen unseres Zeitalters, Sömmerring[4], der mit gleichem Eifer die Wunder des organischen Baues wie der Sonnenfackeln und Sonnenflecken (Verdichtungen und Öffnungen im wallenden Lichtermeere) durchspäht; Blumenbach, auch meinen Lehrer, der durch seine Werke und das belebende Wort überall die Liebe zur vergleichenden Anatomie, Physiologie und gesamten Naturkunde angefacht und, wie ein heiliges Feuer, länger als ein halbes Jahrhundert sorgsam gepflegt hat. Konnte ich der Versuchung

1 Anspielungen auf die anwesenden skandinavischen Naturforscher Berzelius und Oersted.

2 Großherzog Karl August war im Juni 1828 auf der Heimreise von Berlin nach Weimar gestorben. Wenige Tage zuvor hatte er Humboldt gegenüber bitter über die Frömmler und Rückschrittler geklagt.

3 Wilhelm Olbers, Arzt in Bremen, hervorragender Astronom,

4 Samuel Thomas von Sömmerring, als Naturforscher vielseitig tätiger und um den Fortschritt der Medizin hochverdienter praktischer Arzt in Frankfurt am Main.

widerstehen, da die Gegenwart solcher Männer uns nicht vergönnt ist, wenigstens durch Namen, welche die Nachwelt wiedersagen wird, meine Rede zu schmücken? Diese Betrachtungen über den geistigen Reichtum des Vaterlandes und die davon abhängige fortschreitende Entwicklung unseres Institutes leiten unwillkürlich auf die Hindernisse, die ein größerer Umfang (die anwachsende Zahl der Mitarbeiter) der Ausführung eines ernsten wissenschaftlichen Unternehmens scheinbar entgegenstellen. Der Hauptzweck des Vereins (Sie haben es selbst an Ihrem Stiftungstage ausgesprochen) besteht nicht, wie in anderen Akademien, die eine geschlossene Einheit bilden, in gegenseitiger Mitteilung von Abhandlungen, in zahlreichen Vorlesungen, die, alle zum Drucke bestimmt, nach mehr als Jahresfrist in eigenen Sammlungen erscheinen. Der Hauptzweck dieser Gesellschaft ist die persönliche Annäherung derer, welche dasselbe Feld der Wissenschaften bearbeiten; die mündliche und darum mehr anregende Auswechselung von Ideen, sie mögen sich als Tatsachen, Meinungen oder Zweifel darstellen; die Gründung freundschaftlicher Verhältnisse, welche den Wissenschaften Licht, dem Leben heitere Anmut, den Sitten Duldsamkeit und Milde gewähren.

Bei einem Stamme, der sich zur schönsten geistigen Individualität erhoben hatte und dessen spätesten Nachkommen, wie aus dem Schiffbruche der Völker gerettet, wir noch heute unsere bangen Wünsche weihen[1], in der Blütezeit des hellenischen Altertums offenbarte sich am kräftigsten der Unterschied zwischen Wort und Schrift. Nicht die Schwierigkeit des Ideenverkehrs allein, nicht die Entbehrung einer deutschen Kunst[2], die den Gedanken wie auf Flügeln durch den Raum verbreitet und ihm lange Dauer verheißt, geboten damals den Freunden der Philosophie und Naturkunde, Hellas oder die dorischen und jonischen Kolonien in Großgriechenland und Kleinasien auf langen Reisen zu durchwandern. Das alte Geschlecht kannte den Wert des lebendigen Wortes, den begeisternden Einfluß, welchen durch ihre Nähe hohe Meisterschaft ausübt, und die aufhellende Macht des Gesprächs, wenn es unvorbereitet, frei

1 Anspielung auf den seit 1821 währenden Freiheitskampf der Griechen gegen das dreihundertjährige türkische Joch.

2 Gemeint ist die von Gutenberg erfundene Buchdruckerkunst.

und schonend zugleich, das Gewebe wissenschaftlicher Meinungen und Zweifel durchläuft. Entschleierung der Wahrheit ist ohne Divergenz der Meinungen nicht denkbar, weil die Wahrheit nicht in ihrem ganzen Umfange auf einmal und von allen zugleich erkannt wird. Jeder Schritt, der den Naturforscher seinem Ziele zu nähern scheint, führt ihn an den Eingang neuer Labyrinthe. Die Masse der Zweifel wird nicht gemindert, sie verbreitet sich nur wie ein beweglicher Nebelduft über andere und andere Gebiete. Wer golden die Zeit nennt, wo Verschiedenheit der Ansichten oder, wie man sich wohl auszudrücken pflegt, der Zwist der Gelehrten geschlichtet sein wird, hat von den Bedürfnissen der Wissenschaft, von ihrem rastlosen Fortschreiten ebensowenig einen klaren Begriff als derjenige, welcher in tätiger Selbstzufriedenheit sich rühmt, in der Geognosie, Chemie oder Physiologie seit mehreren Jahrzehnten dieselben Meinungen zu verteidigen.

Die Gründer dieser Gesellschaft haben, in wahrem und tiefem Gefühle der Einheit der Natur, alle Zweige des physikalischen Wissens (des beschreibenden, messenden und experimentierenden) innigst miteinander vereinigt. Die Benennungen Naturforscher und Ärzte sind daher hier fast synonym. Durch irdische Bande an den Typus niederer Gebilde gekettet, vollendet der Mensch die Reihe höherer Organisationen. In seinem physiologischen und pathologischen Zustande bietet er kaum eine eigene Klasse von Erscheinungen dar. Was sich auf diesen hohen Zweck des ärztlichen Studiums bezieht und sich zu allgemeinen naturwissenschaftlichen Ansichten erhebt, gehört vorzugsweise für diesen Verein. So wichtig es ist, nicht das Band zu lösen, welches die gleichmäßige Erforschung der organischen und unorganischen Natur umfaßt, so werden dennoch der zunehmende Umfang und die allmähliche Entwicklung dieses Instituts die Notwendigkeit fühlen lassen, außer den gemeinschaftlichen öffentlichen Versammlungen, denen diese Halle bestimmt ist, auch sektionsweise ausführliche Vorträge über einzelne Disziplinen zu halten. Nur in solchen engen Kreisen, nur unter Männern, welche Gleichheit der Studien zueinander hinzieht, sind mündliche Diskussionen möglich. Ohne diese Art der Erörterung, ohne Ansicht der gesammelten, oft schwer zu bestimmenden und darum streitigen Naturkörper würde der freimütige Verkehr wahrheitssuchender Männer eines belebenden Prinzips beraubt sein ...

In der Nähe der Versammlungsorte, welche auf diese Weise für Ihre allgemeinen und besonderen Arbeiten vorbereitet worden, erheben sich die Museen, welche der Zergliederungskunst, der Zoologie, der Oryktognosie und der Gebirgskunde gewidmet sind. Sie liefern dem Naturforscher einen reichen Stoff der Beobachtung und vielfache Gegenstände kritischer Diskussion. Der größere Teil dieser wohlgeordneten Sammlungen zählt, wie die Universität Berlin, noch nicht zwei Dezennien; die ältesten, zu welchen der Botanische Garten (einer der reichsten in Europa) gehört, sind in dieser Periode nicht bloß vermehrt, sondern gänzlich umgeschaffen worden. Der frohe und lehrreiche Genuß, den solche Institute gewähren, erinnert mit tiefem Dankgefühl, daß sie das Werk des erhabenen Monarchen sind, der geräuschlos, in einfacher Größe, jedes Jahr diese Königsstadt mit neuen Schätzen der Natur und der Kunst ausschmückt, und, was einen noch höheren Wert hat als diese Schätze selbst, was dem preußischen Volk jugendliche Kraft und inneres Leben und gemütvolle Anhänglichkeit an das alte Herrscherhaus gibt, der sich huldreich jedem Talente zuneigt und freier Ausbildung des Geistes seinen königlichen Schutz verleiht.»

Russische Einladung

Humboldt wurde im Sommer 1827 im Auftrag der russischen Regierung vom Finanzminister Grafen Cancrin gebeten, ein Gutachten über die Ausprägung von Münzen aus Platin, das im Ural in beschränkten Mengen gewonnen wurde, anzufertigen. Er wiederholte seine schon bei früherer Gelegenheit der spanischen Regierung vorgetragene Meinung, daß sich das im Wert sehr schwankende Metall für Münzzwecke nicht eigne. Der Versuch wurde dennoch unternommen, aber bald wieder aufgegeben, da sich Humboldts Voraussagen bestätigten.

Scheinbar ganz nebenbei gab Humboldt in diesem Schriftwechsel seine Bereitwilligkeit zu verstehen, den Ural und andere Teile Rußlands zu bereisen. Schon am 17. Dezember erhielt er die Nachricht, Kaiser Nikolaus habe angeordnet, daß eine eventuelle Reise des deutschen Forschers in größter Ausdehnung und unter den sorgfältigsten Vorbereitungen ausschließlich auf Kosten der Krone ausgeführt werden solle. Humboldt bat um Aufschiebung der Reise auf das Jahr 1829; dem Wunsche wurde ebenso entsprochen wie dem anderen, zwei deutsche Naturforscher zur Durchführung seines Vorhabens mitnehmen zu dürfen.

In seiner Vorrede zu dem Bericht Gustav Roses, eines seiner Begleiter, über die «Reise nach dem Ural, dem Altai und dem Kaspischen Meer» erzählt Humboldt: «Ein eigenes, mir im Winter 1829 kurz vor meiner Abreise von Berlin zugesandtes Pro Memoria enthielt die Bestimmungen über die für die Expedition bereits angefertigten Wagen, über die Zahl der Postpferde auf jeder Station (meist 15 bis 20), über die Wahl eines Feldjägers oder Kuriers, über die geräumigen Wohnungen, die überall in Bereitschaft gehalten werden sollten, über die militärische Bedeckung, wo sie, der Grenze nahe, erforderlich wäre, und so weiter. Ein sehr ausgezeichneter Bergbeamter, zweier Sprachen, der deutschen und französischen, gleich mächtig, sollte uns auf der ganzen Reise begleiten, und ich erfülle eine angenehme Pflicht, indem ich diesem unserm Begleiter, dem Herrn Oberhüttenverwalter, jetzt Berghauptmann von Menschenin, hier den Ausdruck meines Dankes öffentlich erneuere.

Das Pro Memoria, dessen ich eben erwähnte, schloß mit den denkwürdigen Worten: ‚Es hängt ganz von Ihnen ab, in welchen Richtungen und zu welchem Zwecke Sie diese Reise durchführen wollen; der Wunsch der Regierung ist einzig der, den Wissenschaften förderlich zu sein. Soviel Sie können, werden Sie dabei dem Bergbau und dem Gewerbefleiße Rußlands Nutzen schaffen.‘»

Wie anders waren die Voraussetzungen, unter denen der Sechzigjährige die «asiatische Reise» antrat, als die, unter denen dreißig Jahre früher der Dreißigjährige die «westindische Reise» begonnen hatte! Alles war von dritter Hand wohlvorbereitet, jede Sorge um Verkehrsmittel, Unterkünfte, Ernährung war ihm genommen, eine Gefahr für Leib und Leben nach menschlichen Möglichkeiten ausgeschlossen. Das Wagnis des Abenteuers fehlte, das Unternehmen war wie die Reise eines Fürsten gesichert; es war eine «offizielle» wissenschaftliche Expedition. Als Gast des Kaisers von Rußland bereiste der «Fürst» der Naturwissenschaften das Land eines Selbstherrschers.

Bei einem Menschen wie Humboldt bedeutete dies, daß er sich veranlaßt sah, sich der kostspieligen Muße längerer Forschungsaufenthalte an bestimmten Plätzen nach Möglichkeit zu enthalten, sein Augenmerk vornehmlich auf Gegenstände zu richten, die mindestens gleichzeitig den Interessen seines Auftraggebers zugute kamen, gesellschaftliche Mißstände nicht öffentlich anzuprangern. Mit einem «Essai politique» im Sinne der Abhandlungen über Mexiko und Kuba war unter den gegebenen Umständen nicht zu rechnen. Humboldt hatte die Annahme der Mittel für die Reise vor sich selbst damit gerechtfertigt, daß man, wie er sagte, in Petersburg damit rechne, «sein Aufenthalt in Rußland könne zur Belebung naturhistorischer und technischer Kenntnisse von einigem Nutzen sein». Er mußte, wollte er den jahrzehntelangen Plan der «asiatischen Reise» bei seinem vorgeschrittenen Alter wenigstens in beschränktem Umfang überhaupt noch verwirklichen, von dem kaiserlichen Angebot Gebrauch machen, denn – so schrieb er am 10. Januar 1829 freimütig dem Grafen Cancrin –: «Ich habe alles, was ich ererbt (100 000 preußische Taler), aufgezehrt, und da ich es wissenschaftlichen Zwecken geopfert, sage ich es ohne Furcht des Tadels.»

Der Gast des Zaren

Am 26. März 1829 starb Karoline von Humboldt. Sie fand später als erstes Mitglied der Familie ihre letzte Ruhestätte auf dem Begräbnisplatz im Schloßpark Tegel, den Wilhelm von Humboldt anlegen ließ. Rauch wirkte beim Bau des schlichten Grabmals mit, das nach Plänen Schinkels errichtet wurde und von einer Marmorstatue gekrönt wird, einem Werk Thorwaldsens, das «Die Hoffnung» darstellt und zur würdigen Gedenkstätte der ebendort beigesetzten Brüder Humboldt geworden ist.

Am 12. April 1829 verließ Alexander von Humboldt, kurz zuvor vom König zum «Wirklichen Geheimen Rat mit dem

Prädikate Exzellenz» ernannt, die preußische Hauptstadt, um sich nach Petersburg zu begeben. In seiner Begleitung befanden sich außer seinem Kammerdiener Seifert die Professoren Christian Gottfried Ehrenberg und Gustav Rose. Ehrenberg war vom Studium der Theologie zu dem der Medizin und der Naturwissenschaften hinübergewechselt, lehrte seit 1827 als Professor der Medizin an der Universität Berlin, hatte naturgeschichtliche Reisen durch Nordafrika und Westasien durchgeführt, widmete sich besonders zoologischen Forschungen und hat sich um die Kenntnis der Kleinstorganismen Verdienste erworben. Rose hatte sich, Humboldt vergleichbar, zunächst der Bergbaulaufbahn gewidmet und auch unter Tage vor Ort gearbeitet; sein besonderes Forschungsgebiet wurde die Mineralogie. Er war im Laboratorium von Berzelius in Stockholm tätig gewesen, bevor er 1822 Kustos der Mineraliensammlung der Berliner Universität und 1826 Professor der Mineralogie geworden war. Er hat später verschiedene geologische Studienreisen in das europäische Mittelmeergebiet und nach Südfrankreich durchgeführt, sich durch die geologische Erforschung des Riesengebirges ausgezeichnet und die Kristallkunde bereichert. Aus den Forschungsgebieten der beiden noch jungen Gefährten Humboldts ergab sich die wissenschaftliche Arbeitsteilung auf der asiatischen Reise. Der Biologe Ehrenberg übernahm die botanischen Beobachtungen, der Mineraloge Rose die chemischen Untersuchungen und die Abfassung des allgemeinen Reiseberichtes. Humboldt wollte sich vor allem ein Gesamtbild der geologischen, physisch-geographischen sowie geophysikalischen Verhältnisse des westlichen Asiens verschaffen und die erforderlichen Messungen und Beobachtungen durchführen.

Die drei deutschen Forscher reisten dem russischen Frühling entgegen. Schnee bedeckte noch die weiten Ebenen, auf den Flüssen trieb das Eis, es hatte stellenweise die Ufer weggerissen. Die Vorderräder der schweren Reisewagen versanken immer wieder im Schlamm; wo Pferdekraft nicht ausreichte, um sie zu befreien, mußten eilig herbeigetriebene Menschen helfen. Siebzehnmal mußten die Reisekutschen mit Hilfe von Fähren über die Flüsse gesetzt werden. «Alles dies sind gewöhnliche Frühlingsereignisse», schrieb Humboldt dem Bruder.

Aber nicht sie allein verzögerten die mit jeder möglichen

Beschleunigung durchgeführte Reise so, daß Petersburg erst am 1. Mai erreicht wurde. Zeit kostete auch das Zeremoniell, das nicht dem Naturforscher, sondern dem Gast des Kaisers galt. Militärgouverneure, die Spitzen der Behörden und sonstige Würdenträger empfingen den hohen Reisenden, hielten Ansprachen, gaben Festmähler, stahlen ihm die Zeit.

Humboldt ließ sie gewähren, er hatte seine Unabhängigkeit verloren, und das Aufsehen, das er allenthalben erregte, schmeichelte auch seiner Eitelkeit. «Meine gesellschaftlichen Sukzesse sind unbeschreiblich», las der Bruder in einem Brief aus Petersburg. «Alles Vornehme und Gelehrte ist in steter Bewegung um mich. Man kann nicht mit mehr Auszeichnung und mit einer edlern Hospitalität behandelt werden... Fast jeden Tag habe ich mit der kaiserlichen Familie im engsten Zirkel (zu vier Couverts) gegessen, alle Abend bei der Kaiserin in der liebenswürdigsten Freiheit. Der Thronfolger [der spätere Alexander II., er war damals elf Jahre alt] hat mir ein eigenes Diner geben müssen, ‚damit er sich einst dessen erinnere'.»

Am 20. Mai bestiegen die drei Gelehrten mit dem Oberhüttenverwalter Menschenin die beiden Reisewagen («die Wagen sind sehr schön und kosten jeder 1 200 Taler»), in einen dritten stiegen der Postkurier und der Koch. Auch in Moskau, wo sie vier Tage verweilten und Humboldt die Bekanntschaft mit dem dort wirkenden früheren Jenenser Professor Loder und dem Zoologen und Paläontologen Gotthelf Fischer von Waldheim erneuerte, war der Ehrungen kein Ende. «Ein ewiges Begrüßen, Vorreiten und Vorsorgen von Polizeileuten, Administraten, Kosakenwachen aufgestellt. Leider aber auch fast keinen Augenblick des Alleinseins; kein Schritt, ohne daß man wie Kranke unter der Achsel geführt wird. Ich möchte Leopold von Buch in dieser Lage sehen.»

Das eben war der Unterschied zwischen Leopold von Buch und Alexander von Humboldt. Jener hätte sich, vermutlich nicht einmal höflich, verbeten, was dieser, wenn auch ermüdet, ertrug. Wo immer man auf der weiten Reise Militärstationen oder Verwaltungszentren, Städte und selbst abgelegene Siedlungen berührte, ehrte man den Gast des Zaren, der nicht mehr in der Bürgertracht des Direktoriums reiste, sondern – im Frack.

Ein Mann, der alles weiß

Humboldt auf der asiatischen Reise
Bericht des Petersburger Akademikers General Helmersen[1]

«Humboldt ging damals (im sechzigsten Lebensjahre) noch ziemlich gerade einher, den Kopf ein wenig nach vorn geneigt. Wir haben ihn selbst auf der Reise, im Wagen, nie anders als in dunkelbraunem oder schwarzem Frack, mit weißer Halsbinde und rundem Hute gesehen. Über den Frack zog er einen langen, ebenfalls dunkelfarbigen Überrock. Sein Gang war gemessen, langsam, vorsichtig, aber sicher. Er ritt auf den Exkursionen nie; wo man im Fuhrwerke nicht weiterkonnte, stieg er aus und ging zu Fuß weiter, ohne sichtbare Ermüdung hohe Berge ersteigend oder über Steinmeere kletternd. Man sah es diesen Bewegungen an, daß sie auf bösem Terrain erlernt worden waren.

Trank und Speise nahm er stets, selbst nach ermüdenden Streifereien, mit der bekannten Mäßigkeit zu sich und hatte oft viel Mühe, die kopiöse Menge abzuweisen, welche die übrigens wohlgemeinte Gastfreundschaft der Russen den Gästen beibringen möchte. Er tat dies gegen Vornehme und Geringe immer mit derselben tadellosen Freundlichkeit, die den wahren Aristokraten auszeichnet. Humboldts Ruf war sogar im Ural in alle Schichten der Bevölkerung gedrungen, aber seine Befähigung allerdings sehr verschieden aufgefaßt worden. Am meisten wirkte wohl der Umstand, daß er Wirklicher Geheimer Rat und vom Kaiser Nikolaus der Befehl ergangen war, ihn überall mit den einem Senator und General gebührenden Ehren aufzunehmen. Die Kommandanten der kleinen Festungen, durch die er an der Orenburger Militärlinie reiste, statteten ihm nach militärischer Weise in voller Uniform ihre Rapporte über den Stand der von ihnen befehligten Truppenkörper ab. Wenn der aus drei Equipagen bestehende Reisezug in einem solchen Orte ankam, stand schon eine dichte wartende Volksmenge da, bestehend aus Kosaken, Infanteriesoldaten,

1 Zitiert nach Julius Löwenberg in der von Karl Bruhns bearbeiteten und herausgegebenen wissenschaftlichen Biographie Alexander von Humboldts.

Kirgisen, Baschkiren, Russen, Weibern und Kindern jedes Alters.

Während die Pferde in der Festung Tamalyzkaja umgespannt wurden, trat aus solch einem Haufen plötzlich ein Baschkire hervor und an Humboldts Kalesche, neben der ich mich hingestellt hatte. Mit lebhaften Gestikulationen und erhobener Stimme hielt er in seinem türkischen Jargon eine Ansprache an den großen Reisenden, die natürlich niemand von uns verstand. Nachdem Humboldt mich in höflicher Weise gefragt: ‚Que désire ce Monsieur?‘ [‚Was wünscht der Herr?‘] – rief ich einen Dolmetscher herbei, und wir erfuhren folgendes: Dem bittenden Baschkiren hatten in der vorhergehenden Nacht die benachbarten Kirgisen Pferde geraubt. Der Betroffene hatte nun gehört, es werde ein Mann kommen, *der alles weiß,* und wandte sich nun an diesen Mann mit der dringenden Bitte, ihm doch zu sagen, wer die Räuber seien und wie und wo er seine Gäule wiedererhalten könnte. Als die herbeigesprungene Polizei den unberufenen Petenten ergreifen und unschädlich machen wollte, bat Herr von Humboldt, der über den Vorfall herzlich lachte, um Schonung für den naiven Sohn der Wüste.»

Die «Asiatische Reise»

Es ist bekannt, daß Humboldt auf der «asiatischen Reise» auch in anderen Fällen human zu wirken suchte; man weiß von polnischen Verbannten, die Humboldt durch ihr Wissen auffielen und deren hartes Los durch die Fürsprache des deutschen Gelehrten gemildert wurde. Im allgemeinen verzichtete Humboldt unter den Umständen, unter denen er als Gast des Kaisers reiste, auf Urteile oder gar Handlungen, die «bei einer so komplizierten Maschine, als die Verhältnisse und einmal erworbenen Rechte der höheren Stände und die Pflichten der Untern darbieten, aufreizen, ohne auf irgendeine Weise zu nützen». Aber er gab dem Grafen Cancrin – die Sätze sind einem Brief entnommen, den er während der Reise an den russischen Finanzminister richtete – zu verstehen, daß er das Elend des geknechteten Volkes sehr wohl bemerkt habe und die brutalen Mittel kenne, mit denen jede freiheitliche Regung unterdrückt werde. Es kennzeichnet seine verlorene Unabhängigkeit, wenn er in demselben Briefe bemerkte: «Es versteht sich von selbst, daß wir uns beide [Humboldt und Rose] nur auf die tote Natur beschränken und alles vermeiden, was sich auf Mensceneinrichtungen, Verhältnisse der unteren Volksklassen bezieht.»

Bezeichnend ist auch eine wesentlich spätere Bemerkung Humboldts in einem Brief vom 22. Mai 1843 an den Astronomen und von ihm geschätzten Herausgeber der «Astronomischen Nachrichten» Heinrich Christian Schumacher in Altona, der Holstein vermessen hatte und durch seine Gradmessungen in den Bereich Humboldtscher Unternehmungen getreten war: «Es hat mir viel gekostet, die drei Bände meiner ‚Asie centrale' [‚Zentralasien'] dem russischen Kaiser zu dedizieren; es mußte geschehen, da die Expedition auf seine Kosten geschehen war.»

Von Moskau reisten die Forscher in östlicher Richtung nach Nishni-Nowgorod (dem heutigen Gorki) und von dort wolgaabwärts bis Kasan, das nach dem Brand von 1815 erst teilweise wieder aufgebaut worden war. Von hier aus wurden die Ruinen der alten Tatarenstadt Bolgari besucht. Jekaterinburg (heute Swerdlowsk) in der den Zugang von Europa nach Asien beherrschenden Senke zwischen mittlerem und südlichem Ural war das nächste Ziel und zugleich der Ausgangspunkt kleinerer und größerer Exkursionen in die kaiserlichen Edelsteinschleifereien, Goldseifen, Rhodonitbrüche und Eisenhütten sowie in die gold- und platinhaltigen Teile des Gebirges.

Die Briefe, die durch die Hand des kaiserlichen Generalpostmeisters gingen, waren zurückhaltend, sobald es sich um Beobachtungen der gesellschaftlichen Zustände handelte. «Die ganze Bevölkerung kam mir entgegen. Man bot mir Salz und Brot an!» Doch wo es ging, wurde eine unmittelbare Berührung des berühmten Reisenden mit der Bevölkerung verhindert. «Immer empfingen uns Verwaltungsbeamte, Polizeioffiziere, sogar ‚Landräte' an den Grenzen ihrer Bezirke, fuhren uns im Wagen voraus ... trotz eifrigem Protest. Überall kamen gleich die Gouverneure, Leute mit Orden, die (nach von oben ausgegangenen Befehlen) den ganzen Tag fragen, was man wünscht ... Wir aßen heute bei einem Bergwerksbesitzer, der 50 Pud (á 40 Pfund) Goldstaub und 1 500 000 Franken revenu hat, ein bärtiger Kaufmann H. Charitonow. Ein anderer, H. Jakowlef, hat drei Millionen Franken Einkünfte.» Es waren Beobachtungen über die Ausbeutung von Natur und Menschen, die Humboldt an die Erfahrungen in Mexiko erinnerten.

Der nördlichste Punkt der Reise, die sich im wesentlichen zwischen dem 60. und 50. Grad nördlicher Breite bewegte, wurde in Bogoslowsk erreicht. Nun wandte sich Humboldt nach Südosten, um bis zum Gebirgsstock des Altai vorzustoßen, quer durch die Steppengebiete von Tobolsk, Barabinsk und Barnaul. Von Barnaul am Ob, am Fuße des Altai, schrieb er Anfang August dem Bruder: «Man reist oder vielmehr man flieht durch die einförmigen sibirischen Grasfluren wie durch eine Meeresfläche – eine wahre Schiffahrt zu Lande, in der man in 24 Stunden genau 240 bis 280 Werst zurücklegt. Wir haben wenig von Tobolsk bis Tara, aber sehr viel von Hitze, Staub und gelben Mücken (eine eigene Spezialität) in Kainsk und der Steppe von Baraba gelitten ... In dem Städtchen Kainsk erfuhren wir mit einigem Schrecken, daß wir zwei Tage lang durch eine Landstrecke müßten, in welcher Viehseuche das Zusammentreiben der Pferde (wir brauchen 25–30) erschwere und in welcher viel Menschen an den sogenannten Brandblattern stürben.» Auf der weiteren Reise erlebten die Forscher einen Steppensturm, der so wütete, daß der Ob, der Wellen wie das Meer schlug, nicht überschritten werden konnte.

Schon von Tobolsk aus wurde die Expedition von einer Kosakeneskorte begleitet, in Barnaul fand sich sogar der Kommandierende General aus Tomsk ein, um die Reisenden die Grenzbefestigungslinie entlang zu geleiten, die sie an der Feste Ust-Kamenogorsk überschritten; nördlich des Saissan-Sees erreichten sie die Grenze der chinesischen Dsungarei, wo ihnen gestattet wurde, einen chinesischen Grenzposten zu besuchen.

Damit war – Mitte August – der östlichste und für den asiatischen Teil der Reise zugleich der südlichste Punkt der Expedition erreicht. Der Rückweg führte durch die mittlere Kirgisensteppe über Semipalatinsk nach Omsk und von dort in westlicher Richtung nach dem südlichen Ural.

Zu Humboldts Vorliebe für das Studium der Gebirge gesellte sich ein neues Interesse. Er wollte den Kaspisee, das bedeutendste Binnenmeer, kennenlernen. Vom heutigen Magnitogorsk aus fuhren die drei Reisewagen über Uralsk nach Astrachan. Von hier schrieb er dem Bruder Anfang Oktober 1829:

«Es ist dies ein Glanzpunkt in meinem Leben, mit eigenen Augen dies Binnenmeer gesehen und dessen Produkte gesammelt zu haben. Das ist ebenso bedeutend, wie 80 Werst über die sibirische Grenze hinaus in die chinesische Dsungarei gekommen zu sein.» Obwohl er sich über den Mangel an «Einsamkeit» beklagte – «ich genieße sie nicht einen Tag, ich verbringe mein Leben mit Repräsentation» –, gehört der mehrwöchige Aufenthalt in Astrachan zu den fruchtbarsten seines Forscherlebens. Eingehende barometrische Beobachtungen lieferten aufschlußreiche Vergleichswerte für die Messungen im Ural und in Kasan; er untersuchte die chemische Zusammensetzung des Wassers und befaßte sich mit zoologischen Studien, besonders mit der Sammlung von Fischen, was den Forschungen seiner französischen Freunde Cuvier und Valenciennes zugute kam.

Selbst die erdrückende Fülle von Empfängen, festlichen Veranstaltungen und Ehrungen wußte Humboldt seinem wissenschaftlichen Interesse nutzbar zu machen. «Abordnungen von armenischen Kaufleuten, Bucharen aus Buchara, Usbeken aus Chiwa, Kalmüken, Inder aus Bombay, Perser, Tataren, Turkmenen, alle in Reih und Glied aufgestellt in den verschiedenartigsten Kostümen», bereicherten trotz der festlichen Schaustellung die «Vorstellungswelt» des berühmten kaiserlichen Gastes.

Am 13. November 1829, nicht ganz sechs Monate nach seiner Abreise, war Humboldt mit seinen Begleitern wieder in Petersburg. Der russische Reisemarschall Menschenin hatte über die zurückgelegten Entfernungen genau Buch geführt. 14 500 Werst (rund 15 000 Kilometer) waren durchreist, 658 Poststationen passiert, 12 244 Pferde vor die drei Reisewagen gespannt, dreiundfünfzigmal Flüsse überschritten worden (die Wolga allein zehnmal) – eine erstaunliche Leistung, aber zugleich auch bezeichnend für die Bedingtheiten wie für den repräsentativen Charakter dieser Expedition, die Humboldt nicht mehr in der ihm so erwünschten Unabhängigkeit durchführen konnte.

Während seines Aufenthaltes in Moskau kam der «Prometheus unserer Tage», als der Humboldt in einem Huldigungsgedicht Sergei Glinkas, eines Onkels des Komponisten, gefeiert wurde, bei dem zu seinen Ehren veranstalteten festlichen Trubel nicht einmal dazu, «seine Beobachtungen über die Abweichung der Magnetnadel zu diskutieren, seine im Ural gemachten meteorologischen Beobachtungen mit denen der Moskauer Gelehrten einzutauschen. Statt dessen», so berichtete der fortschrittliche russische Publizist Alexander Herzen, der damals in Moskau studierte, «mußte er ein aus den Allerhöchsten Haaren Peters des Großen gefertigtes Geflecht in Augenschein nehmen, das der Rektor ihm zeigte. Nur mit genauer Not konnten seine Begleiter Ehrenberg und Rose sich die Möglichkeit verschaffen, von ihren Entdeckungen zu erzählen ... Ich glaube, all die wilden und halbwilden farbigen Völker, unter denen er sich aufgehalten, haben dem großen Forscher nicht so viel Unannehmlichkeiten bereitet wie die Feierlichkeiten des Moskauer Empfanges.»

In Petersburg begrüßte Kaiser Nikolaus den Reisenden nach Humboldts Mitteilung an den Bruder mit den Worten: «Ihre Ankunft in Rußland brachte meinem Land unendliche Fortschritte; Sie verbreiten überall Leben, wo Sie hinkommen.» – «Ich erhielt einen Zobelpelz im Wert von 5 000 Papierrubeln», heißt es in einem weiteren Brief vom 9. Dezember 1829 an Wilhelm, «und eine Vase wie die schönsten des Palastes (7 Fuß hoch mit dem Sockel!), die man auf 35 000 bis 40 000 Papierrubel schätzt.»

20 000 Rubel, die Hälfte also des Wertes des kaiserlichen Geschenkes, waren ihm zur Bestreitung der Kosten vor Beginn seiner Reise ausgehändigt worden. Mehr als die Hälfte jener Summe konnte er als nicht verbraucht zurückerstatten. «So muß ich handeln in Rücksicht auf den Namen, den wir tragen», schrieb er dem Bruder im Oktober 1829 aus Astrachan.

«... für den ich keinen Beinamen finde»

Trotz der beschränkten Bewegungsfreiheit, der übermäßigen Inanspruchnahme durch höfische und repräsentative Verpflichtungen, des ungewöhnlichen Reisetempos und der damit für den Sechzigjährigen verbundenen Strapazen gehört auch die «asiatische Reise» zu Humboldts Ruhmestaten.

Sie führte nicht bis zu den Siebentausendern des Karakorum und des Himalaja und noch weniger in das Tal des Ganges, wie er es sich gewünscht hatte. Nicht nur der sibirische Winter, auch die Scheu davor, die Gastrechte ungebührlich auszunutzen, veranlaßte ihn, die Unternehmung auf ein halbes Jahr zu beschränken. Weit mehr, als es Humboldts Art ehedem gewesen war, mußten das Studium älterer Reisewerke, Berichte Ortsansässiger und reisender Kaufleute sowie die beschränkte Beobachtung aus dem Reisewagen die vielfache und vielseitige Erfahrung des unabhängigen, der umfassenden Anschauung im Bedarfsfall mit Muße sich hingebenden Naturforschers ersetzen. Manche Ansicht Humboldts über die physikalischen Verhältnisse Asiens hat sich daher bald als irrig erwiesen. Seine «Fragmente einer Geologie und Klimatologie Asiens» (1832) und «Zentralasien. Untersuchungen über die Gebirgsketten und die vergleichende Klimatologie» (1843/44) – beide in französischer Sprache in Paris erschienen und von Julius Löwenberg beziehungsweise Wilhelm Mahlmann ins Deutsche übersetzt und durch Anmerkungen und Zusätze erweitert – haben nicht die epochale Bedeutung wie sein großes amerikanisches Reisewerk, mit dem sich auch Gustav Roses bereits erwähnte «Reise nach dem Ural, Altai und dem Kaspischen Meer» nicht vergleichen läßt.

Humboldts «asiatische Reise» führte nicht in wissenschaftliches Neuland und kann nach Anlaß, Dauer, Begleitumständen und Umfang mit der «westindischen Reise» kaum verglichen werden. Wenn sie dennoch von erheblicher wissenschaftlicher Bedeutung gewesen ist und weit über die vermittelte Kenntnis der bereisten Gebiete hinaus fruchtbare Wirkungen in mehrfacher Weise gehabt hat, so ist das ein Ergebnis der ungewöhnlichen Arbeitsintensität Humboldts, seines durch Erfahrung geschärften Blickes für das Wesentliche und Notwendige, der planmäßigen wissenschaftlichen Vorbereitung und zielbewußten Arbeitsteilung zwischen Humboldt und seinen beiden wissenschaftlichen Mitarbeitern und der noch unverbrauchten Schaffenskraft eben dieser jungen Professoren Ehrenberg und Rose, die sich nach Humboldts Wunsch um so mehr bewähren sollten, als er selbst bereits mit seinem «Kosmos» beschäftigt war und damit rechnen mußte, daß ihm bei seinem vorgeschrittenen Alter nicht mehr allzuviel Zeit zur Krönung seines Lebenswerkes bleiben konnte. Humboldt ging es daher auf der an der Grenze zum Greisenalter durchgeführten zweiten großen Reise auch weniger um Einzelbeobachtungen als um die Prüfung und Ergänzung des Bildes von der Physik der Erde, das er gewonnen hatte und das er nun zur allgemeinen Kenntnis bringen und als Stufe der wissenschaftlichen Erkenntnis, als sein Vermächtnis an jüngere Generationen der fortschreitenden Naturforschung hinterlassen wollte.

Betrachten wir nun die wesentlichsten, durch die «asiatische Reise» erfahrungsmäßig gefestigten Bausteine des von Humboldt maßgeblich geschaffenen Fundamentes der Einsicht in die Gesamtheit der Natur und in die Einheit des Kosmos: Er erkannte als erster die grundlegende Bedeutung der Bodengestalt und deren Einfluß auf Menschen, Pflanzen und Tiere sowie auf die Entwicklungsbedingungen des organischen Lebens. Im Vergleich zwischen Europa und Amerika und auch Asien suchte er nach der Gesetzlichkeit der Wirkungen der Erdrinde auf das organische Leben. Um die Entstehung der Erdrinde ergründen zu können, galt auch auf der «asiatischen Reise» sein besonderes Interesse der Altersfolge der übereinander gelagerten Schichten und hier wiederum den nunmehr in drei Weltteilen studierten vulkanischen Erscheinungen. Eine Fülle sein ganzes Leben hindurch gesammelter Beobachtungen erhärtete seine Auffassung des Vulkanismus. «Dieser innige Zusammenhang zwischen so vielen Erscheinungen», schrieb er, «die Betrachtung der vulkanischen Tätigkeit als Wirkung des Erdinnern auf die äußere Rinde hat eine große Menge von geognostischen und physikalischen Problemen aufgehellt, die man für unlösbar gehalten hatte.» Diese Einsicht, daß die Entstehung der Erde nicht nur ein geologisches, sondern auch ein allgemeines physikalisches Problem sei, war ein bedeutender Fortschritt in der wissenschaftlichen Erkenntnis.

Goethe, der Neptunist, blieb den neuerlichen Erfahrungen des Vulkanisten Humboldt gegenüber skeptisch. Obwohl Humboldts Ansicht, «die geologischen Gegenstände aufzunehmen und danach zu operieren», seinem «Zerebralsystem» ganz unmöglich werde, schrieb er am 1. Dezember 1831 an Wilhelm von Humboldt, so habe er doch «mit wahrem Anteil und Bewunderung gesehen, wie dasjenige, wovon ich mich nicht überzeugen kann, bei ihm folgerecht zusammenhängt und mit der ungeheuren Menge seiner Kenntnisse in eins greift, wo es dann durch seinen unschätzbaren Charakter zusammengehalten wird». Den, «für den ich keinen Beinamen finde», nannte er in diesem Briefe den jüngeren der Humboldts; gegenüber Zelter bezeichnete er Alexander von Humboldt am 5. Oktober 1831 als einen Meister der Überzeugungskraft. «Ich wiederhole: Unser Welteroberer ist vielleicht der größte Redekünstler.»

Humboldts eindringlicher Vortrag in Wort und Schrift galt indessen niemals einer Theorie, einem kühnen, aber unbewiesenen oder gar nicht beweisbaren Gedanken, sondern der Beobachtung, der Erfahrung, dem Vergleich sowie den allgemeinen Schlüssen, die sich als Folgerung aus der Fülle von Einzeltatsachen ergaben. Ihm ging es, wie er in der Einleitung zu «Zentralasien» ausführte, um die «Kunst, die größte Menge von Tatsachen zu sammeln, zu ordnen und sich auf dem Wege der Induktion zu allgemeinen Ideen zu erheben».

Humboldt beherrschte diese Kunst meisterhaft, er schöpfte dabei aus der Universalität seines naturkundlichen Wissens. Karl Ritter, in dem die Leidenschaft für die Geographie bei einer Begegnung mit Humboldt im Jahre 1807 genährt worden war, begrüßte Humboldts «Zentralasien» als «das wichtigste Werk, das in Deutschland jetzt erscheint ... Sie wissen *alles*, was seit Jahrhunderten beobachtet ist», schrieb er dem Verfasser, «Sie reihen alles mit dem Ihnen eigenen Scharfsinn zusammen, gewinnen oft behandelten Materialien immer neue großartige Ansichten ab und geben das Ganze in der wünschenswerten Klarheit wieder.»

Zu den besonderen Folgen «der asiatischen Reise» Humboldts gehörte die Einrichtung eines allmählich die ganze Erde umspannenden Netzes wetterkundlicher und erdmagnetischer Beobachtungsstationen. Dabei war zunächst weniger an den uns heute geläufigen Wetterdienst gedacht als an die vergleichende Erforschung der Ursachen der Temperaturverschiedenheiten auf der Erde. Humboldt hatte unermüdlich an seinen Isothermen, der Festlegung von Linien, gearbeitet, die Orte mit gleicher Jahresdurchschnittstemperatur verbinden. Er hatte im europäischen und asiatischen Rußland zahlreiche Mitarbeiter gefunden, denen er Thermometer mit dem Auftrag zurückgelassen hatte, ihm die Ergebnisse ihrer Temperaturmessungen laufend mitzuteilen. An der kaiserlichen Akademie der Wissenschaften zu Petersburg wirkte seit 1828 der vormalige Professor der Physik zu Kasan, Adolf Theodor Kupffer; er wurde zur treibenden Kraft bei der von Humboldt angeregten Einrichtung von Beobachtungsstationen, die sich schließlich von Petersburg bis nach Peking erstreckten und über Berlin an die entsprechenden Einrichtungen in Westeuropa Anschluß fanden, wo sich besonders Humboldts Freund Arago große Verdienste um die von Humboldt eingeführte vergleichende Meteorologie erwarb. Gauß und Wilhelm Weber entwickelten in Göttingen die noch heute üblichen Methoden zur Messung erdmagnetischer Erscheinungen.

Aber dieses gewaltige, von namhaften Naturforschern in die Wege geleitete und von ihren Regierungen unterstützte internationale Unternehmen von unermeßlichem praktischem Wert mußte Stückwerk bleiben, so lange sich England und die Vereinigten Staaten mit ihrem ausgedehnten Länderbesitz von den planmäßigen meteorologischen und magnetischen Beobachtungen ausschlossen. Humboldt wandte sich schließlich im April 1836 in einem Schreiben unmittelbar an den Herzog von Sussex, den Präsidenten der Königlichen Gesellschaft der Wissenschaften in London. Er führte darin Klage, daß Großbritannien, «im Besitze des größten Welthandels und der ausgedehntesten Schiffahrt, bisher keinen Teil an jener großen wissenschaftlichen Bewegung genommen» habe, und hatte die Genugtuung, seinem Freunde Gauß schon drei Monate später mitteilen zu können, daß es ihm gelungen sei, «die königliche Sozietät endlich aus ihrem Winterschlafe und Somnambulismus» zu erwecken. In schneller Folge entstanden nun auch im britischen Weltreich und in Amerika jene Beobachtungsstationen, die heute das Fundament des für Landwirtschaft, Schiffahrt und Verkehr gleich wichtigen internationalen Wetterdienstes bilden.

«Alexander von Humboldt ist wieder in Berlin und nur für wenige sichtbar», schrieb Zelter am 2. Februar 1830 an Goethe; Humboldt war am 28. Dezember 1829 in der preußischen Hauptstadt eingetroffen. «Er ist voll wie ein siedender Topf.» Mehr als je zuvor nahm der König seinen Kammerherrn für sich in Anspruch.

Während Alexander im Ural weilte, war sein Bruder, den man hindern wollte, «sich in Tegel einzumauern», mit der Leitung einer Kommission beauftragt worden, die das von Schinkel gebaute Neue Museum einrichten sollte. Alexander war als Direktor des Museums vorgeschlagen worden. Wilhelms Meinung, der Bruder könnte sich «der Stellung nicht entziehen», hatte Alexander «erschreckt».

«Ich soll meine Stellung in Paris aufgegeben haben», empörte er sich in einem Brief aus Jekaterinburg, «ich soll in meine Heimat zurückgekehrt sein, um Direktor einer Gemäldegalerie zu werden ..., um mich mit Dingen zu beschäftigen, die allem, was mir in der Welt einen Ruf verschafft hat, diametral entgegengesetzt sind! Das wäre zu erniedrigend, ich würde glatt ablehnen, selbst wenn man mich ernennt, ohne mich zu fragen ... Ich würde eher das Land verlassen, denn, als ich kam, war ich nicht auf diese Gefahr gefaßt. Ich werde nicht nur den Direktorposten ablehnen, sondern auch jede Leitung oder dauernden Vorsitz einer leitenden Kommission.»

Eine solche Belastung des wissenschaftlichen Schaffensdranges blieb ihm jedoch erspart. Andere, von dynastischen Interessen bestimmte Aufträge harrten im Jahre 1830 und danach des Mannes, der noch immer «die Ideen von 1789» im Herzen trug.

Im Mai hatte er den preußischen Kronprinzen nach Warschau zu begleiten, wo Kaiser Nikolaus von Rußland den polnischen Reichstag eröffnete. Humboldts Blick war zu scharf, als daß ihm die Not eines Volkes entgehen konnte, das am Vorabend eines in Blut erstickten Aufstandes gegen die zaristische Gewaltherrschaft stand. «Es sind die Völker, vor allem die große Masse der Nomaden, die mich weit mehr interessieren als die majestätischen Flüsse und die schneebedeckten Gipfel», hatte er Ende Februar dem wendigen französischen Historiker François Guizot geschrieben, der von der Restauration der Bourbonen allmählich Abstand genommen hatte und wenige Monate darauf bei der Julirevolution als Deputierter in die französische Kammer einzog. Seine Warschauer Eindrücke teilte Humboldt am 2. Juni 1830 dem Grafen Cancrin mit. «Der hiesige Aufenthalt hat eine Fülle von Ideen in mir veranlaßt, über die ich im stillen lange brüten könnte und die man, aus Besorgnis, mißverstanden zu werden, Freunden nur mündlich mitteilt.» Der Finanzminister des Zaren verstand ihn schon; aber er hatte auch eine Antwort für den besorgten preußischen Kammerherrn: «Die Polen sind eine Nation, die viel Vortreffliches hat», meinte er, «aber es fehlt ihnen was. Sonderbar ist es, daß die gemeine Masse sie von alters her Sizmozlnoch, Hirnlose, Kopflose, nennt.»

Dennoch ist Humboldt durchaus nicht jenen Kräften zuzurechnen, die 1830 und 1848 den revolutionären Schwung den Jüngeren und dem Volk, besonders der Arbeiterklasse, überließen, die, selbst noch machtlos, auf den Barrikaden in Berlin und Wien, Dresden und München dem dritten Stand die Freiheit des Handelns erkämpfen half. Der nüchtern-sachliche Naturforscher, der wohl wußte, daß «mit dem Wissen das Denken und mit dem Denken der Ernst und die Kraft in die Menge» kommt, war weder patriarchalisch gesinnt wie sein kämpferischer Altersgenosse Arndt, noch huldigte er den romantischen Träumen des Biedermeiers. Der Realist, der die Verbindung des französischen Bürgertums mit Napoleon wie ein Schauspiel an sich hatte vorüberziehen lassen, mißtraute der politischen Kraft der bürgerlichen Revolutionen.

Schon bevor er in das siebente Jahrzehnt seines Lebens eintrat, war er zum Skeptiker geworden. «Größere Ausbildung der Wissenschaften leitet – wie die politische Ausbildung des Menschengeschlechts – zur Einigung dessen, was lange getrennt blieb», meinte er; er vertraute mehr der bindenden Kraft seiner wissenschaftlichen Wirksamkeit als den politischen Möglichkeiten oder gar diplomatischen Aufträgen, die ihm als Kammerherrn seines Königs zuteil wurden. Es widersprach nicht nur seinen Neigungen, diplomatische Missionen zu übernehmen, sondern auch seiner Einsicht in die politischen Gegebenheiten.

Als ihn Friedrich Wilhelm III. im September 1830 nach Paris schickte, um die Verbindung des Hauses Hohenzollern zum Haus Orléans herzustellen und zu pflegen, das in Frankreich nach der Julirevolution die Bourbonen abgelöst hatte, zog ihn weit mehr sein wissenschaftliches Interesse in die Stadt an der Seine als der Wunsch des Königs, dem er «für alles zur Verfügung» stand, «was vorübergehend ist». Der um ein Menschenalter jüngere Rechtsphilosoph Eduard Gans begeisterte sich wie Heinrich Heine, der durch die Pariser Juliereignisse «bis zum wildesten Brande entflammt» wurde, für die Revolution in Frankreich. Humboldt teilte diese Hoffnungen nicht. «Glauben Sie mir, lieber Freund», heißt es in einer von Varnhagen niedergeschriebenen, ihm von Gans mitgeteilten Äußerung Humboldts, «meine Wünsche stimmen mit den Ihren überein, aber meine Hoffnungen sind schwach. Seit vierzig Jahren seh ich in Paris die Gewalthaber wechseln, immer fallen sie durch eigene Untüchtigkeit, immer treten neue Versprechungen an die Stelle, aber sie erfüllen sich nicht, und derselbe Gang des Verderbens beginnt aufs neue. Ich habe die meisten Männer des Tages gekannt, zum Teil vertraut, es waren ausgezeichnete, wohlmeinende darunter. Aber sie hielten nicht aus, bald waren sie nicht besser als ihre Vorgänger, oft wurden sie noch größere Schufte. Keine Regierung hat bis jetzt dem Volke Wort gehalten, keine ihre Selbstsucht dem Gemeinwohl untergeordnet. So lange das nicht geschieht, wird keine Macht in Frankreich dauernd bestehen. Die Nation ist noch immer betrogen worden, und sie wird wieder betrogen. Dann wird sie auch wieder den Lug und Trug strafen, denn dazu ist sie reif und stark genug.»

Humboldt weilte neben dem offiziellen preußischen Gesandten von Werther als persönlicher Vertrauter und Berichterstatter des Königs zunächst vom Herbst 1830 bis Januar 1831 in Paris. Über Weimar, wo er am 27. Januar Goethe besuchte, kehrte er nach Berlin zurück, das er jedoch nach wenigen Wochen noch im Februar wieder verließ, um sich weiterhin seinem Auftrag in der französischen Hauptstadt zu widmen. Erst Ende April 1832 reiste er endgültig von Paris nach Berlin. Nikolaus von Rußland verargte es seinem ehemaligen Gast schwer, daß er in seiner vorsichtigen, aber sachlichen Berichterstattung an Friedrich Wilhelm III. und sogar durch eindringliche Ermahnungen an den preußischen Gesandten in Petersburg der zaristischen Kreuzzugspropaganda gegen das liberale Frankreich und den zaristischen reaktionären Einflüssen am preußischen Hof entgegenzuwirken versuchte.

Wie sich das Weltgeschehen damals in Humboldts Kopf spiegelte, zeigt ein Brief, den er am 1. Juli 1830, als er, noch vor der französischen Julirevolution, mit dem König in Teplitz weilte, an den damaligen preußischen Ministerresidenten in Rom, Carl Josias von Bunsen, schrieb: «Der Zerfall des osmanischen Reiches, das wie Polen beim Sieger Schutz suchte, der mißglückte Versuch, durch Gründung eines griechischen Scheinreiches den im Orient tief aufgeregten Wogen einen Damm zu setzen, die Albanesen, die Vereinigung der armenischen Nation in ihren uralten Sitzen, das listige Zaudern des Harpagon von Ägypten, den der Tod übereilen wird, die große Begebenheit an der nordwestafrikanischen Küste, die politischen Bedrängnisse, die Frankreich und England bedrohen, wo das Alte im alten Unverstande erstarrt, Bolívars Entfernung von einem Schauplatze, wo seine Anwesenheit allen Glauben an Institutionen schwächte, weil man nur immer auf ihn hinblickte und alles von ihm erwartete, die byzantinisch-religiösen Streitigkeiten in Deutschland – alles das sind Begebenheiten, die einen Geist wie den Ihrigen gewiß kräftig anregen. Das Übel des Zeitalters und das Charakteristische seiner trägen Schwäche ist, daß man bei so großen Elementen der Welterneuerung sich in schlammartiger Ruhe wähnt.»

Der Tod des Bruders

Es wurde Humboldt in Paris schwerer als in früheren Jahren, sich in seine wissenschaftlichen Arbeiten zu vertiefen. Sein diplomatischer Sonderauftrag verpflichtete ihn zu regelmäßigem Verkehr am Hofe Louis Philippes, wo er später der Vertraute der Gattin Ferdinands, des Sohnes Louis Philippes, wurde, der im Mai 1837 die Prinzessin Helene von Mecklenburg-Schwerin heiratete. Diese Stellung wiederum und seine Hilfsbereitschaft, die er manchem jungen französischen Gelehrten unaufgefordert zuteil werden ließ, machten ihn zum viel umschmeichelten Erwecker von Hoffnungen bei Höflingen und solchen, die es werden wollten. Da es seiner Natur widersprach, sich verleugnen zu lassen oder lästige Besucher kurzerhand abzuweisen, pflegte er damals wie auch bei späteren Aufenthalten in Paris zwei Wohnungen zu unterhalten. Die zweite, eine rechte wissenschaftliche Klause, war nur wenigen gelehrten Freunden bekannt; dorthin zog er sich zum ernsten wissenschaftlichen Gespräch und zur wissenschaftlichen Arbeit zurück.

Auf diese Weise gelang es ihm, in Paris unter anderem sein «Zentralasien» zu schreiben und eine andere, noch zum amerikanischen Reisewerk gehörende Arbeit zu einem gewissen Abschluß zu bringen. Das war sein «Examen critique», seine «Kritische Untersuchungen über die historische Entwicklung der geographischen Kenntnisse von der Neuen Welt und die Fortschritte der nautischen Astronomie in dem 15. und 16. Jahrhundert». Der wissenschaftliche Entdecker wurde zum Geschichtsschreiber der Entdeckung der amerikanischen Welt.

Wichtiger als der Versuch, den Verdiensten Kolumbus', seiner Vorläufer und Zeitgenossen gerecht zu werden, war dabei das Bemühen, die politischen und ökonomischen Voraussetzungen der großen Entdeckungen des 15. und 16. Jahrhunderts zu erkennen und darzustellen. Der kritische Naturforscher erwies sich dabei als kritischer Quellenforscher von hervorragendem Rang. Leider ist die noch heute bedeutsame Untersuchung, die auch die Fortschritte der Mathematik und der Schiffahrtskunde in ihrer Bedeutung für die überseeischen Entdeckungen einbeziehen sollte, nicht zu Ende geführt worden. Der «Kosmos» war bereits das umfassende Unternehmen geworden, mit dem Humboldt sein Lebenswerk abschließen wollte.

Als Humboldt im April 1832 nach Deutschland zurückkehrte, lebte Goethe, den er auf seinen Reisen zwischen Berlin und Paris wiederholt besucht hatte, nicht mehr; er war am 22. März 1832 gestorben. Humboldt, der um zwei Jahrzehnte jüngere, überlebte den großen Freund um das Vierteljahrhundert, in dem die Naturwissenschaften in Deutschland ihren Siegeszug antraten.

Zwei Jahre nach Goethe, am 12. Februar 1834, starb Schleiermacher, einer der großen Patrioten von 1813, von den Frömmlern und Orthodoxen beiseite gedrängt, bevor noch sein demokratisches Bewußtsein in der evangelischen Kirche wirksam geworden war. Der protestantische Theologe und der materialistische Naturforscher waren zwar nicht Freunde, so doch Vertraute, obwohl Humboldt in des Predigers Augen ein «Erzliberaler» war, weil er nicht an ein Jenseits glaubte. Gabriele von Bülow, Wilhelm von Humboldts Tochter, schrieb am 2. April 1835 die Bemerkung ihres Vaters in ihr Tagebuch: «Alexander glaubt nun, daß wir selbst nach dem Tode nicht mehr von der ewigen Weltordnung erfahren werden, ich aber glaube, daß der Geist doch das Höchste ist und nicht untergehen kann.» – Alexander genügte es nicht zu glauben, er wollte wissen.

Sobald er wieder in Berlin war, bedrückten ihn aufs neue die Enge und Rückschrittlichkeit der preußischen Hauptstadt. Die Restauration in Paris erfolgte in ständigem Kampf mit dem fortschrittlichen Bürgertum; in Preußen hingegen hatte die Reaktion das Bürgertum geduckt. «Glücklicherweise», lesen wir in einem Brief an Varnhagen vom Mai 1837, «ist man in der großen französischen Welt ganz von der kleinlichen Moquerie und Tadelsucht frei, die in Berlin und Potsdam herrscht, wo man monatelang gedankenleer an einem selbstgeschaffenen Zerrbilde matter Einbildungskraft nagt.» – «Eine kleine, unliterarische und dazu überhämische Stadt» nannte er einen Monat zuvor die Hauptstadt Friedrich Wilhelms III. In der Beurteilung der deutschen Verhältnisse begegnete er sich mit Schleiermacher, der 1832 nach einem langen Gespräch mit Humboldt vermerkte: «Es macht mich doch recht wehmütig, nach so schönen Ansätzen und Hoffnungen unsere deutsche Welt in einem so sehr zweideutigen Zustande zurücklassen zu müssen, wenn ich scheide, wie es doch höchstwahrscheinlich mein Los sein wird.»

Der schwerste Verlust, den Humboldt während seines langen Lebens erlitt, war der Tod des Bruders. «Wir sind einander so nahegetreten», hatte er Wilhelm aus dem Ural geschrieben, «ich habe so ganz kennengelernt, wie voller Liebe und Güte Deine Seele ist, daß ich Dir die Freude, mitten in dieser geistigen Einöde von Dir Nachricht zu erhalten, gar nicht beschreiben kann, mein treuer Freund.» – «Ich glaubte nicht, daß meine alten Augen so viel Tränen hätten», klagte er, als Wilhelm am 8. April 1835 in seinen Armen verschieden war.

Trotz der ungezählten echten und unechten Freundschaften, die Alexander geschlossen hat, müßte man von dem Manne, der allem Anschein nach ohne tiefe Leidenschaft zu einer Frau durchs Leben gegangen ist, sagen, daß er zu reiner, hingebender Liebe nicht fähig war, wüßte man nicht aus zahllosen Zeugnissen um das einzigartige Verhältnis, das die beiden Brüder verband. Das empfindsame Zeitalter, aus dem sich der nüchtern-realistische, Gefühlsseligkeiten abholde Alexander aus jugendlichem Gefühlsüberschwang in Ironie und Spottlust gerettet hatte, war schon vorüber, als man die beiden Humboldts mit Kastor und Pollux, den unzertrennlichen Zwillingsbrüdern der altgriechischen Sage, verglich und sie die «deutschen Dioskuren» nannte. Sie waren beispielhafte Brüder, wahre Freunde und förderten einander in ihren so unterschiedlichen Zielen und Lebenswegen, obwohl Wilhelm in der Idee, Alexander in der Anschauung wurzelte und sie in ihren Geistesrichtungen ähnliche Gegensätze verkörperten wie Schiller und Goethe. Doch Wilhelm war von großer Duldsamkeit, und Alexanders Spottsucht versuchte sich sehr selten am Bruder, so daß ihr Verhältnis jede Spannung um so mehr ausschloß, als sie ihre Leistungen wechselseitig neidlos anerkannten, einer den anderen bewunderte und als den bedeutenderen feierte und beide gemeinsam sich des Ruhmes freuten, den sie getrennt erwarben.

Seit Wilhelms Tod fühlte sich Alexander als «Urmensch», als einziger Überlebender einer dahingegangenen Generation, der vereinsamt in der «Oase» zurückgeblieben war. Aber niemals gab er sich Sentimentalitäten hin. Sein leidenschaftlicher Drang, zu forschen und zu schaffen, der den Namen Alexander von Humboldt in einer Zeit der politischen Ohnmacht und gesellschaftlichen Rückständigkeit seines Vaterlandes zum Inbegriff einer in aller Welt anerkannten Macht des intellektuellen Fortschrittes werden ließ, half ihm auch über die Trauer um den Bruder hinweg. «Ich habe die Hälfte meines Lebens verloren», schrieb er zehn Tage nach Wilhelms Tod an den französischen Altertumswissenschaftler Jean-Antoine Letronne, mit dem beide Humboldts in wissenschaftlicher Verbindung standen. «Ich versenke mich in meine Studien über die allgemeine Physik, ich rufe mir die Erinnerungen des Altertums zu Hilfe, aus welchem mein armer Bruder seine schönsten und glücklichsten Inspirationen geschöpft hat, und ich will versuchen, die Ruhe wiederzufinden, die noch weit von mir entfernt ist.»

Er fand sie wieder, indem er sich neben der Arbeit an seinem «Kosmos» der Herausgabe des literarischen Nachlasses seines Bruders widmete. Er besorgte die Veröffentlichung der Sonette, der Gesammelten Werke, zunächst aber der berühmten sprachwissenschaftlichen Untersuchungen Wilhelm von Humboldts über die Kawi-Sprache, die alte, mit zahlreichen Wörtern des Sanskrit, der klassischen Sprache der indischen Literatur, durchsetzte Literatursprache Javas.

Wie sehr aber Alexander den Bruder bewunderte und sein literarisches Erbe mit Liebe und Pietät verwaltete, so gestand er doch Varnhagen, Wilhelms Bekenntnis zur «göttlichen Weltregierung» und zu den «ewigen geheimnisvollen Ratschlüssen», das in der Abhandlung «Über die Aufgabe des Geschichtsschreibers» niedergelegt sei, gehöre zu den Ansichten des Bruders, über die er, «er dürfe nicht sagen gehadert, sondern diskutiert» habe – eine Äußerung, die jene beiden Welten kennzeichnet, in denen die Brüder dennoch voneinander getrennt lebten. Wilhelm bekannte sich zur Herrschaft des Geistes, Alexander zu der des Lebens, um dessen Widerspruch er wußte, ohne ihn ergründen und erkennen zu können.

Die «Göttinger Sieben» und das «schlummernde Deutschland»

In freundschaftlichem Umgang mit Carl Friedrich Gauß und Wilhelm Weber nahm Humboldt im Jahre 1837 an den Feierlichkeiten teil, die in Göttingen aus Anlaß der Hundertjahrfeier der auf naturwissenschaftlichem Gebiet noch immer führenden deutschen Universität begangen wurde. Man begrüßte ihn als «Nestor der Wissenschaft» und ehrte ihn als «den höchsten Geist bei dieser Jubelfeier».

Humboldt bekannte vor den Professoren und Studenten, daß er «in dieser berühmten Hochschule ... den edlern Teil seiner Bildung» empfangen habe. «Viele und tiefgreifende Wechsel der Weltgestaltungen haben seitdem die Erdteile getroffen, die ich, nach wissenschaftlichen Zwecken strebend, durchwanderte; aber die Bande der Zuneigung, welche die alternden, hinschwindenden Geschlechter an die jungen, kraftvoll aufstrebenden dadurch knüpft, daß alle im akademischen Leben aus *einer* Quelle geschöpft, sind in dem raschen Wechsel der Begebenheiten ungeschwächt geblieben. Deutschlands Hochschulen üben noch jetzt, wie vor Jahrhunderten, ihren wohltätigen Einfluß auf die freie Entwicklung geistiger Kräfte, auf die ernsten Richtungen des Volkslebens aus.»

Man verstand in den Kreisen der Göttinger Professoren und Studenten diesen vorsichtigen Hinweis auf die freiheitliche Bewegung, die nach der französischen Julirevolution und dem polnischen Aufstand auch in Deutschland abermals aufgeflammt war, in Braunschweig, Leipzig und Dresden Ausbrüche des Volkszornes ausgelöst und im Mai 1832 25 000 deutsche Patrioten auf Schloß Hambach zusammengeführt hatte, wo die Forderungen auf Einigung Deutschlands, auf Volksherrschaft und republikanische Staatsform erhoben worden waren. In einer Reihe von Bundesstaaten waren Verfassungen durchgesetzt worden, durch die endlich auch Bürgern und Bauern ein gewisser Einfluß auf die Staatsgeschäfte gesichert wurde.

Seit 1834 aber hatte eine zweite Welle von Demokratenverfolgungen eingesetzt. Der Bundestag verbot die politischen Vereine, alle öffentlichen Versammlungen und freisinnigen Zeitungen. Als Alexander von Humboldt bei der Hundertjahrfeier der Universität Göttingen vom «wohltätigen Einfluß» der Hochschulen Deutschlands «auf die freie Entwicklung geistiger Kräfte» sprach, hatte der soeben zum König von Hannover gekrönte Herzog Ernst August von Cumberland bereits erklärt, er fühle sich nicht an die Verfassung von 1833 gebunden. Drei Monate später löste er den Landtag auf und setzte durch einen Willkürakt die Verfassung von 1819 wieder in Kraft, in der Adel und hohe Geistlichkeit allein die «Rechte» des Volkes vertraten. Jene Epoche hatte begonnen, von der Friedrich Engels sagte: «Von 1834 bis 1840 starb in Deutschland jede öffentliche Bewegung aus. Die Agitatoren von 1830 bis 1834 waren entweder im Gefängnis oder im Ausland verstreut, wohin sie geflohen waren.»

Um so mutiger war das Auftreten jener Göttinger Professoren, die den von Ernst August verlangten Huldigungseid verweigerten und erklärten, «daß sie sich durch ihren auf das Staatsgrundgesetz [von 1833] geleisteten Eid fortwährend verpflichtet halten und daß sie keinen Landtag, der im Widerspruche mit den Bestimmungen des Staatsgrundgesetzes zusammentritt, als rechtmäßig bestehend anerkennen dürfen». Ernst August enthob die «Göttinger Sieben» ihres Amtes und verwies drei von ihnen, die das Protestschreiben öffentlich verteilt hatten, des Landes. Die Gemaßregelten waren die Historiker Friedrich Christoph Dahlmann und Georg Gottfried Gervinus, die beiden Sprachforscher Jakob und Wilhelm Grimm, der Rechtshistoriker Wilhelm Eduard Albrecht, der Orientalist Heinrich Ewald, ein Schwiegersohn von Gauß, sowie der Freund von Gauß und Humboldt, der Physiker Wilhelm Weber.

Obwohl die Göttinger Studentenschaft und die Mehrzahl der Professoren die Wiedereinsetzung der «Göttinger Sieben» forderten und bürgerliche Abgeordnete in mehreren deutschen Landtagen von ihren Regierungen eindringliche Vorstellungen in Hannover verlangten, lehnte Ernst August, vom Bundestag und den Fürsten mehr oder minder offen gedeckt, jedes Zugeständnis ab. Es kam zwar zu einer demonstrativen Geldsammlung des deutschen Bürgertums für die ihres Amtes entsetzten mutigen Professoren, nicht aber zu einer machtvollen Kundgebung des Volkes für die Männer, die sich als Verfechter seiner Rechte offen bekannten.

Mehreren Gelehrten gegenüber, wie dem Astronomen Schumacher und dem Philologen Böckh, empörte sich Humboldt über die Tyrannen von Modena[1] und Hannover. «Welche Roheit!» rief er aus. «Die Bösen können die Universitäten zerstören; aber etwas gelingt ihnen nicht, eine uralte Institution, die sich immer ersetzt und erneuert, vulgo die Jugend genannt, abzuschaffen.» Er höhnte über den Cumberländer, der

1 Im italienischen Herzogtum Modena war 1831 eine Revolution ausgebrochen und von dem zunächst geflüchteten Herzog Franz IV. mit österreichischer Hilfe brutal unterdrückt worden.

die Professoren zu «Staatsdienern» herabwürdigen wolle und dem es entgangen sei, sich treffender «Brotherr» als schlechthin «Dienstherr» zu nennen. «Solche Vorgänge fördern die Sache der Freiheit im schlummernden Deutschland.»

Dennoch war Humboldts Zorn kein Zeichen der Stärke. Die allgemeine Tragik der demokratischen Bewegung im Deutschland des 19. Jahrhunderts lag darin, daß sich das Bürgertum, die zum politischen Handeln berufene Klasse, wo sie überhaupt tätig wurde, gegenüber der Gewalt nur auf das Recht und die Ideen von 1789 berief. Der Kammerherr von Humboldt war auch insofern ein typisches Kind seiner Zeit. Seine persönliche Schwäche lag darin, daß er es unterließ, seine demokratische Gesinnung aus Anlaß der Maßregelung der «Göttinger Sieben» in aller Öffentlichkeit zur Geltung zu bringen durch das Gewicht seines Rufes als «Nestor der Wissenschaft» und durch die Macht seiner Weltgeltung. Statt dessen beschränkte er sich darauf, mit aller Vorsicht und mit den Mitteln höfischer Diplomatie den Gemaßregelten wieder zu einem Lehramt zu verhelfen, sicherlich in der Einsicht, daß es andere «legale» Möglichkeiten nicht gab, aber doch ohne den Mut zu offener gewichtiger Stellungnahme und in der irrigen Meinung, die Universitäten und Forschungseinrichtungen aus dem politischen Kampf herauslösen zu sollen und zu können

Der konservative Gauß, der nicht zu den Unterzeichnern des Göttinger Protestes gehörte, bat Humboldt, durch Vermittlung des preußischen Hofes in Hannover darauf hinzuwirken, daß Wilhelm Weber den gemeinsamen Arbeiten an den Methoden zur Messung der erdmagnetischen Erscheinungen erhalten bleibe. «In dieser Richtung liegt beharrlich das Bestreben, nützlich sein zu können», antwortete Humboldt am 25. Dezember 1837 aus Potsdam, «aber leider habe ich auch dazu noch keine tröstliche Aussicht. Selbst, was mir so einfach und klar scheint, das Anerkennen des Edlen in einer Handlungsweise, die, mit Ausschluß aller politischen Aufregung, jeglichen äußeren Vorteil der Stimme des Gewissens glaubt aufopfern zu dürfen, ist vielen aus den sogenannten höhern Regionen fremd Nachbarliche Bedenklichkeiten verrücken auch den Gesichtspunkt. Die Zeit soll, denke ich, eine richtige Ansicht herbeiführen.»

Der weltberühmte Naturforscher trat nicht als offener Bekenner zur Sache der «Göttinger Sieben» vor Friedrich Wilhelm III., zu dem er als Kammerherr jederzeit Zugang hatte. Unter Hinweis darauf, daß ihn «die plötzliche Störung der großen Arbeit über den tellurischen Magnetismus ... am tiefsten bewegen muß», versuchte er vielmehr, die «Zuständigkeit» der verschiedenen Höflinge peinlich einhaltend, durch zwei Mittelsleute den gerade in Berlin weilenden König von Hannover zugunsten Webers zu beeinflussen. Wie er wohl selbst voraussah, mißlang dieser Versuch. Weber sollte zunächst in aller Form seinen Protest widerrufen. In seinem «mit tiefem Schmerz» am 9. Juli 1838 an Gauß erstatteten Bericht begründete Humboldt diese Forderung mit der Auffassung seiner Gewährsleute, daß Ernst August «bei den Zwecken, die er durchsetzte, nicht unkonsequent sein dürfe, da er sonst anderen deutschen Fürsten [der König von Württemberg weilte in Berlin] das Recht zugestehen würde, die Ausgeschiedenen anzustellen».

Wilhelm Weber den Widerruf zuzumuten, lehnte Humboldt jedoch entschieden ab. Er tröstete die Göttinger Freunde mit seinen in Frankreich gewonnenen Erfahrungen im Wechsel der Regierungen und Verfassungen. «Glücklich ist es», meinte er darüber hinaus, ohne sich des Widerspruchs bewußt zu werden, der in einer solchen Ansicht lag, «wenn wissenschaftliche *Institute* den Einwirkungen jener politischen Wechsel fremd bleiben können, ich sage Institute, denn daß ich nicht das Greuel begehe, zu wollen, daß der Gelehrte nicht Staatsbürger sei, daß er fremd bleibe dem, was durch die bürgerlichen Einrichtungen auf die Fortschritte der Intelligenz, auf die Veredlung der Menschheit, auf die freieste Kommunikation der Ideen und Gefühle wohltätig gewirkt hat, trauen Sie mir (bei den Meinungen, die ich vierzig Jahre lang öffentlich ausspreche und in meinen Schriften verkündige) von selbst zu.»

Der König von Württemberg wartete nicht, bis ihm der Vetter in Hannover[1] oder gar der in Berlin «das Recht zuge-

1 König Ernst August von Hannover weilte im April 1842 in Berlin. Während eines Festmahls äußerte er vor vierzig Gästen, wie Humboldt in seinem Brief vom 6. April 1842 an Varnhagen hervorhob, «wieder»: «Die Göttinger Professoren hätten in einer Adresse ihm von ihrem Patriotismus

stehen würde, die Ausgeschiedenen anzustellen». 1838 berief er den Orientalisten Ewald nach Tübingen. Der Jurist Albrecht erhielt 1840 einen Ruf nach Leipzig. Dorthin ging auch Weber drei Jahre später, nachdem er ohne Amt und ohne Einkommen, in einem ärmlichen Stübchen lebend, seine Forschungsarbeiten mit Gauß zusammen in Göttingen fortgesetzt hatte; den auf ihn entfallenden Anteil von 140 Talern aus der für die «Göttinger Sieben» in ganz Deutschland durchgeführten öffentlichen Sammlung nahm er für persönliche Zwecke nicht in Anspruch.

Nach dem Thronwechsel in Preußen im Jahre 1840 nahm auch Humboldt starken tätigen Anteil, um das Seine zur Tilgung der Schande von Göttingen beizutragen. In einer Denkschrift an den preußischen König betonte er, wie er Ende Oktober 1840 Varnhagen mitteilte, «die Notwendigkeit in Dingen, die alle Gemüter bewegen, um diese zu versöhnen, eigenmächtig aufzutreten, die beiden Grimm, Albrecht und Dahlmann zu berufen». Schon am 22. September 1840 hatte er an den jungen König unter anderem geschrieben: «Albrecht, Dahlmann und die Gebrüder Grimm, deren Ruhm schon in Ihren kindlichen Erinnerungen lebte und von deren volkstümlichem Ruhme unsere deutsche Gesittung unzertrennlich ist, werden unter dem wohltätigen Zepter Ew. Majestät den Frieden der Monarchie nicht gefährden.»

Die Schöpfer des deutschen Wörterbuches wurden noch 1840 zu Mitgliedern der Akademie der Wissenschaften in Berlin ernannt, Dahlmann nahm 1842 einen Ruf nach Bonn an, Albrecht lehnte es ab, die Universität Leipzig zu verlassen, die ihm Asyl geboten hatte. Wenn 1840 gelang, was Humboldt zwei Jahre zuvor für unmöglich gehalten hatte, so deshalb, weil im Oktober dieses Jahres einer der letzten überlebenden Patrioten aus dem Kreise um den Reichsfreiherrn vom Stein, der Rechtsgelehrte Johann Albrecht Friedrich Eichhorn, Minister für die geistlichen, Unterrichts- und Medizinalangelegenheiten in Preußen geworden war. Ihn bedrängte Humboldt,

gesprochen, ‚Professoren haben gar kein Vaterland; Professoren, Huren und Tänzerinnen kann man überall für Geld haben, sie gehen dahin, wo man ihnen einige Groschen mehr bietet‘. Welche Schande, das einen deutschen Fürsten zu nennen!», fügte Humboldt seinem Bericht an Varnhagen hinzu.

«die Angelegenheiten der Gebrüder Grimm, eine echte deutsche, vaterländische Angelegenheit, unmittelbar und ganz offiziell zu betreiben».

Das gelang um so mehr, da Friedrich Wilhelm III. am 7. Juni 1840 gestorben war und es den Anschein hatte, als wollte sein Nachfolger, der Ernst Moritz Arndt das 1819 entzogene Lehramt an der Universität Bonn und Ludwig Jahn nach drei Jahrzehnten polizeilicher Überwachung die Freizügigkeit zurückgab, mit dem Volk und nicht gegen das Volk regieren.

Friedrich Wilhelm IV. machte die Hoffnungen Deutschlands noch schneller und grausamer zunichte als sein Minister Eichhorn, der sich aus den Enttäuschungen des Patrioten in eine Kirchengläubigkeit geflüchtet hatte, die den Ultramontanen[1], Pietisten und Orthodoxen zur Herrschaft verhalf und damit die Reaktion stützte, statt sie zu bekämpfen.

Die beiden «königlichen Beschützer»

Humboldt war bereits in das achte Jahrzehnt seines Lebens eingetreten, als Friedrich Wilhelm IV. den Thron der Hohenzollern bestieg und den Kammerherrn seines Vaters zu seinem Vertrauten machte.

Der fortschrittlich-demokratisch gesinnte Naturforscher geriet durch sein enges persönliches Verhältnis zu den beiden Königen und durch seine Stellung am reaktionären preußischen Hof mehr und mehr in ein Zwielicht. In den Augen manches Zeitgenossen begann das Charakterbild des greisen Humboldt zu schwanken. Nicht jeder, der ihn «den Hofdemokraten» nannte, wollte damit anerkennen, daß Humboldt als einziger am Hofe einer «demokratischen» Gesinnung Ausdruck gab und dieser seiner Gesinnung treu blieb; mancher sprach das Wort ironisch aus und legte den Ton auf die erste Silbe, «Hof» und «Demokratie» als zwei Welten kennzeichnend, zwischen denen es keine Brücken gab.

Wenn wir zunächst die beiden Könige, die Humboldt an

1 Eine Richtung des Katholizismus, die auch das politische Leben der Völker nach Gesichtspunkten geleitet wissen wollte, die «jenseits der Berge» («ultra montes»), das heißt vom Papst in Rom, bestimmt wurden.

sich fesselten, einer analysierenden Charakteristik unterziehen, sodann die Kräfte und deren Exponenten betrachten, denen sich Humboldt gegenübergestellt sah, und schließlich Humboldts Wirken am Hof und in der Öffentlichkeit sowie seine teils durch Taten, teils durch kritische Äußerungen belegte Einstellung zu den Ereignissen in den beiden letzten Jahrzehnten seines Lebens untersuchen, mag auch der Leser bisweilen eine klare Stellungnahme Humboldts vermissen. Aber der greise Humboldt ist nur aus den Widersprüchen zu begreifen, die seine Zeit kennzeichnen und in denen er selbst lebte. Humboldts Größe lag ja nicht nur, wie wir abschließend deutlich zu machen hoffen, in seiner Leistung als Forscher und Wegbereiter der modernen angewandten Naturwissenschaften, als Schöpfer eines realistischen Weltbildes; er nahm auch innerhalb der demokratischen Bewegung des 19. Jahrhunderts unter den Geistesschaffenden eine hervorragende Stellung ein, wobei er freilich weder frei war von persönlichen Schwächen noch von den Schwächen der bürgerlich-demokratischen Bewegung seiner Zeit überhaupt.

Friedrich Wilhelms III., des Königs, der 1806 Thron und Land eigentlich verwirkt hatte und 1813 durch den Befreiungskampf seines Volkes wieder «auf den angestammten Platz seiner Väter» getragen worden war, bemächtigte sich schon zu seinen Lebzeiten die Legendenbildung. Behende Skribenten der Reaktion fälschten die eigenmächtige, gegen den Willen des unentschlossenen, wankelmütigen, mißtrauischen und mutlosen Landesherrn vollzogene Volkserhebung in die Lüge um: «Der König rief, und alle, alle kamen!»

Die legendäre Verehrung des Volkes für die in der Notzeit (am 19. Juli 1810) verstorbene Königin Luise übertrug sich auch auf ihren Gemahl, der als Vorbild der Sittenreinheit und Rechtlichkeit gepriesen wurde. Die späte Romantik versah ihn mit einem mittelalterlich-mythischen, wenn nicht Heiligen-, so doch Märtyrerschein, und das Biedermeier machte aus demselben Friedrich Wilhelm, der die Patrioten von 1813 um die Verfassung betrogen hatte und ihre Vorkämpfer in die Kerker werfen, ihrer Ämter entheben und mundtot machen ließ, einen «treuen Landesvater». Auch Theodor Fontane verfiel dem Einfluß der noch Jahrzehnte später im ganzen Land bekannten anekdotischen Verhimmelung eines Selbstherrschers, der seine Untergebenen einschließlich der Generäle, die seine Schlachten schlugen, aus einer Mischung von Anmaßung und Unbeholfenheit heraus weder mit «Sie» noch mit «Er», sondern ganz unpersönlich im Infinitiv anredete. Doch selbst ein so nationalistischer Deutschtümler wie der Orientalist Paul de Lagarde erkannte in dem kraft- und schwunglosen dritten Friedrich Wilhelm einen der unheilvollsten Fürsten Preußens.

Das Unheilvolle lag weniger in dem, was er tat, als in dem, was er duldete und hingehen ließ; es lag in seiner Bedeutungslosigkeit, seinem Mißtrauen, seiner Rückständigkeit, seiner Gleichgültigkeit, seinem Philistertum, seiner Abhängigkeit vom Willen anderer.

Mangelnde Begabung, geringes Wissen und linkische Unbeholfenheit machten Friedrich Wilhelm III. völlig von seiner Umgebung abhängig, in der sein Mißtrauen und sein «Gottesgnadentum» hinwieder nur Schmeichler und Intriganten duldeten. Stein, Scharnhorst, Gneisenau, Wilhelm von Humboldt und selbst Hardenberg, allen Starken und Selbstbewußten traute er nicht; ja er fürchtete sie und war für alle Verdächtigungen und Zuträgereien der «Demagogen»riecher empfänglich, die im Dienste des ostelbischen Feudaladels und Metternichs standen. Daß er wieder in den uneingeschränkten Besitz seiner Kronrechte gelangt war (die ihm nun, wie er meinte, Volksaufwiegler abermals streitig machen wollten), betrachtete er nicht als das Verdienst der Patrioten und seines Volkes, sondern als einen Beweis göttlicher Gnade. Der König von Preußen war das geistig engstirnigste und unselbständigste Glied im mythisch-frömmelnden Fürstenbund der Heiligen Allianz, er führte sein Land außenpolitisch in völlige Abhängigkeit von der Politik Alexanders von Rußland und Metternichs und innenpolitisch zurück zum patriarchalisch verbrämten absolutistischen Fürstenstaat.

Wenn dieser unwissende und unfähige Pedant, der nur mit größtem Widerstreben direkte Vorträge seiner Minister entgegennahm und mit politischen und administrativen Entscheidungen nicht behelligt werden wollte, einen Mann vom Range Alexander von Humboldts in seine Nähe zog, so tat er es ganz gewiß nicht, um sich von ihm in irgendwelchen Staatsgeschäften beraten zu lassen. Humboldt hat während der Regierungszeit Friedrich Wilhelms III. in der Tat weder auf den König noch auf die Regierungsgeschäfte politischen Einfluß ausgeübt. Seine diplomatische Mission nach der Julirevolution in Frankreich sollte nach des Königs Absichten ausschließlich dynastischen Beziehungen zum Hause Orléans dienen. Daß Humboldt diese Stellung zu nutzen suchte, um die preußische Außenpolitik von der Bevormundung durch die reaktionären Kräfte in Petersburg und Wien zu lösen und ein engeres Verhältnis mit Frankreich herzustellen, geschah ohne Auftrag des Königs und entsprang Humboldts Verbundenheit mit dem politisch regsamen, zumindest aber wachsamen französischen Bürgertum. In den Augen Friedrich Wilhelms III. war sein berühmter Kammerherr ein Prunkstück, mit dem er vor ausländischen Potentaten und vor den fürstlichen Vettern und dem Großadel beim jährlichen Stelldichein in den böhmischen Bädern zu paradieren liebte. Am Hof in Berlin und in Potsdam war Humboldt gleichsam des Königs erster Vorleser, das wandelnde Lexikon, der belehrende Erzähler, unterhaltsame Plauderer und bissige Spötter.

Humboldt hat das Unwürdige und Unfruchtbare dieser Stellung bitter empfunden. Seine wiederholten Aufenthalte in Paris, so nach der Rußlandreise von Anfang Oktober 1830 bis Ende April 1832, von Mitte August bis Ende Dezember 1835 und von Mitte August 1838 bis zu Beginn des Jahres 1839, trugen bisweilen den Charakter einer Flucht.[1] Aber abgesehen davon, daß die Nähe seines «königlichen Beschützers und Freundes» doch auch wieder seiner Eitelkeit schmeichelte und daß er sich dem König verpflichtet fühlte, dem er seine Unabhängigkeit gegen eine zeitraubende bezahlte Pfründe ohne eigentliche Amtsgeschäfte verkauft hatte, war sein politisches Ideal das französische Bürgerkönigtum der ersten Jahre nach der Julirevolution. Humboldt war konstitutioneller Monarchist, das heißt: Er wünschte, hierin dem ihm sonst so fremden Ernst Moritz Arndt durchaus verwandt, die Aufrechterhaltung des

1 Vgl. im einzelnen wie zu Zeitangaben überhaupt: «Alexander von Humboldt. Chronologische Übersicht über wichtige Daten seines Lebens», bearbeitet von Kurt-R. Biermann, Ilse Jahn und Fritz G. Lange (Akademie-Verlag, Berlin 1968).

Königtums, aber eine Regierung, die einem vom Volke gewählten Parlament verantwortlich ist. Und endlich: Als Naturforscher wußte er um die Veränderlichkeit des Lebens. Er war von der Unaufhaltsamkeit der gesellschaftlichen Entwicklung überzeugt. Freilich betrachtete er diese Entwicklung nicht als das Ergebnis eines Kampfes der Klassen, sondern als eine Frage der «Zeit». Und diese «Zeit» schien ihm noch nicht gekommen.

Auch Alexander von Humboldt gehörte zu denjenigen, die der Regierung des neuen Königs erwartungsvoll entgegensahen. Jedoch waren seine Hoffnungen anderer Art als die des ständisch und patriarchalisch gesinnten alten Arndt oder die des liberalen Bürgertums. Humboldt rechnete zwar damit, daß Friedrich Wilhelm IV. den gesellschaftlichen und politischen Gegebenheiten mit mehr Verständnis gegenübertreten würde als sein geistig enger und unbeweglicher Vater, und er glaubte, nunmehr auch seiner eigenen Stimme in Angelegenheiten der Forschung und Wissenschaft und darüber hinaus in allgemeinen politischen Fragen Gewicht verschaffen zu können. Mit einem grundlegenden Wandel des königlichen Kurses, einer Absage an die Reaktion und einem Bekenntnis zu den Rechten des Volkes rechnete er nicht. Denn er kannte den König, richtiger gesagt: er meinte ihn zu kennen.

Friedrich Wilhelm IV. war gewiß begabter und für Eindrücke empfänglicher als sein Vater. Er hatte sich schon als Kronprinz Humboldt genähert und Interesse für die Naturkenntnis und die Wissenschaften überhaupt gezeigt. Schinkel und Rauch hatten sich um die Entwicklung des Kunstsinnes des Thronfolgers bemüht, dessen rege Anteilnahme an der Gründung des Archäologischen Instituts in Rom eine Epoche der Pflege des deutschen Geisteslebens durch einen künftigen preußischen König einzuleiten schien.

Dennoch stand Friedrich Wilhelms IV. Geistesrichtung in ausgesprochenem Gegensatz zum Wirklichkeitssinn der Naturforschung und zur fortschrittlichen Kunstgesinnung der großen Baumeister Berlins und der Berliner Bildhauerschule des alten Schadow. Man hat ihn «den Romantiker auf dem Thron» genannt, eine Bezeichnung, die nur zutrifft, wenn man nicht an die Verdienste dieser recht vielschichtigen Kunst- und Literaturrichtung um die Wiedererweckung der alten deutschen Kunst- und Volksdichtung oder gar an ihren Anteil an der patriotischen Dichtung und an der Erweiterung des künstlerischen Gesichtskreises denkt, sondern an ihre Flucht aus der deutschen Wirklichkeit in die «mondbeglänzte Zaubernacht» des Mittelalters und an die Unterstützung, welche die poetische Verherrlichung eines idealisierten Mittelalters für die Frömmler in der «Heiligen Allianz» und die herrschende Klasse, den Feudaladel, bedeutete.

Friedrich Wilhelm IV. stand völlig unter dem Einfluß einer solchen reaktionären «romantischen» Verirrung. Er wünschte sich seinen Staat «christlich-germanisch». Wenn je ein preußischer König ernstlich an die Machtvollkommenheit und Unfehlbarkeit seines «Gottesgnadentums» geglaubt hat, so war er es. Diesem Wahn, nicht irgendeiner liberalen Regung entsprangen beim Antritt seiner Regierung die «Gnadenakte» gegenüber Arndt und Jahn, die Wiedereinsetzung der von seinem Vater verhafteten widerspenstigen Erzbischöfe von Köln und Posen und ähnliche Äußerungen selbstherrlicher «Großmut».

Sobald sich infolge der gelockerten Zensurfesseln das fortschrittliche Bürgertum regte und an das noch immer nicht eingelöste Verfassungsversprechen von 1815 erinnerte, machte sich zum ersten Male im großen jener plötzliche «Stimmungswechsel» geltend, der später im kleinen Männer wie Humboldt und Bunsen an den Rand der Verzweiflung bringen sollte. Die Polizei erhielt das erste Wort, die orthodoxe Kirche das zweite. Die Ehe zwischen Thron und Altar wurde durch einen Ausbau der Adelsherrschaft gesichert, der feudale Großgrundbesitz durch die Einführung von Majoraten (die Stiftung des Ältestenrechts bei der Erbfolge für unveräußerlich erklärter Güter) gestärkt und in der Aufsaugung bäuerlichen Besitzes unterstützt. Diesen volks- und fortschrittsfeindlichen mittelalterlichen Tendenzen entsprach der unerbittliche Kampf gegen eine Demokratisierung des Staatslebens. Selbst eine landständische Verfassung lehnte Friedrich Wilhelm IV. mit der Begründung ab, daß nur die «provinzial- und kreisständische Verfassung eine auf deutschem Boden ruhende geschichtliche Grundlage habe», und das sei «die Grundlage ständischer Gliederung».

Von den ökonomischen Gegebenheiten nahm der Romantiker auf dem Thron einfach keine Kenntnis. In den westlichen Landesteilen war, auf Kohle und Eisen gestützt, die industrielle Entwicklung in vollem Gange, in den östlichen Provinzen hielt der Kapitalismus mit der Kartoffelbrennerei und der Rübenzuckerindustrie auch im agrarischen Großgrundbesitz seinen Einzug. Der Zollverein drängte zwangsläufig zum verstärkten Güteraustausch, zur Industrialisierung, zum Ausbau des Eisenbahnnetzes. Als neue, demokratische Rechte verlangende Klasse trat nun auch die Arbeiterschaft auf, in Stadt und Land bildete sich im Zuge der Industrialisierung ein Massenproletariat. Die Weberaufstände von 1844 in den schlesischen Dörfern Langenbielau und Peterswaldau waren die ersten Anzeichen einer Revolution. Diese ökonomische Entwicklung löste schließlich den Verfassungskampf aus.

Nachdem die gewaltig ansteigenden Steuerlasten nicht mehr ausreichten, um den Finanzbedarf des Staates zu decken, forderte der König von den Provinzialständen eine Anleihe. Das Rheinland und Ostpreußen machten die Zeichnung einer Anleihe von verfassungsrechtlichen Zugeständnissen abhängig. Friedrich Wilhelm IV. mußte «gnädigst geruhen», die von seinem Vater 1823 geschaffenen Provinzialstände, die im übrigen die selbstherrliche Bürokratie lediglich zugunsten der Junker eingeschränkt hatten, im Februar 1847 als Vereinigten Landtag einzuberufen. Er glaubte, mit diesem Scheinparlament dem verhaßten «Liberalismus» Genüge getan zu haben, und erklärte selbstbewußt bei der Eröffnung, «daß es keiner Macht der Erde je gelingen solle, ihn zu bewegen, das natürliche, gerade in Preußen durch seine innere Wahrheit so mächtige Verhältnis zwischen Fürst und Volk in ein konventionelles, konstitutionelles zu verwandeln».

Nüchtern und unromantisch stellte David Justus Ludwig Hansemann, der Sprecher des liberalen Großbürgertums, fest, daß in Geldsachen die Gemütlichkeit aufhöre. Wenige Monate später standen Bürger und Arbeiter auf den Barrikaden von Berlin.

Friedrich Wilhelms IV. «beunruhigendes Gewissen»

Will man das Verhältnis des demokratisch gesinnten, nüchtern-realistischen, im achten Jahrzehnt seines Lebens stehenden Naturforschers und «Nestors der Wissenschaft» Alexander von Humboldt zu diesem in geistiger Umnachtung endenden reaktionären Romantiker begreifen, so muß man sich zunächst aller jener Faktoren erinnern, die Humboldts Verhältnis zu Friedrich Wilhelm III. bestimmt hatten.

Der Gelehrte von Weltruf blieb das Prunkstück der Hohenzollern; er mußte 1840 mit zur Krönung und Huldigung nach Königsberg reisen, 1842 in London der Taufe des Thronfolgers beiwohnen und drei Jahre später seinen königlichen Herrn auf dem Staatsbesuch in Kopenhagen begleiten. Er, der «Premier Physicien de la Cour», der erste Naturforscher des Hofes, wie er sich selbst ironisch nannte, war nicht einmal mehr der erste Vorleser des Königs, der seinen romantischen Gesinnungsgenossen August Wilhelm Schlegel oder Ludwig Tieck, den «Littérateur de la Cour», den Hofliteraten, bevorzugte und, dem Wahnsinn schon nahe, lieber dem Schauspieler Louis Schneider oder, «aus vollem Halse lachend», den Anekdoten der Frau von Luck zuhörte, denn: «Wenn ich ihm vorlese, schläft er ein», notierte Varnhagen im November 1855 einen Stoßseufzer Humboldts in seinem Tagebuch.

Unzählbar sind die Zeugnisse bissigen Spottes, in denen Humboldt Vertrauten über die Unwürdigkeit und Unfruchtbarkeit seines höfischen Dienstes klagte. Aber es ist nur ein Teil der Wahrheit, wenn Varnhagen, der es durchaus besser wußte, 1844 in seinem Tagebuch vermerkte, Hof und Gesellschaft seien Humboldt «wie ein altgewohntes Stammhäusel, wo man seinen Abend zuzubringen und seinen Schoppen zu trinken pflegt». Zwei Jahre später, am 7. April 1846, schrieb Humboldt an Gauß: «Sie werden fragen, warum ich aber, 76 Jahre alt, mir nicht eine andere Lage verschaffe? Das Problem des menschlichen Lebens ist ein verwickeltes Problem. Man wird durch Gemütlichkeit, ältere Pflichten, törichte Hoffnungen gehindert.»

Das im persönlichen Umgange leutselige «Gottesgnadentum» des Thronfolgers und die ersten Regierungsmaßnahmen des

Königs hatten diese «törichten» Hoffnungen genährt. Humboldt hatte sogar versucht, auf die politischen Entscheidungen des Königs Einfluß zu gewinnen, aber erkennen müssen, daß sich Friedrich Wilhelm IV., darin seinem Vater ähnlich, ausschließlich seiner vielseitigen Beziehungen nach Frankreich zu bedienen wünschte. Der Kammerherr hörte, zumindest zunächst, nicht auf, seiner Meinung Ausdruck zu geben, wo immer er es für erforderlich hielt.

Anders als in Fragen der äußeren und der inneren Politik war Humboldts Geltung beim König in solchen der Forschung, der Wissenschaften, der Künste. Friedrich Wilhelm hatte als Kronprinz sogar Humboldts Bemühungen um Studenten unterstützt, die aus politischen Gründen verfolgt wurden; er hatte sich in der Frage der «Göttinger Sieben» «sehr verständig und edelmütig» geäußert und blieb, wie noch zu zeigen sein wird, bei aller Wandelbarkeit seiner Stimmungen in Fragen von Kunst und Wissenschaft Humboldts Wünschen weitgehend geneigt.

Es gelang Humboldt, gegen die Ministerialbürokratie und gegen den Kultusminister Eichhorn, der kirchlichen Einflüssen erlegen war, beim König wesentliche Entscheidungen zugunsten der Forschung durchzusetzen. Während Friedrich Wilhelm III. jeden Ratschlag seines Kammerherrn abgelehnt hatte, hörte sich sein Nachfolger Humboldts Auffassungen auch dann an, wenn er nicht um dessen Meinungsäußerung gebeten hatte. Und der Greis war in der Darlegung seines Standpunktes viel entschiedener als zu Zeiten Friedrich Wilhelms III., er trug seine Ansichten nicht nur dem König vor, sondern vertrat sie bisweilen auch in der Öffentlichkeit, wenngleich er, realistisch und skeptisch zugleich, nach wie vor der «Zeit» den entscheidenden Einfluß auf den Gang der Dinge einräumte. «Die Zeit wird kommen», sagte er 1844 zu Franz Lieber, einem Eisenhändlerssohn, der, als «Demagoge» geächtet, nach Amerika ausgewandert war, «die Zeit wird kommen, in der die Menschheit frei sein wird, aber wir sind noch weit davon entfernt.» Doch welche Resignation spricht bei allem diplomatischen Geschick und aller höfischen Wendigkeit aus folgenden, anfangs des gleichen Jahres geschriebenen Zeilen, die eine seiner zahlreichen Fürbitten für Gelehrte und Künstler, diesmal für den

Komponisten und Dirigenten Meyerbeer, an den König begleiteten: «Meine erste Pflicht, nach der ich glaube bisher immer gehandelt zu haben, ist die, Ihnen zugleich angenehm und nützlich zu werden, Sie zu verstehen, nach Ihren Zwecken hinzuarbeiten, doch da, wo meinen innersten Gefühlen etwas widerstrebend ist, es mit der Freimütigkeit gegen Sie selbst auszudrücken, wie dieselbe eines in Talent und Gemüt so hochgestellten Monarchen würdig ist.»

Wenn die Revolutionäre von 1848 am 21. März Humboldt auf dem Balkon des königlichen Schlosses zu sehen wünschten, so taten sie es, weil sie wußten, daß er auf ihrer Seite stand und im stillen im Sinne der Forderungen wirkte, für die sie ihr Blut vergossen hatten. «Ich bin vor wenigen Tagen in mein 80. Lebensjahr eingetreten», schrieb der Greis am 22. September 1848 an Bunsen. «Möchte ich doch in meinem schönen Vaterlande noch eine Zeit froher Aussicht erleben, eine Regierung, die eine konstitutionelle Gesetzesform und *die* Einheit Deutschlands, bei der von dem partiellen Volksleben so viel als möglich gerettet wird, *ernsthaft* wolle.»

Einer der Schriftsteller des «Jungen Deutschlands», Heinrich Laube, der wegen seiner burschenschaftlichen Betätigung ähnlich wie der Dichter Fritz Reuter aus Sachsen ausgewiesen, von den Schergen der Reaktion 1834 in Berlin aufgegriffen und neun Monate in der Hausvogtei festgehalten worden war, gab wohl ein treffendes Urteil über Humboldts Verhältnis zu Friedrich Wilhelm IV., wenn er in seinen «Erinnerungen» schrieb: «Humboldts Stellung neben Friedrich Wilhelm IV. war damals und ist bis zu seinem Tode eine ganz merkwürdige geblieben. Er galt für liberal[1] und war es auch. Die Kategorie, welche dies Wort bezeichnete, war dem König unangenehm. Er sah darin Oberflächlichkeit, Landläufigkeit des Zeitalters – er hätte am liebsten auch Humboldt als lästig beiseite geschoben. Er hatte sogar eine Neigung, sich über ihn lustig zu machen wegen seiner Redseligkeit. Aber das ging doch beides nicht an, weil die Wissensmacht dieses Humboldt zu groß und dessen anerkannte Autorität zu gewaltig war. Das Wissen selbst respektierte ja auch der König. So erschien dieser Kammerherr Hum-

1 Als «liberal» wurde damals ganz allgemein jede fortschrittliche Gesinnung bezeichnet.

boldt, der sonst kein eigentliches Amt innehatte und doch als Kammerherr immer dasein mußte, wie ein beunruhigendes Gewissen für den König. Bei jeder neuen Maßregel fragte jedermann nach Humboldts Meinung über diese Maßregel, und er pflegte diese Meinung kurz abzugeben, epigrammatisch, oft wie einen vieldeutigen delphischen Orakelspruch[1] – zu stetem Ärger des Königs, dem sie immer hinterbracht wurde.»

1843: «Was wird aus diesen Dingen noch werden!»

«Ein beunruhigendes Gewissen für den König» – treffender kann das Verhältnis nicht gekennzeichnet werden, das zwischen Friedrich Wilhelm IV. und seinem Kammerherrn von Humboldt bestand. Will man bei dem Bilde bleiben, wäre hinzuzufügen, daß der Monarch dieses sein Gewissen wohl schlagen hörte, aber er folgte nicht der Stimme, die von einem Menschen kam, fühlte er sich doch als «König von Gottes Gnaden». Wäre Humboldt härter, kämpferischer, ja nur entschiedener aufgetreten, hätte ihn der reaktionäre Romantiker auf dem Thron bald aus seiner Umgebung entfernt.

Ein solcher Bruch war nicht zu fürchten. Denn trotz seiner demokratischen Gesinnung und seiner Fortschrittsgläubigkeit gehörte Humboldt zu jenen führenden Köpfen der Intelligenz des 19. Jahrhunderts, die das Erbe der Aufklärung wieder aufnahmen und den Anspruch der «Untertanen», «Staatsbürger» zu werden, das heißt den Anspruch auf Beteiligung an Gesetzgebung und Regierung, ausschließlich auf legalem Wege in einer Verfassung geregelt wissen wollten. So scharf Humboldt die Tatsachen in der organischen und unorganischen Natur erkannte und den Kampf ums Dasein[2] beobachtete, freilich ohne ihn zur Entstehung der Arten in Beziehung zu setzen, so realistisch er über den Nutzen der Naturforschung für den gesellschaftlichen Fortschritt dachte und die technische und öko-

1 In Delphi befand sich eine altgriechische Weissagungsstätte, in der die Voraussagen von der Pythia, der Priesterin, meist rätselhaft und zweideutig, also verschiedene Auslegungen zulassend, gegeben wurden.

2 Der sprichwörtlich gewordene Begriff («struggle for life») wurde allerdings erst im Todesjahr Humboldts (1859) von Darwin geprägt.

nomische Entwicklung für notwendig, ja für zwangsläufig hielt, so verschlossen blieben ihm die Entwicklungsgesetze des Lebens im allgemeinen und der menschlichen Gesellschaft im besonderen und damit auch die Ursachen der Widersprüchlichkeit seiner eigenen Existenz.

Friedrich Wilhelm IV. war in Humboldts Augen ein «Unglück» für die Nation, ein Opfer seiner menschlichen Schwächen sowie seiner Minister und Ratgeber, das heißt der Exponenten der Junker und der orthodoxen Geistlichkeit. Humboldt führte gegen die «Montmorencys[1] von Pommern und der Uckermark» und gegen die «Pfaffen» einen unermüdlichen Kleinkrieg. «Er lobt den König wegen seiner Gesinnung, seiner Absichten», notierte Varnhagen nach einem Besuch Humboldts am 25. April 1841 in seinem Tagebuch, «meint aber, derselbe sei kein Mann des Handelns, und wo er handle, geschehe es stoßweise, ohne Zusammenhang und Maß. Sei es Güte oder Zagheit, genug, er wagt oft nicht, was er am stärksten wünscht und ganz leicht könnte; so wartet er mit Ungeduld, daß der Minister von Werther[2] sich zurückziehe, und fragt Humboldt, ob derselbe ihm nichts der Art geäußert habe.»

Schon im Jahr der Thronbesteigung Friedrich Wilhelms IV. erkannte Alexander Humboldt die Unfähigkeit dieses Monarchen, wenngleich er sich auch weiterhin bemühte, die Ursachen für das Versagen des Königs vornehmlich in dessen Umwelt zu suchen. Vor dem königlichen Besuch in London schrieb er am 7. Januar 1842 dem dortigen preußischen Gesandten von Bunsen: «Zu der Überlegenheit Ihres Verstandes gehört auch, daß Sie die Zeit kennen, in der wir leben, die Stimmung des Berlinismus, der in demselben Grade einseitiger wird, als andere Länder zu höheren Ansichten sich erheben.» Berlin nannte er in jener Zeit «eine moralische Sandwüste, geziert durch Akaziensträucher und blühende Kartoffelfelder». Durch die Verhältnisse in Preußen würde er veranlaßt, «unter dem Schein äußeren Glanzes und dem Genuß phantasiereicher Vorliebe eines

1 Die Montmorencys, eines der ältesten und reichsten Adelsgeschlechter Frankreichs, nannten sich bereits seit dem 14. Jahrhundert «erste Barone von Frankreich».

2 Wilhelm Freiherr von Werther war von 1824 bis 1837 preußischer Gesandter in Paris, dann bis 1841 Minister der auswärtigen Angelegenheiten und schließlich Oberstmarschall.

edlen Fürsten in einer moralischen gemütlichen Abgeschiedenheit» zu leben, «wie sie nur der nüchterne Seelenzustand dieses geteilten eruditen, sich bei gleichnamigen Polen abstoßenden, mürrischen und doch nach Ost sich täglich mehr einengenden Landes (eines wahren Steppenlandes) herbeiführen kann».

«Wir kämpfen hier noch immer, besonders in politischer Richtung, mit den heterogensten Elementen», hieß es weiter in dem genannten Brief an Bunsen. «Der König ist besser und steht geistig höher als alle, die ihn umgeben. Möge er sich endlich Werkzeuge zum Handeln schaffen und Muße unter dem Drange der täglichen kleineren Geschäfte, die man ihm aufdrängt.» Er klagte über den wachsenden Einfluß «der aristokratischen Partei», der er ein «alter trikolorer Lappen»[1] sei, den man aufbewahre «und der (kommt einmal die Not wieder) deployiert werden kann». «Jakobiner» schimpften ihn «die Montmorencys von Pommern und Uckermark», und die «Pfaffen» nannten ihn einen «Atheisten». «Die kleinen Geister», die den König umgäben – klagte er wenig später Bunsen – und, «der Zeit unkundig, rückgängig, ... alles zu entmutigen streben, ... haben es fast schon dahin gebracht, daß von Memel bis Saarbrücken das Gefühl sich aufdrängt, als sei die Nation weit erleuchteter als die Regierung.»

Nach einem längeren Aufenthalt in Frankreich besuchte Humboldt am 18. März 1843 Varnhagen. «Er war in Paris vergnügt und heiter», schrieb der Altersfreund in seine Tagebuchblätter, «hier hat sich gleich eine trübe Stimmung über ihn gelegt; was er vorgefunden, ist, wie er sagt, erbärmlich, das alte bekannte Wesen, mit gefährlichen Dingen in kindischer Fröhlichkeit beschäftigt.» Auf den König hätten nicht einmal mehr seine Günstlinge wie Bunsen und Radowitz[2] Einfluß, er tue, was er gerade wolle, «und der Rat, den er allenfalls anhört, gilt ihm nichts ... Er hegt Pläne, als sollte er hundert Jahre alt werden, denkt an ungeheure Bauten, Gartenanlagen, Kunstausführungen, auch an Reisen, ein Besuch in Athen ist

1 Die «Trikolore» ist die «dreifarbige» Fahne Frankreichs, die durch die Revolution von 1789 eingeführt wurde.

2 Joseph Maria von Radowitz, bis 1836 preußischer Militärbevollmächtigter beim Bundestag, dann Gesandter in Karlsruhe, Darmstadt und Nassau, nach 1845 Generalmajor, ein Führer der reaktionären Partei und Vertreter klerikal-ständischer Gedanken.

schon zur Sprache gekommen, im Hintergrunde schlummert gewiß eine Wallfahrt nach Jerusalem! ... Kunst und Phantasie auf dem Throne, fanatische Gaukelei umher und heuchlerischer Mißbrauch in Spielerei! Und dabei der *Mensch* wahrhaft geistreich, wahrhaft liebenswürdig, vom besten Willen beseelt! – Was wird aus diesen Dingen noch werden!»

Dennoch: «Ich rechne fest auf das edle Gemüt des Königs im notwendigen Vorwärtsschreiten», heißt es dann wieder in einem Brief Humboldts an Bunsen vom 8. November 1847, vier Monate vor der Revolution. Das Zugeständnis der Öffentlichkeit der Rechtspflege war der einzige Beweggrund, den der achtundsiebzigjährige Briefschreiber für diese kühne Hoffnung anzuführen wußte. Einen anderen, allzu persönlichen liest man einige Zeilen zuvor: «Der König ist von der rührendsten Freundlichkeit für mich, den Greis von 1769! Er hat eine Medaille auf den ‚Kosmos' schlagen lassen ...»

«Es ist hart, Humboldt zu sein!»

Wenn Humboldt schon im Dezember 1841 daran dachte, sich völlig vom Hofe zurückzuziehen, so weniger, weil nur noch sein Name für den König Wert hatte, sondern weil sein Wirken «von anderen weit überflügelt» wurde. «Es ist für mich eine trübe, schwere Abendluft», sagte er zu Varnhagen, und der Chronist fügte hinzu: «Es ist hart, Humboldt zu sein und das sagen zu müssen, auf dem Gipfel der Ehren, in der Fülle des Ruhmes! Er hat in der Tat wenig Freunde, und nur seine satirische Munterheit macht ihm das Leben hier noch etwas erträglich.»

Humboldt war der einzige Hofmann Friedrich Wilhelms IV., der sich offen zur bürgerlich-demokratischen Bewegung bekannte und demokratische Ansichten vertrat. In der Umgebung des Königs hatte er nur Gegner.

Der Rechtshistoriker Savigny, der 1842 das neugeschaffene Ministerium für Gesetzesrevision übernahm, förderte den mittelalterlich-romantischen Sinn des Königs. Humboldt nannte ihn einen «gleisnerischen Augendiener». Mit demselben bissigen Wort belegte er den Kultusminister Eichhorn, dem er auf den Kopf zusagte: «Unter Ihnen ist's ja weit ärger als unter Wöllner.» – «Leidenschaftlichkeit, Unvorsicht, wie man sie bei einem alten Diplomaten nicht erwartet hätte», klagte er in einem Brief an Bunsen vom 17. September 1842, «und gänzlicher Mangel an wissenschaftlicher Bildung haben ihn [Eichhorn] das schwierige Problem lösen lassen, sich in der kürzesten Zeit allen Universitäten und den gediegensten Männern, deren europäischer Ruf ihm unbekannt ist, unangenehm zu machen.»

Selbst Bunsen, der im übrigen in London weilte, war kein unbedingter Parteigänger Humboldts. Er hatte zwar ein so freundschaftliches Verhältnis zum König, daß er ihm – freilich vergeblich – 1844 den Entwurf einer Verfassung vorlegen konnte, die die englische konstitutionelle Monarchie zum Vorbild hatte; aber seine weniger demokratische als liberal-bürgerliche Gesinnung hatte eine betont kirchliche Färbung, die ihn dem König angenehm machte, Humboldt aber in stärkstem Maße zuwider war.

Gegen Humboldt richteten sich Haß und Intrigen der vereinten kirchlich-orthodoxen und junkerlich-höfischen Reaktion. Herr von Kamptz, der übelste «Demagogen»jäger, 1832 bis 1842 Justizminister und dann weiterhin bis zu seinem Tode Mitglied des Staatsrates, nannte Humboldt schlechtweg den «Revolutionär in Hofgunst»; des Königs Erzieher Ancillon hatte bis zu seinem Lebensende den damaligen Thronfolger vor der Beeinflussung durch die «enzyklopädische Katze» Humboldt zu bewahren versucht, unterstützt von dem salbungsvollen Schmeichler und Kanzelredner Rulemann Friedrich Eylert, dem früheren Hofprediger in Potsdam, der seit 1817 evangelischer Bischof, Mitglied des Staatsrates und des Ministeriums der geistlichen und Unterrichtsangelegenheiten war. Wortführer im verbissenen Kampf gegen den «Jakobiner» und «Atheisten» am Hofe des Königs waren die Generäle von Radowitz und von Gerlach sowie der dogmatische Theologe Hengstenberg.

Leopold von Gerlach, der 1849 sogar Generaladjutant des Königs wurde, war das Haupt der pietistisch-reaktionären Hofpartei. Humboldt traf die charakteristischen Hintergründe der Laufbahn dieses Höflings und anderer, als er 1844 den damaligen Generalmajor auf die hämische Bemerkung: «Ew. Exzellenz gehen jetzt wohl recht oft in die Kirche?» mit der Antwort «wie totgeschlagen» zum Verstummen brachte: «Das Jetzt ist sehr freundlich von Ihnen, Sie wollen mir dadurch den Weg anzeigen, auf dem ich meine Karriere machen könnte.» Es genügte in der Tat nicht, Junker zu sein, um Karriere zu machen; man bedurfte der Protektion der orthodox-protestantischen beziehungsweise ultramontan-katholischen Kreise; der «christlich-germanisch» gesinnte König begünstigte beide. Und beide standen in unversöhnlichem Kampf gegen Fortschritt und Naturwissenschaft wie ehedem gegen die Aufklärung und die Ideen der Französischen Revolution.

Hengstenberg insbesondere, ein kirchentreuer Diener jenes frömmelnden Königs, dem die Mission in China und die Gewinnung der heiligen Stätten in Jerusalem weit wichtiger waren als die Einlösung des Verfassungsversprechens seines Vaters oder die Überwindung der Hungersnot in den schlesischen Weberdörfern, betrieb durch seine unduldsam-reaktionäre «Evangelische Kirchen-Zeitung» planmäßig die Verdummung und schürte den Haß gegen die materialistische Weltsicht der modernen Naturforschung, deren hervorragendster Vertreter Humboldt war.

Zu den «gleisnerischen Augendienern» sind auch der Finanzminister (seit 1842) und spätere Innenminister (seit 1845) von Bodelschwingh und der Vortragende Rat im Innenministerium und spätere (seit 1850) Kultusminister Karl Otto von Raumer[1] zu rechnen. Besonders Raumer, der als einer der Hauptvertreter der orthodox-absolutistischen Reaktion den traurigen Ruhm für sich in Anspruch nehmen kann, den Zöglingen der Lehrerseminare das Lesen der Werke unserer großen Klassiker Goethe, Schiller und Lessing untersagt zu haben, hat sich Humboldts Bemühungen um die Förderung von Kunst und Wissenschaft mit allen Mitteln widersetzt. Was in der dunklen Epoche der Reaktion vor und nach 1848 in Preußen zur Pflege der Naturforschung geschah und auf die gesell-

1 Der Staatsmann Karl Otto von Raumer ist nicht zu verwechseln mit dem Historiker Friedrich Ludwig Georg von Raumer, einem Wegbereiter der bürgerlichen Geschichtsschreibung, der sich durch seine von Humboldt öffentlich begrüßte freimütig-kritische Akademie-Rede von 1847 über Friedrich II. die «Ungnade» des anwesenden Königs zuzog und daraufhin auf sein Amt als Sekretar und seine Mitgliedschaft in der Preußischen Akademie der Wissenschaften verzichtete.

schaftliche Entwicklung im fortschrittlichen Sinne einwirkte, ist – wie noch zu zeigen sein wird – weitgehend Alexander von Humboldt zu danken, der seine Freundschaft zum König und das Verständnis, dem er bei untergeordneten Beamten begegnete, in unermüdlicher Zähigkeit und mit diplomatischem Geschick zu nutzen wußte.

Dabei hatte er nicht nur gegen die Rückschrittlichkeit und Unfähigkeit der Minister Eichhorn und Raumer und gegen die Quertreibereien der Hofpartei anzukämpfen. Auch unter den Hochschullehrern besaß er nicht viele Freunde. Ein Teil der Universitätsprofessoren war neidisch auf seinen Einfluß, andere hielten den gewiß im Zwielicht stehenden Kammerherrn für einen Höfling, der bestrebt war, als Greis seinen Ruhm im Abglanz der königlichen Freundschaft zu erneuern, oder sie stießen sich an seiner mit dem Alter zunehmenden Redseligkeit.

«Seine Gegner mehren sich mit seinen Ehren, Würden und Einflüssen im Verhältnis», notierte Varnhagen. «Die Frommen hassen ihn jetzt entschieden.» Der größte Teil der Professoren wie des gebildeten Bürgertums überhaupt fügte sich in den Lauf der Dinge oder war gar peinlich darauf bedacht, «höheren Orts» keinen Anstoß zu erregen. Und die Reaktion hatte nicht nur in der Universitätstheologie ihre wissenschaftlichen Wortführer. Der 1840 von Friedrich Wilhelm IV. nach Berlin berufene Rechtsgelehrte Friedrich Julius Stahl verkündete von der Lehrkanzel eine Rechts- und Staatslehre «auf der Grundlage christlicher Weltanschauung» und übte sich in dem Versuch, das Gottesgnadentum der Könige philosophisch zu rechtfertigen. Er wurde zum ideologischen Urheber der Parteiprogramme aller monarchistischen Reaktionäre von den «Konservativen» Bismarcks bis zu den «Deutschnationalen» Hugenbergs. Was seine Wirksamkeit in den Klubs der Junker für Humboldt bedeutete, besagt Stahls fortschrittsfeindlicher Kampfruf vom Dezember 1852: «Die Wissenschaft bedarf der Umkehr!»

Was Humboldt härter traf als der Haß der Reaktion, war die Neigung der jüngeren Generation der Naturforscher zur Flucht vor der gesellschaftlichen Wirklichkeit und zum Rückzug in die Klause ihrer Gelehrsamkeit.

«Scientia amabilis», die «liebenswerte Wissenschaft», hatten die Botaniker schon zu seiner Zeit die Erforschung der Pflanzenwelt genannt, jenes Gebietes der organischen Natur, das völlig abseits der Welt der Menschen und ihrer politischen Kämpfe zu liegen schien. Nicht nur in der Dichtung, auch in der Forschung war der Versuch gemacht worden, jenseits der wirklichen eine Scheinwelt zu errichten. Humboldt selbst war dieser Versuchung begegnet und hatte ihr widerstanden. Nun mußte er am späten Abend seines Lebens erkennen, daß mit der Spezialisierung der Naturforschung der Drang zu einer «reinen» und «voraussetzungslosen» Wissenschaft einsetzte, die weder mit dem Staat und dem Volk noch sonst einer Wirklichkeit, ja nicht einmal mit der wirtschaftlichen und technischen Entwicklung etwas zu tun haben wollte, ein Drang, der eben nichts anderes war als die Flucht in eine Scheinwelt. Humboldt wußte um die Untrennbarkeit von Wissenschaft und Politik und bemühte sich, die politische Gleichgültigkeit der meisten deutschen Intellektuellen zu überwinden. In einem Gespräch mit dem jungen Historiker Friedrich Althaus bezeichnete er es geradezu als eine deutsche Aufgabe, «jene beiden Elemente, der Kultur und der Politik, ohne Nachteil beider zu verschmelzen, statt wie bisher die Politik zu vernachlässigen über Bestrebungen allgemeiner Kultur. Mehr als je muß neben der Intelligenz gepflegt werden, was der Gesinnung und der Stärke des Charakters angehört.»

Wenn sich der Greis mit diesen jugendlich-fortschrittlichen Ansichten weder beim König und seiner Regierung durchsetzte noch unter den Gelehrten ein wirksames Echo fand, so lag das gewiß auch an seinen persönlichen Schwächen. Entscheidend aber war der Widerspruch, in den das Bürgertum dadurch geraten war, daß es, durch die ökonomische Entwicklung geradezu zum Kampfe gegen die Junkerherrschaft mitsamt dem romantischen Reaktionär auf dem Königsthron gedrängt, die

Unausweichlichkeit dieses Kampfes nicht erkannte und, soweit es nicht einfach dem Befehl des Königs und den Vermahnungen der Kirche gehorchte, sich auch seinerseits in eine Scheinwelt flüchtete, die der Hoffnung auf die «Zeit», auf die «Einsicht der Mächtigen», auf das «Recht» und – man denke an den greisen Arndt – auf den «deutschen Gott». In Humboldts politischer Wirksamkeit wird noch ein anderer Widerspruch offenbar: der zwischen materialistischer Erkenntnis und idealistischer Gesinnung.

Anfang 1842 beschwor er den König in einem nur bruchstückhaft erhaltenen Brief[1]: «Sie gehören der jetzigen Welt an, und das Völkerleben kann nicht gefesselt, zum Stillstehen gebannt sein. Der Keim fortschrittlicher Entwicklung ist, auch auf göttlichem Geheiße, der Menschheit eingepflanzt. Die Weltgeschichte ist der bloße Ausdruck einer vorbestimmten Entwicklung.» Eine solche Einsicht des Naturforschers mag dem König trotz der diplomatisch geschickten Einschaltung des göttlichen Willens in den Entwicklungsprozeß absonderlich genug vorgekommen sein.

Der Anlaß dieses (übrigens erfolgreichen) Schreibens war Humboldts Ersuchen, eine dem getauften Komponisten Felix Mendelssohn-Bartholdy zugedachte Ehrung zugleich dem jüdischen Komponisten Jakob Meyerbeer zuteil werden zu lassen. Den Hintergrund bildete das «scheußliche Judengesetz», wie Humboldt die von der Reaktion vorbereitete neuerliche Einschränkung der Rechte der preußischen Staatsbürger jüdischen Glaubens bezeichnete. Als das «Gesetz über die Verhältnisse der Juden» 1847 zustande gekommen war, höhnte er in einem Brief an Bunsen vom 28. Juli 1847: «In dem Judengesetze hat uns das Kultusministerium eben gelehrt, daß Juden nicht einmal extraordinäre Professoren der Geschichte, der heidnischen griechischen Mythologie und der orientalischen Sprache sein können ... Es ist ein tragischer Zustand, wenn ein ganzes Volk in seiner geistigen Bildung hoch über der des Ministeriums steht.»

Die Argumente, die Humboldt bei diesen Auseinandersetzungen wie in seinem Kampf für die Aufhebung der Sklaverei und bei seinen zahlreichen Bemühungen um die wirtschaftliche

1 Vgl. Karl Bruhns u. a.: «Alexander von Humboldt», 2. Band, S. 287 f.

Förderung junger Gelehrter benutzte, waren überwiegend die des bürgerlichen Idealismus. Sie entstammten teils der Aufklärung, teils den «Ideen von 1789» und teils der deutschen Klassik. Je nach den Absichten, die er verfolgte, forderte er Duldsamkeit oder Vorurteilsfreiheit, Großmut oder Milde, Humanität oder Menschenrechte.

Erfolg hatte er nur in seinem unmittelbaren Anliegen, der Fürsorge für Forschung, Wissenschaft und Kunst. Er versicherte Varnhagen, in der «Ständesache», dem Verfassungskampf von 1847, vom König niemals angesprochen worden zu sein. Dem Historiker Friedrich von Raumer, der ihn von einer Reise nach Paris mit dem Hinweis zurückhalten wollte, seine Einwirkung auf den König sei wichtiger, antwortete er bitter: «Wie können Sie glauben, daß man auf einen irregulären Humoristen [einen unberechenbar-launischen Spaßmacher] überhaupt zu wirken vermöchte.» Im September 1844 beklagte er, auf einige Tage nach Sanssouci zu müssen, «wo ich leider! meinen 75. Geburtstag *erlebe.* Ich sage bloß leider, weil ich 1789 glaubte, die Welt würde einige Fragen mehr gelöst haben. Ich habe vieles gesehen, aber nach meinen Forderungen doch nur wenig.» Andererseits jedoch – auch diese Äußerung vom Dezember 1845 überlieferte Varnhagen – versicherte Humboldt, «ohne sein Hofverhältnis würde er hier nicht leben können, er würde ausgewiesen werden, so sehr haßten ihn die Ultras und Pietisten, es sei unglaublich, wie sehr man täglich den König gegen ihn einzunehmen suche; in den andern deutschen Ländern würde man ihn ebensowenig dulden, sobald er den Schutz und Schimmer seiner Stellung nicht mehr habe». Selbst dem König gegenüber verschwieg er nicht, sehr wohl zu wissen, daß es am Hofe Menschen gäbe, die ihn «gern schon unter der Säule in Tegel oder wieder jenseits des Rheines sehen möchten»[1].

Solche Äußerungen waren gewiß nicht frei von gekränkter Selbstliebe, durchaus verständlicher Verbitterung und der Einsicht, daß sein Verhältnis zum Hofe seiner unwürdig war. Er wußte um das Zwielicht und um den Widerspruch, in dem er lebte. Er war um so tiefer darin verstrickt, als er nach der

1 In einem Schreiben vom 29. März 1846. Mit der Säule in Tegel ist die «Hoffnung» von Thorwaldsen auf der Begräbnisstätte im Schloßpark gemeint.

Hingabe seines Vermögens in Schulden geraten war und des Königs als seines «Brotgebers» bedurfte. Dennoch war es nicht nur für ihn wertvoll, wenn nach seiner von Varnhagen mitgeteilten Meinung «seine Atmosphäre bisweilen zu ein paar Elendigkeiten des Wohltuns diente, ob auch in den wichtigeren, allgemeineren Verhältnissen alles gegen seine Wünsche ging».

Im Kampf gegen «stehenden trüben Urschlamm»

Zu den «paar Elendigkeiten des Wohltuns» gehörten der Bau der neuen Berliner Sternwarte (1832–1835) in der Lindenstraße, die Errichtung des Meteorologischen Instituts in Berlin (1846), die Bewilligung laufender Zuschüsse für die Universitäten Berlin und Königsberg, die Gewinnung zahlreicher Hochschullehrer, mit denen Humboldt vielfach selbst die Vorverhandlungen zur Berufung führte, die Erhöhung der Bezüge und die Ehrung ausgezeichneter Gelehrter, die Finanzierung von Forschungsreisen, eine möglichst sinnvolle Steuerung des zeitüblichen Ordenssegens und insbesondere die Ermutigung und Unterstützung des wissenschaftlichen Nachwuchses. Fügt man hinzu, daß Humboldt auch maßgeblich an der Gewinnung namhafter Künstler für Berlin beteiligt war – wie des Komponisten Felix Mendelssohn-Bartholdy und des Historienmalers Peter von Cornelius –, so erfüllte er auf dem Gebiete von Wissenschaft und Kunst Aufgaben, die denen eines Kultusministers entsprechen.

Humboldt ist denn auch als der eigentliche Kultusminister jener Epoche bezeichnet worden. Aber abgesehen davon, daß man ihn damit zugleich (von der verhängnisvollen Schul- und Kirchenpolitik ganz abgesehen) mit dem Makel der Rückschrittlichkeit in der allgemeinen preußischen Wissenschaftspolitik behaften würde, liegt das Besondere seiner Leistung gerade darin, daß er sie im ständigen diplomatischen Gefecht mit dem sprunghaften und launischen König, gegen die breite Front der vereinigten junkerlichen und kirchlichen Reaktion und gegen die amtierenden Kultus- und Finanzminister vollbracht hat.

Nirgendwo sprühte Humboldts ironischer Geist so wie in den Berichten, die er Varnhagen und Bunsen über den Klein krieg erstattete, den er seit dem Tod des ersten preußischen Kultusministers Freiherrn Karl zum Altenstein bis zu seinem Lebensende ununterbrochen und unermüdlich gegen die «Gletschertemperatur» und den «eisigen Stumpfsinn» der Ministerialbürokratie, gegen die leeren Staatskassen und die Schatulle des Königs führte. Das Geschick, mit dem er seinen Einfluß auf den König im jeweils rechten Augenblick ausübte, dynastische Interessen, die Eifersucht auf die fürstlichen Vettern in anderen deutschen und in fremden Ländern, des Königs romantische Neigungen für die Altertümer und die abenteuerliche Ferne in den Mittelpunkt der Verhandlungen spielte, ist ebenso bewundernswert wie aufschlußreich für die elenden Verhältnisse, unter denen ein betriebsamer Greis mit dem Blick für das Notwendige und Wesentliche inmitten finstersten Rückschrittes dem Fortschritt diente.

Korrekt, wie er war, ging er zunächst den amtlichen Weg. Der Wirkliche Geheime Rat von Humboldt, Exzellenz, war ein sehr häufiger Gast in den Vorzimmern der Geheimen Räte und sorgte dafür, daß seine Anliegen den Ministern vorgetragen wurden, auch wenn die hohen Herren «Mathematik, Philosophie und Dichtkunst für drei Luxusartikel» hielten. Nur was er bei den Ministern nicht durchzusetzen vermochte – und das war die Mehrzahl der Fälle –, brachte er dem König zur Kenntnis. Er hatte nur zwei Bundesgenossen. Der eine war Bunsen, an den er sich immer wieder wandte, wobei er die Schwäche des Königs für seinen gelehrten Gesandten in London weidlich ausnutzte; der andere war der Geheime Oberregierungsrat Johannes Schulze im Unterrichtsministerium, «die Lokomotive», wie ihn Humboldt nannte, ein hochverdienter, weitschauender und tüchtiger Beamter, der immer wieder Wege und, was wichtiger war, Mittel fand, um Humboldt ans Ziel zu bringen.

Bisweilen machte es Humboldt seinem «treuen Freunde» Schulze schwer und den Ministern leicht. Im vorgeschrittenen Alter gesellten sich nämlich zu der Bereitschaft, jeden zu empfehlen, der sich ihm näherte, Leichtfertigkeit im Urteil und Vergeßlichkeit. Der Historiker Friedrich von Raumer stellte einst seinen Vetter, den Kultusminister, zur Rede, warum er einen von Humboldt wärmstens befürworteten Kandidaten nicht berufen habe. Das sei ja geschehen, antwortete der Minister, freilich habe er die verfügbare Stelle nur mit einem der drei Kanditaten besetzen können, für die sich Humboldt mit gleichem Nachdruck verwandt habe. Humboldt kannte seine Schwächen und ironisierte sie. Leopold von Buch wurde wütend, als sein Freund ihm wegen der Empfehlung eines Unwürdigen Vorwürfe machte, und polterte: «Nun, wenn *Sie* über Loben klagen wollen, hört dann doch alles auf!» – «Das ist ganz etwas anderes», meinte Humboldt, «*ich* lobe *jeden.*»

Es ist verständlich, daß sich der Mann, den man als den Vater der wissenschaftlichen Reise bezeichnen könnte, in besonderem Maße für die Erforschung der Erde verwandte. Ihm vor allen ist es zu danken, wenn an der Erkundung Afrikas deutsche Reisende hervorragend beteiligt waren. Humboldt wußte nicht nur den preußischen König für solche Unternehmungen zu interessieren und zu erheblichen finanziellen Unterstützungen zu veranlassen. Wie in Zentralafrika nichts ohne die Britisch-Afrikanische Handelsgesellschaft zu unternehmen war, so war jede wissenschaftliche Erkundung in Indien ohne die Britisch-Ostindische Kompanie ausgeschlossen. Bunsen in London, der mit einer reichen Engländerin verheiratet war, verfügte über die Beziehungen, die Humboldts Namen und Empfehlung in klingende Münze oder doch in die Duldung von Expeditionen umsetzen konnten, die Preußen – von der Finanzierung ganz abgesehen – vor der Weltmacht Großbritannien weder für sich in Anspruch nehmen konnte noch wollte. Die berühmte Sahara-Durchquerung Heinrich Barths, auf der Adolf Overweg sein Leben ließ, und die Unternehmung Eduard Vogels, der ebenfalls in Afrika den Tod fand, wären ohne Humboldts unermüdliche Betriebsamkeit in Berlin und London kaum möglich gewesen.

Auch die Ägyptenforschung verdankt Humboldts Fürsorge bahnbrechende Leistungen. Bunsen hatte mit dem jungen Richard Lepsius, dem nachmaligen berühmten Ägyptologen und Schöpfer des Ägyptischen Museums in Berlin, den Plan gefaßt, ein archäologisch-historisches Werk über die ägyptischen Altertümer zu verfassen, das Humboldt als dem Altmeister der modernen Forschungsreise gewidmet werden sollte. Um die für dieses Unternehmen notwendige Expedition Lepsius' in das

Nilland «reicher auszustatten» und des jungen Forschers «Bemühungen uninteressierter, sein Urteil freier» erscheinen zu lassen, ersuchte Humboldt den Londoner Freund, das ägyptologische Quellwerk nicht ihm, sondern König Friedrich Wilhelm IV. zuzueignen. Was er beabsichtigt hatte, gelang. Des Königs Interesse erwachte und konnte durch die gemeinsamen Bemühungen Humboldts und Bunsens zur Bereitstellung der erforderlichen Geldmittel benutzt werden.

Humboldt hat auch späterhin die Mittel für die Fortführung von Lepsius' «trefflichen Arbeiten» beschafft. «Es war aber ein Kampf nötig, um das Geld zur Herausgabe zu erzwingen», schrieb er im November 1849 an Bunsen. «Bei dem Ministerium ist keine Ahnung des Gedankens, daß es für die öffentliche Stimmung nicht gleichgültig sei, wenn 5 000 Künstler darben, und verlorengeht, woran man früher aus geistigem Interesse gearbeitet.» Drei Jahre später setzte er es durch, daß der sechsundzwanzigjährige Heinrich Brugsch, dessen Name gleichfalls mit der ägyptischen Altertumswissenschaft unlösbar verbunden ist, vom König die Mittel für seine erste Ägyptenreise erhielt, nachdem Humboldt bei Friedrich Wilhelm IV. bereits Studiengelder für den unbemittelten Wachtmeisterssohn, den er selbst auch materiell gefördert hat, erwirkt hatte.

Weit kühner war ein Unternehmen, das Humboldt um so bereitwilliger und nachdrücklicher unterstützte, als es Hoffnungen erfüllte, die er jahrzehntelang vergeblich gehegt hatte. Drei junge Bayern, die Brüder Adolf, Hermann und Robert von Schlagintweit, hatten den Entschluß gefaßt, von Süden her über den Himalaja nach Innerasien vorzudringen. Humboldt, der dem König nur das «Mögliche» nahelegen konnte, veranlaßte Bunsen unter genauester Darlegung der notwendigen Mittel, Friedrich Wilhelm vom «Wirklichen» zu überzeugen und gleichzeitig für die englische Genehmigung zu sorgen.

Den vereinten Bemühungen der Freunde gelang auch die Sicherung dieses bedeutsamen Vorhabens.[1] 1854 brachen die

1 Humboldts Fürsorge für deutsche Forscher jener Epoche hat der Autor jeweils in den von ihm im Verlag der Nation herausgegebenen zwölf «Reisebänden» deutscher Forscher in den Vorbemerkungen ausführlich dargestellt (vgl. u. a. «Entdeckungen auf vier Kontinenten», «Reisen im Orient», «Jenseits des Steinernen Tores»).

drei Schlagintweits im Auftrag des preußischen Königs und der Englisch-Ostindischen Kompanie nach Indien auf. Im April 1855 näherten sich Adolf und Robert dem Himalaja, überboten am Mount Kamet in 6 770 Meter die vor einem halben Jahrhundert von ihrem nun bereits sechsundachtzigjährigen Förderer erreichte Höhe um tausendvierhundert Meter, erforschten die Quellgebiete des Ganges, Satledsch und Indus, um dann mit Hermann, der inzwischen in den östlichen Himalaja vorgedrungen war, vereint Zentralasien von Süden her zu bereisen. Hermann und Robert von Schlagintweit waren die ersten Europäer, die nach dem Himalaja auch den Kunlun überquerten. Getrennt durchzogen sie auf dem Rückweg Indien, während Adolf von Schlagintweit allein noch einmal über den Karakorum und Kunlun bis nach Chinesisch-Turkestan ging, wo er im August 1857, eindreiviertel Jahre vor Humboldts Tod, ermordet wurde.

Humboldts emsige Wirksamkeit galt aber durchaus nicht nur den Gebieten der Naturforschung, die seiner eigenen Forschungsrichtung nahelagen, und der Unterstützung solcher Gelehrter, die das weiterführten, was er selbst begonnen hatte. Er setzte sich auch für die Gewinnung von Gelehrten ein, deren Übersiedlung nach Berlin der König wünschte, auch dann, wenn ihm persönlich nur daran gelegen war, das Vertrauen des Königs und von dessen engen Beratern, wie etwa Bunsen, nicht zu verlieren. So war er, um nur ein Beispiel zu nennen, bemüht, den Naturphilosophen Friedrich Wilhelm Joseph von Schelling für Berlin zu gewinnen, was 1840 endlich auch gelang. Schelling sollte, wie Humboldt – und eben das ist bezeichnend – am 22. März 1835 an Bunsen schrieb, «in den stehenden trüben Urschlamm des hiesigen Lebens ein geistiges Prinzip, ein befruchtendes, bildendes, veredelndes bringen, das Interesse von der schalsten, ärmsten Frivolität ab auf etwas Höheres, Ernsteres hinziehen». Er, Humboldt, habe nie die Möglichkeit einer Naturphilosophie bezweifelt, schrieb der exakte Empiriker Humboldt dem Philologen Bunsen, wenn sie ihn bisher auch nicht überzeugt habe. Schellings Naturphilosophie, die dem rohen Empirismus, der nüchternen Anhäufung von Tatsachen, entgegenstünde, sei «ganz von den naturphilosophischen Träumereien verschieden, die nicht ihm, sondern mißverstandenen Lehren zugehören, aber allerdings eine Zeitlang (vor 10 bis 12 Jahren) von gründlichem speziellem Wissen abhielten, weil die Jugend wähnte, man könne eine spezielle Chemie (eine reinliche a priori, ohne sich die Hände zu benetzen), eine Astronomie ohne Meßinstrumente und Fernrohre treiben».

Ganz überzeugt war der Naturforscher gewiß nicht von der Hilfe, die ihm der Naturphilosoph bringen sollte. Als die jahrelange «Shakespearische Hexensuppe» endlich zu Ende war, wie der damalige Kronprinz Friedrich Wilhelm den wahren Eiertanz nannte, den die Minister um die Berufung Schellings aufführten, und der Vielumworbene in Berlin eintraf, fürchtete Humboldt bereits, er käme «wahrscheinlich, um hier das fünfte Weltalter[1] mumienartig zu vollenden».

Nach Proteus, jenem weissagenden Greis der Antike, der dem Prophezeiten durch eine Verwandlung in immer neue Gestalten zu entkommen suchte, nannten bereits Zeitgenossen Schellings den sich in immer neuen philosophischen Systemen offenbarenden Denker «den Proteus der Philosophie». Humboldt erkannte schnell, daß in Schelling ein weiterer Romantiker in der Residenz Friedrich Wilhelms IV. ansässig geworden war, der weit mehr Leute vom Schlage Stahls und Hengstenbergs befruchtete als die gedankliche Durchdringung des umfassenden Erfahrungsstoffes förderte, den die empirische Naturforschung für die Naturphilosophie erarbeitet hatte.

Für den Nachdruck, mit dem Humboldt gegen die Reaktion, rassische Vorurteile, geistige und materielle Enge kämpfte, wo immer es sich um die Förderung hoher Begabungen oder um Gelehrte handelte, die sich um das Volk und die deutsche Einheit verdient gemacht hatten, dürfen wohl die «klassischen Fälle» Rieß, Eisenstein und Maßmann als beste Beispiele dienen.

Peter Theophil Rieß, einem Meister des physikalischen Experimentes, der sich um die Erforschung der Elektrizität bedeutende Verdienste erworben hat, war wegen seines jüdischen Glaubens die akademische Laufbahn verschlossen. Humboldt setzte gegen alle Widerstände Rieß' Bestätigung als Mitglied

1 Eine ironische Anspielung auf Schellings Vorlesung über die Weltalter (Zeitalter).

der Akademie der Wissenschaften durch. Gotthold Eisenstein war ein mathematisches Genie, dem die Universität Breslau schon als Studenten die Würde eines Ehrendoktors zuerkannt hatte. Gauß verwandte sich bei Humboldt für den unbemittelten, bald der Schwindsucht verfallenden jungen Mann, den er mit Archimedes und Newton auf eine Stufe stellte. Jahr um Jahr bemühte sich Humboldt bei der Akademie, den Ministern, dem König um die notwendigsten Existenzmittel für Eisenstein, oft genug sprang er selbst dem in Not Geratenen mit finanziellen Hilfen bei. «Vier Monate bettelt man bei den Ministern», beklagte er sich in einem Brief an Bunsen vom 15. März 1851, «um einem von Gauß bewunderten mathematischen Talente 500 Taler wieder zu schaffen, von denen man dem Dürftigen 200 gestrichen: ich setze mich gern jeder Humiliation aus, aber ich bettle vergebens.»[1]

Hans Ferdinand Maßmann war als junger Theologiestudent mit Jahns Turnbewegung in Berührung gekommen und nach den Freiheitskriegen in der Burschenschaft und beim Wartburgfest hervorgetreten. Von der Reaktion als «Demagoge» verfolgt, hatte er als Turnlehrer ein unstetes Leben führen müssen und sich als Forscher auf dem Gebiet der altdeutschen Sprache und Literatur einen Ruf erworben. Von München, wo er die erste bayrische Turnanstalt geleitet und als Professor für altdeutsche Literatur gewirkt hatte, wurde er 1843 nach Berlin gerufen, um an den preußischen Schulen den Turnunterricht einzuführen. Sobald er jedoch versuchte, das Turnen im Sinne Jahns zu einer allgemeinen Volksbewegung zu entfalten, regte sich der Widerstand der Reaktion. Mit allen Mitteln der politischen Verdächtigung und Verleumdung unternahm man es, seine Berufung an die Universität zu hintertreiben.

Wiederum war es Humboldt, der 1846 die Ernennung Maßmanns zum Professor der altdeutschen Sprache und Literatur durchsetzte, ohne freilich 1851 seine Dienstentlassung verhindern zu können. In einem Schreiben vom 29. März 1846 an

1 Sehr eingehend berichtet Kurt-R. Biermann «Über die Förderung deutscher Mathematiker durch Alexander von Humboldt» in: «Alexander von Humboldt. Gedenkschrift zur 100. Wiederkehr seines Todestages» (herausgegeben von der Alexander-von-Humboldt-Kommission der Deutschen Akademie der Wissenschaften zu Berlin, Berlin 1959), S. 83–159.

den König, das diesen veranlaßte, dem Minister die Einleitung der Berufungsverhandlungen zu befehlen, betonte Humboldt, daß er von Maßmann «einen herrlichen Eindruck von Gediegenheit, Klarheit der Ideen, begeisterter Kraft in Wirkung auf die Jugend (das *unzerstörbare,* uralte, sich immer erneuernde Institut der Menschheit)» empfangen habe. «Sich fürchten vor jeder begeisternden Kraft», fuhr er fort, «heißt dem Staatenleben die nährende, erhaltende Kraft nehmen ... Wir leben nicht in einer trüben, aber in einer ernsten Zeit. Alles Wirken und Handeln wird gehemmt, wenn durch Verdächtigung man sich der besten Kräfte beraubt.»

Kanzler des Ordens «Pour le mérite»

Friedrich Wilhelm IV. hatte es sich in den Kopf gesetzt, innerhalb des von Friedrich II. im Jahre 1740 geschaffenen Ordens Pour le mérite[1] eine «Friedensklasse» zu stiften, durch die hervorragende Wissenschaftler und Künstler ausgezeichnet werden sollten. Alexander von Humboldt wurde 1842 zum ersten Kanzler des Ordens ernannt. Das war gewiß eine Ehrung, die ihm zustand, wenngleich er die zahlreichen Orden, mit denen er im Laufe seines langen Lebens bedacht worden war, nur trug, wenn er es nicht vermeiden konnte, und in einem Brief an Varnhagen darüber spottete, daß «Glasknöpfe, Pfauenfedern und Bänder die Menschen aufregen».

Andererseits schmeichelte diese Ernennung seiner Eitelkeit, und sie eröffnete ihm zugleich die Möglichkeit, darauf hinzuwirken, daß um Forschung und Kunst verdiente Männer die ihnen gebührende öffentliche Anerkennung erhielten. Die Zahl der Ritter war auf dreißig Deutsche und höchstens dreißig Ausländer beschränkt. Die ersten Ritter wurden vom König ernannt. Die späteren Ritter «deutscher Nation» wurden nach dem Tode eines Ordensträgers von den Rittern gewählt. Die

1 Man erinnert sich Goethes bissiger Bemerkung, Friedrich II. sei «ein geistiger Vasall Voltaires», weil der «große» Preußenkönig selbst in der Bezeichnung des Ordens seiner Kriegshelden die verachtete deutsche Muttersprache vermied und statt der Worte «Für das Verdienst» ihre französische Übersetzung wählte.

ausländischen Kandidaten, die verstorbene Träger des Ordens ersetzen sollten, wurden von der Preußischen Akademie der Wissenschaften bzw. von der Akademie der Künste vorgeschlagen. In jedem Fall war vor der Wahl die Bestätigung durch den König erforderlich. Bei der ersten Auswahl der der «Friedensklasse» für würdig Befundenen wirkte der König entscheidend mit. Humboldt als Kanzler hingegen hatte «die Freude, rohen Beschuldigungen der Nichtgeladenen oder vom Bankett Vertriebenen ausgesetzt zu sein».

Die Einrichtung erregte die gelehrten Gemüter in ganz Deutschland, und das nicht nur aus Gründen menschlicher Eitelkeit und Scheelsucht. Humboldt selbst bezeichnete es bei späteren Ergänzungswahlen wiederholt als «Unverstand..., daß man Astronomen durch Bildhauer und Maler durch Geologen wählen lasse und das eine freisinnige Institution nenne». Das war aber nicht der Grund dafür, daß er durch einen umfangreichen, bisweilen witzig-satirischen Briefwechsel die Stimmenabgabe bei der Zuwahl neuer Ritter nach seinen Absichten beeinflußte. Er kämpfte vielmehr unentwegt gegen die Launen des Königs, der beispielsweise den Erzreaktionär Metternich gegen Humboldts Einspruch in die «Friedensklasse» berief. Humboldts ehrlicher Wille, nicht eine preußische, sondern eine dem französischen Vorbild entsprechende öffentliche Auszeichnung der besten deutschen und ausländischen Kräfte in Kunst und Wissenschaft zu erreichen, begegnete dem Spott der Selbstgerechten, aber auch dem durchaus berechtigten Widerstand solcher Patrioten und fortschrittlichen Geister, die den romantischen Reaktionär auf dem preußischen Königsthron nicht für den geeigneten Schirmherrn von Kunst und Wissenschaft hielten und ihn als Stifter eines solchen Ordens ablehnten.

Kennzeichnend für die selbstgefällige Überheblichkeit namhafter Vertreter der im wissenschaftlichen Leben noch immer vorherrschenden philosophischen Disziplinen gegenüber den Naturforschern ist das Verhalten Schellings anläßlich des Vorschlages Humboldts, Liebig in die Friedensklasse zu wählen. Schelling war zunächst einverstanden, zog dann aber seine Zustimmung zurück, «weil sein Schwiegersohn, Landwirt, sich über Liebigs stinkenden und ganz unwirksamen künstlichen

Guano beschwerte». Wenn beispielsweise einer der Söhne Johann Gottfried Schadows, der 1843 geadelte Direktor der Düsseldorfer Kunstakademie Friedrich Wilhelm Schadow, bei seiner Zuwahl den Kanzler kurzerhand um die «Parole» bat, so mag man darin persönliche Verehrung für Humboldt, Spott, Gleichgültigkeit, Verständnislosigkeit oder Kritik der Unzulänglichkeit der Einrichtung sehen. Jeder dieser Gründe für ein solches Verhalten wäre allein stichhaltig. Die Widersprüchlichkeit des Verhältnisses, in die der in seiner Gesinnung demokratische Humboldt durch seine Stellung am Königshof zu den selbstbewußten, keinem Kompromiß mit der Reaktion geneigten Kreisen des Bürgertums geraten war, offenbarte sich in der eindeutigen Begründung, mit der der demokratische und patriotische Dichter Ludwig Uhland die Annahme des Ordens Pour le mérite ablehnte.

Der «Hofdemokrat» Humboldt hatte im Herbst 1853 die Wahl des Volksmannes und Abgeordneten der deutschen Nationalversammlung gegen die Widerstände der Reaktion durchgesetzt und eben die Bestätigung der Wahl durch den König in Händen, als ihm Uhland mitteilte, Überzeugungen, die ihn im Leben und im Liede geleitet hätten, stünden dem im Wege. Der beabsichtigte «Gunsterweis», hieß es in dem mannhaften Schreiben vom 2. Dezember 1853, «verpflichtet mich, jetzt schon rückhaltig zu sagen, daß ich mit literarischen und politischen Grundsätzen, die ich nicht zur Schau trage, aber auch niemals verleugnet habe, in unlösbaren Widerspruch geraten würde, wenn ich in die mir zugedachte, zugleich mit einer Standeserhöhung verbundene Ehrenstelle eintreten wollte. Dieser Widerspruch wäre um so schneidender, als nach dem Schiffbruch nationaler Hoffnungen, auf dessen Planken auch ich geschwommen bin, es mir nicht gut anstände, mit Ehrenzeichen geschmückt zu sein, während solche, mit denen ich in vielem und Wichtigem zusammengegangen bin, weil sie in der letzten Zerrüttung weiterschritten, dem Verlust der Heimat, Freiheit und bürgerlicher Ehre, selbst dem Todesurteil verfallen sind», obwohl sie in einer «allgemeinen, nicht lediglich aus kecker Willkür, sondern wesentlich aus den geschichtlichen Zuständen des Vaterlandes hervorgegangenen Bewegung durchaus den einzig richtigen Weg verfolgt» hätten.

Den Dichter Alessandro Manzoni, einen leidenschaftlichen Parteigänger der italienischen Einigungsbewegung, hatte Humboldt zumindest bewegen können, den unerwünschten Orden dem preußischen König nicht kurzerhand zurückzuschicken; der Schwabe Uhland beharrte auf seinem Standpunkt, trotz aller Beteuerungen und Beschwörungen Humboldts, der dadurch in «ein Labyrinth von Verlegenheiten» geriet. In diesem wie in zahlreichen anderen Fällen suchte sich Humboldt bald durch Spott und Hohn, bald durch diplomatische Geschäftigkeit über die Einsicht hinwegzutäuschen, daß der Orden Pour le mérite, dem er erstaunlich viel Zeit und Mühe opferte, kein geeignetes Mittel war, bedeutende Leistungen in Kunst und Wissenschaft vor der deutschen und internationalen Öffentlichkeit zur Geltung zu bringen. Darum aber ging es ihm. Zwischen den «albernen Orden und der Intelligenz» bestünde «etwas Unberechenbares, d. h. Unvernünftiges», meinte Humboldt einmal. Und in diesem Zustande der Unvernunft würde gelegentlich auch die «Belebung des Enthusiasmus für die Wissenschaft» wirksam.

Auch in der Hofluft war Humboldts Blick nüchtern geblieben. Aber er sah nur einen Teil der Lebenswirklichkeit, den Teil nämlich, in dem er lebte und den er im achten und neunten Jahrzehnt seines Lebens im wesentlichen nur noch wie ein Schauspiel an sich vorbeiziehen ließ. Immer bissiger wurden seine Glossen über das Tändeln in der gelehrten Zunft, immer verächtlicher seine Randbemerkungen über die Liebediener, Schmarotzer und Günstlinge am Hof, immer vernichtender die Kritik an den Vertretern der Staatsform, zu der er sich nach wie vor bekannte. Um nur ein Beispiel anzuführen: In einem Brief an Varnhagen vom 24. Juni 1842 erboste er sich über eine Reihe reaktionärer Maßnahmen der Regierung, um dann fortzufahren: «Dazu der heitere Anblick von vier Kronprinzen und Thronfolgern, einem lendenlahmen blassen, einem versoffenen Isländer, einem blinden politisch-wütigen, einem eigensinnigen geisteslahmen – das ist die künftige monarchische Welt.»

Das jenseits dieses Bruchteiles der Lebenswirklichkeit tätig schaffende Volk, die kleinen Bürger, die Handwerker, die Arbeiter in der Königlichen Eisengießerei, in der Papierfabrik in der Mühlenstraße, in der Baumwollweberei, in Cockerills

Fabrik, dieses tätig schaffende Volk, unter dem er nicht lebte, bekannte sich gerade in diesen Jahren zu dem großen Forscher und volkstümlichen Schriftsteller Alexander von Humboldt, der das Naturwissen seiner Zeit in gemeinverständlicher Form jedermann zugänglich machte und dem Volk damit eine Macht in die Hand gab.

Der erste Band des «Kosmos, Entwurf einer physischen Weltbeschreibung» erschien 1845.[1] Humboldt hatte damals bereits drei Vierteljahrhunderte durchmessen.

«Das Werk seines Lebens»

Aus der Vorrede zum ersten Band des «Kosmos»

«Ich übergebe am späten Abend eines vielbewegten Lebens dem deutschen Publikum ein Werk, dessen Bild in unbestimmten Umrissen mir fast ein halbes Jahrhundert lang vor der Seele schwebte. In manchen Stimmungen habe ich dieses Werk für unausführbar gehalten und bin, wenn ich es aufgegeben, wieder, vielleicht unvorsichtig, zu demselben zurückgekehrt. Ich widme es meinen Zeitgenossen mit der Schüchternheit, die ein gerechtes Mißtrauen in das Maß meiner Kräfte mir einflößen muß. Ich suche zu vergessen, daß lange erwartete Schriften gewöhnlich sich minderer Nachsicht zu erfreuen haben.

Wenn durch äußere Lebensverhältnisse und durch einen unwiderstehlichen Drang nach verschiedenartigem Wissen ich veranlaßt worden bin, mich mehrere Jahre und scheinbar ausschließlich mit einzelnen Disziplinen, mit beschreibender Botanik, mit Geognosie, Chemie, astronomischen Ortsbestimmun-

1 Humboldt hatte zunächst geglaubt, das gewaltige Vorhaben in zwei Bänden ausführen zu können. Das Werk wuchs unter seinen Händen. Vier Bände wurden fertig, sie erschienen bei Cotta in Stuttgart 1845, 1847, 1850 und 1858. Bruchstücke des 5. Bandes mit einem Register gab der auch um Wilhelm von Humboldts Nachlaß verdiente Sprachwissenschaftler Eduard Buschmann im Jahre 1862 heraus. Der Freiberger Geologe Bernhard von Cotta schrieb die Einleitung zur vierbändigen Jubiläumsausgabe, die aus Anlaß der 100. Wiederkehr des Geburtstages Humboldts erschien.

gen und Erdmagnetismus als Vorbereitung zu einer großen Reiseexpedition zu beschäftigen, so war doch immer der eigentliche Zweck des Erlernens ein höherer. Was mir den Hauptantrieb gewährte, war das Bestreben, die Erscheinung der körperlichen Dinge in ihrem allgemeinen Zusammenhang, die Natur als ein durch innere Kräfte bewegtes und belebtes Ganzes aufzufassen. Ich war durch den Umgang mit hochbegabten Männern früh zu der Einsicht gelangt, daß ohne den Hang nach der ernsten Kenntnis des einzelnen alle große und allgemeine Weltanschauung nur ein Luftgebilde sein könne. Es sind aber die Einzelheiten im Naturwissen ihrem inneren Wesen nach fähig, wie durch eine aneignende Kraft sich gegenseitig zu befruchten. Die beschreibende Botanik, nicht mehr in den engen Kreis der Bestimmung von Geschlechtern und Arten festgebannt, führt den Beobachter, welcher ferne Länder und hohe Gebirge durchwandert, zu der Lehre von der geographischen Verteilung der Pflanzen über den Erdboden nach Maßgabe der Entfernung vom Äquator und der senkrechten Erhöhung des Standortes. Um nun wiederum die verwickelten Ursachen dieser Verteilung aufzuklären, müssen die Gesetze der Temperaturverschiedenheit der Klimate wie der meteorologischen Prozesse im Luftkreise erspäht werden. So führt den wißbegierigen Beobachter jede Klasse von Erscheinungen zu einer anderen, durch welche sie begründet wird oder die von ihr abhängt.

Es ist mir ein Glück geworden, das wenige wissenschaftliche Reisende in gleichem Maße mit mir geteilt haben: das Glück, nicht bloß Küstenländer, wie auf den Erdumsegelungen, sondern das Innere zweier Kontinente in weiten Räumen, und zwar da zu sehen, wo diese Räume die auffallendsten Kontraste der alpinischen Tropenlandschaft von Südamerika mit der öden Steppennatur des nördlichen Asiens darbieten. Solche Unternehmungen mußten, bei der eben geschilderten Richtung meiner Bestrebungen, zu allgemeinen Ansichten aufmuntern, sie mußten den Mut beleben, unsere dermalige Kenntnis der siderischen und tellurischen Erscheinungen des Kosmos in ihrem empirischen Zusammenhang in einem einzigen Werk abzuhandeln. Der bisher unbestimmt aufgefaßte Begriff einer *physischen Erdbeschreibung* ging so durch erweiterte Betrachtung, ja nach einem vielleicht allzu kühnen Plane, durch das Umfassen alles Geschaffenen im Erd- und Himmelsraume in den Begriff einer *physischen Weltbeschreibung* über.

Bei der reichen Fülle des Materials, welcher der ordnende Geist beherrschen soll, ist die Form eines solchen Werkes, wenn es sich irgendeines literarischen Vorzuges erfreuen soll, von großer Schwierigkeit. Den Naturschilderungen darf nicht der Hauch des Lebens entzogen werden, und doch erzeugt das Aneinanderreihen bloß allgemeiner Resultate einen ebenso ermüdenden Eindruck als die Anhäufung zu vieler Einzelheiten der Beobachtung. Ich darf mir nicht schmeicheln, so verschiedenartigen Bedürfnissen der Komposition genügt, Klippen vermieden zu haben, die ich nur zu bezeichnen verstehe. Eine schwache Hoffnung gründet sich auf die besondere Nachsicht, welche das deutsche Publikum einer kleinen Schrift, die ich unter dem Titel *Ansichten der Natur* gleich nach meiner Rückkunft aus Mexiko veröffentlicht, lange Zeit geschenkt hat. Diese Schrift behandelte einzelne Teile des Erdelebens (Pflanzengestaltung, Grasfluren und Wüsten) unter generellen Beziehungen. Sie hat mehr durch das gewirkt, was sie in empfänglichen, mit Phantasie begabten jungen Gemütern erweckt hat, als durch das, was sie geben konnte. In dem *Kosmos*, an welchem ich jetzt arbeite, wie in den *Ansichten der Natur* habe ich zu zeigen gesucht, daß eine gewisse Gründlichkeit in der Behandlung der einzelnen Tatsachen nicht unbedingt Farbenlosigkeit in der Darstellung erheischt. Da öffentliche Vorträge ein leichtes und entscheidendes Mittel darbieten, um die gute oder schlechte Verkettung einzelner Teile einer Lehre zu prüfen, so habe ich viele Monate lang zuerst zu Paris in französischer Sprache und später zu Berlin in unserer vaterländischen Sprache fast gleichzeitig in der großen Halle der Singakademie und in einem der Hörsäle der Universität Vorlesungen über die *physische Weltbeschreibung*, wie ich die Wissenschaft aufgefaßt, gehalten. Bei freier Rede habe ich in Frankreich und Deutschland nichts über meine Vorträge schriftlich aufgezeichnet. Auch die Hefte, welche durch den Fleiß aufmerksamer Zuhörer entstanden sind, blieben mir unbekannt und wurden daher bei dem jetzt erscheinenden Buche auf keine Weise benutzt. Die ersten vierzig Seiten des ersten Bandes abgerechnet, ist alles von mir in den

Jahren 1843 und 1844 zum ersten Male niedergeschrieben. Wo der jetzige Zustand des Beobachteten und der Meinungen (die zunehmende Fülle des ersteren ruft unwiederbringlich Veränderungen in den letzteren hervor) geschildert werden soll, gewinnt, glaube ich, diese Schilderung an Einheit, an Frische und innerem Leben, wenn sie an eine bestimmte Epoche geknüpft ist...

Der erste Band meines Werkes enthält: Einleitende Betrachtungen über die Verschiedenartigkeit des Naturgenusses und die Ergründung der Weltgesetze, Begrenzung und wissenschaftliche Behandlung der physischen Weltbeschreibung; ein allgemeines Naturgemälde als Übersicht der Erscheinungen im Kosmos. Indem das allgemeine Naturgemälde von den fernsten Nebelflecken und kreisenden Doppelsternen des Weltraums zu den tellurischen Erscheinungen der Geographie der Organismen (Pflanzen, Tiere und Menschenrassen) herabsteigt, enthält es schon das, was ich als das Wichtigste und Wesentlichste meines ganzen Unternehmens betrachte: die innere Verkettung des Allgemeinen mit dem Besonderen, den Geist der Behandlung in Auswahl der Erfahrungssätze, in Form und Stil der Komposition. Die beiden nachfolgenden Bände sollen die *Anregungsmittel zum Naturstudium* (durch Belebung von Naturschilderungen, durch Landschaftsmalerei und durch Gruppierung exotischer Pflanzengestalten in Treibhäusern), die *Geschichte der Weltanschauung,* d. h. der allmählichen Auffassung des Begriffes von dem Zusammenwirken der Kräfte in einem Naturganzen, und das *Spezielle* der *einzelnen Disziplinen* enthalten, deren gegenseitige Verbindung in dem *Naturgemälde* des ersten Bandes angedeutet worden ist...

Von der in einem friedlichen Werke so gefahrvoll zu behandelnden Geschichte der ersten Entdeckungen wie von vielbestrittenen Prioritätsrechten ist in den Anmerkungen selten die Rede. Wenn ich bisweilen des klassischen Altertums und der glücklichen Übergangsperiode des durch große geographische Entdeckungen wichtig gewordenen fünfzehnten und sechzehnten Jahrhunderts erwähnt habe, so ist es nur geschehen, weil in dem Bereich allgemeiner Ansichten der Natur es dem Menschen ein Bedürfnis ist, sich von Zeit zu Zeit dem Kreise streng dogmatisierender moderner Meinungen zu entziehen und sich in das freie, phantasiereiche Gebiet älterer Ahnungen zu versenken.

Man hat es oft eine nicht erfreuliche Betrachtung genannt, daß, indem rein literarische Geistesprodukte gewurzelt sind in den Tiefen der Gefühle und der schöpferischen Einbildungskraft, alles, was mit der Empirie, mit Ergründung von Naturerscheinungen und physischer Gesetze zusammenhängt, in wenigen Jahrzehnten, bei zunehmender Schärfe der Instrumente und allmählicher Erweiterung des Horizontes der Beobachtung, eine andere Gestaltung annimmt; ja daß, wie man sich auszudrücken pflegt, veraltete naturwissenschaftliche Schriften als unlesbar der Vergessenheit übergeben sind. Wer von einer echten Liebe zum Naturstudium und von der erhabenen Würde desselben beseelt ist, kann durch nichts entmutigt werden, was an eine künftige Vervollkommnung des menschlichen Wissens erinnert. Viele und wichtige Teile dieses Wissens, in den Erscheinungen der Himmelsräume wie in den tellurischen Verhältnissen, haben bereits eine feste, schwer zu erschütternde Grundlage erlangt. In anderen Teilen werden allgemeine Gesetze an die Stelle der partikulären treten, neue Kräfte ergründet, für einfach gehaltene Stoffe vermehrt oder zergliedert werden. Ein Versuch, die Natur lebendig und in ihrer erhabenen Größe zu schildern, in dem wellenartig wiederkehrenden Wechsel physischer Veränderlichkeit das Beharrliche aufzuspüren, wird daher auch in späteren Zeiten nicht ganz unbeachtet bleiben.

Potsdam, im November 1844.»

Humboldts «Kosmos» – «ein gewaltiger Anstoß»

Fast ein halbes Jahrhundert habe er «in unbestimmten Umrissen» das Bild des Werkes vor sich gesehen, das er am späten Abend eines vielbewegten Lebens dem deutschen Publikum übergebe, schrieb Humboldt im November 1844 in der Vorrede zum ersten Band des «Kosmos». Fast genau zehn Jahre früher, am 24. Oktober 1834, las Varnhagen in einem Briefe Humboldts: «Ich fange den Druck meines Werkes (des Werkes meines Lebens) an. Ich habe den tollen Einfall, die ganze materielle Welt, alles, was wir heute von den Erscheinungen der Himmelsräume und des Erdenlebens, von den Nebelsternen bis zur Geographie der Moose auf den Granitfelsen wissen, alles in Einem Werke darzustellen, und in einem Werke, das zugleich in lebendiger Sprache anregt und das Gemüt ergötzt. Jede große und wichtige Idee, die irgendwo aufgeglimmt, muß neben den Tatsachen hier verzeichnet sein. Es muß eine Epoche der geistigen Entwicklung der Menschheit (in ihrem Wissen der Natur) darstellen.»

Was der Naturforscher in drei Weltteilen erfahren und gesehen, was er sich in seinem langen Leben aus zwei Jahrtausenden menschlicher Naturbetrachtung kritisch angeeignet hatte, was in seinem Zeitalter über den Kosmos, «mit einem Schlagwort: *Himmel und Erde*», das «Weltganze», erfahrungsmäßig für die Wissenschaft gesichert war oder spekulativ erdacht wurde – das sollte in der Fülle seiner Einzelheiten zusammengetragen, gesichtet und verarbeitet werden mit dem doppelten Ziel: einer naturwissenschaftlichen Gesamtschau des Weltganzen und einer unmittelbaren Wirkung «auf die Massen».

Mag es Humboldt in erster Linie darum gegangen sein, die Ernte seines Lebens einzubringen und ein Vermächtnis zu hinterlassen, das die Zeit überdauerte – das ist das Recht eines Mannes, dessen Heimkehr nach Europa der Geograph Karl Ritter, da sie sich im August 1844 zum vierzigsten Mal jährte, als einen «Wendepunkt in der Geschichte der Wissenschaften, der Kulturgeschichte» rühmte. Wahrhaftiger als diese dem Zeitalter entsprechende und dem Selbstbewußtsein des Gefeierten schmeichelnde Wendung ist die Feststellung Ritters: «Die verwirrende Zufälligkeit des Daseins der Dinge und ihre unseligen Vereinzelungen verschwanden, und es trat ein vorher kaum geahnter Kausalzusammenhang der Erscheinungen des Erdorganismus hervor, der alle Zweige der Wissenschaft und der Spekulation zu einem höhern Selbstbewußtsein erhob, der alle Kulturvölker des Planeten über die Mitgift ihrer Heimat belehrte und durch sie an Gütern und Ideen vielfach bereicherte.»

Ritter hatte Humboldts epochale Leistung für die Entwicklung der Wissenschaft im Auge; sie war epochal, weil sie die exakten Naturwissenschaften aus ihrer Aschenbrödellage befreite, gleichsam ihre Gleichberechtigung neben der Philosophie und der neuerlich wieder einflußreichen Theologie sicherte und das zersplitterte Einzelwissen der naturwissenschaftlichen Disziplinen zu einer Erkenntniseinheit zusammenfaßte.

Humboldt wußte, daß seine Leistung mehr als eine nur wissenschaftliche Bedeutung hatte. Mit seinem naturwissenschaftlichen Weltbild zerstörte er den Mythos der biblischen Schöpfungsgeschichte; seine empirisch-kritische Weltanschauung rüttelte an einem der stärksten Fundamente der Reaktion. Der «Kosmos» war eine Tat des gesellschaftlichen Fortschrittes, weil er die Macht des Wissens um die Kausalzusammenhänge in der Natur unmittelbar in das Volk trug.

Bereits zum 100. Geburtstag Alexander von Humboldts konnte Bernhard von Cotta feststellen, daß der «Kosmos» nach der Bibel das meistgelesene Buch sei. Der 1845 erschienene erste Band war schon ein Jahr später ins Englische, Dänische, Italienische und Niederländische, ein weiteres Jahr darauf ins Französische und noch ein Jahr später ins Russische übersetzt worden. Auf 800 000 Exemplare schätzte Humboldt bereits 1851 die Gesamtauflage des «Werkes seines Lebens». Und wenn er auch von dem Erfolg seines Buches überrascht war, so hatte er doch die Wirkung auf das Volk erhofft. «Was mich auf das lebhafteste interessiert», schrieb er bei dem Erscheinen des ersten Bandes seinem Verleger Johann Georg von Cotta, «ist der Effekt auf die Massen.»

Bedeutung und Wirkung des «Kosmos» lagen und liegen nicht in der ungewöhnlichen Fülle der Einzelheiten aus den verschiedensten Gebieten der Naturwissenschaften; die Forschung hat im seither vergangenen Jahrhundert das stoffliche Wissen vervielfacht, sie hat manche Ansicht Humboldts berichtigt und ist über andere hinausgelangt. Bedeutung und Wirkung des «Kosmos» beruhen vielmehr auf der Gesamtschau der Natur, der Ordnung und Zusammenfassung der zerstreuten Beobachtungen und Erfahrungen.

Die Naturwissenschaftler vor Humboldt betrachteten bei organischen wie bei anorganischen Körpern die Teile des Ganzen, sie untersuchten die Merkmale, sezierten gleichsam den Leichnam eines Lebewesens. Dem Naturforscher Goethe ging es bereits nicht so sehr darum, «Neues zu entdecken, sondern ... das Entdeckte nach meiner Art anzusehen». Er schaute das einzelne als Teil eines großen Ganzen an, und dieses

Ganze war die Natur, insonderheit die lebende Natur. «Anschauende Urteilskraft» überschrieb er den Aufsatz, in dem er seine intuitive Geistesrichtung als das Bestreben kennzeichnete, «daß wir uns durch das Anschauen einer immer schaffenden Natur zur geistigen Teilnahme an ihren Produktionen würdig machten». Goethe und Humboldt war die Anschauung der Natur als etwas Ganzem gemeinsam; was sie in der Art und Weise ihrer Beobachtungen und Betrachtungen trennte, ist von uns bereits erörtert worden.

Goethe war Künstler, seine Naturanschauung war ihm zugleich ein ästhetisches Bedürfnis. Humboldt war Naturforscher, doch er versuchte, das Typische der exotischen Natur in «Naturansichten», in Landschaftsgemälden anschaulich zu machen; er wollte nicht nur den Wissensdurst befriedigen, sondern auch eine unmittelbare Vorstellung der dem Leser unbekannten Wirklichkeit vermitteln und auf das «Gemüt» wirken. Sehr eingehend befaßte er sich im zweiten Band des «Kosmos» mit der dichterischen Naturbeschreibung und der Landschaftsmalerei – Richtungen in der Literatur und der Kunst, die damals bahnbrechend auf die realistische Anschauung von Natur, Leben und Welt wirkten.

Humboldt sah die dichterische Naturbeschreibung und die Landschaftsmalerei nicht mit dem Blick eines Kunstrichters, sondern mit dem des Naturforschers, der sein Auge an der Ästhetik der Klassik geschult hatte und bemüht war, das «Wahre», das heißt das Wesentliche, auszusagen in seinen eigenen Worten: «Die Einheit in der Vielheit.» Es genügte ihm nicht, Einzelheiten nüchtern-wissenschaftlich aneinanderzureihen und aus dem Vergleich der Erfahrungen allgemeine Schlüsse zu ziehen. Er suchte nach einer literarischen Form, er wollte erkannte Kausalzusammenhänge anschaulich darstellen. Varnhagen, der sich an Goethes Vorbild zu einem meisterhaften Stilisten entwickelt hatte, diente ihm als «Richter des guten Geschmacks». Nicht zuletzt Varnhagen ist der «klassische» Stil des «Kosmos» zu danken.

Humboldt allein aber kommt das Verdienst zu, in der Epoche, in der die für den Fortschritt der Wissenschaft unerläßliche Arbeitsteilung der Forschung bereits zum zusammenhanglosen Nebeneinander der einzelnen Disziplinen geführt hatte, das damalige Wissen von der Natur gesammelt und gesichtet, gemeinverständlich dargestellt und eine «Totalität der Naturanschauung», ein naturwissenschaftliches Weltbild, dem religiös-mythischen Weltbild, das Schule und Kirche, Staat und bürgerliches Leben beherrschte, gegenübergestellt zu haben.

«Die Natur ist für die denkende Betrachtung Einheit in der Vielheit, Verbindung des Mannigfaltigen in Form und Mischung, Inbegriff der Naturdinge und Naturkräfte als ein lebendiges Ganzes», heißt es im 1. Band des «Kosmos».[1] «Das wichtigste Resultat des sinnigen physischen Forschens ist daher dieses: in der Mannigfaltigkeit die Einheit zu erkennen, von dem Individuellen alles zu umfassen, was die Entdeckungen der letzteren Zeitalter uns darbieten, die Einzelheiten prüfend zu sondern und doch nicht ihrer Masse zu unterliegen, der erhabenen Bestimmung des Menschen eingedenk den Geist der Natur zu ergreifen, welcher unter der Decke der Erscheinungen verhüllt liegt. Auf diesem Wege reicht unser Bestreben über die enge Grenze der Sinnenwelt hinaus, und es kann uns gelingen, die Natur begreifend, den rohen Stoff empirischer Anschauung gleichsam durch Ideen zu beherrschen.»

«Idee» war für Humboldt kein «höherer Begriff», von dem das einzelne abgezogen wird. In seinen Betrachtungen sei «nicht die Rede von Einheit durch Ableitung aus wenigen, von der Vernunft gegebenen Grundprinzipien». Ohne ausdrücklich gegen die Naturphilosophie Schellings Stellung zu nehmen, verwahrte er sich sehr eindeutig gegen die Versuche einer spekulativen Weltdeutung. Es ginge darum, «die Welterscheinungen als ein Naturganzes aufzufassen; zu zeigen, wie in einzelnen Gruppen dieser Erscheinungen die ihnen gemeinsamen Bedingnisse, das ist das Walten großer Gesetze, erkannt worden sind; wie man von den Gesetzen zu der Erforschung ihres ursächlichen Zusammenhanges aufsteigt». Dann aber folgt der Satz: «Ein solcher Drang nach dem Verstehen des Weltplanes, d. h. der Naturordnung, beginnt mit Verallgemeinerung des Besonderen, mit Erkenntnis der Bedingungen, unter denen die physischen Veränderungen sich gleichmäßig wiederkehrend offenbaren; er leitet zu der denkenden Betrachtung dessen, was die Empirie uns darbietet, nicht aber zu einer Weltansicht

1 Jubiläumsausgabe, Band 1, S. 4 f.

durch Spekulation und alleinige Gedankenentwicklung, nicht zu einer absoluten Einheitslehre in Absonderung von der Erfahrung.»

Das Nahziel der «Erfahrungswissenschaft» Humboldts war die Erforschung der Kausalgesetze, das Fernziel aber der «Drang nach dem Verstehen des Weltplans», den er mit der «Naturordnung» gleichsetzte. Nur das Nahziel lag im Bereich der objektiven Forschung. Wo die Erfahrung aufhörte, begann die «Idee», die spekulative Unterstellung eines Weltplanes, eines ordnenden und gesetzgeberischen Willens in der Natur.

Die Frage nach dem Willensträger des Weltplanes ließ Humboldt offen. Der Streit darum, ob Humboldt Atheist, also Gottesleugner, oder «nur» Pantheist war, das heißt die Meinung vertrat, Gott und die Welt seien eins, ist im Grunde müßig. Die Tatsache, daß er nicht Christ war, genügte der kirchlichen Reaktion, den Verfasser des «Kosmos» «des Voltairianismus, Leugnens aller Offenbarung, Komplotts mit Marheineke, Bruno Bauer, Feuerbach[1] schuldig» zu erkennen (Humboldt an Varnhagen am 3. Juni 1845).

Feuerbach, dessen atheistische Abhandlungen (besonders «Das Wesen des Christentums», 1841) ungewöhnliches Aufsehen erregten – «Wir waren alle momentan Feuerbachianer», schrieb Engels –, hatte in seiner fast gleichzeitig mit dem ersten Band des «Kosmos» erscheinenden Schrift «Das Wesen der Religion» «die Verwandlung und Auflösung der Theologie in die Anthropologie», in die Naturgeschichte und Wissenschaft vom Menschen, als «die Aufgabe der neueren Zeit» bezeichnet. An die Stelle des reinen Denkens setzte er die «überschwengliche Vergötterung der Liebe» und verkündete den «wahren Sozialismus», nach Engels eine «belletristische Phrase», die statt

1 Philipp Konrad Marheineke, seit 1811 Prediger an der Dreifaltigkeitskirche und Professor an der Universität Berlin, gehörte zu den «rechten», den konservativen Hegelianern, die Autokratie, Feudalismus und Orthodoxie im Sinne des «Machtstaates» stützten. Auch Hegels Schüler Bruno ging einen ähnlichen Weg, während sich Ludwig Feuerbach von Hegel lossagte. Seine philosophische Grundanschauung, nach der auch der Geist Erzeugnis der Materie ist, war materialistisch; seine religionsphilosophische Lehre war idealistisch. Näheres in Friedrich Engels' Schrift: «Ludwig Feuerbach und der Ausgang der klassischen deutschen Philosophie» (1888), der auch die Zitate entstammen.

der Emanzipation des Proletariats durch die ökonomische Umgestaltung der Produktion die Befreiung der Menschheit durch die «Liebe» verkündete. Obwohl Feuerbach «aus dem ihm tödlich verhaßten Reich der Abstraktionen den Weg nicht finden kann zur lebendigen Wirklichkeit», war seine Lehre, wie Engels hervorhob, ein «gewaltiger Anstoß», der für ihn selbst unfruchtbar blieb, weil er (nach seinem eigenen Geständnis «wie ein Fluß ohne Bett» auf einem weltentlegenen Dorf lebend) die großen Entdeckungen der Naturwissenschaften übersah. «Aber wie sollte der einsame Philosoph auf dem Lande die Wissenschaft hinreichend verfolgen können, um Entdeckungen vollauf zu würdigen, die die Naturforscher selbst damals teils noch bestritten, teils nicht hinreichend auszubeuten verstanden?» (Engels)

Wie Feuerbach war auch Humboldt kein Anhänger des christlichen Glaubens. Lehrte der noch jugendlich-männliche revolutionäre Philosoph die Befreiung der Menschheit durch die «Liebe», so erhoffte der skeptische greise Naturforscher die Beendigung des menschlichen Elends durch die «Zeit». Obwohl tief mit den frühesten christlichen Dogmen verwebt, habe sich – so meinte Humboldt – der Begriff der Humanität nur langsam Geltung verschaffen können, da der christliche Glaube schon in Byzanz nur aus politischen Gründen zur Staatsreligion erhoben worden sei zu einer Zeit, als die Anhänger, bereits in «elenden Parteistreit» verwickelt, den Fortschritt der Völker eher gehemmt als gefördert hätten. «Selbst die persönliche Freiheit ganzer Menschenklassen hat lange in den christlichen Staaten, bei geistlichen Grundbesitzern und Korporationen, keinen Schutz gefunden.»

Humboldt gehörte gewiß nicht zu den Naturforschern, welche die naturwissenschaftlichen Entdeckungen bestritten. Gehörte er zu denen, die diese Entdeckungen nicht hinreichend auszubeuten verstanden? In seinen «Ansichten der Natur» schildert er eine Ebene, wo einförmige gesellige Pflanzen den Boden bedecken und das Auge auf grenzenloser Ferne ruht, wo des Meeres Wellen das Ufer sanft bespülen und durch Ulven und grünenden Seetang ihren Weg bezeichnen: «Überall durchdringt uns das Gefühl der freien Natur, ein dumpfes Ahnen ihres Bestehens nach inneren, ewigen Gesetzen.»

Das war die eine Grenze seiner Erkenntnis, über die Goethe bereits hinausgelangt war: vom Bestehen, nicht vom Werden ist vordringlich bei ihm die Rede. Und: was jenseits der sicheren Erfahrungen liegt, war ihm ein Menschenalter hindurch eine Sache des «Ahnens», erst am späten Abend seines Lebens eine Aufgabe.

Als der «Kosmosmaler» Eduard Hildebrandt das «wunderschöne Aquarell» malte, das Humboldt «mitten unter Gepäck und Büchern mit bemoostem Haupt» darstellt, schrieb der Siebenundachtzigjährige im November 1856 in der Inschrift zu diesem Gemälde unter anderem: «Wird nun nach einem langen und vielbewegten Leben durch Alter und Abnahme physischer Kräfte Ruhe geboten, so vermehrt und bereichert den Gehalt des Eingesammelten die Aneinanderreihung der selbstgewonnenen Resultate wie ihre mühevolle Vergleichung mit dem, was frühere Forscher in ihren Schriften niedergelegt haben. Es bemächtigt sich der Geist des Stoffes und strebt, die angehäufte Masse empirischer Erfahrungen wenigstens teilweise einer Vernunfterkenntnis zu unterwerfen. Das nächste Ziel ist dann, in dem Naturganzen das Gesetzliche aufzufinden. Vor dem wissenschaftlichen Bemühen nach dem Verstehen der Natur schwinden allmählich, doch meist erst spät, die lang gepflegten Träume symbolisierender Mythen.»

Ein Weiteres kommt hinzu, und das machte den Widerspruch zwischen Materialismus und Idealismus in Humboldt unlösbar. Klar erkannte er, daß in dem dunklen Zeitalter, in dem er seinen Lebensabend verbrachte, die Naturkunde «gleichsam Organe» weckte, die «einen innigeren Verkehr mit der Außenwelt» auslösen und die Anteilnahme am «industriellen Fortschreiten und der intellektuellen Veredelung der Menschheit» fördern. Er erkannte, daß «alle Zweige des Naturwissens für die Kultur und den Wohlstand der Völker gleich wichtig» sind, und war sich bewußt, daß «die Einheit, welche der Vortrag einer physischen Weltbeschreibung ... erreichen kann», nur die sei, «welcher sich geschichtliche Darstellungen zu erfreuen haben». Aber neben die materiellen Kräfte, von denen er erfahrungsgemäß wußte, stellte er die geistigen Kräfte, die er nur «ahnte», experimentell aber nicht beweisen konnte.

«Weltbeschreibung und Weltgeschichte stehen daher auf derselben Stufe der Empirie; aber eine denkende Behandlung beider, eine sinnvolle Anordnung von Naturerscheinungen und von historischen Begebenheiten durchdringen tief mit dem Glauben an eine alte innere Notwendigkeit, die alles Treiben geistiger und materieller Kräfte in sich ewig erneuernden, nur periodisch erweiterten oder verengten Kreisen beherrscht. Sie führen (und diese Notwendigkeit ist das Wesen der Natur, sie ist die Natur selbst in beiden Sphären ihres Seins, der materiellen und der geistigen) zur Klarheit und Einfachheit der Ansichten, zu Auffindung von Gesetzen, die in der *Erfahrungswissenschaft* als das letzte Ziel menschlicher Forschung erscheinen.»

Wie Feuerbach in seinem Dorf, so war auch Humboldt am preußischen Königshof letztlich «wie ein Fluß ohne Bett», aber nach dem Feuerbach zugedachten Wort von Friedrich Engels dennoch ein «gewaltiger Anstoß».

In den Händen des Volkes wurde der «Kosmos» ein revolutionierendes Buch.

«Der Uralte von den Bergen»
1848–1859

«Die Lage der Dinge im nördlichen Deutschland wird immer bedenklicher», schrieb Humboldt am 16. Dezember 1847 an Bunsen, «sie wird es noch mehr werden, wenn man bei den Ausschuß-Vorsätzen beharrt, sie im Frühjahr ausführt, die keine Erwartung befriedigen und bei dem freien Petitionsrechte und der Art bekrittelter Preßfreiheit, die doch durchgebrochen ist, die Regierung in ernste Verlegenheiten setzen werden. Wo nicht eine Erste Kammer *ist,* auf die man in echt monarchischen Staaten einen erlaubten Einfluß ausüben kann, fällt die Schuld von dem Nichterfüllten allgemeiner Volkswünsche auf die exekutive Macht allein. Denken wir uns dazu ein Korpus, in dem die Posener Provinzial-Landstände denen vom Rhein oder von Pommern entgegenstehen, und Minister, die diese Verhältnisse durch ewige Negationen und calmierende Mittel zu beherrschen wähnen können. Der Mißmut wird hier hervorbringen, was wir überall sehen, wo die politischen Elemente nicht weise, wie in England, begründet sind; die ultra-demokratische Partei wird sich mit der ultra-aristokratischen Partei verbinden. Ich kann mir eine allgemeine Volksvertretung nicht anders denken, als daß man den Staat, nicht eine einzelne Provinz oder einen einzelnen Stand, repräsentiert.»

Humboldt spürte das nahende politische Beben. Des Königs Absicht, entgegen den Mahnungen aus Wien und Petersburg dem Volkswillen durch die Einberufung der Provinzialstände als Vereinigtem Landtag wenigstens ein scheinbares Zugeständnis zu machen, hielt er für völlig unzulänglich. Abgesehen davon, daß der Adel in allen Provinzialvertretungen das Übergewicht hatte und daher die Forderungen des Volkes parlamentarisch überhaupt nicht zur Wirksamkeit kommen konnten, hoffte die Regierung, aus der Unterschiedlichkeit in den Interessen der Herrenschichten in den einzelnen Landesteilen «durch Negationen und calmierende Mittel» ihren Vorteil ziehen zu können. Wenn Humboldt in seinem Brief an Bunsen außer den Landständen in den liberalen kapitalistischen Industriegebieten an Rhein und Ruhr und in den reaktionären Herrschaftsgebieten der ostelbischen Junker besonders die Posener Provinzial-Landstände nannte, so spielte er dabei auf die brutale Vergewaltigung polnischer Gebiete an, die von allen aufrichtigen Demokraten in Deutschland verurteilt wurde. Als sehr «zukunftsschwanger» verwarf er den «gewalttätigen Schritt im Osten», das heißt die rechtswidrige Vereinbarung Rußlands, Österreichs und Preußens vom 6. November 1846, die der Republik Krakau feierlich zugesicherte Unabhängigkeit aufzuheben und den letzten, wenigstens formell unabhängig gebliebenen Teil Polens Österreich einzuverleiben.

«Die persönliche Liebenswürdigkeit des Königs gegen mich ist mit jedem Tag im Zunehmen», klagte Humboldt in dem genannten Brief an Bunsen, «aber nie ist es mir gelungen, über die konstitutionellen Vorhaben und die politischen Wirrnisse ein Wort äußern zu können.»

Der Vereinigte Landtag, der durch Patent, das heißt durch eine öffentliche Bekanntmachung vom 3. Februar 1847 einberufen wurde, war nach einem Wort Humboldts eine Art «geschenkter», weder zwischen Volk und Krone vereinbarter noch gar vom Volk erkämpfter Verfassung; seine Zuständigkeit war beschränkt auf die Befugnis, Gesuche an staatliche Behörden zu richten (Petitionsrecht), sowie auf das Recht, Steuern und Anleihen zu bewilligen und die Regierung bei der Gesetzgebung zu beraten.

Am 30. März, wenige Tage vor der Eröffnung des Scheinparlamentes, notierte Varnhagen nach einem Besuch des Freundes: «Humboldt sieht die hiesigen Sachen so verzweifelt an als ich, tröstet sich aber damit, daß die geschenkten Verfassungen von Haus aus nichts taugen und daß am Ende schon etwas Gutes hervorgehen wird; er ist auf Heftigkeiten aller Art, Polizeigrimm, Volkswut, Truppeneinwirken gefaßt. Der König, meint er, ahnt dergleichen nicht, ist seelenvergnügt, hat seine Eröffnungsrede fertig und denkt nicht weiter an den 11. April und seine Folgen. Mit Humboldt hat er über die Ständesache nie ein Wort gesprochen.»[1] Tags darauf fügte Varnhagen hinzu: «Er selber, Humboldt, gelte für einen Jakobiner, der die drei-

1 Eine ähnliche Notiz Varnhagens findet sich schon unter dem 15. Februar 1847, wo es u. a. heißt: «Der König, den er [Humboldt] jeden Abend sieht, oft in Tränen wegen der [schwer erkrankten] Königin und sonst aufgeschlossen und bewegt, hat nie gegen ihn mit einer Silbe der Verfassung erwähnt, dergleichen bleibt im engsten Kreise wie in einer Freimaurerei.»

farbige Fahne in der Tasche führe ... Der Adel ist furchtbar aufgeregt; er ist plötzlich ein anderer geworden; das Selbstgefühl empört sich mit Macht. Der Teufel selbst hätte kein wirksameres Mittel erfinden können, um diese ganze Klasse feindlich zu stimmen, als diesen mißgeborenen Herrenstand!»

Am 11. April eröffnete Friedrich Wilhelm IV. den Vereinigten Landtag mit einer Rede, in der er unter anderem erklärte, er werde nicht dulden, daß das natürliche Verhältnis zwischen Fürst und Volk in ein konstitutionelles umgewandelt werde und sich zwischen ihn und das Land ein beschriebenes Stück Papier eindränge.

«Allgemeine Betroffenheit, Unwillen, Erbitterung», notierte Varnhagen am selben Tag. «Einige Bürger sagten, das beste sei, gleich nach Hause zu reisen und solcher Schweinerei den Rücken zu kehren.» Humboldt berichtete im 26. April 1847 an Bunsen: «Wenn man, wie Sie und ich, lebhaft mit dem Ruhme eines so hochbegabten rein menschlichen Königs beschäftigt ist, wenn man so sehnlichst ihm allgemeine Anerkennung wünschte, konnten die Ergießungen des Herzens am 11. nur schmerzen. Ich war zugegen. Die Bestürzung war allgemein, selbst bei denen, welche an der äußersten Grenze des Aristokratismus stehen. Alles, was verwunden mußte, war zusammengehäuft, und bei dem Eindruck, den die aufgestellten Prinzipien machten, blieb für den Eindruck, den sonst immer die edle Freimütigkeit hervorbringt, kein Raum. Bei dieser allgemeinen Verstimmung (was man Ihnen Entgegengesetztes darüber geschrieben haben mag, ist eine reine Mythe) schien der Anfang der ständischen Verhandlung sehr gefahrdrohend.»

Wenn Humboldt fortfuhr, daß «die Wirklichkeit ... weit hinter den Besorgnissen zurückgeblieben» sei, so deshalb, weil es bei den Verhandlungen bald nur noch um *das Ausmaß* verfassungsmäßiger Rechte ging, das die in ihren Interessen gespaltene Ständevertretung der Regierung durch die Gewährung einer Anleihe abkaufen konnte. Vom Volk, den Volksrechten, dem noch immer uneingelösten Verfassungsversprechen war im sogenannten Landtag kaum noch die Rede. Um so heftiger wurde darüber in den Versammlungen der Handwerker und Arbeiter diskutiert, die – wegen der vereins- und presserechtlichen Bestimmungen in Berlin – außerhalb der Stadt stattfinden mußten. Dem im Jahre 1844 gegründeten Großen Berliner Handwerkerverein, der durch Vorträge und Fortbildungskurse zugleich das naturwissenschaftliche Weltbild verbreitete, gehörte der königliche Kammerherr von Humboldt seit 1848 bis zum Verbot des Vereines im Jahre 1850[1] an.

«Humboldt sagte», vermerkte Varnhagen am 11. Juli 1847, «der König lebe in einem Taumel von Vergnügen, sei oft ausgelassen lustig, denke nicht mehr an den Landtag, außer wenn er an ihn erinnert werde, dann freilich sei er ernst und finster ... Humboldt ist am letzten Bogen seines zweiten Bandes [des Kosmos]; er geht im September nach Paris.»

«Prosaische Pflichten» und nächtliches Schaffen

Humboldt weilte vom Frühherbst 1847 bis zum Januar 1848 zum letztenmal in Paris.

«Wenn man 1769 geboren ist», meinte er in einem Brief an Bunsen vom 3. Oktober 1847, «darf man nicht vom Herbst zum Frühjahr aufschieben. Paris ist mir nicht bloß eine notwendige Erheiterung, da ich hier das belästigte Adreß-Comptoir des Landes bin, ich will auch die Ideen und Tatsachen zu dem dritten und letzten Bande des ‚Kosmos' einsammeln.»

Eine Erheiterung brauchte der greise Kammerherr von den «Pflichten sehr prosaischer Art», die ihn fast täglich an den Hof zogen. War der König in Berlin, verstand sich Humboldts Anwesenheit zumindest an der «Tafel» von selbst. Seit die Hauptstadt mit Potsdam durch eine Eisenbahn verbunden war, wurde «die Unruhe seines oft sehr unliterarischen, fledermausartigen Lebens noch vermehrt», wurden «die Pendelschwingungen zwischen beiden sogenannten Residenzen häufiger». Am prosaischsten, um nicht zu sagen langweiligsten, war der Umgang mit Friedrich Wilhelm IV., dessen geistiger Auflösung kindisch-närrische Einfälle vorausgingen. In der Hofgesellschaft von engstirnigen Militärs, Erzreaktionären und Intriganten war Humboldt der einzige Demokrat.

Zu den höfischen Pflichten, zu denen auch die Vorbereitung der Wissenschaftsangelegenheiten gehörte, über die sich der

1 Das Verbot wurde erst 1859, im Todesjahr Humboldts, aufgehoben.

König von ihm regelmäßig Bericht erstatten ließ, kam die Tätigkeit als «Adreß-Comptoir», wie Humboldt ironisch die Tatsache umschrieb, daß Bittsteller aus allen Schichten sich seiner Fürsprache bei König und Behörden bedienten und seine Bereitwilligkeit zu helfen vielfach für unlautere Zwecke mißbrauchten. «Meine Nähe zum König und die deutsche Schreibseligkeit töten mich», seufzte er schon im Januar 1841 in einem Brief an Schillers Schwägerin Karoline von Wolzogen. «Man will alles, Professuren, Orden, Medaillen, man will Rat geben, schelten, anfragen; – oft in einer Woche 50 bis 60 Briefe an mich gerichtet.»

Mitte März 1859 veröffentlichte der fast Neunzigjährige einen «Hilferuf» in den Zeitungen: «Leidend unter dem Druck einer noch immer zunehmenden Korrespondenz, fast im Jahresmittel zwischen 1 600 und 2 000 Nummern (Briefe, Druckschriften über mir ganz fremde Gegenstände, Manuskripte, deren Beurteilung gefordert wird, Auswanderungs- und Kolonialprojekte, Einsendung von Modellen, Maschinen und Naturalien, Anfragen über Luftschiffahrt, Vermehrung autographischer Sammlungen, Anerbietungen, mich häuslich zu pflegen, zu zerstreuen und zu erheitern und so weiter), versuche ich einmal wieder die Personen, welche mir ihr Wohlwollen schenken, öffentlich aufzufordern, dahin zu wirken, daß man sich weniger mit meiner Person in beiden Kontinenten beschäftige und mein Haus nicht als ein Adreß-Comptoir benutze, damit bei ohnedies abnehmenden physischen und geistigen Kräften mir einige Ruhe und Muße zu eigener Arbeit verbleibe.»

Die außergewöhnliche Inanspruchnahme war ein Ausdruck des Weltruhmes und der Volkstümlichkeit; doch auch Humboldt haftete die «deutsche Schreibseligkeit» an und eine allzu große Neigung, jedermann dienlich und willfährig zu sein. Fügt man hinzu, daß Humboldt aus Abneigung gegen die «gletscherartige Nüchternheit diktierter Briefe» seine gesamte Korrespondenz selbst schrieb – von seinen Reisen her war er übrigens gewohnt, sein Knie als «Schreibtisch» zu benutzen –, erinnert man sich ferner daran, daß Humboldt nicht nur bei Hofe, sondern auch in Bürger- und Professorenhäusern ein überaus häufiger Gast war, so erhebt sich die Frage, woher er die Zeit nahm, sich über das Fortschreiten der wissenschaftlichen Forschung zu unterrichten und die gewaltige wissenschaftliche Arbeitsleistung zu vollbringen, die – von seinen sonstigen zahlreichen kleineren Veröffentlichungen ganz abgesehen – der «Kosmos» darstellt.

Der periodische Schlaf gelte «in der Humboldtschen Familie für ein verjährtes Vorurteil», schrieb er im Januar 1841 an Karoline von Wolzogen. «Ich gehe um halb drei zu Bette und stehe um sieben Uhr auf, im Sommer um sechs Uhr.» Die strapazenreichen amerikanischen Reisejahre hatten ihn gestählt. Obwohl Humboldt nicht zu den beherrschten Naturen gehörte, zeigte er niemals Ermüdungserscheinungen und bewahrte sich seine geistige Frische bis in die letzten Lebensjahre.

Der «Kosmos» wurde durchaus nicht nur aus eigenem Wissen und auf Grund der Ergebnisse umfangreicher Literaturstudien geschrieben. Noch in den dreißiger Jahren saß Humboldt Tag für Tag in den Vorlesungen Karl Ritters. Im Wintersemester 1833/34 hörte er Vorlesungen des klassischen Philologen August Böckh über griechische Altertümer und nahm an einem Kolleg des Chemikers Eilhard Mitscherlich sowie an dessen Experimenten mit dem galvanischen Apparat teil. In den folgenden zwei Jahren sah man ihn erneut unter Böckhs Hörern, als dieser über griechische Literaturgeschichte las. Eifrig schrieb der greise Studiosus in seine Kollegheftte, was der jüngere Geograph und der noch jüngere Chemiker vom Fortschreiten der menschlichen Erkenntnis zu berichten wußten. Varnhagen hat ungezählte Stunden der stilistischen Überarbeitung des «Kosmos» gewidmet, und der Philologe Böckh hat ganze Teile des Manuskriptes, die sich auf das Naturwissen in der Antike bezogen, lesen und Fragen über Fragen beantworten müssen.

Humboldts exakte, geradezu mathematische Arbeitsmethode machte Schule. Sie wurde zum Segen der modernen Forschung, die nichts außer acht läßt, was für ihren Gegenstand von irgendwelchem Belang sein könnte; sie birgt aber auch Gefahren in sich, da sie weniger umfassende Geister als Humboldt dazu verleitet, sich in das Nebensächliche und Unbedeutende zu verlieren und dabei entscheidende Fragestellungen zu vernachlässigen.

In Humboldts Drang nach Vollständigkeit der Beherrschung des zeitgenössischen Wissensstoffes lag ein wesentlicher Grund dafür, daß er noch im achten Jahrzehnt seines Lebens der nie zur Ruhe gelangten Sehnsucht nach Paris folgte und wiederholt[1] längere Zeit in der französischen Hauptstadt weilte.

Paris war für ihn die Pflanzstätte der modernen Naturwissenschaften, in der er den Grund zur Breite seines Wissens gelegt hatte. Die rationalistische Einstellung der französischen Gelehrten hatte den realistischen Blick des Mannes geschärft, der in einer bisweilen von Gefühlswerten übersättigten Atmosphäre aufgewachsen war. Das Selbstbewußtsein des Bürgertums war in Frankreich nach Humboldts Meinung noch immer die Triebkraft der demokratischen und nationalen Entwicklung. Humboldt erkannte nicht, daß mit der Julirevolution von 1830 der Kampf der Arbeiterklasse bereits begonnen hatte; das weithin sichtbare äußere Zeichen war der Aufstand der hungernden Seidenweber in Lyon im Herbst 1831. Wenn Humboldt Ende Februar 1848 bei den ersten ausführlichen Nachrichten über die Revolution in Paris Varnhagen gegenüber seine Freude über den «französischen Volksgeist» äußerte, so meinte er gewiß den neu bestätigten Kampfgeist des Bürgertums; ihm war nicht bewußt geworden, daß nicht mehr der «dritte Stand», sondern die Arbeiterklasse den «Bürgerkönig» Louis Philippe vom Thron gestürzt hatte.

Humboldts Beharren in der politischen Ideologie von 1789 verwundert um so weniger, wenn man sich vergegenwärtigt, daß er in Paris, wo er zum bürgerlichen Demokraten geworden war, vornehmlich in der bürgerlichen Intelligenzschicht verkehrte. Der Naturforscher Carl Vogt, der 1848 zur Linken des Frankfurter Parlamentes gehörte, darum seines Lehramtes in Gießen enthoben wurde und in die Schweiz ins Exil ging, begegnete Humboldt während dessen vorletztem Pariser Aufenthalt im Januar 1845 in Pariser Salons. Er schilderte sehr anschaulich und nicht ohne Ironie, bisweilen recht boshaft Hum-

1 Humboldts letzte Aufenthalte in Paris währten vom 30. Mai bis 8. November 1841, 16. September 1842 bis 19. Februar 1843, 4. Januar 1845 bis 19. Mai 1845 und vom 14. Oktober 1847 bis 12. Januar 1848.

boldts Pariser Lebensweise[1]: «Morgens von 8 bis 11 Uhr sind seine Dachstubenstunden, da kriecht er in allen Winkeln herum, klettert in alle Dachstuben des Quartier latin[2], wo etwa ein junger Forscher oder einer jener verkommenen Gelehrten haust, die sich mit einer Spezialität beschäftigen.» Nach dem Frühstück im Café Procope in der Nähe des Odéon, «links in der Ecke am Fenster», wo sich «immer ein Schwarm von Menschen um ihn» drängte, arbeitete er in der Bibliothèque Richelieu. Abends war er regelmäßig irgendwo Gast. «Unter uns gesagt, er plaudert außerordentlich gern. Da er geistreich, witzig und schön erzählt, so hört man ihm gern zu. Kein Franzose hat mehr Esprit als er. Nach dem Essen bleibt er nie lange, eine halbe Stunde höchstens, dann geht er fort. Er besucht jeden Abend wenigstens fünf Salons und erzählt dieselbe Geschichte mit Varianten. Hat er eine halbe Stunde gesprochen, so steht er auf, macht eine Verbeugung, zieht allenfalls noch einen oder den anderen in eine Fensterbrüstung, um ihm etwas ins Ohr zu plauschen, und huscht dann geräuschlos aus der Tür. Unten erwartet ihn sein Wagen.»

Persönlich empfangen hat Humboldt Carl Vogt nicht. «Das Kabel war abgeschnitten», lautet der Schlußsatz des Berichterstatters elf Jahre nach Humboldts Tod in der «Gartenlaube».

Ein beredter Weiser

Heinrich Laube erzählt in seinen «Erinnerungen»

Berlin, im Dezember 1836

«Alexander von Humboldt spielte in Gesellschaften eine eigentümliche Rolle. Vom Momente seines Eintritts an schwieg nämlich jeder und jede; und er allein sprach. Auch wenn er nicht formelle Vorträge hielt, was zuweilen geschah, hatte und behielt er fortwährend das Wort. Ihm war dies ein Bedürfnis;

1 In der «Gartenlaube», Jahrgang 1870, Heft 1 und 2. Vgl. dazu auch «Gespräche Alexander von Humboldts», herausgegeben im Auftrage der Alexander-von-Humboldt-Kommission der Deutschen Akademie der Wissenschaften zu Berlin von Hanno Beck, Berlin, 1959, S. 200–209.
2 «Lateinisches Viertel» – Universitätsviertel.

und der Gesellschaft war es ein Bedürfnis, diesen außerordentlich unterrichteten Mann fortwährend zu hören. Es wäre auch nicht zu ändern gewesen, wenn die Gesellschaft dieses Bedürfnis nicht empfunden hätte.

Ich erinnere mich genau eines solchen formellen Vortrages, zu welchem die Frau Fürstin Pückler[1] eingeladen hatte. Humboldt erschien auf die angesetzte Minute, an der Tür schon wie ein großer Ambassadeur von der Wirtin empfangen. Eine mittelgroße, fast kleine Gestalt in verbrauchtem schwarzem Anzuge, schon damals mit silbergrauem Haupthaare, den Kopf ein wenig nach der Seite geneigt und mit den kleinen Augen im rötlichen Anlitze rasch und gleichsam im Vorübergehen aufschauend. Er schlurfte unscheinbar über den Fußboden hin, links und rechts eine leichte Verbeugung andeutend, dabei aber schon von der Tür an in ununterbrochenem Flusse zur Wirtin sprechend. Nicht gar laut, aber ganz verständlich, in regelmäßig gebauten Sätzen. Wenn es der Wirtin gelang, ein höfliches Wort nach einem seiner kleinen Punkte zwischen den Sätzen einzuschieben, so wurde dies einzelne Wort auf der Stelle der Ausgangspunkt zu einem neuen Satze, zu einer neuen Gedankenreihe, welche sich links und rechts ausbreitete. Man denkt sich gern einen Weisen als verhältnismäßig stillen Mann, welcher aufmerksam zusieht und zuhört und nur bei Abschnitten und Wendungen der Dinge spricht. Zu dieser Gattung gehörte Humboldt eben nicht. Er gehörte zu den Arbeitern, die nicht ruhen.

Es ist mir damals und später klargeworden, daß Humboldt mitten in all den großen wissenschaftlichen Fragen, die ihn beschäftigten, mitten in all den äußerlichen Hofpflichten, die ihn in Anspruch nahmen, ein liberales Regierungssystem unwandelbar festhielt in seinen Anforderungen. Man kann auch nicht sagen, daß er damit schüchtern zurückgehalten hätte; im Gegenteil, bei Gelegenheit jeder illiberalen Maßregel äußerte er seine absprechende Meinung. Er tat es oft sarkastisch und

1 Gattin des bekannten Gartenkünstlers Fürst Hermann Pückler-Muskau. Als Varnhagen Humboldt wegen solcher fragwürdiger Vorträge in der «guten Gesellschaft» Vorhaltungen machte, antwortete er: «Ich kann es Ihnen schwören, es liegt minder Eitelkeit – von der ich übrigens gar nicht frei bin – als Schwäche des Charakters und Gutmütigkeit in diesem Schritt.»

witzig und fragte nie danach, ob und wie seine Äußerungen ungnädig aufgenommen würden. Seine Stellung war gefeit durch sein wissenschaftliches Ansehen. Er bleibt eine wunderbare Erscheinung unter uns Menschen.»

Friedrich Althaus berichtet über seinen ersten Besuch bei Humboldt[1]

Potsdam, den 4. September 1848

«Humboldt wohnte damals, wie gewöhnlich während der Sommermonate, im königlichen Schlosse in Potsdam. Die verabredete Stunde war gekommen, und dorthin machte ich mich denn auf den Weg, erwartungsvoll, wie im Vorgefühl eines großen unverhofften Ereignisses in meinem Leben, aber mit hochschlagendem, freudig bewegtem Herzen. Ich fand den Bedienten im innern Hofe meiner wartend, die Wendeltreppe war rasch erstiegen, die Türen öffneten und schlossen sich – ich trat zu Humboldt ein. Ein geräumiges, schattiges Zimmer, durch ein breites Bogenfenster angenehm erhellt; die für das einfachste Bedürfnis erforderlichen Möbel, einige Porträts im Renaissancetypus an den Wänden, große und kleine Tische voller Bücher, Mappen und Papiere: auf den ersten Blick das Zimmer eines Gelehrten; und am Arbeitstisch, dem Fenster nahe, Humboldt, mit Schreiben beschäftigt. Ich kannte mehrere seiner Porträts und war mit einer aus diesen geschöpften Phantasievorstellung zu ihm gekommen ... Aber vor dem lebensvollen Gefühl seiner persönlichen Nähe verblaßten nun die Farben und Umrisse, welche die Erinnerung seinem Bilde geliehen; und in erster Frische erschien er mir, als er sich erhob, auf mich zuging und mich in der zuvorkommendsten Weise begrüßte. Obgleich ich von Humboldts kleiner Statur schon vorher gehört hatte, hatte ich mir doch, wie unwillkürlich, seine Gestalt jupiterartig höher gedacht; dagegen übertraf die großartige Genialität seiner Züge meine Erwartungen. Er war (wie immer, wenn er Besuch erwartete) in Frack und weißem Halstuch. Mir freundlich die Hand reichend und meine verlegene Anrede ...

1 Nach «Briefwechsel und Gespräche mit einem jungen Freunde», hg. von Friedrich Althaus, 1861.

kaum bemerkend, nötigte er mich aufs Sofa, nahm selbst einen Stuhl daneben ein und ging frisch in medias res ...

Wie schien er in der ganzen Welt zu Hause! Wie leicht und rasch strömte der Fluß seiner Rede! Mit wie ungezwungener Plastik bildete sich die Form seiner Sätze und Gedanken! Mit geschlossenem Auge hätte man glauben können, einen Dreißiger zu hören. Aber auch wenn ich ihn ansah, wenn ich das weiße Haar und die etwas gebeugte Haltung des fast Achtzigjährigen betrachtete, kam mir keinen Augenblick der Gedanke, daß ich einen ‚alten Mann' vor mir habe ... Er schien mir nicht allein die Natur durchforscht, sondern auch ihre Kraft und Jugend in sich aufgenommen zu haben.»

Der «Hofdemokrat» und die verlorene Revolution

Wenige Wochen, nachdem Humboldt von seinem letzten Aufenthalt in der französischen Hauptstadt nach Berlin zurückgekehrt war, brach in Paris die Februarrevolution aus. In der von den Aufständischen erzwungenen, aus Republikanern und Sozialisten bestehenden provisorischen Regierung saß der Arbeiter Albert, der erste Minister aus den Reihen des Proletariats.

In Berlin war der sogenannte Vereinigte Landtag im Sommer 1847 wieder nach Hause geschickt worden. Von seiner Forderung, künftig alle zwei Jahre zusammenzutreten und sein Bewilligungsrecht für Steuern und Anleihen genauer festzulegen, war im Abschiedsdekret nicht mehr die Rede. Mißernten hatten den Hunger aus den schlesischen Weberdörfern in die Industriegebiete Schlesiens, an Rhein und Ruhr und in die großen Städte getragen. Die Volksversammlungen vor dem Brandenburger Tor, In den Zelten, wurden erregter; schon wurden Polizei und Militär aufgeboten, um die Stimmen der schaffenden Menschen mit Gewalt zum Schweigen zu bringen. Am Vorabend des Volksaufstandes in Paris war am 21. Februar 1848 in London in deutscher Sprache das «Manifest der Kommunistischen Partei» erschienen. Schon ertönte auch in Deutschland der Kampfruf: «Proletarier aller Länder, vereinigt euch!»

Unter dem Eindruck der wachsenden revolutionären Bewegung ersuchten die Stadtverordneten von Berlin den König, den Landtag einzuberufen. Das geschah am 13. März; aber die Provinzialstände sollten erst am 27. April zusammentreten. Diese Verschleppungsversuche und die Nachricht, daß Metternich in Wien vom Volk gestürzt worden sei, steigerten die Erregung. Am 18. März versprach Friedrich Wilhelm den Zusammentritt des Landtages für den 2. April und die Umwandlung Deutschlands in einen Bundesstaat sowie die Schaffung einer Volksvertretung.

In den Mittagsstunden des 18. März fanden sich Tausende auf dem Schloßplatz zu einer Massenversammlung ein, um des Volkes Forderungen auf nationale Einheit und demokratische Rechte geltend zu machen. Der König wiederholte seine halben Zusagen. Die mißtrauischen Berliner forderten die Zurückziehung der Truppen aus Berlin. Eine Schwadron Dragoner und eine Kompanie Infanterie erhielten den Befehl, den Schloßplatz zu räumen. Aus ihren Reihen fielen die ersten Schüsse. Die auseinandergetriebenen Volksmassen griffen zu den Waffen, um ihr Recht zu erkämpfen. 183 Tote forderten die Straßen- und Barrikadenkämpfe, die mit dem Abzug der 14 000 Mann Militär und Polizei aus der Stadt endeten. Der geschlagene König mußte der Volksbewaffnung zustimmen und die toten Barrikadenkämpfer auf dem Schloßplatz entblößten Hauptes grüßen. Am 21. März ritt er hinter einer schwarzrotgoldenen Fahne durch die Stadt. Als ihn das Volk danach auf dem Balkon des Schlosses zu sehen wünschte, drängten sich auch die Minister heran, um zu reden. Einer von ihnen, der Graf Schwerin, «verbrauchte alle Phrasen», wie Varnhagen in seinen Aufzeichnungen nach den Erzählungen eines Augenzeugen vermerkte. «Als auch er geendet hatte, wollte man noch andere sehen, man wußte nicht wen, und als eine Stimme auf Humboldt verfiel, schrie alles nach ihm, und er mußte kommen; er hatte den Takt, sich nur zu verbeugen und nicht zu reden.»

Das ist eine der wenigen Gelegenheiten, bei denen in Varnhagens umfangreichen Aufzeichnungen über diese ereignisreichen Tage der Name Humboldts erwähnt wird. Wiederholt finden sich Anmerkungen, daß sich die beiden Freunde verfehlt hätten, sonst nur die kurze Eintragung vom 12. März

1848, dem Vorabend der Berliner Ereignisse: «Billett von Humboldt nebst einem Gedicht von Freiligrath zu Ehren der Republik.»

In der Sammlung der Briefe Humboldts an Varnhagen besteht zwischen Nr. 133 und Nr. 134 eine Lücke, die von Ende März 1847 bis Januar 1849 reicht. Das ist um so auffallender, als man weiß, daß auch in dieser Zeit beider Korrespondenz nicht geruht hat; das uns im Wortlaut gleichfalls nicht überlieferte «Billett» vom 12. März beweist dies. In den Briefen Humboldts an Bunsen trägt Nr. 56, aus Paris gesandt, das Datum vom 8. November 1847; Nr. 57 wurde am 8. Juni 1848 in Potsdam geschrieben. «Ich kann diesem Brief nicht mehr anvertrauen», heißt es darin, «als den erneuerten Ausdruck meiner tiefen *Hochachtung für Ihre Gesinnung, Ihr edles, kräftiges Wirken.* Ich gehöre nicht zu denen, die verzagen, wenn sie die freien Institutionen erlangt, die wir beide, Sie und ich, immer herangewünscht. Möge man von oben herab lebhaft fühlen, daß die Macht, die jetzigen anarchistischen Zustände zu beseitigen, nur in der National-Versammlung, so unintelligent und unerfahren sie auch ist, gefunden werden könne.»

Der Tatsache, daß Humboldt dem Leichenbegängnis der Märzgefallenen beiwohnte, sind die unterschiedlichsten Beweggründe unterschoben worden: Rücksicht auf den König, der glücklich gewesen sei, daß sein volkstümlicher Kammerherr ihn dieser «peinlichen Pflicht» enthoben habe, echte Sympathie für das Volk und seine Opfer und – Buhlerei um die Gunst der Massen. Chroniken der 48er Revolution wollen wissen, daß Humboldt zu denen gehört habe, die noch in zwölfter Stunde den König veranlassen wollten, den Forderungen des Volkes Zugeständnisse zu machen. Man wird Alfred Dove[1] in der Auffassung zustimmen können, daß aus diesen Quellen nicht ohne Bedenken geschöpft werden darf. «Eine vielverbreitete Erzählung behauptet», berichtet Dove weiter, «daß am 18. nach dem Beginne des Kampfes waffensuchende Arbeiter auch in seine [Humboldts] Wohnung gedrungen seien. Da sei er ihnen mit der Klage entgegengetreten, daß man den Hausfrieden

1 In der von Karl Bruhns herausgegebenen wissenschaftlichen Biographie Alexander von Humboldts, Leipzig 1872, 2. Band, Seite 396 f.

eines still arbeitenden Gelehrten durch solche Anmutungen bräche. Darauf, als sie auf die Frage nach seinem Namen erfahren, daß Alexander von Humboldt vor ihnen stehe, seien sie mit höflicher Entschuldigung umgekehrt: ihn wollten sie nicht stören, denn sie wüßten von ihm und kennten seine Gesinnung. Sogar eine Sicherheitswache gegen fernere Belästigung hätten sie bei ihm zurückgelassen. Die Geschichte ist unverbürgt und in sich nicht einmal wahrscheinlich, aber sie bezeichnet, auch wenn sie frei erdichtet ist, sehr richtig, welche Meinung damals und auch später über den Mann im Berliner Volk umging.»

Der Kammerherr von Humboldt, der sich bereits im «Uralter» befand, war tatsächlich zu einer legendären Erscheinung geworden. In den Augen der Handwerker und Arbeiter, denen der berühmte Forschungsreisende durch seine volkstümlichen «Kosmos»-Vorlesungen und den «Kosmos» selbst den Weg in eine neue Welt, die Welt des Wissens um Natur und Leben, geöffnet hatte, war der greise Gelehrte, dessen demokratische Gesinnung allgemein bekannt war, der einzige «Volksmann» im reaktionären Lager des Königs. Breite Schichten des Volkes sahen in ihm, gutgläubig und vertrauensselig, den Anwalt des Volkes beim Monarchen.

Wenn es auch keinem Zweifel unterliegen kann, daß Humboldt mit seinen Hoffnungen und Wünschen auf der Seite des Volkes stand – des Volkes Anwalt war er nicht. Der Standort, den der fast Achtzigjährige während der Ereignisse von 1848 einnahm, war der eines greisen Gelehrten, der die «Tageswirren und Zeitzerwürfnisse», dem revolutionären Geschehen schon durch sein Alter entrückt, kritisch beobachtete.

Humboldt haßte die Reaktion, dem deutschen Bürgertum traute er weder das Bewußtsein noch die Kraft zu, das französische Beispiel nachzuahmen, und die Schwäche des Königs, deren tagtäglicher Zeuge er war, erschütterte ihn eher, als daß sie ihn empörte. «Ich flüchte mich», schrieb er im August 1848 an den Geographen Heinrich Berghaus, «vor den ewigen Klagen über Undankbarkeit des entarteten Geschlechts, die auch ich mit anhören muß, und vor dem unaufhörlichen Schaukeln in der Wahl dessen, was zu tun sei, sooft es meine Stellung gestattet, in den unendlichen Kosmos, in der Ergründung seiner Erscheinungen und Gesetze die Ruhe suchend und findend, die mir am Abend meines vielbewegten Lebens so nottut.»

Die ökonomischen Ursachen der Revolution von 1848 erkannte Humboldt nicht. Er sah Grund und Ziel der Revolution in der verfassungsmäßigen Sicherung des Mitbestimmungsrechtes der Staatsbürger und hielt die konstitutionelle Monarchie für die zeitgemäße Staatsform. Er bedauerte, daß der schlecht beratene König nicht aus freiem Entschluß gab, was ihm nun gewaltsam abgetrotzt wurde. Es lassen sich keine Anhaltspunkte dafür finden, daß der greise Naturforscher dem Liberalismus gehuldigt hätte, wie ihn vor allem Ludolf Camphausen und David Justus Ludwig Hansemann vertraten.

Diese beiden Wortführer des rheinischen Großkapitals bildeten mit einigen liberalen Aristokraten das erste Kabinett nach der Revolution. Camphausen trat bald zurück; unter Hansemann, der die nächste Regierung leitete, wurde das Streben nach «Kontinuität des Rechtsbodens» der innerpolitischen Entwicklung und nach Beschränkung der gesamtdeutschen Einigung auf den Ausbau des Zollvereins zu einer Art Wirtschaftsunion immer deutlicher.

Die preußische Bourgeoisie hatte sich damit bereits gegen die Revolution, und das heißt: gegen die Arbeiterklasse, entschieden. Dieser Kompromiß zwischen Großbürgertum und Krone in der Verfassungsfrage förderte das Wiedererstarken der Reaktion. Sobald die Gegenrevolution in Wien gesiegt hatte, erfolgte auch in Preußen ein Gegenschlag, der praktisch einem Staatsstreich gleichkam.

Friedrich Wilhelm IV., dessen romantische Träume verrauscht waren, berief das Ministerium der «rettenden Tat». Die Reaktion hatte gesiegt. Die preußische Nationalversammlung wurde zunächst vertagt, dann verjagt und endlich aufgelöst. Am 5. Dezember 1848 erließ der König eine oktroyierte, das heißt ohne Mitwirkung einer Volksvertretung in Kraft gesetzte, also dem Volk aufgenötigte Verfassung, die das Zweikammernsystem vorsah.

Inzwischen war am 18. Mai 1848 die Frankfurter Nationalversammlung zusammengetreten und darangegangen, in einer endlosen Folge von Beratungen eine gesamtdeutsche Reichsverfassung vorzubereiten. Der Erzherzog Johann von Österreich war zum vorläufigen Reichsverweser gewählt und ein Reichsministerium geschaffen worden, das zunächst sogar den Anspruch durchsetzen konnte, in Angelegenheiten der Außenpolitik die Interessen ganz Deutschlands zu vertreten.

Die Probe aufs Exempel wurde der Aufstand in Schleswig-Holstein gegen die Willkürherrschaft der Dänen. Ein Reichskontingent süddeutscher Truppen setzte sich nach Norden in Bewegung, wo Preußen bereits militärisch eingegriffen hatte, sich jetzt aber wegen der Auswirkungen auf den Handel und wegen der drohenden Intervention Englands und Rußlands ebenso schnell und eigenmächtig im Waffenstillstand von Malmö wieder zurückzog. Die Empörung über dieses selbstsüchtige Handeln Preußens, die wenn auch zögernde Billigung dieses unwürdigen Schrittes durch das Frankfurter Parlament und die wachsende Erregung des Volkes über die Tatenlosigkeit der in Redeschlachten kostbare Zeit vergeudeten «Volksboten» in der Paulskirche führten in Frankfurt, Baden, Österreich zu blutigen Aufständen, die wiederum der Reaktion in Wien, Berlin und anderen Hauptstädten als Vorwand zur gewaltsamen Unterdrückung der demokratischen Einigungsbewegung dienten.

Dennoch wurde nach zehnmonatigen Beratungen in Frankfurt eine Reichsverfassung beschlossen und unter feierlichem Glockengeläut verkündet. Die oberste Reichsversammlung sollte von Reichstag und Kaiser ausgeübt werden; Friedrich Wilhelm IV. wurde zum erblichen Kaiser von Deutschland gewählt. Achtundzwanzig der achtunddreißig zum Deutschen Bund gehörenden Staaten hatten sich durch ihre Regierungen im voraus bereit erklärt, sich den Beschlüssen der Nationalversammlung zu unterwerfen. Das war aber zu einer Zeit geschehen, als auf den Barrikaden gekämpft wurde.

Derselbe König von Preußen, der am 18. März 1848 das feierliche Versprechen gegeben hatte, sich an die Spitze der deutschen Bewegung zu stellen und eine preußische Nationalversammlung zur Ausarbeitung einer liberalen Verfassung einzuberufen, brach sein «königliches Wort» wie gegenüber seinen «lieben Preußen» jetzt gegenüber den Deutschen. Er sehe, schrieb er an den greisen Ernst Moritz Arndt und ähnlich an Bunsen und Dahlmann, die Kaiserkrone «als das eiserne Halsband der Knechtschaft» an, «durch welches der Sohn von mehr als vierundzwanzig Regenten, Kurfürsten und Königen ... der Revolution zum Leibeigenen gemacht werde». Der Deputation der Paulskirche, die ihm am 3. April 1849 die Kaiserkrone antrug, erklärte er, das Parlament habe kein Recht, eine Krone zu «verschenken»; das sei ohne vorherige Zustimmung der Fürsten ein Akt der Revolution.

Noch einmal begehrte das Volk auf. In Kaiserslautern, in Dresden, in Hessen, in Baden, am Rhein, in Franken und in Württemberg wurde die Volksbewaffnung zur Durchführung der Reichsverfassung auch ohne den König von Preußen gefordert und zum Teil vollzogen. In Freiburg und Rastatt gingen Truppen, die gegen die Aufständischen aufgeboten wurden, zum Volk über. Es war zu spät. In der preußischen Nationalversammlung hatte sich die Bourgeoisie bereits die Revolution des Volkes gegen das Recht der Steuer- und Anleihebewilligung von der Krone abkaufen lassen, in der deutschen Nationalversammlung waren Einheit und Demokratie der Deutschen so lange zerredet worden, bis sich die Reaktion gesammelt hatte. Österreich und Preußen schlugen die Aufstände gemeinsam nieder, während Preußen gleichzeitig versuchte, die Entscheidung des Frankfurter Parlamentes gegen die Vorherrschaft des Vielvölkerstaates Österreich durch eine «preußische» Lösung der deutschen Frage auszunutzen. Die zweite preußische Kammer, die sich für die Frankfurter Reichsverfassung ausgesprochen hatte, wurde aufgelöst. Der König, der die Kaiserkrone aus der Hand des «Volkes» verschmäht hatte, hoffte die preußische Hegemonie in Deutschland aus der Hand der «Fürsten» einhandeln zu können. Er überschätzte die Einfalt seiner «Vettern» und unterschätzte die Geschicklichkeit der Wiener Diplomatie. In Olmütz mußte der von seinen fürstlichen Trabanten verratene Verräter am 29. November 1850 auf seine reaktionäre «Unionspolitik» verzichten.

Dem Rückfall Deutschlands in die fürstliche und feudale Reaktion parallel ging in Preußen der Abbau der zweifelhaften «Rechte», welche die oktroyierte Verfassung vom Dezember 1848 den zu Staatsbürgern «erhobenen» preußischen Untertanen gewährt hatte. Nach Auflösung der zweiten Kammer wurden das Dreiklassen-Wahlrecht eingeführt, die Bürgerwehr aufgehoben und das «Herrenhaus», die erbliche Kammer der Junker, geschaffen. Die Kreis- und Provinzial-Landtage wurden wiederhergestellt, und selbst die gutsherrliche Gerichtsbarkeit auf dem Lande wurde neu bestätigt. In der evangelischen Kirche wurde die Herrschaft der Orthodoxie durch die Errichtung des Oberkirchenrates sozusagen gesetzlich sanktioniert; dem katholischen Klerus ließ man freie Hand. Die Großbourgeoisie verteidigte nur ein Recht, das – neue Steuern zu bewilligen.

Humboldt erlebte die preußische Entwicklung gleichsam im Vorzimmer des Königs; die deutsche Einigungsbewegung, eines der entscheidenden Ziele der Revolution, verfolgte er mit den skeptischen, schon etwas müden Augen des Mannes, der gewohnt war, die Realitäten zu sehen. Auf den Gang der Ereignisse hatte er keinen Einfluß. Wenn er in diesen Jahren in seinen ureigensten Angelegenheiten, denen der Wissenschaft und Forschung, beim König etwas erreichen wollte, und sei es in der Pensionsangelegenheit einer Gelehrtenwitwe, mußte er sich gelegentlich sogar des reaktionären Professors Stahl, des Propagandisten des «Gottesgnadentums», bedienen. «Welche Verhältnisse», notierte Varnhagen am 30. Januar 1852, «Humboldt muß Stahl vorschieben!»

Humboldt hatte kein Vertrauen in die Fähigkeiten und den guten Willen der liberalen Minister; immer wieder beschwor er Bunsen, nach Berlin zu kommen. «Man ist Ihres Rates bedürftiger als je», schrieb er dem «vieljährigen hochverehrten Freund» am 29. Juli 1848, «damit man nicht mit der Zentralgewalt [dem Frankfurter Parlament] breche und sich über das Maß vereinige, in dem, neben der Erhaltung eines auf große Erinnerungen gegründeten partiellen Lebens, die wichtige Einheit nach außen und in allen generellen inneren Staatseinrichtungen errungen und erhalten werde.» Bunsens «schöne Klarheit des Geistes» könne in Berlin «viel Gutes schaffen in einer Atmosphäre voll Kimmung, Spiegelung und Luftbildern, wie es die Optiker nennen ... Das alte feste Vertrauen des edlen Monarchen wird durch Ihre Nähe gestärkt, und das Einverständnis über die schwierigen dänischen und Frankfurter Reichsangelegenheiten wird wiederkehren, wenn man von den symbolischen, oft mißverstandenen Redeformeln des sogenannten ‚Aufgehens in Deutschland' abstrahiert.»

Bunsen tat, was er konnte. Er setzte seinen Namen nicht

unter den Waffenstillstandsvertrag von Malmö, wie er zwei Jahre später die Unterschrift unter das sogenannte erste Londoner Protokoll vom 2. August 1850 verweigerte, in dem die ausländischen Mächte England, Frankreich, Rußland, Dänemark, Schweden die beiden Herzogtümer «für alle Zeit» Dänemark zusprachen. «Schaffen Sie, mein edler Freund», lobte ihn Humboldt am 22. September 1848, «der Sie *diesen* Waffenstillstand *nicht* geschlossen haben, Deutschland einen ehrenvollen Frieden.»

Die Empörung, welche die preußische Kapitulation vor der dänischen Blockade bei den linken Abgeordneten der Nationalversammlung ausgelöst hatte, wurde in Berlin mit einem Haßgesang gegen das Frankfurter Parlament beantwortet. Humboldt meinte: «Das bloße Schnödetun über die Paulskirche führt vom rechten Weg ab», so traurig auch «der blutige Auftritt», der Volksaufstand in Frankfurt, sei.

Bunsen stellte sich offen und nachdrücklich auf die Seite der Männer der Paulskirche, die dem König von Preußen die deutsche Kaiserkrone antrugen. Humboldts Meinung in der Kaiserfrage ist dokumentarisch nicht belegt. Er wünschte die deutsche Einheit und eine starke Stellung Deutschlands unter den europäischen Mächten. Seine Ansichten über die Verfassung eines geeinten Deutschlands stimmten mit denen der Mehrheit des Parlamentes überein. Seiner Anhänglichkeit an die preußische Dynastie entsprechend, dürfte er auch Parteigänger der «preußischen» Lösung der Kaiserfrage gewesen sein, trotz der niederdrückenden Erfahrungen, die er mit Friedrich Wilhelm IV. gemacht hatte.

In dem Brief vom 18. Januar 1849, dem ersten nach der Märzrevolution, den Varnhagen in seine Sammlung aufgenommen hat, schrieb Humboldt: «Wie hat sich seitdem alles furchtbarer und auch hoffnungsloser gestaltet, aber der Gefahr weiß man nur rohe materielle Kräfte entgegenzusetzen, und die angebotenen Früchte weiß man nicht zu pflücken.»[1] Als Varnha-

1 Es muß hier darauf hingewiesen werden, daß die Herausgabe der Briefe Varnhagens von Ense nach dessen Tode von Ludmilla Assing, seiner Nichte und Erbin, erfolgte. Man weiß, daß sie Kürzungen vorgenommen hat; möglicherweise hat sie auch Briefe in ihre Sammlung nicht aufgenommen. Eine Überprüfung ist nicht mehr möglich, da der Nachlaß Varnhagens seit dem Ende des zweiten Weltkriegs verschollen ist.

gen die oktroyierte Verfassung als «die dicke Hülse eines neuen Revolutionskeimes» bezeichnete, «der sich entwickeln werde», erschrak Humboldt zwar, aber die Bemerkung gefiel ihm, «daß der König seit acht Jahren im Streit mit der Logik liege».

Nachdem Friedrich Wilhelm IV. die deutsche Kaiserkrone abgelehnt und die deutschen Fürsten ihr Versprechen gebrochen hatten, die Beschlüsse der Nationalversammlung anzuerkennen, seit die Reaktion finsterer denn je wütete, lag Humboldt viel daran, die Tatsache zu rechtfertigen, daß er, der «Volksmann» und Demokrat, noch immer Kammerherr des preußischen Königs blieb. Als die Stadt Potsdam ihn im Herbst 1848 zum Ehrenbürger ernannte, verfaßte er eine Dankadresse, die er «in einem liberalen Blatt korrekt» gedruckt sehen wollte, «um denen zu antworten, die mein Verbleiben an diesem Hof verleumden». Er tat es in seiner vorsichtigen «diplomatischen» Art, indem er den in Potsdam geborenen Bruder vorschob, «dessen Name», wie der Schlußsatz dieses Dokumentes vom 31. Oktober 1849 lautet, «in dem Andenken derer gefeiert wird, bei denen sich für die größeren Ansichten eines fortschreitenden, sich regelmäßig entwickelnden Staatslebens der freie Sinn erhalten hat». Varnhagen erhielt eine Abschrift und den notwendigen Kommentar für die Nachwelt.

Dieses Verhalten zeugt von Humboldts peinlichem Bestreben, in wissenschaftlichen, persönlichen wie in politischen Dingen nirgendwo anzustoßen. In einem zur gleichen Zeit, am 2. November 1849, an Bunsen geschriebenen Brief, der höchstwahrscheinlich die abermals verschärfte Zensur passierte, liest man dagegen so treffende und offene Sätze wie: «Das Benehmen der deutschen Regierungen, die frech Versprechungen brachen, die sie eben eingegangen, unterirdisch ehrloser wühlten, als je die Blutroten getan, ja sich nach Unruhen sehnten, um österreichische Truppen aus Vorarlberg oder Böhmen zu erlangen, schneidet scheinbar alle Hoffnungen auf Verständigung ab.» Und im selben Brief bezeichnete er die preußischen Versuche, die Fürsten zu einer Union ohne Österreich zu bewegen, als «den drohenden alten Bund ohne Volkshaus, wie ihn hier unter dem Banner der Kreuzzeitung[1] eine sich religiös

1 «Neue Preußische Zeitung», gewöhnlich nach dem «Eisernen Kreuz» am Kopfe des Blattes «Kreuzzeitung» genannt, 1848 gegründete, zweimal

dünkende Partei heranwünscht»; er könne dazu nur sagen, man müsse «sein Haupt in Scham verhüllen». Mecklenburg, schrieb er wenige Tage später an Bunsen, sei «das albernste aller Junkerländer. In einem Zeitpunkte, wo wir unsere Stellung nur durch den Kontrast mit der österreichischen Zwingherrschaft erhalten und erweitern können, wo man den deutschen Parlamentswahlen zustimmt, ist jeder Rückschritt doppelt gefährlich.»

Aber auch diesen Rückschritt mußte er noch erleben. «In einem solchen Zeitabschnitte», offenbarte er Bunsen am 14. September 1850, seinem «vorsintflutlichen 81. Geburtsfeste», «denkt man an das wenige, das man vollendet, man denkt an die politischen Bedrängnisse und Elendigkeiten der Zeit, an alles, was ein Mensch meiner Färbung seit 1789 gewünscht und was, ohne es aufrichtig zu erlangen, man sich erschwert hat.» Noch immer harrte er «auf das endliche Eintreffen gewisser Begebenheiten, die den ewigen Unbestimmtheiten der Pendelbewegung Einhalt tun sollen».

Wenn Humboldt nicht, wie etwa der gleichaltrige Arndt, von dem leidenschaftlichen Bekenntnis der breiten Volksmassen für die Einheit Deutschlands und die Demokratisierung des Staatslebens mitgerissen wurde, so war das weniger eine Temperamentsfrage als ein Ausdruck der nüchternen Skepsis, mit der er sechs Jahrzehnte hindurch die unzulänglichen bürgerlichen Versuche beobachtet hatte, die politische und gesellschaftliche Rückständigkeit Deutschlands zu überwinden. Er kannte die herrschenden Klassen und hatte einen sicheren Blick für die Ohnmacht des deutschen Bürgertums. Daß mit der verlorenen Revolution von 1848 die sich eben sammelnde Arbeiterklasse, der auch der Naturforscher Humboldt zum Bewußtwerden ihrer Macht verholfen hat, zur entscheidenden Gegenkraft gegen die Reaktion und gegen die sich bereits anbahnende, für Deutschland so verhängnisvolle Verbindung von Junkertum und Großbourgeoisie geworden war, erkannte er nicht. Dennoch wußte er, daß die gesellschaftliche Entwicklung unaufhaltsam vorwärts schreitet. «Keine physische [Kraft], kein scheinbares Gelingen», heißt es am Schlusse seines Briefes zur

täglich erscheinende politische Zeitung, das Organ der evangelischen Konservativen.

Jahreswende von 1851 auf 1852 an Bunsen, «kann das Unwahre wahr, das Unrechte recht machen. Man zwingt die Flüsse nicht, gegen das Gesetz der Schwere sich zu bewegen.» Ein früherer Brief vom 29. Juli 1848 an den Freund in London schloß: «Die Jugend ist eine uralte, in Revolutionszeiten oft etwas unbequeme, sich immer erneuernde Institution, die sich nicht supprimieren läßt. Dazu ist sie eine geheime Gesellschaft, die sich untereinander versteht von der Newa zum Tajo, vormals das Publikum genannt.» In Humboldts Augen war der Fortschritt wie eine Naturkraft, verkörpert in der Jugend. In der menschlichen Gesellschaft und ihrer Entwicklung sah er eine Stufenfolge von Generationen.

Als Leopold von Buch starb, schrieb Humboldt am 13. März 1853 an Varnhagen: «Sein Begräbnis war *mir* ein Vorspiel ... Und in welchem Zustande verlasse ich die Welt, der ich 1789 erlebte und mitfühlte – aber Jahrhunderte sind Sekunden in dem großen Entwicklungsprozeß der fortschreitenden Menschheit. Die ansteigende Kurve hat aber kleine Einbiegungen, und es ist gar unbequem, sich in solchem Teile des Niederganges zu befinden.»

Vorkämpfer der Humanität

Erkennt man in solchen und anderen Äußerungen die Stimme des Naturforschers, der sich bemüht, auch in der Entwicklung der Menschheit einen Naturvorgang zu erkennen, so berichten andere Briefe von dem wachsenden Widerwillen und der tiefen Empörung, die Humboldt bis in seine letzten Lebensjahre gegen die Reaktion empfand. Er bezeichnete es als ein Unglück, «mit solch elenden Menschen leben zu müssen, wie mit Gerlach[1], Raumer» – dem Kultusminister, von dessen «Roheit und Frechheit, dessen Haß gegen alle Wissenschaft, dessen unheilvolles Wirken» er bei anderer Gelegenheit «mit tiefster Verachtung» zu Varnhagen gesprochen hatte – «und was sonst an diesem Hofe sich eingenistet hat.»

1 General Leopold von Gerlach, seit 1849 Generaladjutant des Königs, Pietist und Konterrevolutionär, Haupt der höfischen Kamarilla, die für politische und kirchliche Reaktion kämpfte.

Aus dem Staatsrat, der im Zuge der Reaktion 1854 wiederbelebt wurde, «dem neuen Stahl-Rankeschen[1] Staatsrate», wie Humboldt ihn nannte, schied er «aus Gründen, die nicht die des Alters sind, aus». Auch die lange Jahre genährte Hoffnung, sein Freund Bunsen könne der Staatsmann werden, der den Übergang von der preußischen Tradition zu einer freiheitlich gesamtdeutschen Zukunft meisterte, erfüllte sich nicht. Bunsen wurde im selben Jahr 1854 auf Drängen der Reaktion aus London abberufen und kaltgestellt. Das schmerzte Humboldt weniger als die Erkenntnis, daß «der edle Mann eine gefährliche Tendenz für theologischen Streit und seine neu erfundene apostolische Kirche» hatte, wie er am 4. Juli 1854 an Varnhagen schrieb, und damit zumindest dem Klerikalismus Vorschub leistete. «Erst Heidelberg und dann Bonn», wo Bunsen nun abwechselnd lebte, «immer zwischen den aufregenden Erinnerungen an zwei Erzbischöfe».

Am 27. September 1855 wählte Humboldt zum letzten Male, zusammen mit sechzig Postillionen, «weil ich der Post gegenüber wohne». In seiner Umgebung hätten überall die «Liberalen», das heißt die fortschrittlichen Kräfte, gesiegt, schrieb er frohlockend an Bunsen, obwohl einer der Freunde Stahls «ganz naiv forderte, die Wahlmänner müßten versprechen, immer mit dem jetzt bestehenden Ministerium zu votieren ... Es ist doch nicht gleichgültig, daß einige Male im Leben die Menschen der arbeitenden, sogenannten niederen Klassen das Gefühl haben, soviel Recht zu haben als die Aristokratie, als Keller[2] und

1 Der Geschichtsschreiber Leopold von Ranke, Professor der Geschichte an der Universität Berlin und seit 1841 hohenzollernscher Hofhistoriograph, dessen quellenkritische Methode durchaus anzuerkennen ist, verfolgte stark konservative Tendenzen. Zur eigentlichen Kamarilla, dem engsten Kreis der Gesinnungsfreunde des Königs, sind neben den Brüdern von Gerlach, dem Hausminister von Massow und Generaladjutant von Rauch zu rechnen Graf von Alvensleben-Erxleben, von Voss-Buch, von Kleist-Retzow, Freiherr Edwin von Manteuffel, Kabinettrat Markus Niebuhr, die Professoren Leo, Stahl u. a. Sie waren durchweg Gegner Humboldts.

2 Friedrich Ludwig Keller, seit 1851 «Keller vom Steinbock», der bereits erwähnte Freund Stahls, des reaktionären Propheten des «Gottesgnadentums», entstammte einem alten Züricher Patriziergeschlecht und war seit 1846 Professor für römisches Recht und Zivilprozeß an der Universität Berlin.

der Orientalist Stahl[1], der gern Sie und mich verbrennen ließe. Solange solche Institutionen wie die der Urwahlen bleiben (ich würde sogar die unmittelbare Wahl der Volksrepräsentanten vorziehen), ist nicht alles verloren. Es hängt dann von dem Volksgeiste ab, solche Formen nutzbar zu machen.»

Wenig später, am 13. Januar 1856, empörte er sich in einem Brief an Varnhagen über die Ansicht eines Journalisten, der es als einen großen Vorzug der Deutschen gegenüber den Franzosen und Engländern bezeichnet hatte, daß die Deutschen «ein Volksstamm von Denkern» seien, die sich «tief in ihrem Innern mit der Gedankenwelt» beschäftigen und «sich wenig oder gar nicht um die bürgerlichen und staatlichen Verhältnisse kümmern». Mit beißendem Spott fügt Humboldt hinzu: «So rühmen wir uns an dem Gestade der Südsee[2], kaufen die ‚Zeichen der Zeit', gehen aber kaum 5 Prozent von uns zu den Urwahlen. Es ist unbequem. Wir denken.»

Daß Humboldt nicht nur «dachte», sondern im Alter von sechsundachtzig Jahren noch drei Stunden als Urwähler am Wahltisch saß und sich öffentlich zum demokratischen Fortschritt bekannte, vermerkten die Zeitungen und begeisterte einen Poeten zu einem Gedicht.

Als im Frühsommer 1857 die Gehirnerweichung Friedrich Wilhelms IV. nicht mehr verheimlicht werden konnte und sein Bruder Wilhelm, der spätere Kaiser Wilhelm I., die Regentschaft antrat, glaubte auch Humboldt, mit dem «Kartätschenprinz» von 1848, der sich mit der Gegenrevolution nur entzweit hatte, weil sie sich in Olmütz dem österreichischen Anspruch auf Hegemonie unterworfen hatte, könne wirklich eine «neue Ära» beginnen. Noch wenige Monate vor seinem Tode forderte er einen jungen Freund auf, «auf einige Wochen in das freie Neu-Berlin» zu kommen, «wo Sie frisch atmen werden». Seine Hoffnung gründete sich nicht zuletzt auf des Prinzregenten Gemahlin Augusta, eine schon Goethe vertraute Enkelin Karl

1 Stahl war Jurist, der Ausdruck «Orientalist» dürfte eine Anspielung darauf sein, daß Stahl getaufter Jude war.

2 Gemeint ist eine Äußerung über die Deutschen in einer deutschsprachigen Zeitung in San Francisco, am «Gestade der Südsee», der Westküste der Vereinigten Staaten von Amerika; «Zeichen der Zeit» ist der Titel eines zweibändigen Buches von Bunsen, das 1855 in Leipzig erschienen war.

Augusts von Weimar, mit der Humboldt bis zum Ende seines Lebens in freundschaftlich-väterlichem Umgang stand. Gelegentliche Versuche der human und fortschrittlich gesinnten Prinzessin, auf den Gang der politischen Dinge Einfluß zu gewinnen, blieben erfolglos, auch wenn sie manche der mündlich oder schriftlich vorgetragenen Klagen ihres «teuren Humboldt» in ehrlicher Anteilnahme an den Sorgen des «Alten vom Berge» ihrem Gemahl mitgeteilt oder in den geeigneten politischen Kanal geleitet haben mag.

Bis zu seinem Tode blieb Humboldt in der Illusion befangen, die «Humanität», die Veredelung der Menschen, werde den Fortschritt schon vorantreiben. So nüchtern und realistisch er die Wirklichkeit sah, so verschlossen blieben ihm die Gesetze, die die Entwicklung der Gesellschaft bestimmen. Der Humanismus des ausgehenden 18. Jahrhunderts und die Verkündung der Menschenrechte in der Französischen Revolution beseelten den greisen Naturforscher noch im Dezember 1856, als er Bunsen bekannte: «Ein an den Höfen zahm gewordener Waldmensch vom Orinoco hat nach seiner Zähmung nicht das Mitgefühl für das viele Schändliche, Vernunftwidrige, die Menschheit Verdummende, was in beiden Kontinenten geschieht», und als er am späten Abend seines Lebens noch einmal das Gewicht seines Namens in den Kampf gegen die Unfreiheit der Negersklaven auf den kapitalistischen Großfarmen Amerikas warf. Humboldts nachdrückliche Verwahrung gegen die Weglassung seiner Ausführungen über die Sklavenfrage in der amerikanischen Übersetzung seines «Essai politique sur l'Isle de Cuba» fand in die amerikanische Presse Eingang und erregte um so mehr Aufsehen, als der Kampf um die Abschaffung der Sklaverei sich in den Vereinigten Staaten von Jahr zu Jahr zuspitzte.

Der Ruhm des «zweiten Kolumbus» war in der Neuen Welt keineswegs verblaßt. «In den Vereinigten Staaten ist allerdings viel Liebe für mich erwacht», meinte Humboldt in dem Brief vom 31. Juli 1854 an Varnhagen, bereits zwei Jahre vor seiner öffentlichen Erklärung gegen den Übersetzer Thrasher, «aber das Ganze gewährt mir dort den traurigen Anblick, daß die Freiheit nur ein Mechanismus im Elemente der Nützlichkeit ist, wenig dort veredelnd, das Geistige und Gemütliche anregend, was doch der Zweck der politischen Freiheit sein soll. Daher Gleichgültigkeit gegen Sklaverei. Aber die V. St. sind ein Cartesianischer Wirbel[1], alles fortreißend, langweilig nivellierend.» Bei der Präsidentenwahl im Jahre 1856 bedienten sich die Gegner der Sklaverei, die soeben die Republikanische Partei gegründet hatten, des doppelten Gewichtes der Argumente und des Namens Humboldts. Ihr Kandidat war zudem der Bezwinger der Pässe des Felsengebirges, Oberst John Charles Fremont, dessen Pioniertaten Humboldt wiederholt gerühmt hatte; sein Gegner, der Kandidat der Demokratischen Partei, war James Buchanan, der für die Interessen der Sklavenhalter der Südstaaten eintrat.

Humboldt sah die Niederlage Fremonts schon zwei Monate vor der Wahl voraus. «Leider wird Buchanan», schrieb er am 11. September 1856 an Varnhagen, «und nicht Fremont, der kenntnisvolle Reisende, der den Landweg nach San Francisco viermal (messend) gemacht hat und dem wir verdanken, daß Kalifornien nicht Sklavenstaat geworden ist, Präsident werden.» Buchanan stellte sich nach seiner Wahl offen auf die Seite der feudalen Pflanzer und unterstützte deren Absicht, eher die Union zu sprengen, als die Sklaverei, die Quelle ihres Reichtums, aufzugeben. Als vier Jahre später Abraham Lincoln, der entschiedene Gegner der Sklaverei, Präsident wurde, traten die Südstaaten aus der Union aus. Sie gaben sich eine eigene Verfassung, die auf der Sklaverei beruhte, und begannen 1861 den vier Jahre währenden Bürgerkrieg, den Humboldt nicht mehr erlebte. Den Wahlsieg Buchanans über Fremont empfand er als eine persönliche Niederlage. «Die schändliche Partei», empörte er sich in einem Brief an Varnhagen vom 21. November 1856, «die fünfzigpfündige Negerkinder verkauft, Ehrenstöcke verteilt wie der russische Kaiser Ehrendegen und Gräfische Ehren-Nasen[2] – die erweist, daß alle weißen Arbeiter

1 Der bedeutende französische Philosoph René Descartes (sein lateinischer Gelehrtenname war Renatus Cartesius) hatte die Ansicht vertreten, die Bewegung der Himmelskörper werde durch Wirbel ausgelöst, die aus Strömungen des das Weltall erfüllenden Äthers bestünden.

2 Der Chirurg Karl Ferdinand von Gräfe, der Gründer der chirurgischen Klinik und Poliklinik in Berlin, führte u. a. die plastischen Operationen in Deutschland ein. Humboldt spielte darauf an, daß Gräfe Nasen aus der Arm- und Stirnhaut bildete.

auch besser Sklaven als Freie wären –, hat gesiegt. Welche Untat!»

Sklavenhandel und Sklaverei erregten Humboldt bis zu seinem Tode. Die ersten Unternehmungen des berühmten englischen Afrikareisenden David Livingstone, die Humboldt noch erlebte, interessierten den Pionier der wissenschaftlichen Forschungsreise «besonders wegen seiner [Livingstones] Ansicht über die Kulturfähigkeit des Negerstammes zu einer Zeit, wo unter dem Vorwand freier Arbeit Frankreich auf einer und Nordamerika auf der anderen Seite das Sklaveneinfangen in Afrika auf das schmachvollste begünstigen».

In dieser sein Humanitätsgefühl zutiefst empörenden Frage beschränkte sich der Greis nicht auf die Mitteilung seiner Ansichten an vertraute Freunde. Er ruhte nicht, bis in Preußen durch ein Gesetz vom 24. März 1857 dafür Sorge getragen war, daß «jeder Schwarze frei werden wird, sobald er preußischen Boden betritt». Dieses Gesetz «verdankt Ew. Exzellenz' menschenfreundlichen Absichten sein Entstehen», bescheinigte ihm der preußische Justizminister Simons.

Einer der rührigsten Vorkämpfer für die Abschaffung der Sklaverei war in jenen Jahren der schon 1833 ins Schweizer Exil getriebene naturwissenschaftliche Schriftsteller Julius Fröbel, der Herweghs und Freiligraths in Deutschland verbotene freiheitliche Schriften verlegt hatte und als einer der «Linken» der Frankfurter Nationalversammlung wegen seines entschiedenen Eintretens für die Sache des Volkes in Wien mit Robert Blum zum Tode verurteilt, aber begnadigt worden war. Humboldt ermutigte Fröbel in seinem Kampf für die Menschlichkeit. «Fahren Sie fort, die schändliche Vorliebe für Sklaverei, die Betrügereien mit der Einfuhr sogenannter frei werdender Neger (ein Mittel, zu den Negerjagden im Innern von Afrika zu ermutigen) zu brandmarken. Welche Greuel man erlebt, wenn man das Unglück hat, von 1789 bis 1858 zu leben!» Es war Humboldts ausdrücklicher Wunsch, daß sein Brief an Fröbel veröffentlicht würde.

Dieses Bekenntnis zur Humanität und zu einem Mann, der um seiner freiheitlichen und demokratischen Betätigung willen im reaktionären Preußen noch immer geächtet wurde, war Alexander von Humboldts letzte öffentliche Anklage des «vielen Schändlichen, Vernunftwidrigen, die Menschheit Verdummenden, was in beiden Kontinenten geschieht». Die Gesinnung, der Bekenntnis und Anklage entsprangen, war noch immer die gleiche, die ihn vor einem halben Jahrhundert beseelt hatte. Der greise Humboldt sprach sie immer wieder aus, «unfroh im neunundachtzigsten Jahre zu leben, weil von dem vielen, nach dem er seit früher Jugend mit immer gleicher Wärme gestrebt, so wenig erfüllt worden war».

Bekenntnis zu Fortschritt und Demokratie

Ob Humboldt von der «sich immer erneuernden» Jugend spricht, von der «Zeit» oder der «ansteigenden Kurve» – an «dem großen Entwicklungsprozeß der fortschreitenden Menschheit» ist er niemals irre geworden. Er hatte eine andere Gewißheit als der gleichaltrige Ernst Moritz Arndt. Der Greis zu Bonn vertraute in schlichter Gläubigkeit auf seinen «deutschen Gott», der endlich dem deutschen Volk doch zur nationalen Einheit und zu demokratischen Rechten verhelfen werde, wenn dieses Volk sich nur recht kräftig rühre. Der Greis in Berlin glaubte an den menschlichen Fortschritt als Teil des «allgemeinen Weltplanes, d. h. der Naturordnung».

Der Naturforscher Humboldt sah seine letzte große Aufgabe darin, die beispiellose «Masse empirischer Erfahrung», die er als letzter universaler Naturwissenschaftler angesammelt hatte, «wenigstens teilweise einer Vernunfterkenntnis zu unterwerfen». Er hatte dabei als «nächstes Ziel» im Auge, «in dem Naturganzen das Gesetzliche aufzufinden», das heißt, die «Naturordnung beziehungsweise den «Weltplan» zu erkennen. Noch immer am «Kosmos» arbeitend, trat er bereits in das neunte Jahrzehnt seines Lebens ein, zu einer Zeit, als Marx und Engels die Methode der materialistischen Dialektik auch auf die Erforschung der menschlichen Gesellschaft anzuwenden begannen.

Der dritte und vierte Band des «Kosmos», die 1850/51 und 1858 erschienen, beschäftigten die Gelehrten wie das gebildete Publikum in aller Welt. Von manchem Universitätskatheder und von weit mehr Kirchenkanzeln wurde, selten offen, meist versteckt, gegen den «Materialisten» und «Gottlosen» gelehrt und gepredigt. Die Naturwissenschaftler und die fortschrittliche Intelligenz bewunderten die universale Weite seines Wissens und die Gesamtschau der Naturerscheinungen. Aber mancher Parteigänger der Revolution und der deutschen Einigungsbewegung wurde sich des Widerspruches bewußt, der zwischen dem wissenschaftlichen Werk dieses Mannes und seinem Verhältnis zu den Königen von Preußen bestand. In den Salons und den Bürgerhäusern wiederum bemächtigte sich der Klatsch der menschlichen Schwächen, die der Greis unbekümmert zur Schau stellte. Seine gesteigerte Redseligkeit wurde bedauert, ertragen, belächelt oder verspottet. Üble Nachrede ging um, von der Reaktion geschürt und der Widersprüchlichkeit der Stellung Humboldts genährt.

Die Reaktion haßte ihn wegen seiner Volkstümlichkeit, seines Weltruhmes, seiner intellektuellen Überlegenheit, seiner bissigen Ironie. «Die Kleinen und Mittelmäßigen», notierte Varnhagen Ende November 1851 in seinem Tagebuch, «die wohl fühlten, daß sie gegen einen Großen nichts sind, vereinigen sich gegen ihn neidisch und gehässig und glauben dadurch etwas zu sein ... Einzeln bedeuten sie nichts, aber in der Masse wirken sie als solche, bedrücken den Tag, hemmen und verderben das Gute, untergraben Lust und Stimmung. Von solchem Gezücht hat Goethe gelitten, leidet Humboldt.»

Humboldts erste Biographen, die seine politischen Ansichten mehr oder minder teilten, haben den Versuch unternommen, den «Hofdemokraten» dem Zwielicht zu entziehen, indem sie seine Beziehungen zu zwei preußischen Monarchen als Treueverhältnis zwischen König und Lehnsmann (um nicht zu sagen Vasallen) erklärten. Humboldts Bemühungen, Friedrich Wilhelm III. wie Friedrich Wilhelm IV., obwohl er ihre Schwächen erkannt hatte, als Opfer ihrer Umgebung hinzustellen und sein Verbleiben am Hofe vor sich und anderen zu rechtfertigen, leisteten einem solchen idealistischen Rettungsversuch Vorschub. Die überragende Leistung seines Lebens, die über ihren hohen wissenschaftlichen Rang hinaus eine große Bedeutung für die menschliche Gesellschaft hat, bedarf einer solchen Idealisierung nicht.

Auch der «Hofdemokrat» tritt aus dem Zwielicht heraus, wenn man nur etwas schärfer hinblickt. Die Reaktion hätte ihn nicht gehaßt, sondern gerühmt, sie hätte seine Volkstümlichkeit, seine Weltgeltung, seine intellektuelle Überlegenheit gepriesen, wenn Humboldt nicht ihr erklärter Gegner, sondern ihr Parteigänger oder doch zumindest ein «unpolitischer» Gelehrter gewesen wäre. Der glühende Haß, mit dem die gesamte Hofkamarilla und die Reaktionäre aller Schattierungen den Mann bedachten, der seinem Vaterland mehr Ruhm in der Welt verschafft hatte als irgendeiner seiner Zeitgenossen, beweist am eindeutigsten, daß der «Hofdemokrat» ein Vertreter des Fortschritts war, den seine Gegner fürchteten. In seiner Zeit haben nur wenige den Feudalismus und die Reaktion so treffend und so scharf kritisiert wie Alexander von Humboldt; keines anderen Kritikers Stimme hatte ein solches Gewicht.

Humboldt war wie Arndt, wenn auch in einem anderen Sinne, ein «politischer» Gelehrter. Die Wissenschaft war ihm nicht Selbstzweck, sondern ein Mittel zur Förderung der Humanität und der menschlichen Wohlfahrt. Vor allen anderen bürgerlichen Gelehrten hat er erkannt, daß die «reine» voraussetzungslose Forschung den Forderungen nicht gerecht wird, welche die menschliche Gesellschaft stellt und stellen muß, wenn sie in ihrer Entwicklung voranschreiten will. Warnend erhob er seine Stimme gegen die gefährliche Irrlehre, die Deutschen seien «ein Volksstamm von Denkern»; er bezeichnete es geradezu als eine deutsche Aufgabe, «jene beiden Elemente, der Kultur und der Politik, ohne Nachteil beider zu verschmelzen». Gesinnung und Stärke des Charakters wünschte er nicht weniger gepflegt als die Intelligenz. In der Erkenntnis, daß das Wissen eine der Triebkräfte des Fortschritts ist, daß «mit dem Denken der Ernst und die Kraft in die Menge kommt», wurde er zum Wegbereiter der Popularisierung der Wissenschaft, der wissenschaftlichen Bildungsvereine, der Volkssternwarten und der Volkshochschulen.

Zeitgenossen bezeichneten Humboldt mit Vorliebe als einen Liberalen; er selbst sagte von sich immer wieder, daß er «die Ideen von 1789 im Herzen» trage; er bekannte sich sieben Jahrzehnte hindurch zur «Färbung von 1789» und fühlte sich als Bürger.

Unter Liberalismus verstand man damals zunächst jede fortschrittliche Gesinnung. Insofern trifft diese Bezeichnung auch auf Humboldt zu. Aber schon zu Humboldts Zeiten wurde der Liberalismus zu einer bürgerlich-politischen Richtung, die das freie Spiel der Kräfte auf ihre Fahnen schrieb, in der Wirtschaft die Forderung nach freier Konkurrenz erhob und hier wie in der Politik die unbeschränkte Gewalt des Starken über den Schwachen proklamierte, in Wirklichkeit also die Freiheit der Ausbeutung meinte. In einem solchen Sinne als Liberaler bezeichnet zu werden, hätte Humboldt mit Recht weit von sich gewiesen. Wenn er sich einen Mann «freien Sinnes» nannte, so bedeutete das, daß er sich mit gleichem Nachdruck gegen die Privilegien des Adels wandte wie gegen die Ausbeutung der Kolonien und die Negersklaverei, gegen die Verdummung durch kirchliche Orthodoxie wie gegen die Vorherrschaft von Theologie und Metaphysik. Ein Bürger sein, das hieß für den als Adligen geborenen Alexander von Humboldt die Aufhebung der Vorrechte der Geburt und des Standes, das gleiche Recht aller vor dem Gesetz und die Teilnahme des bisherigen «Untertanen» als freier Staatsbürger an den Aufgaben des Staates und der Gemeinden. Unter Freiheit verstand Humboldt weder Anarchie noch Herrschaft des wirtschaftlich Starken. Er wußte sehr wohl, daß die Aufhebung der Negersklaverei in Westindien – wie es später vor allem in den Vereinigten Staaten sich zeigte – die «Vogelfreiheit» des wirtschaftlich Schwachen zur Folge haben würde, wenn an die Stelle der patriarchalisch-feudalistischen die noch hemmungslosere kapitalistische Ausbeutung träte; infolgedessen erdachte er ein ganzes System von Maßnahmen zur Verhinderung dieser neuen Form der Unmenschlichkeit.

Es ist durchaus kein Zufall, daß Humboldt davon sprach, er trage die Ideen von 1789 im *Herzen.* Er war Realist und betrachtete die Welt mit den kritischen Augen des Naturforschers. Die Verkündung der Menschenrechte, das heißt der jedem Menschen angeborenen und unveräußerlichen Rechte, und die gesetzliche Verankerung der Rechte des Menschen und des Bürgers in der französischen Verfassung von 1791 begeisterten zwar den jungen Humboldt, wie er denn in der Französischen Revolution eine wesentliche Etappe in dem «großen Entwicklungsprozeß der fortschreitenden Menschheit» sah. Mit der Verkündung und der gesetzlichen Verankerung humaner

Grundsätze war aber die Unmenschlichkeit nicht aus der Welt gebracht, die Humanität nicht verwirklicht, weder im revolutionären Frankreich noch anderswo in der Welt. Erinnern wir uns nur an sein Urteil über die Julirevolution des Jahres 1830 in Paris: «Die Nation ist noch immer betrogen worden, und sie wird wieder betrogen. Dann wird sie auch wieder den Lug und Trug strafen, denn dazu ist sie reif und stark genug.»

Humboldt beurteilte auch den Gang der deutschen Dinge auf Grund der Erfahrungen, die er in Frankreich gesammelt hatte. Der Meister der vergleichenden Naturwissenschaften erkannte sehr wohl, daß das deutsche Bürgertum dem französischen an «Reife» und «Stärke» nicht zu vergleichen war, daß Deutschland in der ansteigenden Kurve weit hinter seinem westlichen Nachbarn zurücklag.

Das Wunschbild, das er im «Herzen» trug, blieb unverändert; an der Unaufhaltsamkeit des menschlichen Fortschrittes zweifelte er nicht. Aber er war der Meinung, daß die Erfüllung des menschlichen Dranges nach einer humanen Gesellschaftsordnung noch in weiter Ferne lag. Die «Zeit» und die sich «immer erneuernde» Jugend, teils rein mechanisch-materialistische, teils idealistische Vorstellungen, waren die Grundelemente seines Geschichtsbildes.

Das bedeutete jedoch keineswegs, daß Humboldt die fortschrittliche Bewegung im deutschen Bürgertum sich selbst überließ oder sich auf seine Kritik an der Reaktion beschränkte. Was ihn am «Kosmos» «am lebhaftesten interessierte», war «der Effekt auf die Massen». Humboldt hat sich in ganz besonderem Maße darum verdient gemacht, daß das Wissen und mit dem Wissen das Denken «der Menge die Kraft geben», deren sie zur Förderung des menschlichen Fortschrittes bedurfte. Wenn er auch wie Arndt konstitutioneller Monarchist war und die aktive Teilnahme des Volkes an der Herrschaft innerhalb einer Monarchie verwirklicht wissen wollte, so hat er doch wie sein Bruder Wilhelm an der Forderung nach einer Verfassung festgehalten und als einziger «Höfling» der gesamten Reaktion zum Trotz eine Reform des Staates gefordert, durch die dem Volke demokratische Rechte eingeräumt werden sollten mit der Gewähr, daß die Herrschaft durch vom Volk gewählte Vertreter wenn schon nicht ausgeübt, so doch zumindest kontrolliert würde. Freilich wünschte er, daß dieses Ziel auf «legalem» Wege, das heißt ohne Revolution durch eine freie Vereinbarung zwischen Krone und Volk erreicht würde, da er sich nichts von gewaltsamen Lösungen erhoffte, sondern sich alles von friedlichen Reformen «einsichtiger» Fürsten versprach.[1]

Auch Humboldt war nicht frei von den Schwächen des Bürgertums des 19. Jahrhunderts. Er scheute den Kampf in der Wissenschaft wie in der Politik (und, wie wir sahen, auch im persönlichen Leben). Er setzte sich weder mit Hegel noch mit Schelling in seinen Schriften auseinander; er war vielmehr ängstlich bemüht, seine Ansichten so vorsichtig zu formulieren, daß sich kein anderer Gelehrter angegriffen fühlen könnte. Um so bemerkenswerter sind die Schärfe und die Kühnheit seines Urteils über die Reaktion und die Ausbeutung der Kolonien, während er zu der Frage der deutschen Einheit selbst in vertrauten Briefen selten entschieden Stellung nahm. Aber man weiß, daß er sich in der Alten wie in der Neuen Welt niemals als Preuße, sondern als Deutscher gefühlt und bezeichnet hat, daß er – so auf der Berliner Naturforschertagung – das einigende Band der Wissenschaft betonte und vor allem durch seine Lebensleistung wesentlich dazu beigetragen hat, das Nationalbewußtsein der Deutschen zu stärken.

Trotz der auch ihm anhaftenden Schwächen der bürgerlich-demokratischen Bewegung seiner Zeit war Humboldt ein aufrechter bürgerlicher Demokrat, ein Mann, der nicht nur durch seine überragende Leistung, sondern auch durch seine humane Gesinnung und sein demokratisches Bewußtsein einen hervorragenden Platz unter den fortschrittlichen Kräften der ersten Hälfte des 19. Jahrhunderts einnimmt. Mit Recht zählte ihn Böckh zu den «Wohltätern des Vaterlandes».

1 Vgl. dazu Gerhard Harig, «Alexander von Humboldt – Wissenschaftler und Humanist», in: «Deutsche Zeitschrift für Philosophie» 7 (1959), S. 253 ff.

Will man Humboldt dem Zwielicht entziehen, in das er im Urteil seiner Zeitgenossen durch sein Verhältnis zum reaktionären Hofe geraten war, so bedarf die Frage einer Antwort, warum der Demokrat Kammerherr zweier preußischer Könige blieb.

Es hieße Humboldt idealisieren, wollte man den entscheidenden Grund für ein solches Verhalten mit seinen ersten Biographen als ein persönliches Treueverhältnis betrachten und darauf hinweisen, daß Humboldt nur durch seine Stellung am Hofe die Möglichkeit hatte, in fortschrittlichem Sinne auf die Förderung der Forschung und der Wissenschaft einzuwirken. Solche Erwägungen mögen Humboldt, der sich der Widersprüchlichkeit seiner Lage durchaus bewußt war, dazu verholfen haben, sein Verhalten vor sich und anderen zu rechtfertigen. Der entscheidende Grund, den Humboldt bezeichnenderweise selten ausgesprochen hat, wie etwa in cinem Brief an Gauß, war ein anderer.

Humboldt war wirtschaftlich vom Hof abhängig; er sah keine andere Möglichkeit, seinen Lebensunterhalt und die für seine Forschungsarbeiten erforderlichen Mittel zu verdienen. Er lebte von den Bezügen, die er als Kammerherr erhielt. Seine jährlichen Einkünfte von 5 000 Talern, mit denen er seinen Haushalt, seine wissenschaftliche Arbeit und sein «Adreß-Comptoir»[1] bestritt, gelegentliche Zuwendungen aus der königlichen Schatulle und die Honorare aus seinen Veröffentlichungen reichten nicht aus, um die Darlehen zu tilgen, die er nach der Übersiedlung nach Berlin bei der preußischen Seehandlung und späterhin im Bankhaus Mendelssohn aufgenommen hatte.

Der Mann, der für zahllose Forscher, Künstler und Professoren, Witwen und Waisen bei König, Ministern und Ministerialbeamten Stipendien, Gehaltserhöhungen und Renten erbettelte, forderte niemals für sich und sein Werk, das seinem

1 In den letzten Jahren seines Lebens hat Humboldt jährlich zwischen 1 500 und 3 000 Briefe geschrieben; allein an seinem letzten Geburtstag erhielt er 300, im Jahresmittel in den letzten Lebensjahren zwischen 1 600 und 2 000 Postsendungen.

Vaterland in ruhmloser Zeit Achtung in aller Welt verschafft hatte. Und niemand fand sich, der es für ihn getan hätte oder gar auf den Gedanken gekommen wäre, das Schaffen dieses großen Gelehrten verpflichte den Staat zu einem angemessenen Ehrensold.

Der greise Humboldt war so verarmt, daß er im März 1855 seine gesamte sachliche Habe seinem Kammerdiener Seifert, der ihm drei Jahrzehnte zur Seite gestanden hatte, zum Lohne für die ihm geleisteten Dienste übereignete und sich nur die Nutznießung an seinem Eigentum vorbehielt. Als die Schenkung nach dem Ableben Humboldts bekannt wurde, begann ein lebhaftes Feilschen mit dem «Erben», der möglichst viel Geld aus Humboldts Hinterlassenschaft holen wollte. Es ist gleichgültig, in welchem Verhältnis der wahrhaft «uralte», des Haushaltens mit seinen beschränkten Mitteln unkundige Junggeselle zu den Seiferts stand, die für seine bescheidenen Lebensbedürfnisse sorgten. Krone[1] und Öffentlichkeit sahen zu, wie mit Teilen des sonstigen Nachlasses auch die Bibliothek eines der größten Söhne Deutschlands, um deren Ankauf zwar verhandelt worden war, an einen privaten Interessenten und von diesem nach London weiterverkauft wurde, wo sie größtenteils durch ein Feuer zugrunde ging.

Welcher Art Humboldts materielle Lage war, beweist ein Dokument aus dem Jahre 1853, das die Tochter des Kammerdieners Seifert den Verfassern der von Bruhns herausgegebenen wissenschaftlichen Biographie Humboldts zur Verfügung stellte.[2]

In der Sorge, daß Seifert die ihm zugedachte «kleine Gabe» von den Gläubigern vorenthalten werden könnte, richtete Humboldt «in sicherem Vertrauen frei und unerschrocken» an Friedrich Wilhelm IV. «die fußfällige Bitte», nach seinem Tode «im Mendelssohnschen Hause durch ein Geschenk, einem Ihnen so lange ehrfurchtsvoll ergebenen uralten Manne gespendet», seine Schuld tilgen zu lassen. «Trotz meiner nächtlichen Arbeitsamkeit ist es sehr ungewiß, ob ich dahin gelange, meine Schuld in dem mir seit siebzig Jahren befreundeten Bankier-

1 Friedrich Wilhelm IV. hatte die Regierungsgeschäfte provisorisch schon 1857, definitiv am 7. Oktober 1858 seinem Bruder Wilhelm übertragen.
2 Abgedruckt a. a. O., Bd. 2, S. 469 ff.

hause Mendelssohn bis zu meinem Hinsterben ganz abzuzahlen.»

Erst nach einem Schlaganfall im Februar 1857 entschloß sich Humboldt, dieses Gesuch dem König vorlegen zu lassen. Der ob dieser Sorgen «betrübte» Friedrich Wilhelm IV. gab dem Kammerherrn durch Kabinettsordre vom 21. März 1857 der «Befriedigung» Ausdruck, «diese Sorge durch die Versicherung von Ihnen zu nehmen, daß ich bei Ihrem hoffentlich noch ferngerückten Ableben die Ordnung dieser Angelegenheiten als ein mir wertes Vermächtnis ansehen werde».

Humboldts «Vermächtnis» an seinen Kammerdiener wie seine «fußfällige Bitte» an seinen König gewähren einen tiefen Einblick in die persönlichen Umstände, in denen der fast Neunzigjährige lebte. Zweifelt irgendwer daran, daß der König von Preußen unverzüglich Sorge trug, die Schuld des Mannes zu begleichen, dessen «geistreichen, ihm so unentbehrlich gewordenen Umganges» er sich dank der «so schnell und so vollständig erfolgten Herstellung von anscheinend schwerer Krankheit» noch lange «zu erfreuen» hoffte? Um auch das noch anzumerken: Nicht Friedrich Wilhelm IV., sondern erst sein Bruder und Nachfolger, der damalige Regent Wilhelm, bezahlte nach Humboldts Hingang die noch im Bankhaus Mendelssohn verbuchte Schuld von 1 300 Talern, die der bis an sein Lebensende unermüdlich tätige Greis nicht mehr hatte tilgen können

«Der Uralte von den Bergen»

Seit 1842 lebte Humboldt in dem kleinen Haus in der Oranienburger Straße 67, das einst Christian Gottfried Körner, dem Freunde Schillers und Vater des Freiheitskämpfers, gehört hatte und dann in den Besitz des Bankiers Alexander Mendelssohn übergegangen war, in einer damals stillen, entlegenen Straße Berlins, in der «sehr gesunden Gegend des sibirischen Viertels», wie er scherzend zu sagen pflegte. (Nach dem Abbruch des Hauses «Hinter dem neuen Packhofe»[1], das dem

1 «Hinter dem neuen Packhofe», Nr. 4, 1. Etage, wohnte Humboldt, aus Paris zurückgekehrt, vom Mai 1827 bis Mai 1841, danach vom 17. Mai 1841 bis Juni 1842 in der Werderschen Rosenstraße Nr. 3.

Neuen Museum Platz machen mußte, hatte er sich nur kurze Zeit «hinter der Werderschen Kirche» eingerichtet.)

In den letzten Jahren ließ der Kammerdiener Seifert ungebetene Besucher immer seltener über die «Zugbrücke», die in die durch Eduard Hildebrandts Aquarell aus dem Jahre 1856 bekannt gewordene Bibliothek führte. Der «Kosmos», die Krönung seines Lebenswerkes, war noch nicht fertig und wurde es auch nicht. Selbst von «Pappkästen und Notaten-Registern umgeben», suchte Humboldt «mitten in dem Gewölk der frechsten und unsinnigsten Reaktion» Herr der Fülle der Forschungsergebnisse zu werden, welche die Söhne und Enkel seiner eigenen Generation auf den verschiedensten Gebieten der Naturwissenschaften zusammentrugen. In die Vorlesungen der vorwärtsstürmenden Naturforscher zu eilen, reichte seine körperliche Kraft nicht mehr aus. Wie er einst in Paris, mit vollen Händen aus dem reichen mütterlichen Erbe schöpfend, die namhaftesten Gelehrten um sich versammelt hatte, um die wissenschaftlichen Ergebnisse der amerikanischen Reise zum sicheren Bestandteil der Naturerkenntnis zu machen, so wußte er jetzt seiner physischen Weltbeschreibung das gesamte zeitgenössische Wissen zugrunde zu legen. Was er nicht erlesen und nicht im persönlichen Gespräch erfragen konnte, suchte der Meister der wissenschaftlichen Arbeitsteilung und Arbeitszusammenfassung durch briefliche Auskünfte zu erkunden. Die Hartnäckigkeit des hochbetagten Autors wetteiferte mit seiner methodischen Gründlichkeit. Kein deutscher Gelehrter, der im Bereich des weitgespannten Kosmos-Planes wissenschaftlich arbeitete, vermochte sich der Beantwortung der Fragen und der Dringlichkeit des Ersuchens um Auskunft zu entziehen. Gustav Rose, der Gefährte der sibirischen Reise, einer der vielen, deren Wissen sich Humboldt nutzbar machte, mußte sich, in einer Antwort säumig geworden, mitten in der Nacht von dem rastlos tätigen Humboldt erinnern lassen: «Die Toten und die Greise reiten schnell!»

Es war nicht nur das «vorsintflutliche» Alter, das Humboldt zur Eile mahnte. Er konnte nicht leben, ohne rastlos zu schaffen. In den letzten zwei Jahren seines Lebens drückten ihn die Kammerherrendienste nicht mehr; Friedrich Wilhelm IV. hatte von ihm «tränenreichen» Abschied nehmen müssen, um in

Meran von einer Geisteskrankheit Genesung zu suchen, für die es keine Heilung gab. Den Greis in der Oranienburger Straße trieb der Ehrgeiz, das gewaltige Werk zu vollenden, das er in späten Jahren begonnen hatte, um so mehr, als ihn das Hinsterben der Freunde, einer Tochter und einer Enkelin des Bruders Wilhelm daran erinnerte, daß er das biblische Alter bei weitem überschritten hatte. «Wie oft bin ich nun», klagte er, «der urälteste meines Geschlechts, diesen Weg zur Säule gegangen, welche durch Thorwaldsen *Hoffnung* verheißt! Ich begrabe mein ganzes Geschlecht!»

Leopold von Buch war der erste aus dem engeren Freundeskreis, der, am 4. März 1853, dahinging. «Er hat seiner Wissenschaft eine neue Gestalt gegeben», schrieb Humboldt an Varnhagen. «Unsere Freundschaft hat 63 Jahre gedauert – ohne Trübung, ob wir gleich oft denselben Boden beackerten.» Im selben Jahr, am 2. Oktober, starb Arago, mit dem Humboldt wohl die engste Freundschaft verband, die er je geschlossen hat, der Naturforscher, den er für größer hielt als sich selbst. Mit unbegrenzter Hochachtung beugte er sich vor Gauß, der am 23. Februar 1855 die Augen schloß, in seinem Dahinscheiden getröstet durch den Gedanken «an *meinen* Humboldt», ein Beiwort, «welches ich ihn zu keinem anderen Namen habe setzen hören». Das mag eine Huldigung von Gauß' Vertrautem und Arzt gewesen sein, der Humboldt die Nachricht vom Tode des großen Mathematikers übermittelte. Gewiß ist, daß sich Gauß Humboldts letzten Brief auf dem Sterbebett wiederholt vorlesen ließ, ebenso wie Arago, der im Vergleich zu Humboldt fast zwei Jahrzehnte jüngere, der die nächtlichen Stunden mit Alexander auf dem Pariser Observatorium und im Kreise seiner Familie noch Jahrzehnte danach als schönste Erinnerung seines Lebens zu bezeichnen pflegte.

Am 3. Dezember 1857 verlor Humboldt einen Freund, dem er erst an seinem Lebensabend nähergetreten war, aber den er schon ein halbes Jahrhundert zuvor durch Zuwendungen aus eigenen Mitteln gefördert hatte. Das war der Bildhauer Christian Daniel Rauch. Ein halbes Jahr später traf vom La Plata die Nachricht ein, daß Aimé Bonpland, der Gefährte der amerikanischen Reise, seit dem 4. Mai 1858 nicht mehr unter den Lebenden weile. Und schließlich überlebte der Greis sogar den Mann, den er sich als seinen Biographen gewünscht haben mag; Karl August Varnhagen von Ense starb am 10. Oktober 1858. «Was er mir war, was er mir, dem nun ganz Vereinzelten, war, das können Sie in Ihrem schönen, feinen Sinne allein ganz fassen», schrieb «der Alte von den Bergen» an Varnhagens Nichte Ludmilla Assing, die alsbald nach Humboldts Tod die «Briefe von Alexander von Humboldt an Varnhagen von Ense» herausgab.

«Keine Ruine – eine Pyramide»

Bayard Taylor über einen Besuch bei Humboldt (1856)[1]

«Ich ging nach Berlin, nicht um seine Museen und Galerien, die schöne Straße Unter den Linden, Opern und Theater zu sehen, noch um mich an dem munteren Leben seiner Straßen und Salons zu erfreuen, sondern um den bedeutendsten, jetzt lebenden Mann der Welt zu sprechen – Alexander von Humboldt.

Da er wegen seines hohen Alters und universellen Ruhmes gegenwärtig als der gekrönte Monarch in der Welt der Wissenschaft angesehen wird, haben sich seine Freunde genötigt gesehen, ihn gegen die ermüdenden Huldigungen der Tausende seiner Untertanen zu beschützen und, um seines eigenen Wohles willen, die Wege der Audienz zu ihm zu erschweren ...

Einige meiner Schriften hatten, wie ich hörte, den Weg zu ihm gefunden. Ich stand im Begriffe, eine Reise zu unternehmen, die mich wahrscheinlich durch Gegenden führen sollte, welche sein Fuß betreten und sein Genius beschrieben hatte, und es war daher nicht bloß eine natürliche Neugierde, die mich ihn zu sehen antrieb. Ich befolgte den Rat einiger meiner

1 Der amerikanische Weltreisende Bayard Taylor, der sich u. a. als Übersetzer von Goethes «Faust» und um die Verbreitung der Kenntnisse der deutschen Literatur in Nordamerika verdient gemacht hat, wurde kurz vor seinem Tode (1878) zum Gesandten der Vereinigten Staaten in Berlin ernannt. (Der hier gekürzt wiedergegebene Bericht, entnommen der von Karl Bruhns herausgegebenen wissenschaftlichen Biographie Alexander von Humboldts, Band 2, S. 437 ff., erschien am 25. November 1856 in der «New York Tribune».)

deutschen Freunde, indem ich mich an keine Mittelsperson wandte, sondern direkt ein Schreiben mit der Angabe meines Namens und Zweckes und der Bitte um eine Zusammenkunft an ihn richtete.

Drei Tage später erhielt ich durch die Stadtpost eine Antwort von seiner eigenen Hand, des Inhalts, daß, obwohl er an einer Erkältung infolge seines Umzugs von Potsdam nach der Hauptstadt leide, er mich dennoch gern am heutigen Tage, um 1 Uhr, empfangen würde. Ich war auf die Minute pünktlich und kam in seiner Wohnung in der Oranienburger Straße an. Die Glocke schlug. In Berlin wohnt er mit seinem Bedienten Seifert, dessen Name allein an der Tür steht. Das Haus ist einfach und zwei Stock hoch, von einer fleischfarbenen Außenseite und, wie die meisten Häuser in deutschen Städten, von zwei bis drei Familien bewohnt. Der Glockenzug oberhalb Seiferts Namen ging nach dem zweiten Stock. Ich läutete, die schwere Haustür öffnete sich von selbst, und ich stieg die Treppe hinauf, bis ich vor einem zweiten Glockenzuge stand, über welchem auf einer Tafel die Worte zu lesen waren: Alexander von Humboldt.

Ein untersetzter, vierschrötiger Mann von etwa Fünfzig, den ich sogleich als Seifert erkannte, öffnete. ‚Sind Sie Herr Taylor?‘ redete er mich an und fügte auf meine Bejahung hinzu: ‚Seine Exzellenz ist bereit, Sie zu empfangen.‘ Er führte mich in ein Zimmer voll ausgestopfter Vögel und anderer Gegenstände der Naturgeschichte, von da in eine große Bibliothek, die offenbar die Geschenke von Schriftstellern, Künstlern und Männern der Wissenschaft enthielt. Ich schritt zwischen zwei langen, mit mächtigen Folianten bedeckten Tischen zu der nächsten Tür, welche sich in das Studierzimmer öffnete. Diejenigen, welche die herrliche Lithographie von Hildebrandts Bild gesehen, wissen genau, wie dieses Zimmer aussieht. Da befanden sich der einfache Tisch, das Schreibpult, mit Papieren und Manuskripten bedeckt, das kleine grüne Sofa und dieselben Karten und Bilder auf den sandfarbigen Wänden . . .

Seifert ging an eine innere Tür, nannte meinen Namen, und alsbald trat Humboldt ein. Er kam mir mit einer Freundlichkeit und Herzlichkeit entgegen, welche mich sofort die Nähe eines Freundes fühlen ließ, reichte mir seine Hand und fragte, ob wir englisch oder deutsch sprechen sollten. ‚Ihr Brief war der eines Deutschen', sagte er, ‚und Sie müssen sicherlich die Sprache geläufig sprechen; doch bin ich auch fortwährend an das Englische gewöhnt.' Ich mußte auf dem einen Ende des grünen Sofas Platz nehmen, indem er bemerkte, daß er selten selbst auf demselben sitze; hierauf stellte er einen einfachen Strohstuhl daneben und setzte sich darauf, bemerkend, daß ich ein wenig lauter als gewöhnlich sprechen möge, da sein Gehör nicht mehr so gut wie früher sei.

Indem ich auf den majestätischen alten Mann blickte, kamen mir die Worte Tennysons über Washington ins Gedächtnis: ‚Oh good gray head, which all men know!' [‚O gutes graues Haupt, das alle Menschen kennen!'] Der erste Eindruck, den Humboldts Gesichtszüge machen, ist der einer großen und warmen Menschlichkeit. Man faßt bei dem ersten Blicke Vertrauen, und man fühlt, daß er uns vertrauen wird, wenn wir dessen würdig sind. Ich hatte mich ihm mit einem natürlichen Gefühl der Ehrfurcht genähert, aber in fünf Minuten fühlte ich, daß ich ihn liebte und mit ihm ebenso unumwunden sprechen konnte wie mit einem Freunde meines eigenen Alters ...

Ich war sehr von dem leidenden Ausdrucke seines Gesichts überrascht. Ich wußte, daß er während des letzten Jahres häufig unwohl war, und man hatte mir gesagt, daß die Anzeichen seines hohen Alters einzutreten anfingen; dennoch würde ich ihm nicht über fünfundsechzig gegeben haben. Er hat wenig und kleine Runzeln, und seine Haut ist weich und zart, wie man sie selten bei bejahrten Leuten antrifft. Sein Haar, obgleich schneeweiß, ist noch reich, sein Gang langsam, aber fest, und sein Auftreten tätig bis zur Rastlosigkeit. Er schläft nur vier Stunden von vierundzwanzig, liest und schreibt seine tägliche Korrespondenz von Briefen und läßt sich nicht den geringsten Umstand von einigem Interesse aus einem Teile der Welt entschlüpfen. Ich konnte nicht wahrnehmen, daß sein Gedächtnis, die erste geistige Kraft, die zu verfallen pflegt, irgendwie gelitten hat. Er spricht rasch, mit der größten Leichtigkeit, ohne je um ein Wort im Deutschen oder Englischen verlegen zu sein, und schien es in der Tat nicht zu merken, als er im Laufe der Unterhaltung fünf- bis sechsmal die Sprache wechselte. Er blieb auf seinem Stuhle nicht länger als zehn Minuten sitzen, sondern stand öfters auf und spazierte durch das Zimmer, indem er dann und wann auf ein Bild zeigte oder ein Buch öffnete, um seine Bemerkungen zu erklären.

Er spielte zuerst auf meine Winterreise nach Lappland an. ‚Warum wählen Sie den Winter?' fragte er. ‚Ihre Erfahrungen werden sehr interessant sein, das ist wahr; aber werden Sie nicht an der strengen Kälte leiden?' – ‚Das wird sich zeigen', antwortete ich, ‚ich habe alle Klimate, das arktische ausgenommen, ohne Nachteil versucht. Die beiden letzten Jahre meiner Reise brachte ich in tropischen Ländern zu, und nun möchte ich den möglichst stärksten Gegensatz erfahren.' – ‚Das ist sehr natürlich', bemerkte er, ‚und ich kann es begreifen, wie Ihr Reisezweck Sie zur Aufsuchung solcher Kontraste bestimmen muß; Sie müssen aber eine merkwürdig gesunde Organisation besitzen.' – ‚Sie wissen ohne Zweifel aus Ihrer eigenen Erfahrung', erwiderte ich, ‚daß nichts so sehr die Gesundheit erhält als Reisen.' – ‚Sehr wahr', sagte er, ‚wenn es einen nicht gleich im Anfang umbringt! Was mich betrifft, so bewahre ich meine Gesundheit überall, wie Sie. Während fünf Jahren in Südamerika und Westindien lebte ich inmitten von Brechruhr und gelbem Fieber unberührt.'

Ich sprach von meiner beabsichtigten Reise nach Rußland und meinem Wunsche, die russisch-tatarischen Provinzen Zentralasiens zu durchwandern. Die Kirgisensteppe sei sehr eintönig, meinte er, fünfzig Meilen machten einem den Eindruck von tausend; doch das Volk sei sehr interessant. Sollte ich mich dahin begeben, so würde ich keine Schwierigkeiten finden, von dort aus nach der chinesischen Grenze zu gelangen. Aber die südlichen Provinzen Sibiriens, meinte er, würden mich doch am meisten entschädigen ...

Humboldts Rückerinnerungen an das Altai-Gebirge brachten ihn natürlich auf die Anden zu sprechen. ‚Sie sind in Mexiko gereist', sagte er, ‚sind Sie nicht mit mir der Meinung, daß die schönsten Berge in der Welt jene einzeln stehenden Kegelberge sind, die, mit ewigem Schnee bedeckt, sich aus der glänzenden Vegetation der Tropen erheben? Der Himalaja, obgleich erhabener, kann kaum einen gleichen Eindruck machen; er liegt höher in dem Norden, ohne die Umgebung tropischen Wachstum, und seine Abhänge sind im Vergleich unfruchtbar und trocken. Sie erinnern sich an Orizaba', fuhr er fort, ,hier ist ein Stich von einer unvollendeten Skizze von mir. Ich hoffe, Sie werden sie korrekt finden.' Er stand auf und nahm den illustrierten Folio herab, welcher der neuen Ausgabe seiner ,Kleinen Schriften' beigegeben ist, blätterte ihn durch und rief bei jedem Blatte eine oder die andere Reminiszenz seiner amerikanischen Reise zurück. ,Ich glaube noch', äußerte er, indem er das Buch schloß, ,daß der Chimborazo der großartigste Berg in der Welt ist.'

Unter den Gegenständen in seinem Arbeitszimmer war ein lebendes Chamäleon in einem Behältnis mit einem Glasdeckel. Das Tierchen, welches etwa sechs Zoll lang war, lag müßig auf einem Bette von Sand, mit einer großen Schmeißfliege auf dem Rücken, welche ihm als Mittagbrot dienen sollte. ,Man hat es mir gerade von Smyrna geschickt', sagte Humboldt, ,es ist sehr unbekümmert und gleichmütig in seiner Art.' In diesem Augenblick öffnete das Chamäleon eines seiner runden Augen und sah uns an. ,Eine Eigentümlichkeit dieses Tieres ist', fuhr er fort, ,sein Vermögen, zu gleicher Zeit nach verschiedenen Richtungen sehen zu können. Es kann mit einem Auge gegen den Himmel sehen, während das andere zur Erde niedersieht. Es gibt viele Kirchendiener, die dasselbe können.'

Nachdem er mir einige von Hildebrandts Aquarellen gezeigt hatte, ging er zu seinem Stuhle zurück und begann über amerikanische Angelegenheiten zu sprechen, mit denen er vollständig vertraut zu sein schien. Er sprach mit großer Auszeichnung von Colonel Fremont, dessen Wahlniederlage er tief bedauerte. ,Doch ist es ein sehr erfreuliches Zeichen', sagte er, ,und ein gutes Omen für Ihr Land, daß mehr als eine halbe Million Stimmen einen Mann von Fremonts Charakter und Fähigkeiten getragen haben.' Mit Rücksicht auf Buchanan meinte er: ,Ich hatte nicht lange her Gelegenheit, in einem Briefe, der veröffentlicht worden, von seinem Ostende-Manifest zu sprechen, und ich konnte seinen Sinn durch keinen milderen Ausdruck als den der Wildheit bezeichnen . . .'

Ich habe nur den kleinsten Teil seiner Unterhaltung wiedergegeben, welche in einem ununterbrochenen Strome des Wissens dahinfloß. Indem ich mir alles ins Gedächtnis zurückrufe, bin ich erstaunt, die große Menge Gegenstände, die er berührt, wahrzunehmen, und wieviel er betreffs eines jeden zu sagen hatte oder zu sagen schien – denn er besitzt die seltene Gabe, einen Gegenstand in sein klarstes und lebhaftestes Licht durch ein paar leuchtende Worte zu setzen. Er dachte, wie er sprach – ohne Mühe. Ich möchte seinen Geist mit der Quelle von Vaucluse[1] vergleichen: ein ruhiger und tiefer See, ohne Welle auf der Oberfläche, aber durch sein Ausströmen einen Fluß erzeugend. Er stellte viele Fragen an mich, aber wartete nicht immer auf Antwort, indem die Frage selbst ihm manches in die Erinnerung rief, das auszusprechen ihm Vergnügen machte. Ich saß oder ging, jeder seiner Bewegungen mit Neugierde folgend und abwechselnd englisch und deutsch redend, bis die Zeit, die er mir bewilligt, verstrichen war. Seifert erschien endlich und sagte zu ihm in einem Tone, der ebenso ehrerbietig als vertraulich war: ‚Es ist Zeit!', und ich empfahl mich.

‚Sie sind viel gereist und haben viele Ruinen gesehen', sagte Humboldt, indem er mir seine Hand reichte, ‚jetzt haben Sie eine mehr gesehen.' – ‚Keine Ruine', war meine unwillkürliche Antwort, ‚sondern eine Pyramide ...'»

«Der letzte Heros der großen literarischen Epoche»

«Meine Kräfte nehmen sehr ab», teilte Humboldt Mitte Dezember 1856 Bunsen mit. «Es ist nicht bequem, den Phosphor des Gedankens schwinden und das Gewicht des Hirnes abnehmen zu sehen, wie die neue Schule sagt. Ich verliere aber nicht den Mut zu arbeiten.»

Er war nicht eigentlich krank, nur ein Hautjucken, «eine Milchstraße von juckenden Hirsekörnern», plagte ihn. Ende Februar 1857 hatte er einen Schlaganfall. Lukas Schönlein, der große Kliniker, der es ablehnte, sich seine Dienste als Leibarzt des Königs mit dem Adelstitel bezahlen zu lassen, behandelte ihn. Er gab wenig Hoffnung auf Genesung. Das «Wetterleuchten» ging jedoch vorüber. Der König war zugegen, als Schönlein erklärte, der Kranke werde längere Zeit nicht

1 Durch Petrarcas Aufenthalt berühmte wasserreiche Quelle bei dem gleichnamigen Dorf. Die Quelle speist die Sorgue, einen Nebenfluß der Rhône.

auf der linken Seite fest stehen können. Humboldt erwiderte: «Darum werde ich doch nicht nötig haben, mich auf die rechte zu Gerlach zu setzen.»

Wenige Tage später nahm Humboldt seine Arbeit am «Kosmos» wieder auf. Erst im Winter 1858 begannen seine Kräfte schnell zu schwinden. Gegen Ende April war er so schwach geworden, daß er das Bett nicht mehr verlassen konnte.

Alexander von Humboldt starb am 6. Mai 1859, wenig mehr als vier Monate vor seinem 90. Geburtstag. Nach einer prunkvollen Trauerfeier im Dom wurde die Leiche nach Tegel überführt und an der Seite des Bruders unter der von Thorwaldsens «Hoffnung» gekrönten Säule beigesetzt.

Zeitgenossen berichten, daß der Trauerzug, der dem Sarge Alexander von Humboldts von der Oranienburger Straße durch die Friedrichstraße und die Straße Unter den Linden nach dem Dom folgte, und die Zahl der Berliner, die diesen Weg säumten, nur von dem Leichenbegängnis der Gefallenen der Revolution von 1848 übertroffen worden seien.

«Aber nicht der Glanz des Leichenbegängnisses, das den eichenen Sarg mit öffentlicher Pracht begleitete», bemerkte Hermann Klencke in der unmittelbar nach Humboldts Tod gedruckten Neuauflage seines bereits 1851 geschriebenen biographischen Denkmals, «war es, welcher das gesamte Volk Berlins, bis zum geringsten Arbeiter herab, auf den Weg des Trauerzuges lockte und es hier veranlaßte, entblößten Hauptes den Toten zu erwarten, nein, es war das allgemeine Gefühl, daß ein Mann gestorben sei, dem die Gesamtmenschheit einen großen Teil ihres geistigen Fortschrittes verdanke.»

Auch die Raumer und Gerlach, die Stahl und die «Montmorencys von Pommern und Uckermark» heuchelten Anteilnahme und folgten den sterblichen Resten des «Jakobiners», den sie seit Jahr und Tag in die Erde am Fuße der Thorwaldsen-Säule in Tegel gewünscht hatten. Die orthodoxe Geistlichkeit heuchelte nicht. Von den mehr als hundert Kanzelrednern Berlins bekannten sich nur sieben, alles freisinnige Schüler Schleiermachers, durch ihre Teilnahme am Leichenbegängnis zu dem «Atheisten». Der achte, der ihn nach einer bissigen Bemerkung Humboldts zu Varnhagen «offiziell begraben und besprechen» mußte, der Superintendent Hoffmann, entzog sich jeder Stellungnahme zur Rechtgläubigkeit des großen Forschers, indem er von dessen «fast schüchterner Schweigsamkeit» in Fragen der Religion sprach.

«Verunglimpfungen», wetterte einer der sieben, der Lizentiat Heinrich Krause, freimütig in seiner «Protestantischen Kirchenzeitung für das evangelische Deutschland», «durch welche diese kleinen Kirchenseelen den Riesengeistern gegenüber ihre eigene Erbärmlichkeit zu bedecken vergeblich sich bemühen, hat unser großer Humboldt, der letzte Heros der großen literarischen Epoche, schon bei Lebzeiten in reichlichem Maße erfahren, und ultramontanes Rindvieh hat sogar – freilich naturgemäß – den botanisierenden Kühen gegen Humboldts Naturwissenschaft den Vorzug gegeben.» Den Wortführer des kirchlichen Liberalismus schauderte vor dem «Kirchenhimmel» der Orthodoxen. «In den Augen der Nation spricht das orthodoxe Kirchentum durch Verurteilung der großen Männer lediglich sein eigenes Todesurteil.»

Alexander von Humboldt hätte wohl auch dem Lizentiaten Krause gegenüber jene «fast schüchterne Schweigsamkeit» beobachtet, die der buchstabengläubige Superintendent Hoffmann[1] an ihm rügte. Von jeder Art Kirchenfrömmigkeit gleich weit entfernt, starb Humboldt nach eigenem Bekenntnis «mit dem Gewissensglauben, bis in seinen Tod keinen der ihm Gleichgesinnten verlassen zu haben».

«Der letzte Heros der großen literarischen Epoche» war ein Menschenfreund im Sinne des Paris von 1789, der zeitlebens die Forderung nach den Menschenrechten im Herzen trug, ein Idealist im klassischen Sinne des Jenas von 1796, der noch ein halbes Jahrhundert nach Schillers und ein Vierteljahrhundert nach seines Bruders Wilhelm Tod Materie und Geist als wesensverschieden, Natur und Menschheit als zwei nebeneinander bestehenden Welten ansah. Er wußte wohl um die Zusammenhänge von Ursache und Wirkung, aber er erkannte ihre Gesetze nicht. Als Naturforscher bahnte er den Weg in den Vorhof des Materialismus. Er widmete seine schöpferische Kraft bewußt ausschließlich der auf Anschauung und Erfah-

1 Humboldt hatte den geographisch recht interessierten Wilhelm Hoffmann, Generalsuperintendent der Kurmark, damals Hof- und Domprediger, selbst zu seinem Grabredner erwählt.

rung beruhenden, von vorgefaßten Ideen freien Erkenntnis der Natur, des Lebens auf der Erde und der Stellung der Erde im Kosmos.

Will man auch das bei einem Mann, der die Erbärmlichkeit der deutschen Verhältnisse erkannte und, wenngleich selten vor der Öffentlichkeit, schonungslos geißelte, eine Flucht aus der Misere nennen, so war es eine Flucht in die Wirklichkeit der Natur. Alexander von Humboldt war dennoch ein Vorkämpfer der Humanität, grimmiger Feind der Reaktion, ein aufrechter Demokrat und ein bedeutender Pionier des Fortschrittes. Er bahnte der Naturwissenschaft den Weg, sicherte ihr die Gleichberechtigung neben den Geisteswissenschaften und vollstreckte das Erbe der Aufklärung, indem er die unwissenden, sich ihrer Unwissenheit bewußt gewordenen Menschen aus der von Staat und Kirche vorsätzlich konservierten Verdummung befreien half, sie gemeinverständlich belehrte und das Wissen um die Natur zu einer Macht erhob, deren die Menschheit bedurfte, um dem Ruf derer zu folgen, die sie aus der Versklavung befreien wollten. So bedingt Humboldts gesellschaftliches Bewußtsein nach Zeit und Ort und Lebensumständen auch gewesen sein mag – mit dem fast Neunzigjährigen war am 6. Mai 1859 ein Mann gestorben, «dem die Gesamtmenschheit einen großen Teil ihres geistigen Fortschritts verdankt».

In dieser Wirkung seines Schaffens auf die Entwicklung der menschlichen Gesellschaft liegt seine bis in die Gegenwart fortdauernde Bedeutung. Seine Leistung als Forscher und Gelehrter, durch die das Wissen der Menschheit um Natur und Leben wesentlich vermehrt worden ist, wiegt um so schwerer, als Alexander von Humboldt in einer Zeit, in der Niedergang und Rückschritt das Ansehen Deutschlands unter den Völkern verdunkelten, seinem Vaterland wie nur wenige Deutsche in der ganzen Welt zu friedlichem Ruhme und noch heute fortwirkender friedlicher Geltung verholfen hat.

Kommenden Generationen zur Nacheiferung

Auszüge aus Gedächtnisreden auf Humboldt, gehalten von dem Philologen August Böckh und dem Naturforscher Christian Gottfried Ehrenberg am 7. Juli 1859 in der Akademie der Wissenschaften zu Berlin

«Es ist ein glänzendes Gestirn im Reich des Geistes für diese Welt erloschen. Humboldts Leben war glückselig durch Tugend und Erkenntnisse und nicht getrübt durch ungewöhnliches Mißgeschick. Mit überreichen Gaben des Geistes ausgestattet, einer unermüdlichen Tätigkeit und geistigen, früher auch leiblichen Anstrengungen gewachsen, niemals nachlassend oder ermattend, fast bis an sein Ende selbst die Nacht bis auf die notwendigste Erholung der Arbeit widmend, für alles Edle und Gute nicht nur empfänglich, sondern begeistert, nicht von Leidenschaften gestört, hat er in seinen großen und mannigfachen Lebensrichtungen das Höchste erreicht, eine Stufe, auf der man dem Sterblichen mit dem Dichter zurufen kann: ‚Trachte nicht, ein Gott zu werden!'

Sein Weltruhm überragt selbst Leibnizens Namen in dem Maße, als in unserer Zeit der wissenschaftliche Verkehr ausgedehnter geworden; unbestritten bleibt er in allgemeiner Anerkennung die erste wissenschaftliche Größe seines Zeitalters. Doch wenn ich auch in Ergebenheit, Verehrung und Liebe zu ihm keinem nachstehe und einen Blick in sein Gemüt getan zu haben vielleicht mir anmaßen kann, bin ich dennoch weder befähigt noch berufen, seine wissenschaftlichen Verdienste zu würdigen; auch dem Kenner muß dies schwer werden. Je größer der Mann, je länger und glänzender seine Laufbahn, desto unerreichbarer dem Wort seine Höhe. *Ich,* der Laie, erlaube mir über ihn als Mann der Wissenschaft nur dies eine Urteil: wodurch er hervorragt, das sind nicht allein seine Reisen, durch die er entfernte Erdteile zuerst in allen Beziehungen kennengelernt, nicht seine unzähligen besonderen Forschungen auf dem Gebiete der Natur; es ist die großartige, allseitig umfassende, in der Fülle des Realen zugleich ideale Anschauung des Weltganzen, und nicht allein des Natürlichen in demselben, sondern auch die Geschichte des menschlichen Geistes, zunächst in seiner Beziehung zur Erkenntnis der Natur, aber auch weit über diese Beziehung hinaus in den meisten Zweigen der menschlichen Bildungsgeschichte, das umfänglichste, erfahrungsmäßige Wissen, verbunden mit der regsamsten Kombination, durchdrungen vom Gedanken, belebt durch Kraft, Gewandtheit und Anmut der Rede...

Seine Pflege der Wissenschaft ist aber nicht bloß nach den eigenen, wenn auch noch so großen Leistungen in der Literatur zu schätzen: Ohne ein Amt zu bekleiden, welches ihm auf die Leitung der wissenschaftlichen Angelegenheiten einen unmittelbaren Einfluß gewährt hätte, hat er in freier, stets reger Wirksamkeit durch sein Ansehen, durch Schutz, Rat und Empfehlung die Wissenschaft und ihre Vertreter gefördert. Ohne Staatsmann zu sein oder sein zu wollen, hat er die Tätigkeit des Staatsmannes und die Staatsklugheit geübt. Als ein vermittelndes Band zwischen der Gelehrtenwelt und den höchsten Kreisen wird er für lange Zeit unersetzlich sein. Ein Weltbürger im ausgedehntesten und edelsten Sinne des Wortes, war er zugleich ein Deutscher und ein Preuße; ein Freund der Freiheit und ein Mann des Volkes, der selbst im höchsten Alter die persönlichen Bürgerpflichten erfüllte...

Ist der gelehrten Welt mit seinem Scheiden ein Mittelpunkt hinweggerückt, so haben wir, die Mitglieder dieser Gesellschaft..., an ihm einen teilnehmenden Freund, einen unverdrossenen und aufopfernden Berater und Helfer verloren, es ist uns in ihm ein kräftigendes Lebenselement versiegt; ich wenigstens bin niemals von ihm weggegangen, ohne daß ich mich gestärkt, erheitert, erhoben gefühlt hätte. Indem wir nun sein Brustbild in der Nähe des Leibnizschen aufstellen, ehren wir mehr uns als ihn, der nicht eine Büste in diesem düster überwölbten Saal, sondern ein Standbild unter dem freien und heiteren Himmelsgewölbe des göttlichen Kosmos neben den Wohltätern des Vaterlandes verdient.»

August Böckh

«Im Glanze einer freilich milden, bei dem Sinken immer größer werdenden Abendsonne ist Alexander von Humboldt von uns, als oft der dritten und vierten Generation seiner Zeitgenossen, geschieden. Es ist nicht zuviel, auch an dieser Stelle ist es auszusprechen: eine neue Epoche der Erd- und Weltanschauung begann mit seinen Schriften. Es hallt seine nicht pedantisch wissenschaftliche, nicht kalte, nicht rhetorisch oberflächliche, seine im edlen tiefen Ernst der Forschung überzeugend belehrende, erfreuende, warme, den Menschen auf der Erde und im Weltraum gern heimisch wissende und doch über das Sinnliche erhebende, vorher nicht gekannte Sprache aus allen geistig gehobenen Völkern, aus allen Zonen der Erde wider. Leicht ist es, auf das Gedächtnis eines Verstorbenen einen Hymnus zu dichten. Schwer ist es, das weithin segensvolle gewaltige Leben des Vollendeten, eingehend in die Vorbedingungen, die Besonderheiten und Verkettungen, die Vielseitigkeit dieses Wirkens in Übersicht zu bringen und das so vielseitig von den Zeitgenossen durchgefühlte Große, das über das Vergängliche hinaus notwendig ewig Fortwirkende seiner Erscheinung so darzustellen, daß nicht das Vergängliche und Vergangene derselben entmutigend wirkt, sondern das Bleibende die mitlebenden und kommenden Generationen zu frischem Mute freudig erhebt und zu rüstiger Nacheiferung entflammt.»

Christian Gottfried Ehrenberg

Bemerkungen zur Neuausgabe

Das Manuskript dieses Buches, dessen erste Auflage im Frühjahr 1955 erschienen ist, wurde im März 1952 abgeschlossen. Der Gedanke, ein Buch über das Leben und das Wirken Alexander von Humboldts zu schreiben, war schon Jahre zuvor in mir geweckt worden. Mir war die Aufgabe zugefallen, für die «Deutsche Woche» und später für die «National-Zeitung» wöchentlich ein Lebensbild unter dem Sammeltitel «Deutsche, auf die wir stolz sind» zu schreiben.[1] Keinem Namen im Umkreis der von mir in Kurzbiographien behandelten Gelehrten des 19. Jahrhunderts begegnete ich so oft wie dem Alexander von Humboldts, weit häufiger als dem seines Bruders Wilhelm von Humboldt, des Gründers der Universität Berlin, über den ich anderthalb Jahrzehnte später gleichfalls eine Darstellung seines Werdens und Wirkens geschrieben habe.[2] Weit über den Bereich der Naturwissenschaften hinaus, als deren Nestor Alexander von Humboldt bezeichnet werden darf, regte er die Forschung an, förderte, ja entdeckte er junge Talente, pflegte er auch enge menschliche Kontakte, ermutigte er fortschrittlich gesinnte Intellektuelle, setzte er sich für die Sicherung des Schaffens wie die Bereitstellung neuer Arbeitsplätze für politisch gemaßregelte Gelehrte – etwa die «Göttinger Sieben» – ein. Nicht nur durch seine amerikanische und seine sibirische Reise hatte er sich und der deutschen Forschung in aller Welt hohe Anerkennung errungen; sein für ihn überaus fruchtbarer wissenschaftlicher Arbeitsaufenthalt in Paris hatte gleichfalls dazu beigetragen, Forschung und Lehre, namentlich auf naturwissenschaftlichem Gebiet, zu einem gemeinsamen Anliegen der meisten namhaften Gelehrten in allen damals bereits am wissenschaftlichen Fortschritt beteiligten Universitäten und Hochschulen, wissenschaftlichen Akademien und Gesellschaften weit über Europa hinaus zu machen.

1 Zwei Folgen mit 76 bzw. 93 dieser biographischen Skizzen erschienen in 1. Auflage 1955 bzw. 1957: Karl Leutner (Pseudonym für Herbert Scurla), «Deutsche, auf die wir stolz sind».

2 Herbert Scurla, «Wilhelm von Humboldt, Werden und Wirken», Berlin 1970 (2. Auflage 1975).

Nicht minder stark als seine säkulare Leistung beeindruckte mich Humboldts Persönlichkeit, der «Mensch» in seiner humanen Größe, in der Problematik seines Werdeganges und seines höchst eigenen, durchaus nicht immer widerspruchsfreien Verhaltens in den politischen und gesellschaftlichen Auseinandersetzungen seiner Zeit. Ich gewann mehr und mehr die Überzeugung, in ihm nicht nur einem der seltenen wahrhaft großen klassisch-bürgerlichen Humanisten seiner für die gesellschaftlich-politische Entwicklung bedeutsamen Epoche begegnet zu sein, sondern einem im umfassenden Sinne «menschlichen» Menschen, der alles andere als ein mythischer Heros war.

Mir lag damals und liegt heute keineswegs daran, die Reihe der wissenschaftlichen Biographien über Alexander von Humboldt durch eine weitere mit neuen eigenen Forschungsergebnissen zu vermehren, was andererseits keineswegs zu dem Schluß führen darf, als wäre ich nicht allen vorhandenen Quellen mit größter Sorgfalt nachgegangen, um aus ihnen für mein Vorhaben zu schöpfen. Ich wollte und will Leben und Wirken Alexander von Humboldts gleichsam nacherlebend möglichst zeit- und lebensnah für Menschen unserer Gegenwart darstellen, denen an einer Begegnung mit bedeutenden Persönlichkeiten unseres klassisch-bürgerlichen Kulturerbes – und eben der Pflege und Aneignung dieses Erbes galt und gilt seit drei Jahrzehnten meine schriftstellerische Tätigkeit – gelegen ist.

Es blieb nicht bei diesem einen Buch über Alexander von Humboldt. Dem interessierten Leser wollte ich auch die Möglichkeit geben, Humboldt auf besonders wichtigen und interessanten Teilen seiner Reisen zu begleiten und an seinen damals schon keineswegs nur für «gelehrte» Kreise bestimmten Vorlesungen und Veröffentlichungen in ausgewählten Kapiteln teilzunehmen. Einen «Blick in Humboldts Lebenswerk» tat ich in «Alexander von Humboldt, Ansichten der Natur», deren 1. Auflage 1959 erschien (3. Auflage 1977) und Auszüge aus Humboldts «Ansichten der Natur», dem amerikanischen Reisewerk und dem «Kosmos» enthält. Aus Anlaß des 100. Todestages stellte ich im gleichen Jahr im Auftrage des Ministeriums für Volksbildung eine kleinere, besonders für jüngere Leser gedachte Schrift mit kurzen Texten aus den gleichen Quellen unter dem Titel: «Alexander von Humboldt. Aus dem Leben und Schaffen eines großen Naturforschers»[1] zusammen. Ebenfalls 1959 wurde die 1. Auflage «Alexander von Humboldt, Tagebuch vom Orinoko» der Öffentlichkeit übergeben, das den Leser in ausgewählten Kapiteln an Humboldts überaus denkwürdigen Reise auf dem Orinoko teilnehmen läßt.

Die große Anteilnahme, die zumal meine Veröffentlichungen über den Forschungsreisenden Alexander von Humboldt bei den Lesern fanden, ermutigte mich dazu, einen Plan zu verwirklichen, der mir bei der Beschäftigung mit den Wirkungen von Humboldts amerikanischer und seiner sibirischen Reise auf jüngere deutsche Gelehrte der verschiedensten naturwissenschaftlichen Disziplinen gekommen war und der Humboldts Anteil an der wissenschaftlichen Erkundung fremder Erdteile durch Unternehmungen deutscher Forschungsreisender vor und nach ihm erläutern sollte. Viele von ihnen hatten Berichte hinterlassen, die zu ihrer Zeit, von Ausnahmen abgesehen, im wesentlichen nur zur Kenntnis von Fachgelehrten gelangt waren. In ihrer Beteiligung an der geographischen Erforschung der Welt und in ihrer humanen Anteilnahme am Schicksal nicht nur der «Farbigen» wie in ihrer kritischen Auseinandersetzung mit den jeweiligen gesellschaftlichen Verhältnissen, von der noch heute überaus interessanten Berichterstattung über Erlebnisse und Ergebnisse ihrer Reisen ganz abgesehen, sind sie gewiß für die Pflege und Aneignung unseres kulturellen Erbes nicht von geringerer Bedeutung als die Leistungen von Dichtern und Denkern vergangener Jahrhunderte.

So entstand im Verlauf von zwei Jahrzehnten eine zwölf selbständige Bände umfassende Reihe von Berichten deutscher Forschungsreisender aus allen Teilen der außereuropäischen Welt. Die Bücher enthalten ausgewählte Kapitel aus den Reisewerken der Forscher, denen eine allgemein informierende Einleitung des Herausgebers sowie ausführliche Anmerkungen über Leben und Wirken der Reisenden, die zu Worte kommen, zur Unterrichtung des Lesers vorausgeschickt sind. Es ergab sich dabei von selbst, daß der Leser in vielen der Bände auch Alexander von Humboldt begegnet.

1 Diese Schrift erschien im Verlag Volk und Wissen, während alle meine anderen Humboldt betreffenden Bücher im Verlag der Nation verlegt worden sind.

«Entdeckungen auf vier Kontinenten» nennt sich der erste, in 1. Auflage 1959 erschienene Band, in dem neben Georg Forster, der einen maßgeblichen Einfluß auf Humboldts Entschluß hatte, eine große Entdeckungsreise zu unternehmen, der Australienforscher Ludwig Leichhardt, der Indienreisende Hermann Schlagintweit, der Afrikaforscher Heinrich Barth berichten; der Leser begleitet Alexander von Humboldt auf seiner Reise «Von Caracas in die Llanos».

«Im Lande der Kariben» (1. Auflage 1964) enthält Berichte über Reisen deutscher Forscher des 19. Jahrhunderts in Guayana. Dem Reisewerk Humboldts entnommen sind die Kapitel «Ankunft in der Neuen Welt», «Die Höhle des Guacharo» «Rückkehr vom oberen Orinoko» und «Betrachtungen in Angostura»; gleichsam auf Humboldts Spuren reisten neben Carl Ferdinand Appun Robert und Richard Schomburgk, zwei Onkel des volkstümlich gewordenen Afrikareisenden Hans Schomburgk[1].

In dem Band *«Beiderseits des Amazonas»* (1. Auflage 1971) berichten deutsche Forscher des 19. Jahrhunderts über Reisen durch Südamerika, auch hier wieder Alexander von Humboldt an erster Stelle mit seinem «Vorstoß vom Orinoco zum Stromgebiet des Amazonas», gefolgt von Reiseberichten von Maximilian zu Wied-Neuwied, Carl Friedrich Philipp von Martius, Eduard Poeppig, Hermann Burmeister und Karl von den Steinen.

In weiteren zwei Reisebänden, die durch Teile Südamerikas und Mittelamerikas führen, begegnet der Leser abermals Alexander von Humboldt. In dem Band *«Im Banne der Anden»* (1. Auflage 1972), in dem auch Berichte von Thaddaeus Haenke, Eduard Poeppig, Rudolph Amandus Philippi, Hermann Burmeister, Alphons Stübel und Wilhelm Reiß enthalten sind, bringe ich dem Leser Briefe Humboldts an seinen Bruder Wilhelm sowie seine «Pittoresken Ansichten der Kordilleren» zur Kenntnis.

Der zwölfte Band *«Durch das Land der Azteken»* (1. Auf-

1 Dem Verfasser war es vergönnt, an Hans Schomburgks vier Büchern, die über Fahrten, Forschungen, Abenteuer in sechs Jahrzehnten berichten und seit 1952 im Verlag der Nation erschienen sind, literarisch und wissenschaftlich mitzuarbeiten.

lage 1978) ist vom Herausgeber in Dankbarkeit und Verehrung Alexander von Humboldt gewidmet, eingedenk auch der Worte Goethes: «Nur der Naturforscher ist verehrungswert, der uns das Fremdeste, Seltsamste mit seiner Lokalität, mit aller Nachbarschaft, jedesmal in dem eigensten Elemente zu schildern und darzustellen weiß. Wie gern möchte ich nur einmal Humboldten erzählen hören.» Während Humboldt in mehreren Kapiteln vom historischen Schicksal der Azteken und über wirtschaftliche und gesellschaftliche Beobachtungen und kritische Einsichten in das zu seiner Zeit noch unter spanischer Kolonialherrschaft stehende Mittelamerika, besonders das Territorium des heutigen Mexiko, berichtet, enthält der zweite Teil des Buches Aufzeichnungen von Ernst von Hesse-Wartegg, Caecilie Seler-Sachs und Karl Sapper von ihren Besuchen in den vom Kolonialjoch befreiten jungen mittelamerikanischen Gebieten, besonders Mexikos und Guatemalas, mit vielen Rückblicken bis in die vorspanische Zeit des Reiches der Azteken und anderer indianischer Kulturvölker.

Nicht unerwähnt bleiben soll schließlich, daß in dem Band *«Jenseits des Steinernen Tores,* Reisen deutscher Forscher des 18. und 19. Jahrhunderts durch Sibirien» (1. Auflage 1963) neben Johann Georg Gmelin, Georg Wilhelm Steller, Peter Simon Pallas, Adolph Erman, Wilhelm Radloff und Otto Finsch zwar nicht Humboldt selbst, doch sein Reisebegleiter auf der sibirischen Reise Gustav Rose von den Abschnitten des gemeinsamen Unternehmens erzählt, die von Katharinenburg nach dem Altai und von dort nach dem südlichen Ural führten.

In das Vierteljahrhundert, das seit dem ersten Erscheinen dieser meiner Darstellung vom Leben und Wirken Alexander von Humboldts vergangen ist, fielen 1959 die hundertste Wiederkehr des Todestages und 1969 die zweihundertste Wiederkehr des Geburtstages Alexander von Humboldts. In vielen Orten der Welt fanden aus diesen Anlässen Ehrungen und Gedenkfeiern statt. Im Jahre 1959 hielt der Vorsitzende des Ministerrates der DDR Otto Grotewohl im Rahmen einer feierlichen Veranstaltung in der Staatsoper in Berlin die Gedenkrede; ein Jahrzehnt später, am 11. September 1969, sprach in der Aula der Universität Berlin, die den Namen ihres Gründers und seines Bruders trägt, in einem Festakt Alexander Abusch, damals Stellvertreter des Vorsitzenden des Ministerrates der DDR – er lebte jahrelang in Mexiko im Exil – zum Thema «Alexander von Humboldt – Gelehrter, Humanist, Freund der Völker». – «Humboldt war eben – und das macht seine Universalität aus – mehr als ein Naturwissenschaftler von bedeutendem Rang», sagte Abusch u. a. «Er begriff sich selbst zugleich als Historiker und Gesellschaftswissenschaftler, den das Leben des Volkes, insbesondere der ‚letzten Klassen', mindestens in gleichem Maße interessierte wie geographische oder botanische Fakten.»

Es ist nicht verwunderlich, daß in diesem Vierteljahrhundert neben den Festschriften im Literaturverzeichnis nicht erschöpfend aufgeführte biographische Darstellungen in deutscher, englischer, russischer, französischer, spanischer Sprache erschienen sind und eine schier unübersehbare Fülle von neuen Forschungsergebnissen über Humboldts Leben und Wirken, über seine Beziehungen zu Zeitgenossen und Ländern bzw. Orten, zu wissenschaftlichen Einrichtungen in aller Welt und über seine wissenschaftlichen Arbeiten veröffentlicht worden ist.

In der Deutschen Demokratischen Republik, in der die Pflege und Aneignung des deutschen Kulturerbes zu einem besonderen Anliegen der Kulturpolitik geworden ist, blieb es nicht bei Gedenkfeiern für «Deutsche, auf die wir stolz sind». Schon 1954 wurden in Weimar die «Nationalen Forschungs- und Gedenkstätten der klassischen deutschen Literatur» gegründet. Ihre Leistungen sind inzwischen weltweit bekannt geworden, sowohl ihre vielfältigen Beiträge zur Erforschung und Darstellung der Epoche der klassischen Literatur wie ihre Maßnahmen zur Erhaltung und Pflege der klassischen Gedenkstätten und die sich ständig vermehrenden Beiträge zur Sammlung von Dokumenten, die über die gesellschaftlichen und kulturellen Verhältnisse insbesondere in der Zeit zwischen 1750 und 1850 Aufschluß geben. Wie in Weimar verständlicherweise Goethe und Schiller einen Schwerpunkt auch der Forschungsarbeiten darstellen, so wurde für die Erforschung von Leben und Werk Alexander von Humboldts in Berlin im Jahre 1956 von der Akademie der Wissenschaften der DDR, die ihren Sitz im Geburtshaus Alexander von Humboldts hat, eine

«Alexander-von-Humboldt-Forschungsstelle der Akademie der Wissenschaften» gegründet. Ihre Leitung wurde Fritz Gustav Lange übertragen, dessen Nachfolger 1968 Prof. Dr. Kurt-Reinhard Biermann, seit ihrer Gründung wissenschaftlicher Mitarbeiter der Forschungsstelle, geworden ist.

Den Leser dieses Buches werden gewiß einige konkrete Angaben über die erfolgreiche Arbeit der «Alexander-von-Humboldt-Forschungsstelle» interessieren. Bis August 1977 wurden über 12 000 Briefe von Humboldt, nahezu 3 000 an ihn gerichtete Briefe und über 2 400 Korrespondenten erfaßt. 350 Eigentümer von Originalen in 27 Ländern stellten der Forschungsstelle Reproduktionen von über 10 000 erhalten gebliebenen Humboldt-Dokumenten zur Verfügung. Ferner besitzt die Alexander-von-Humboldt-Forschungsstelle mehr als 2 700 Drucke, Reproduktionen oder Abschriften von Arbeiten Humboldts oder über ihn, darunter sehr seltene bzw. an ganz entlegener Stelle erschienene Schriften. Zahlreiche zeitgeschichtliche, personenkundliche, bibliographische Karteien und Übersichten vervollständigen die Arbeitsmaterialien der Forschungsstelle, die heute über das größte Humboldt-Archiv der Welt verfügt.

Dieser reiche Fundus an Informationen befähigte die Mitarbeiter der Alexander-von-Humboldt-Forschungsstelle zu einer überaus fruchtbaren Publikationstätigkeit. Vier «Beiträge zur Alexander-von-Humboldt-Forschung» erschienen im Akademie-Verlag in einer eigenen Schriftenreihe, drei Monographien wurden außerhalb dieser Reihe herausgegeben, an zwei weiteren war die Forschungsstelle maßgeblich beteiligt. Darüber hinaus erschienen im gleichen Zeitraum sechzig Originalbeiträge zur Humboldt-Forschung unter Benutzung ungedruckter Quellen in wissenschaftlichen Zeitschriften und Sammelbänden sowie fünfundzwanzig populärwissenschaftliche Abhandlungen in Organen zur Verbreitung wissenschaftlicher Kenntnisse. In dreißig Vorträgen wurde über die Ergebnisse der Forschungsarbeit auf internationalen und nationalen Kongressen, Kolloquien und anderen Veranstaltungen berichtet. Noch einmal sei an dieser Stelle auf Band 3 der «Beiträge zur Alexander-von-Humboldt-Forschung» verwiesen, weil diese von Fritz G. Lange zusammengestellte Titelliste der in der Deutschen Demokratischen

Republik erschienenen Literatur über Alexander von Humboldt die in Veröffentlichungen zum Ausdruck kommende Tiefe und Breite der Pflege des Andenkens und Vermächtnisses des großen Naturforschers und Humanisten in der DDR nach dem Stand von 1974 zusammenfassend widerspiegelt.

Zu diesen Worten der Anerkennung über die vielseitigen und erfolgreichen Leistungen der Alexander-von-Humboldt-Forschungsstelle fühle ich mich um so mehr veranlaßt, als ich seit ihrer Gründung in ständiger Verbindung und persönlichem Kontakt mit ihren Leitern stehe, die ihrerseits an meinen Alexander von Humboldt betreffenden Veröffentlichungen ermutigendes Interesse gezeigt haben. Zu aufrichtigem Dank bin ich Prof. Dr. habil. Kurt-R. Biermann, dem jetzigen Leiter, und seinem Amtsvorgänger Fritz G. Lange für die zahlreichen Hinweise verpflichtet, die sie mir in freundschaftlicher Verbundenheit zur Überarbeitung meines noch vor der Gründung der Forschungsstelle erschienenen Buches über das Leben und Wirken Alexander von Humboldts gegeben haben. Ich gestehe offen, daß ich ohne ihre förderliche Hilfe weder den Mut noch die Kraft gehabt hätte, die Fülle der gesamten Literatur zu überprüfen, die im vergangenen Vierteljahrhundert in aller Welt über Humboldt erschienen ist und manche neue Einsicht und bisher unbekannte Begebenheit zur allgemeinen Kenntnis gebracht hat.

Dr. Herbert Scurla

Anhang

Anmerkungen

Administrat – Beamter.
Ambassadeur – (franz.) Botschafter.
Amphibien – Tiere, die auf dem Lande und im Wasser leben können.
Anthropophagen – Menschenfresser.
a priori – (lat.) von vornherein, ohne erfahrungsmäßige Grundlage, angeblich allein aus dem Denken stammend.
Ara – Lebhaft gefärbte, groß- und grobschnäblige Papageienart.
Armadille – Gürteltiere.
avancieren – Hier: behaupten, vorbringen.
Ayudante ó Secretario – (span.) Adjutant oder Sekretär.

Boa – Riesenschlange; die Boa constrictor wird bis 6 m lang.

calmierend – beruhigend.
Chinarindenbaum – Cinchona alba, Fieberrindenbaum, die chininhaltige Rinde wurde als Arznei gegen Fiebererkrankungen verwendet (China bedeutet in der Indiosprache Rinde, Fieberrinde).
Colebrooke Henry Thomas – (1765–1837) Englischer Beamter in Indien, Übersetzer von altindischen Rechtsbüchern und Herausgeber indischer Quellenschriften.
Colegio de Minería – (span.) Bergbauschule.
Consejo de Indias – (span.) Rat von Indien; Behörde, die für die spanischen Kolonien in Südamerika zuständig war.
Couvert – (franz.) Gedeck.
cuivré – (franz.) kupferfarben.
cum voto – (lat.) Mit dem Recht eines gutachtlichen Urteils.

Dendrologie – Baum- und Gehölzkunde.
deployiert – auseinandergefaltet.

Ecole de Médecine – (franz.) Ärztliche Hochschule.
empressieren – bestreben.
erudit – kenntnisreich.
Examinator – Prüfer.
exoterisch – auch für Uneingeweihte verständlich.

Fatigue – (franz.) Ermüdung.
Faulfieber – Typhus.
Faultier – Säugetier mit affenähnlichem Kopf, träges Tier, das von Blättern und Früchten lebt.

Fieberrindenbaum – Chinarindenbaum (s. d.).

Fl. – Florin oder Gulden, in Franken damals der Gegenwert von rund 14 preußischen Groschen. (Schiller schätzte, daß ein unverheirateter Mann seines Standes mit jährlich 400 Gulden in Jena und mit 600 in Weimar oder Dresden auskommen könne.)

Fuß – Altes, nach der Länge des menschlichen Fußes bestimmtes Längenmaß. Der Pariser Fuß, den Humboldt vorwiegend verwendete, entsprach 0,325 m.

gemein – Meist im ursprünglichen Sinne von einfach, schlicht gebraucht.

geodätisch – vermessungskundlich.

Geognosie – Ältere Bezeichnung für Geologie einschließlich der Mineralogie und der Lagerstättenkunde.

Gymnotus – Zitteraal.

Harpagon von Ägypten – Harpagon (Geizhals) ist die Figur eines Lustspiels von Molière. Gemeint ist Mehemed Ali (1769–1849), albanischer Offizier in türkischen Diensten, seit 1805 Pascha, seit 1841 Vizekönig von Ägypten.

Herbarium – Sammlung getrockneter Pflanzen.

Hippobosken – Pferdelausfliegen.

Höhlensinter – Aus mineralhaltigem Wasser abgesetzte Gesteine.

Hospitalität – Gastfreundschaft.

Humiliation – Erniedrigung.

Hydrographie – Gewässerkunde.

idée d'une physique du monde – (franz.) Gedanke einer Weltphysik.

i. e. – Abkürzung für id est (lat.), das heißt.

illiberal – fortschrittsfeindlich.

Indolenz – Gleichgültigkeit.

in medias res – (lat.) unmittelbar zur Sache.

ivresse de la vaine gloire – (franz.) Rausch des eitlen Ruhms.

Jacquin, Nikolaus Joseph, Freiherr von – (1727–1817) Seit 1752 Arzt in Wien, später Professor für Chemie und Botanik, bereiste 1755–1759 Westindien.

Karaiben – Indianische Sprachfamilie und Völkergruppe von etwa neunzig Stämmen, heute überwiegend Bodenbauer und Fischer, im nördlichen Südamerika und Zentralbrasilien ansässig.

Kimmung – Durch anomale Luftbrechung bewirkte Hebung von Objekten über dem Horizont.

Koadjutor – Geistlicher Würdenträger (Prälat), vom Papst einem Bischof beigeordnet.
kopiös – reichlich.
Kreole – In Süd- und Mittelamerika geborener Abkomme von Europäern; im engeren Sinne: in Übersee geborener Spanier.
Kryptogamen – Blütenlose Pflanzen.
Kuguar – Puma; amerikanische Großkatzenart.
Kyllingien – Grasgattung.

la Estancia de los Ingleses – (span.) Aufenthaltsort der Engländer.
Letten – Tonerde, Lehm; tonig-sandiges Absatzgestein.
Literaria – Veröffentlichungen.

Magellanische Wolken – Nach dem portugiesischen Seefahrer und Entdecker Magalhães (Magellan) benannte Sternsysteme am südlichen Himmel.
Magister Germaniae – (lat.) (Erster) Gelehrter Deutschlands.
Maniok – Wolfsmilchgewächs, eine der wichtigsten Kulturpflanzen der Erde, die in tropischen Ländern Getreide und Kartoffeln ersetzt.
matte Wetter – Bergmännischer Fachausdruck. Man unterscheidet je nach dem Sauerstoffgehalt einer Grube zwischen guten, matten, schwachen, schlechten sowie schlagenden Wettern, bei denen es durch Ansammlung von Grubengas oder Kohlenstaub zur Explosion kommen kann.
Meile – Humboldt benutzte als Maßeinheit die französische Meile = 3 898 m.
Mestize – «Mischling», Nachkomme aus der Verbindung von Weißen und Indianern.
Mimose – Tropischer Hülsenfrüchtler mit doppelt gefiederten Blättern, die sich bei Berührung zusammenlegen.
Moquerie – Spöttelei.

Nabelschwein – Pecari (s. d.).
Naturalist – Hier: Naturforscher.
Nestor – Name eines weisen Königs der Antike; im übertragenen Sinne allseitig verehrter, überragender Altmeister eines Wissenschaftsgebietes.
No gobierna el timón! – (span.) Das Steuerruder gehorcht nicht mehr!

Offizianten – Unterbeamte.
Oryktognosie – Gesteinskunde.
Otaheitier – Bewohner von Tahiti.

Pageien – Ruder.
«Pardos» – «Braune»; Mischlinge jeder Art.

Particulier – (franz.) Privatmann.

Paspalum – Grasgattung.

Pecari – Moschus- oder Nabelschwein, tropische Wildschweinart mit einer Drüse auf dem Rücken, die eine stark riechende Flüssigkeit absondert.

Petent – Bittsteller.

Philanthrop – Menschenfreund. Als Philanthropen wurden besonders Pädagogen des 18. Jh. wie Basedow, Campe, Salzmann bezeichnet, die für eine freie, naturgemäße Erziehung eintraten.

Pisangbüsche – Bananenbüsche.

Polypodium arboreum – Baumfarn.

Pothosarten – Gattung von Sträuchern, deren untere Zweige wurzeln.

Pro Memoria – (lat.) Zur Erinnerung; Denkschrift.

Pud – Gewichtseinheit im zaristischen Rußland; 1 Pud = 16,38 kg.

Puissance – (franz.) Macht.

Respirationsmaschine – Gerät zur Anregung der Atmung.

revenu – (franz.) Einkommen; hier: jährliche Einkünfte.

Sapaju – Kapuzineraffe, Rollschwanzaffe; so genannt wegen des kapuzenähnlichen Haarwuchses und des Greifschwanzes.

Seccatori – (ital.) Quälgeister.

Sextant – Winkelmeßgerät.

siderisch – die Gestirne betreffend.

Sinabaum – Chinarindenbaum (s. d.).

Sociedad patriotica – (span.) Patriotische Gesellschaft.

Solstitium – Sonnenwende.

Somnambulismus – Schlafwandeln.

Subalterne – Mittlere und untere Beamte.

Sukzesse – Erfolge.

supprimieren – unterdrücken.

Tapir – Dickhäuter mit rüsselähnlicher Greifnase, dem Nashorn verwandt.

tellurisch – die Erde betreffend.

terre pâteuse – (franz.) pappiger, matschiger Boden.

Toise – Französisches Längenmaß; 1 Toise = 1,949 m.

Tournüre – Haltung.

Ulven – Meeresalgen.

Urwahlen – Bei den von Humboldt erwähnten Urwahlen handelt es sich um indirekte Wahlen, bei denen zunächst ein Wahlmann für die späteren direkten Wahlen gewählt wurde.

votieren – stimmen.
vulgo – gemeinhin.

Werst – Wegemaß im zaristischen Rußland; 1 Werst = 1 066,78 m.

Zenit – Scheitelpunkt des Himmels.
Zerebralsystem – Das gesamte Nervensystem einschließlich Gehirn und Rückenmark.
Zoll – Altes Längenmaß von regional unterschiedlicher Größe, 1 Zoll = 2,2 bis 3 cm.

Personenverzeichnis

Literaturverzeichnis

Eine deutsche Gesamtausgabe der Werke Alexander von Humboldts ist nicht erschienen. Im Verlag der J. G. Cottaschen Buchhandlung in Stuttgart ist seit 1889 eine Auswahl der hauptsächlichsten Schriften Humboldts veranstaltet worden. Eine bibliographische Übersicht der Werke, Schriften und zerstreuten Abhandlungen mit weit über 600 Titeln, von Julius Löwenberg zusammengestellt, findet der Leser im zweiten Band der von Karl Bruhns bearbeiteten und herausgegebenen wissenschaftlichen Biographie Alexander von Humboldts. Die folgende Übersicht von Schriften Alexander von Humboldts beschränkt sich auf Ausgaben in deutscher Sprache, die auch heute noch einem allgemeinen Interesse begegnen dürften. Der speziell interessierte Leser findet ein Verzeichnis aller Veröffentlichungen Alexander von Humboldts bei Hanno Beck, Alexander von Humboldt, Band II (1961), S. 346–356.

Pittoreske Ansichten der Kordilleren und Monumente amerikanischer Völker, Tübingen 1810.

Kritische Untersuchungen über die historische Entwicklung der geographischen Kenntnisse von der Neuen Welt und die Fortschritte der nautischen Astronomie in dem 15. und 16. Jahrhundert. Aus dem Französischen von Julius Ludwig Ideler. Berlin 1835–1851.

Versuch über den politischen Zustand des Königreiches Neu-Spanien usw., Tübingen 1809–1814.

Ideen zu einer Geographie der Pflanzen, nebst einem Naturgemälde der Tropenländer, Tübingen 1807.

Reise in die Äquinoktialgegenden des Neuen Kontinentes. Die erste, von Therese Huber besorgte, bisher einzig vollständige Übersetzung erschien in Stuttgart 1815 bis 1832. Für ein breites Publikum bestimmt ist die deutsche Bearbeitung von Hermann Hauff, vier Bände, gleichfalls bei Cotta, Tübingen 1859 bis 1860.

Neuere Auswahlen beziehungsweise Ausgaben veranstalteten u. a. Wilhelm Burr, Durch das tropische Südamerika, 1926, und Paul Alfred Merbach, 1927. Neuere Bearbeitungen und Auszüge vgl.: Alexander von Humboldt. Eine Bibliographie der in der DDR erschienenen Literatur, zusammengestellt von Fritz G. Lange, Berlin 1974, S. 19–21, sowie die Hinweise des Verfassers auf seine eigenen Veröffentlichungen im vorstehenden Nachwort zur Neuausgabe dieses Buches.

Ansichten der Natur, mit wissenschaftlichen Erläuterungen. Erstausgabe, Band 1, Tübingen 1808. Die 2. Auflage in zwei Bänden erschien in Stuttgart und Tübingen 1826, die 3. Auflage, um zwei Beiträge vermehrt, 1849 (später wiederholt aufgelegt).

Zentralasien. Untersuchungen über die Gebirgsketten und die vergleichende Klimatologie. Aus dem Französischen übersetzt und durch Zusätze vermehrt von Wilhelm Mahlmann, Berlin 1843 bis 1844.

Kosmos, Entwurf einer physischen Weltbeschreibung. Stuttgart, 1845 bis 1862. Eine Jubiläumsausgabe zum 100. Geburtstag Humboldts gab Bernhard von Cotta heraus (Stuttgart 1869).

Die nachfolgende Auswahl aus der Literatur über Alexander von Humboldt beschränkt sich auf die bei der Abfassung des Buches hauptsächlich benutzten biographischen Werke und Ausgaben des Briefwechsels. Neu aufgenommen wurden einige besonders beachtenswerte, aus Anlaß des hundertsten Todestages Alexander von Humboldts 1959 oder danach erschienene Veröffentlichungen. Im übrigen wurde, wo erforderlich, auf spezielle Abhandlungen in Fußnoten hingewiesen.

Alexander von Humboldt. Eine wissenschaftliche Biographie. Im Verein mit R. Avé-Lallemant, J. V. Carus, A. Dove, H. W. Dove, J. W. Ewald, A. H. R. Grisebach, J. Löwenberg, O. Peschel, G. H. Wiedemann, W. Wundt bearbeitet und herausgegeben von Karl Bruhns, 3 Bände, Leipzig 1872.

Otto Ule, Alexander von Humboldt. Biographie für alle Völker der Erde, 3. Auflage, Berlin 1869.

W. C. Wittwer, Alexander von Humboldt. Sein wissenschaftliches Leben und Wirken. Den Freunden der Naturwissenschaften dargestellt, Leipzig 1861.

Hermann Klencke, Alexander von Humboldt. Ein biographisches Denkmal. 4., vermehrte Auflage, Leipzig 1859.

Alfred Dove, Alexander von Humboldt (in Band XIII der Allgemeinen Deutschen Biographie, 1881).

Walter Linden, Alexander von Humboldt. Weltbild der Naturwissenschaft, Hamburg 1940.

Rudolf Borch, Alexander von Humboldt. Sein Leben in Selbstzeugnissen, Briefen und Berichten, Berlin 1948.

Mario Krammer, Alexander von Humboldt. Mensch, Zeit, Werk, Berlin 1951.

Helmut de Terra, Humboldt. The life and the times of Alexander von Humboldt 1769–1859, New York 1955 (Deutsche Ausgabe unter dem Titel «Alexander von Humboldt und seine Zeit», Wiesbaden 1956).

Walther May, Goethe, Humboldt, Darwin, Haeckel. Vier Vorträge, Berlin 1906.

Edmund Reitlinger, Hundert Jahre nach der Geburt Alexander von Humboldts, und: Zur Säkularfeier Alexander von Humboldts, in Reitlinger: «Freie Blicke», Berlin 1875.

Briefwechsel und Gespräche mit einem jungen Freunde, herausgegeben von Friedrich Althaus, 1861.

Alexander von Humboldt und das preußische Königshaus. Briefe aus den Jahren 1835–1857, herausgegeben von Konrad Müller, Leipzig 1928.

Goethes Briefwechsel mit Wilhelm und Alexander von Humboldt, herausgegeben von Ludwig Geiger, Berlin 1909.

Briefe Alexander von Humboldts an seinen Bruder Wilhelm, herausgegeben von der Familie von Humboldt in Ottmachau, Stuttgart 1880.

Briefe von Alexander von Humboldt an Varnhagen von Ense aus den Jahren 1827 bis 1858. Nebst Auszügen aus Varnhagens Tagebüchern und Briefen von Varnhagen und anderen an Humboldt, herausgegeben von Ludmilla Assing, Leipzig 1860.

Briefe von Alexander von Humboldt an Christian Carl Josias Freiherr von Bunsen, Leipzig 1869.

Briefwechsel zwischen Alexander von Humboldt und Carl Friedrich Gauß. Zum 200. Geburtstag von C. F. Gauß im Auftrage des Gauß-Komitees bei der Akademie der Wissenschaften der DDR neu herausgegeben durch Kurt-R. Biermann, Berlin 1977.

Alexander von Humboldt, 14. 9. 1769 – 6. 5. 1859. Gedenkschrift zur 100. Wiederkehr seines Todestages, herausgegeben von der Alexander-von-Humboldt-Kommission der Deutschen Akademie der Wissenschaften zu Berlin, Berlin 1959.

Alexander von Humboldt. Studien zu seiner universalen Geisteshaltung. Festschrift zur Alexander-von-Humboldt-Feier, veranstaltet aus Anlaß der 100. Wiederkehr seines Todestages vom Humboldt-Komitee der Bundesrepublik Deutschland, herausgegeben von Joachim H. Schultze für die Gesellschaft für Erdkunde zu Berlin. Berlin 1959.

Alexander von Humboldt. Wirkendes Vorbild für Fortschritt und Befreiung der Menschheit. Festschrift aus Anlaß seines 200. Geburtstages, herausgegeben im Auftrage der Kommission für die A.-v.-Humboldt-Ehrungen 1969 der Deutschen Demokratischen Republik von der Deutschen Akademie der Wissenschaften zu Berlin, Berlin 1969.

Alexander von Humboldt. Werk und Weltgeltung, herausgegeben von Heinrich Pfeiffer für die Alexander-von-Humboldt-Stiftung, München 1969.

Gespräche Alexander von Humboldts, herausgegeben im Auftrage der Alexander-von-Humboldt-Kommission der Deutschen Akademie der Wissenschaften zu Berlin von Hanno Beck, Berlin 1959.

Die Jugendbriefe Alexander von Humboldts 1787–1799, herausgegeben und erläutert von Ilse Jahn und Fritz G. Lange, Berlin 1973 (Beiträge zur Alexander-von-Humboldt-Forschung, Nr. 2).

Hanno Beck, Alexander von Humboldt. Band I: Von der Bildungsreise zur Forschungsreise 1769–1804, Wiesbaden 1959. Band II: Vom Reisewerk zum «Kosmos» 1804–1859, Wiesbaden 1961.

Alexander von Humboldt. Chronologische Übersicht über wichtige Daten seines Lebens, bearbeitet von Kurt-R. Biermann, Ilse Jahn und Fritz G. Lange, Berlin 1968 (Beiträge zur Alexander-von-Humboldt-Forschung, Nr. 1).

Alexander von Humboldt. Eine Bibliographie der in der DDR erschienenen Literatur, zusammengestellt von Fritz G. Lange. Berlin 1974 (Beiträge zur Alexander-von-Humboldt-Forschung, Nr. 3).

Alexander von Humboldt in Selbstzeugnissen und Bilddokumenten, dargestellt von Adolf Meyer-Abich, Reinbek bei Hamburg 1967.

Ilse Jahn, Dem Leben auf der Spur. Die biologischen Forschungen Alexander von Humboldts, Leipzig, Jena, Berlin 1969.

W. A. Jesakow, Aleksandr Gumboldt w Rossii, Moskau 1960.

Alexandra Perepiska, Gumboldta s utschenymi i gosudarstwennymi dejateljami Rossii, Moskau 1962.

Lotte Kellner, Alexander von Humboldt, London, New York, Toronto 1963.

Henry Stevens, The Humboldt Library. A Catalogue of the Library of Alexander von Humboldt. Nachdruck mit einem Geleitwort von Erwin Stresemann und einer Einführung von Fritz G. Lange, Leipzig 1967.

Charles Miguet, Alexandre de Humboldt. Histoirien et géographe de l'Amérique espagnole 1799/1804, Paris 1969.

Jean Théodoridès, Alexandre de Humboldt, observateur de la France de Louis-Philippe 1835–1847 (Bisher unveröffentlichte diplomatische Berichte aus Paris), Paris 1972.

Douglas Botting, Humboldt and the Cosmos, London 1973 (in deutscher Übersetzung, aber ohne die zahlreichen Abbildungen, München 1974).

Inhalt

«Der alles belebende,
tätigste Naturforscher dieses Jahrhunderts»
1804–1826

Im Zwielicht von Fortschritt und Reaktion 1827–1847

«Der Uralte von den Bergen» 1848–1859

Anhang

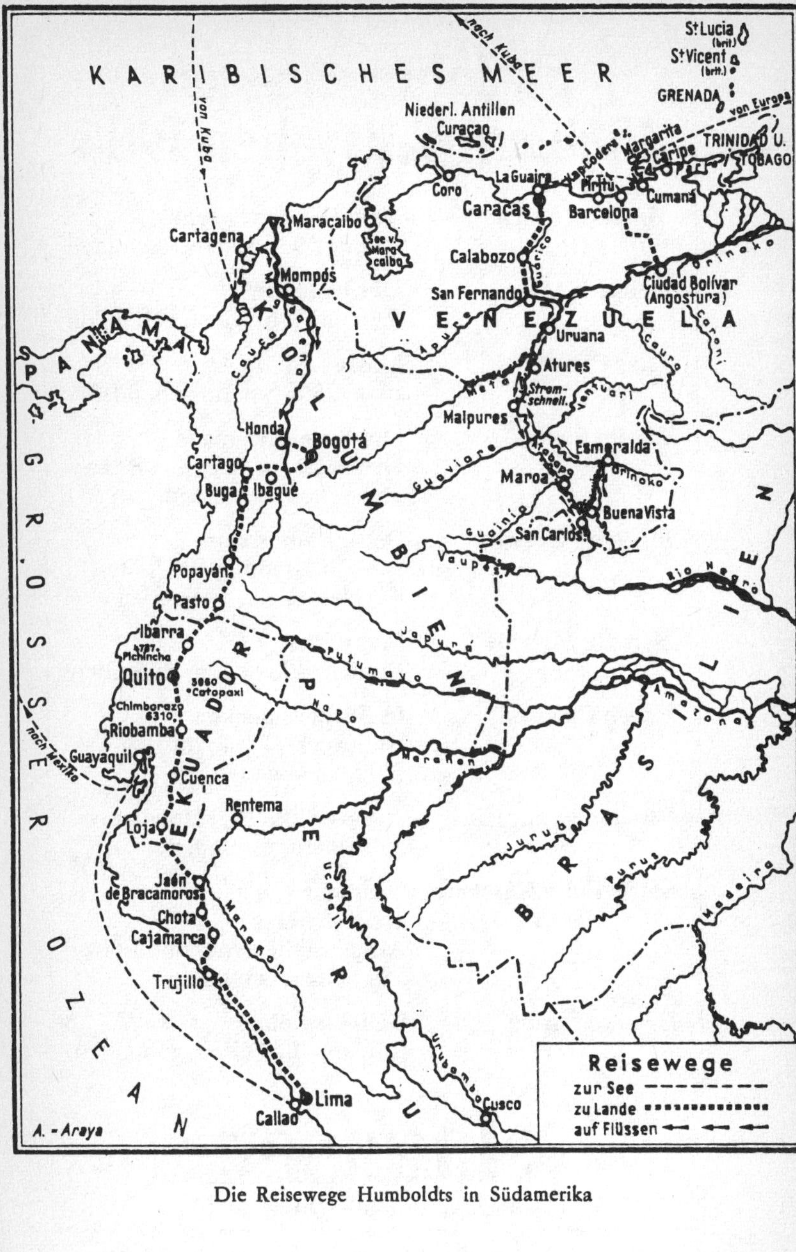

Die Reisewege Humboldts in Südamerika

Bitte umblättern:

auf den nächsten Seiten informieren wir Sie über weitere interessante Fischer Taschenbücher.

Exempla historica
Epochen der Weltgeschichte in Biographien

Geschichte machen natürlich nicht nur die großen Männer und Frauen, aber bestimmte Lebensläufe sind nur in bestimmten Momenten der Geschichte möglich. Insofern sagen auch die Biographien bedeutender Persönlichkeiten nicht nur etwas über diese selbst aus, sondern auch über die Zeit, in der sie lebten.
Als Exempla historica (Beispiele für ein solches Wechselverhältnis) werden in dieser neuen Taschenbuchreihe bedeutende Persönlichkeiten vorgestellt. Eine solche Reihe kann keine Universalgeschichte sein, aber Materialien zu ihr liefern. Die Biographien sind jeweils von ausgewiesenen Kennern ihres wissenschaftlichen Fachs verfaßt worden. Die Reihe ist insgesamt als Nachschlagewerk zu benutzen, die einzelnen Bände dienen aber auch für sich genommen als Geschichtsbücher, da bedeutende Persönlichkeiten im Kontext der jeweiligen Epoche gezeigt werden.
Daraus ergibt sich für die Struktur der Reihe folgendes: eine chronologische Gliederung innerhalb der wichtigen Epochen der Weltgeschichte zeigt bedeutende Persönlichkeiten aus allen relevanten gesellschaftlichen Bereichen. Innerhalb der Epochen erfolgt die Gliederung nach den Bereichen:

Politik und Gesellschaft
Wissenschaft und Technik
Philosophie und Literatur
Religion und bildende Kunst.

Im allgemeinen wird jedem Bereich ein Band gewidmet, wobei als erster Band immer der erscheint, der die Epoche und ihre Bedeutung besonders charakterisiert.

Fischer Taschenbuch Verlag

1

fi 103/1a

Exempla historica

Epochen der Weltgeschichte in Biographien

Innerhalb der einzelnen Bände erfolgt die Gliederung wiederum nach chronologischen Gesichtspunkten.
Damit werden einerseits oft fragwürdige Zuordnungen vermieden, andererseits ist dadurch die enzyklopädische Nutzung gewährleistet.
Es werden in durchschnittlich 6 bis 8 Bänden Bilder der einzelnen Epochen vorgestellt, wobei sowohl die Zusammenbindungen zu den anderen deutlich werden. Auf Zusammenhänge mit den anderen Bänden derselben Epochen wird verwiesen.
An jede Biographie schließt sich eine ausführliche Bibliographie an. Die Bände sind illustriert mit Abbildungen der vorgestellten Persönlichkeiten. Jeder Band wird durchschnittlich 200 Seiten umfassen.
Nach Abschluß der voraussichtlich 70bändigen enzyklopädischen Reihe wird diese auch als Nachschlagewerk der einzelnen Bereiche benutzbar: die einzelnen Epochen-Bände ergeben, zusammengenommen, ein Gesamtbild der Entwicklung auf philosophischem, literarischem, künstlerischem etc. Gebiet.
Textgrundlage der Reihe ist das 12bändige Werk »Die Großen der Weltgeschichte« (Kindler Verlag 1971–1979), herausgegeben von Kurt Fassmann. An der Edition wirkten mit: Max Bill, Hoimar von Ditfurth, Hanno Helbling, Walter Jens, Robert Jungk und Eugen Kogon.
Die überarbeitete und erweiterte Taschenbuchedition redigierte Marion Schmid.

Fischer Taschenbuch Verlag

2

fi 103/1b

Exempla historica

Epochen der Weltgeschichte in Biographien

in 70 Bänden

Mittelalter

Band 13: **Herrscher**
Fischer Taschenbuch Band 17013
Alexander Nevskij, Alfred der Große, Friedrich I., Barbarossa, Kaiser Friedrich II., Harun ar-Raschid, Khubilai Khan, Otto I., Saladin, Tschingis Khan, Vladimir der Heilige, Wang An-shih, Wenzel der Heilige, Wilhelm der Eroberer

Band 14: **Päpste, Kirchenfürsten, Ordensgründer**
Fischer Taschenbuch Band 17014
Thomas Becket, Franziskus von Assisi, Gerbert von Aurillac, Gregor VII., Innocenz III., Joachim von Fiore, Petrus Hispanus, Petrus Waldus

Band 15: **Mystiker und Gelehrte**
Fischer Taschenbuch Band 17015
Petrus Abaelard, Bernhard von Claivaux, Bonaventura, Meister Eckhart, Hugo von St. Viktor, Johannes von Salisbury, Thomas von Aquin

Band 16: **Philosophen**
Fischer Taschenbuch Band 17016
Anselm von Canterbury, Al-Gazali, Ibn Rušd (Averroes), Ibn Sina (Avicenna), Johannes Duns Scotus, Maimonides, Marsilius von Padua, Wilhelm von Ockham, Saadia

Band 17: **Wissenschaftler und Forscher**
Fischer Taschenbuch Band 17017
Albert Magnus, Roger Bacon, Al-Biruni, Constantinus Africanus, Guido von Arezzo, Al-Hwarizmi, Ibn al-Haytam (Alhazen), Marco Polo

Band 18: **Dichter und Maler des Orients**
Fischer Taschenbuch Band 17018
Firdausi, Huang T'ing-chien, Izumi Shikibu, Jehuda Halevi, Murasaki Shikibu, Ni Tsan, Nizami

Band 19: **Dichter und bildende Künstler in Europa**
Fischer Taschenbuch Band 17019
Chrestien von Troyes, Dante Aligheri, Giotto di Bondone, Francesco Petrarca, Villard de Honnecourt, Walther von der Vogelweide, Wolfram von Eschenbach